황실연구시리즈
일월오악도 ⑤

정통 대한황손 이초남

-대한황실 명예회복사-

안 천 지음

교육과학사

머리말

60년! 어언 환갑의 세월이 흘렀다. 침략일본을 몰아내고 조국강토를 재탈환할 때가 엊그제 같은데, 그 때에 태어난 아기가 60세가 되었다니 생각하면 감개무량할 뿐이다. 그리고 온 세계에서 가장 가난한 나라의 상태로서, 오늘날의 방글라데시나 동티모르 같은 수준에서 세계 10위의 경제력을 자랑하는 막강한 힘을 가진 나라가 된 것에는 뿌듯한 감격을 느끼는 정도가 되었다.

그렇지만 본 황실연구 총서에서 계속 주장해 온 대한황실의 영광은 아직도 실체적인 결과가 나오지 않고 있다. 약 20년 정도의 세월에 걸쳐서 대한황실의 명예회복을 꾀하는 움직임이 지속되어 온 흐름 속에서, 대한황실의 위상은 나날이 어두움을 탈피하며 오늘에 이르렀다. 그렇지만 그것은 20년 전의 최악의 비참상을 탈피한 수준으로서, 영광의 목표점에는 아직 멀리 떨어져 있다. 다만 20년간의 발자취가 쌓여서 나름대로의 명예회복 과정을 말할 수 있는 단계가 되었을 뿐이다. 본 황실연구 총서의 제 5권은 지금까지의 명예회복 과정을 정리한 것이다.

첫째로 본 제 5권에서는 대한황실의 명예회복을 위해서 노력한 황족들의 움직임을 정리함에 초점을 맞추고 쓰여졌다. 황실법도에 있어서는 임금님의 10촌까지를 황족이라고 한다. 따라서 대한황실의 황족들은 현대사의 질곡 속에 숨겨져 있어서 그렇지, 실제로는 적지 않은 숫자일 수 있다. 광무황제의 직계손인 의왕의 자손들, 그리고 광무황제의 가까운 친족들,

철종계, 인평대군계를 중심으로 황족들을 구성한다고 하겠으니, 생각하면 꽤 여러 명의 황족집단이 있을 수 있다. 그렇지만 역사의 기록에 있어서는 의미 있는 내용만을 기록하는 것이다. 본 제 5권에 있어서는 대한황실의 황족집단이 명예회복을 향해 노력한 발자취를 추적하면서, 그 가운데 역사적 의미가 큰 내용들을 중심으로 쓰여졌다.

둘째로 본 제 5권에서는 지난 20년 사이에 대한황실의 명예회복을 위해 노력한 역사적인 변화내용을 정리하였다. 지난 20년간은 생각하면 대한황실의 위상에 있어서 큰 변화가 있었던 시기였다. 일제침략과 이승만 시대의 탄압을 거치면서 최악의 상태로 전락된 비극적 참상의 경지에서, 고통을 겪고 있던 대한황실의 참담한 모습 그대로가 20년 전의 모습이었다고 해야 된다. 그러나 지난 20년간에 걸친 재기의 노력이 쌓이면서 대한황실의 명예회복을 위한 토대가 많이 쌓였으며, 대한황실의 위상도 적지않이 변화가 되었다. 그 변화과정은 이제 역사적 의미를 갖는 시대가 되었다.

셋째로 본 제 5권에서는 대한황실의 명예회복 과정에서 나타난 문제점들도 정리하였다. 최악의 비참한 상태로 전락되어 있던 대한황실에서, 다시금 옛 영광사를 구현하려는 활동과정에 문제점이 나타나지 않는다면 그것은 오히려 이상한 일이라고 하겠다. 지난 20년간의 시간에 있어서는 사실상 계속 문제가 부각되었으며, 그것을 해결하며 시간이 흘렀다고 하겠다. 그러므로 앞으로의 영광회복사에 있어서도 계속하여 문제점이 나타날 것이라고 예견하고 발걸음을 옮겨 나가야 할 것이다.

넷째로 본 제 5권에서는 대한황실의 역사에 있어서 소외된 부분을 다시 조명해보려는 노력도 있었다. 그간 많은 사람들은 대한황실의 실체에 있어서 너무도 모르는 것이 많았었다. 그 까닭은 일제침략과 이승만 탄압이 너무나 극심했기 때문에, 대한황실은 그 존재 자체가 증발되었다고 할 정도로 은폐되어 있었다. 아니 사실상 실종된 상태에 있었다고도 얘기될 만큼 사라져 있었다. 그렇기에 그간의 대한황실 명예회복사는 그 은폐된 장막을 하나하나 벗겨나가는 과정이었고, 20년의 세월은 그것을 하나씩 들춰내는 것이기도 하였다.

다섯째로 본 제 5권에는 대한황실의 영광을 재구현시켜 나가는 과정에 있어서, 앞으로 해결해야 할 과제가 무엇인가를 부각시키려는 내용도 담고 있다. 대한황실의 영광을 확실하게 다시 찾으려면 앞으로 해결해야 할 일이 대단히 많을 것이다. 그러나 20년의 세월이 흐르다 보니까, 대한황실의 명예를 회복하려는 일에 대해서 본질도 파악하지 못한 일각의 사람들이 나서서 그 흐름을 왜곡시키는 사례도 계속 나타나고 있다. 그래서 그 목표가 분명하게 정립되는 것은 매우 긴요한 일이 되었다.

본 황실연구 총서는 일제침략 이후 잊혀지고 버려졌던 대한황실의 역사를 정리한 사실상의 황실 실록이다. 대한황실의 가장 어둡고 비참한 시대를 기록한 본 총서의 제 5권이 나오게 되기까지, 언제라도 영원히 잊지 못할 한결같은 마음이 있다. 그것은 제 1권이 나올 때부터 매번 똑 같은 심정인데, 좋은 책을 만들려고 온갖 정성을 쏟아주는 교육과학사에 대해서 깊고 깊은 고마움을 느끼는 것이다. 긴 세월에 걸쳐서 변함없이 최선을 다해 주는 모든 교육과학사 임직원들의 노고에 감사드리면서, 특히 김동규 사장님, 이만재 상무님께 고개 숙여 인사를 올린다. 눈앞의 영리보다는 민족의 앞날을 개척하는 문화사업의 선두에 선 교육과학사가 꾸준히 발전하길 바란다. 대한황실 영광회복사에 있어서 결정적 기여를 한 교육과학사의 노력을 대한황실에서는 영원히 잊지 않으리라고 확신한다.

단기 4338년(2005년) 5월 13일

안 천(安 天)

차 례

세 번째 주제 황실가문 재건의 선봉장: 이초남

네 번째 주제 종묘대제 부활사

다섯 번째 주제 대한황실 개혁운동

여섯 번째 주제 이문용 황녀 신원 운동

일곱 번째 주제 존황사관(尊皇史觀) 재확립

여덟 번째 주제 사이버 황실 복원 운동

아홉 번째 주제 일본황실과의 화해

첫번째 주제

성이 바뀐 황손 : 전혜원

- 양자옹립 파동
- 임금님은 어느 분이 될까?
- 전혜원은 누구인가
- 대법원 판결
- 슬피 울고 간 청년
- 의왕의 산아투쟁
- 양자파동 뒷얘기
- 전혜원 죽이기

양자옹립 파동

「전혜원이 이구 황손의 양자로 옹립된다!」

매우 놀랍고 충격적인 소식이 대한황실에 관심을 갖고 있는 사람들에게 전해진 것은 4335년(2002년) 겨울 무렵이었다. 도대체 별안간 나타난 전혜원이 어떤 인물인가 하는 의문을 제기하는 사람도 많았고, 어떻게 그런 중대한 일이 별안간 돌출해 나올 수 있는가에 경악스러움을 표출하는 사람도 많았다. 아무리 무너진 황실이라지만, 이구 황손은 대한황실의 정통 황태자였던 영왕의 뒤를 잇는 인물이라고 전주이씨대동종약원에서는 일단 공인하고 있는 인물인데, 그 정통성을 잇는 인물이 전혜원이라는 의외의 사람이 될 수 있을 것인가 하는 의문을 표시하는 사람들은 적지 않았다.

더군다나 전혜원이 이구 황손의 양자가 된다는 소문이 나온 때는, 여기저기서 대한황실의 명예를 찾기 위한 운동이 계속적으로 진행되어 가던 시기였다. 아직은 국가적으로 여론이 크게 부각된 상태는 아니었지만 관심이 있는 사람들에게는 아주 중요한 관심사항이 되는 것이었기 때문이다.

특히 전혜원이 양자가 된다는 얘기가 일부의 사람들에게 충격적인 소식으로 받아들여지거나 놀라운 소식이 될 수 있었던 것은, 이러한 문제에 대해서 깊은 식견이 없는 일각의 사람들이 분위기를 부추기는 바에 의해서도 일어나는 일이 분명했다. 아직은 막연한 상태로서, 황실문제에 대해 입장정리가 뚜렷하지 않은 사람들이 충격을 증폭시켜서 일이 더 커지는 일면도 있었다. 전혜원이 양자가 된다는 것의 의미는 내면에 헤아리고 따져 볼 일이 깊게 내재된 것인데, 그 숨겨진 속의 뜻을 모르고 경솔하게 부화뇌동하는 사람들에 의해 증폭이 된 것이다.

더군다나 요즘에는 인터넷 역기능까지 이러한 일에 덧붙여져 나타나서 일을 아주 묘한 방향으로 이끌어 가기도 한다. 인터넷은 많은 경우에 얼굴이 전혀 알려지지 않는 숨겨진 익명성을 갖고서, 선전 혹은 선동성을 높게 띠고 순조로운 흐름을 방해하기도 한다. 얼굴이 가려진 상태에서 신분을 노출시키지 않은 사람들이 때로는 무책임하게 일을 오도시키는 경우가 적지 않게 발견되고 있기도 하다.

금번의 전혜원 양자파동은 한마디로 요약할 때에 별안간 나타난 돌출사건이다. 이것이 크게 사건으로 비화될 성질의 것이 아님에도 불구하고, 파동으로까지 비화되어 돌출사건이 될 수밖에 없게 된 것이 오늘날의 우리 현실이다. 황실복원운동의 깊은 속뜻을 아는 것은 그에 대해서 폭넓게 많은 공부를 하고 긴 시간에 걸쳐서 노력을 한 뒤에야 가능한 것인데, 설익은 사람들에 의해서 사건이 아닌 것이 사건으로 돌출된 것이 분명하다.

임금님은 어느 분이 될까?

전혜원 양자파동이 사건으로 돌출된 내면에는, 근본적으로 누가 임금님이 되는가에 대한 의문점이 내재된 것이다. 그간 대한황실의 명예를 다시 찾고서 황실을 복원한다는 논의가 진행되니까, 일반인들은 깊은 생각도 없이 누가 임금님이 되느냐에만 관심이 크다. 금번에도 그러한 설익은 흐름이 배경에 깔려서 전혜원 양자파동이 일어난 것이다.

그러나 지금 단계에서 임금님이 누가 되는가는 어느 누구도 말을 할 수 없는 일이다. 누가 임금님이 되는가를 미리 정할 수도 없고, 정할 필요도 없는 것이 현재의 입장이다. 마라톤으로 말하면 종착점에 거의 다다른 때에 가서야 국민적 합의로 결정될 중대한 일을, 마라톤의 시작단계에서 결정할 수 있는 일은 아니다. 아직은 임금님을 모실 수 있는 대원칙만을 갖

고서 열심히 달려 나가야 할 때이다.[1)]

그렇다면 금번의 양자파동을 보면서 다시금 재확인할 것이 있다. 그것은 매우 중요한 것으로서, 임금님은 절대로 현재 단계에서 가볍게 결정될 일이 아니란 점을 확실히 해야 함이다. 그리고 앞으로 다가올 훗날에 임금님이 모셔질 필요충분조건이 다 갖춰진 때에 가서야 적당한 절차와 합의를 거쳐서 모셔야 함을 뚜렷이 해야 한다. 다만 황통정립의 원칙만을 분명히 세우고 긴 마라톤 레이스를 달려가야 할 것이다.

생각건대 대한황실의 비참한 현실을 극복하고 역사회복의 거보를 내딛자는 흐름이 꾸준히 무르익어가고 있는 요즘의 현실에 있어서, 대한황실의 정통성을 잇는 문제는 매우 중차대한 관심사항이 되기 때문에 양자옹립 파동은 확실하게 논의를 하고 넘어가야 할 일이 분명하다. 그간 대한황실의 명예회복을 꿈꾸는 사람들에 있어서는, 대한황실의 정통성을 세우려는 사실상의 합의가 되어져 있었다. 그것은 특별히 법률안이 만들어질 수 있는 것도 아니고, 확고한 결정사항이 될 수도 없는 것이었지만, 대한황실의 명예를 되찾자는 생각을 하는 사람들 사이에서는 불문율(不文律)과도 같은 형태로 합의가 되어 있었다. 사실상 그 정통성을 세울 인물에 대한 기준은 서서히 굳어진 관습규범과 같이 되어 있었던 것이다. 그것은 무엇인가? 임금님이 되실 분은 어떤 기준(基準)을 충족시키는 분이신가?

첫째로 대한황실의 황통(皇統)을 이을 수 있는 뚜렷한 역사의식(歷史意識)을 확보하고 있는 사람인가? 이것은 가장 중요한 것으로서, 침략일본이 우리민족의 정치적 정통성(正統性)을 오염시켜 짓밟으려고 한 핵심적 침략정책을 현재라도 바로 고쳐서, 무너진 정통성을 올바로 회복한다는

1) 특히 임금님이 될 사람에 대해서는 긴 시간에 걸친 철저한 검증이 선행되어야만 한다. 요즘 일각에서 깊은 생각도 없이 아무나 자기들이 임금님을 모신다고 나서는 사람들은, 역사를 오도하고 모든 일을 망치는 매우 경솔한 사람들일 수 있음을 철저히 유의해야 한다.

것은 무엇보다도 중요한 것이다. 그렇기에 현재 이구 황손을 전주이씨대동종약원의 간판으로 함은 사실상 천부당 만부당한 잘못된 일이다. 그런데도 전혜원을 그를 잇는 양자로 옹립하려 한다는 것은 너무도 역사의식이 없는 경솔하고 잘못된 행위가 분명하다. 그것은 양자를 옹립한다는 생각 자체가 틀렸다고 보아야 할 일이 분명하고, 누구를 간판으로 세우느냐에 관계없이 이구 황손을 잇는 것은 옳은 것이 아니다. 대한황실의 정통성 수립은 분명하게 항일전쟁사(抗日戰爭史)의 차원에서 독립운동관(獨立運動觀)이 뚜렷하게 정립된 것이어야만 한다.

둘째로 대한황실의 황통을 잇는 혈통의식(血統意識)이 확고하게 세워져 있는가? 이것은 앞에서 말한 역사의식과도 같은 것이다. 침략일본은 대한황실의 혈통을 끊고 오염시키는 일을 황실침략의 핵심사항으로 했던 만큼, 그것을 유의함은 언제라도 대단히 중요한 일이다. 따라서 대한황실의 황통을 이으려면 순수한 핏줄을 잇는다는 생각이 전제가 되어야 하는 것이다. 오염된 침략정책의 산물인 이구 황손에다 양자를 세워서 황통을 잇는다는 생각은 침략일본에 동조하는 것과 같은 것으로서, 아주 크게 잘못 생각한 것이다. 그렇기에 금번의 전혜원 양자파동은 근본부터 생각을 잘못한 것이 분명하다.

셋째로 대한황실의 황통정립에 맞게 그 계통성이 뚜렷한가? 그것은 멀리 태조 고황제(高皇帝)로부터의 핏줄로 이어진 황통(皇統)의 흐름에서 볼 때에, 보다 더 확실한 계통성을 가진 인물이라야 함을 뜻한다. 그러므로 현재로서는 광무황제의 정통 혈통을 누가 더 순수하고 확고하게 반영하고 있는가의 문제를 면밀히 고려해야만 한다는 뜻이다. 대한황실의 최근 혈통은 정조 임금님의 형제들 혈통에 의해 이어져 내려오면서 광무황제와 융희황제까지 이어졌다. 그러므로 영조 임금님과 사도세자(장조)의 직계손에서 가장 뚜렷한 혈통성을 가진 인물을 새로운 황통으로 이어야 원칙일 것이다.[2)]

넷째로 무너진 황통을 재건하려는 것이므로, 그에 대한 노력(努力)을 얼마나 뚜렷하게 했는가? 이것은 황통정립운동을 미완성 독립운동(未完成 獨立運動)을 완성시키려는 항일전쟁사(抗日戰爭史)의 차원에서 추진한다는 것을 의미한다. 그간 황통을 다시 세워서 대한황실의 명예를 다시 찾으려는 노력은 꾸준히 진행되어 왔다. 최소한 15년 이상 20년 가까운 세월을 확실하게 노력한 흐름이 쌓이면서 오늘에 이르렀다. 그러므로 그 흐름에 얼마나 헌신적으로 노력을 했는가 하는 면은 결코 무시될 수가 없다. 아무 노력도 없이 명예회복의 열매만 따려는 것은 결코 정당한 일일 수가 없다.

다섯째로 무너진 황통을 이을 만큼 수준 높은 인품(人品)과 경륜(經綸)을 얼마나 갖추고 있는가? 이것은 황통을 이을 인물이거나, 임금님으로 모셔질 분은 그에 맞는 수준의 인격과 능력을 갖출 것이 분명하게 요망된다는 것이다. 국민들이 납득할만한 수준의 인물이 아닌 분을 모신다면 국민이 용납을 할 수 없는 일이고, 경우에 따라서는 오히려 역사에 죄를 짓는 잘못된 일이 될 수 있겠기 때문이다.[3)]

여섯째로 대한황실의 황통정립이라는 중차대한 일에 알맞는 절차(節次)를 거쳤는가? 요즘 일부 사람들은 본인들이 자기들만의 황통정립 작업을 독자적으로 하는 듯한 경솔한 행위를 하는 경우도 있다. 그러나 그것은 매우 옳지 않은 일이고, 때로는 매우 위험한 일일 수도 있다. 대한황실의 명예를 회복하려는 역사적 사업은 사심을 품고 진행할 일은 아니다. 큰 뜻을 품고 민족적 차원에서 일해야지 작은 사심에 빠져서 큰 일을 그르치는 우매한 일을 저질러서는 않되겠다.

2) 그러나 여기서 유의할 일은 꼭 '좁은 혈통성'에만 집착하지 말 것이다. 최소한 혈통은 사도세자의 직계손들은 모두 아우르는 폭넓은 수준으로 보는 큰 안목이 필요하다.
3) 김문식, 김정호, 조선의 왕세자 교육(서울:김영사, 2003)참조.

전혜원은 누구인가

전혜원이란 의외의 인물은, 일반인은 물론이고 대한황실에 관심이 많은 사람들에게조차 아주 생소한 이름이다. 전혜원은 어느 날 황실가문에 별안간 나타났고, 많은 사람들에게 깊은 의문을 던져준 인물이다. 그 까닭은 성씨부터가 이(李)씨가 아닌데 느닷없이 황손이라고 하면서 나타났으니, 놀라움과 의혹을 일반인들에게 던져줌은 당연한 일이다.

전혜원이 별안간 나타난 때는 약 10여 년 전으로서, 대한황실에 대한 명예회복 운동이 태동되는 초기 무렵이었다. 그는 당시까지 조용하게 숨어 지내다가 대한황실에 대한 내용이 언론에 자주 등장하는 분위기 속에서 자신의 존재를 알리며 나타난 것이다. 먼저 전혜원 스스로가 말하는 얘기를 들어보면 다음과 같은데, 남들은 처음에 쉽게 이해하기가 어려운 얘기겠지만 무너진 대한황실에는 당연히 있을 비화(秘話)라고 생각이 된다.

「제 부친은 의왕의 숨겨진 아들이고, 본인은 의왕(義王)의 손자입니다.[4] 부친에게 전해 들은 바에 의하면 제 할머니는 성격이 매우 괄괄하고 강한 여인이었다고 합니다. 의왕도 물론 성격이 강하고 호남아다운 분이셨는데, 할머니도 그런 분이시라 서로 간에 쉽게 조화가 되지 않았던 듯합니다. 강한 사람 둘이 만났으니 갈등이 일어나고 불꽃이 튀는 관계가 되었던 것이지요.

물론 할머니는 사동궁 밖에 사셨던 분이신데, 의왕을 만나서 부친을 잉태하게 되었다고 합니다. 그 후 할머니는 본인이 낳은 갓난아기를 안고서 사동궁을 찾았던 듯 한데, 사동궁 문에서 실랑이를 하게 되고 소란이 일어났다고 합니다. 이런 일이 몇 번 있었던 듯한데, 의왕

---

4) 본 증언은 전혜원이 약 10여 년 전에 필자의 대학연구실을 직접 찾아와서 한 얘기이다.

의 성격이 불같은 분이시라 소란을 피우는 할머니를 받아들이지 않게 되었고, 성격이 똑 같이 강한 할머니는 본인의 성으로 아들을 입적시켜서 본인의 아버지가 전(全)씨가 되고 본인도 전씨가 되었다고 합니다.」

전혜원의 부친은 공군에 근무하면서 평생을 직업군인으로 생활하다가 돌아가셨다고 하는데, 본인이 어머니의 성을 따라서 전씨이지만 원래는 의왕의 아들이고 왕자의 신분이라는 얘기를 들으면서 군대생활을 했던 듯하다. 다만 왕자라고 말한다고 해도 누가 알아줄 리도 없고, 대한황실이 무너져 숨도 제대로 쉬지 못하는 때에, 본인이 왕자라고 입 밖에 낼 수도 없이 그늘 속에 숨겨진 생애를 보냈다고 한다. 그러나 아들인 전혜원에게는 확실하게 말하길 너는 의왕의 아들이고, 성도 전씨가 아니라 이씨라고 강조했던 듯하다.

그러나 전혜원이 이런 얘기를 누구에게 말한다고 해서 그것을 쉽게 믿어줄 사람도 없는 것이고, 전혜원은 개인적으로 고뇌와 한숨으로 세월을 보내며 살아오고 있었다고 한다. 전혜원은 그런 고민을 증명이라도 하듯이 오래도록 살던 서울생활을 청산하고 경기도 북쪽의 산골마을로 옮겨가서 살게 되었는데, 공교롭게도 산골마을로 숨어든 무렵부터 대한황실에 관해서 언론이 주목하는 분위기가 조성되고, 이러한 흐름 속에 본인의 뿌리를 찾는 고통스런 행군을 시작하게 되었던 것이다.

전혜원의 혈통에 대해서 가장 확실한 증언을 하는 사람은 우선 이해원 할머니가 있다. 현재 86세의 고령으로서 큰 아들과 함께 미국에 이민을 가서 로스앤젤레스에 거주하고 있는데, 86세라는 나이를 의심할 정도로 정정하고 생동감 있게 과거를 증언한다.[5] 3·1만세운동이 일어나던 해(1919년)에 태어난 이해원 여사는 모친이 수덕당 이희춘이고 의왕의 둘째 딸이다. 현존하는 의왕의 후손에 있어서 다수는 그들의 모친이 당호(堂號)를

5) 이해원 면담, 2004. 5. 16, 서울교육대학교 필자 연구실.

이해원 옹주

받지 못했다. 그것은 침략일본의 황실탄압 이후에 태어난 때문일 수도 있고, 모친의 품격이 낮아서 당호를 받지 못했을 수도 있다. 그런데 이해원 여사는 정식으로 당호를 받은 수덕당을 어머니로 하여 태어난 당당한 혈통의 신분이지만 본인이 공주라고 불리우는 것을 단호하게 거부한다. 무너진 황실에서 공주라고 불리우는 것조차 부끄럽고 역겹다고 생각하기 때문이라고 말한다. 그러니까 가장 확실한 신분의 공주님이 공주님이라고 불리우길 단호히 거부하는 것이 된다.[6] 거침없이 생생하게 증언하는 이해원 여사의 얘기에 의하면 다음과 같다.

「아버님이신 의왕을 이장하여 홍유릉 뒤쪽으로 옮겨 모실 무렵이었습니다. 의왕 묘소는 나의 할머니이신 장귀인과 함께 서삼릉 근처

6) 원칙적으로 말해서 광무(고종) 황제의 따님이나 의왕의 따님은 모두 옹주이다. 정실 황후에서 태어나야만 공주이고, 그 외는 모두 옹주라고 부른다.

에 모셔져 있었는데, 그것은 원래의 묘소가 아니고 원래의 묘지가 있던 중곡동 땅이 팔리면서 별안간 이장해 모셔드린 것입니다. 그러니까 묘소를 아무렇게나 옮긴 것이 되었고, 장귀인과 의왕이 흡사 부부라도 되는 듯이 나란히 모셔진 이상한 형태가 되었습니다. 그래서 좋은 곳으로 이장해드려야 한다는 논의가 계속 있어 왔습니다.

그 일은 내 동생 해경이가 주도해서 했는데, 어느날 해경이가 나타나 만나자고 하면서 하는 말이 전혜원에 대한 얘기를 하는 것이었습니다. 신문기자 출신의 젊은 사람이 있는데, 나 혼자서 아버님의 이장 일을 하기가 벅차니까 그 젊은이와 함께 다니면서 일을 하겠다는 것이었습니다. 그 젊은이가 바로 전혜원인데, 그를 그 전까지는 전혀 몰랐는데 해경이가 소개하면서부터 만났으니 사실상 조카로 인정한 것이 되었지요.

그렇게 되니까 예전의 기억이 되살아나게 되었습니다. 전혜원의 할머니는 의왕의 장례식 때에 나타났는데 전씨였으며 머리가 길쭉하게 생긴 여자였습니다. 그 여자를 처음 보기 전에 전씨 할머니에 대한 얘기를 들은 적이 있지요. 아버님 의왕에 의하면, 전씨 여인이 데리고 온 아이는 내 아이가 절대로 아니라고 확언을 하면서 단호하게 쫓아내는 것입니다. 그래서 소란이 일어나고 야단법석을 떨며 쫓아내게 되었습니다.

의왕은 예전에 온양온천 근처에서 금광 사업을 했는데, 금광 사업에 관계된 사람들이 어느 날 만취가 되어 있는 상태의 잠자리에 어떤 여자를 들여보내 함께 자게 되었다는 것입니다. 그 여인이 바로 전씨 여인이라는 것이지요. 그런데 아버님의 설명에 의하면 술에 취해서 자고 깨어나 보니까, 그 여인은 젖이 아주 크게 불어나 있는 여자였고 심지어 젖이 너무 많이 흘러나와 흥건하게 이불을 적셨을 정도였다고 합니다. 그러니까 그 여인은 이미 애가 있는 여자였다면서, 그 애는 나의 자식이 아니라고 단언하며 내쫓은 여자라는 것입니다.」

이해원 여사의 얘기에 의하면 전혜원은 의왕의 자손이라고 확언하기가 쉽지 않다. 그렇지만 분명하게 말할 것은 여인의 생리현상은 모든 여인이 일치할 수 없는 일이다. 그리고 의왕이 전씨 여인과 함께 잠을 잔 것은 분명하게 인정하고 있기 때문에, 현재로서 전혜원이 의왕의 자손이냐 아니냐를 확언하기는 곤란하다고 생각이 된다.[7)]

그러나 이해경 여사에 의해서 전혜원은 왕자의 핏줄을 이었다고 무조건 공인이 된 셈이다. 그렇게 공인한 이유는 전씨 여인이 애를 안고 와서 사동궁 문밖을 소란하게 만들었던 바는, 당시의 사동궁 식구들이 널리 알고 있었기 때문일 것이다.

대법원 판결

전혜원은 본인의 잃어버린 성(姓)을 되찾기 위해서 많은 노력을 기울였다. 그는 관련 학자를 찾아가서 본인의 혈통에 대한 호소를 하기도 하여, 10여 년쯤 전에 필자도 연구실에 찾아온 그를 만나 본 적이 있다. 그는 당시 나를 만나서 그의 아픈 과거를 말하면서, 본인의 얘기도 기록으로 남겨 달라는 부탁도 했다. 그의 얘기를 들었을 때에 개인적으로는 매우 안타깝다는 생각도 들었다. 그러나 그 당시로서는 뚜렷한 증거도 없었고, 그에 대해서 어떤 글도 쓸 수 없는 막연한 때였다. 다만 10여 년이 지난 지금에 와서는 전씨 할머니에 대한 증언이 나름대로 확보된 상태에 있으므로 이만큼의 글이라도 쓸 수 있는 단계가 된 것이다.

전혜원은 본인의 성을 다시 찾기 위해서 법정에도 호소를 하였다. 법원에 찾아갈 때에는 이수길 황손의 미망인 김신덕 여사나 이석 황손 등이 증

7) 특히 유의할 일은 여인이 임신을 하는 경우는 아기를 낳은 직후에도 가능하며, 그래서 태어난 아이를 연년생이라고 부르고 있음이다.

휴스턴 한국전통문화원 창립행사와 이호창 선생

인으로 참석도 하였다. 그리고 의왕의 자손임을 증명할 자료들도 있는 대로 제출을 했다고 한다. 당시 필자도 그를 만나게 되어서 그를 돕는 글을 학자의 입장에서 써 주기도 했었다. 그러나 법원은 그의 손을 들어주지 않았다. 전혜원은 이씨가 아니라 전씨로 살아야 한다고 법률적인 판결을 내린 것이다.

그런데 전혜원의 뿌리를 말할 소중한 얘기를 이호창 선생에게서 들을 수 있다. 그는 대한황실의 매우 가까운 근친(近親)으로서 현재 미국의 텍사스 주 휴스턴에 살고 있다. 그는 현재 도서관 성격인 휴스턴 한국전통문화원(韓國傳統文化院)을 운영하고 있으며, 예전의 보학(譜學)에 매우 밝아서 미국에 있는 많은 사람들에게 가르침을 주면서 살아가고 있다. 그리고 성균관 유도회(儒道會)의 미주지역 총본부장이라는 중책을 맡아서 많은 활약을 하고 있다. 이호창 선생은 정조임금님의 막내 동생인 은전군에 양자로 들어가, 그 직계손이 되었다.[8] 따라서 그는 대한황실의 아주 가까운 근친이 된 것이며, 사실상의 핵심 황족이다.

대한황실은 영조 임금님 이후에 영조의 손자들에 의해 황통이 이어지고 있다. 그러므로 대한황통은 장조(莊祖)로 추존된 사도세자의 아들들에 의해 이이지고 있으며, 사도세자의 아들들은 바로 정조 임금님, 은신군, 은언군, 은전군의 네 형제가 되겠다. 정조 임금님 이후에 대한황실은 정조 임금님을 포함한 네 형제의 혈통으로 이어지되, 만약에 아들이 없으면 가까운 정통 혈통에서 양자로 모셔서 이어지며 내려온 것이다.[9] 그러니까 이호창 선생은 경우에 따라서는 임금님의 승계서열에까지 끼게 될 지체가 대단히 높은 인물이다. 다만 조상 때부터 이어지던 경기도 안산의 큰 가옥이 도시계획으로 헐리면서 실의에 빠진 채 이민을 떠나 미국 휴스턴에 살고 있다. 그러니까 무너진 황실의 비통함 속에서 모든 전통과 법도가 무너지며 역사를 잃은 조국을 한탄하면서 이국땅을 헤매는 황족의 한 사람이다.

그는 본인이 태어난 장소가 현재의 경기도 안산시청 터가 되었고, 본인이 살던 집은 현재 그대로 있다면 안산시의 유명한 문화재일텐데 도시계획으로 사라진 것을 말할 때면 항상 어둠에 가득 찬 얼굴이 된다. 그는 전주이씨대동종약원에서 큰 문제가 발생할 때마다 자문을 해 줄 정도로서, 대한황실에서 그의 위상은 매우 의미가 있는 자리를 차지하고 있다. 생각건대 아마도 대한황실의 살아있는 역사사전이라고까지 불리울 정도의 대단한 인물로서 가히 독보적인 인물에 해당한다. 그의 증언은 매우 의미가 있다고 생각이 된다.

---

8) 이호창 면담, 2004. 5. 15, 서울교육대학교 필자 연구실
이호창은 원래 중종의 둘째 아들인 해안군(海安君)파의 차종손(次宗孫)이었다. 그의 형님은 해안군파의 종손이고 동생인 본인을 은전군에 양자로 보낸 것이다.

9) 훗날 장조로 추존된 사도세자의 둘째가 은신군인데, 그의 아들이 없어 인조 임금님의 셋째 아들인 인평대군의 자손 중에서 양자를 모셔 왔는데 그가 바로 남연군이다. 남연군은 네 아들이 있었으니 흥녕군, 흥완군, 흥인군, 흥선군이었고, 그 막내가 바로 대원군이 되며 대원군의 작은 아들이 바로 광무황제인 것이다.

미국땅에 황실문화를 알리는 이호창 선생의 활약상

「사동궁에는 자손이 아주 많습니다. 의왕의 자손은 공식적으로 20여명이지만 실제로는 30여명이 된다고 할 정도로 다수 입니다. 그러므로 의왕의 자손 중에는 성을 바꾼 경우도 많은데, 그렇게 성이 바뀌고는 조용히 살기 때문에 요즘 겉에 드러나지 않고 있습니다.

사동궁의 성을 바꾼 자손을 말할 때에 창복회를 꼭 알아야 합니다. 창복회는 조선총독부의 서쪽 4층에 있던 것으로서, 나도 가 보았는데 넓이가 현재 안교수님 연구실의 4배 정도가 됩니다.[10] 창복회는 돈 있는 사람들에게 돈을 거둬 조선국가를 완전하게 손에 넣기 위해서, 일본정부가 침략정책의 일환으로 만든 침략기금입니다. 그것은 사실상 일본 국민 전체에게서 걷어 낸 기금으로써, 조선의 3개 은행에 예치해 둔 것이지요. 그 기금에서 나온 이자가 매우 큰 금액이었는데 그것을 이왕직 장관에게 넘겨주었고, 이왕직에서는 이것을 배분해 주었던 것입니다.

이왕직에서는 당시 운현궁에 300원,[11] 사동궁의 의왕 자손들에게

10) 그렇게 되면 약 40평 정도가 되는 방이라고 생각이 된다.

200원씩, 그리고 핵심 매국노로서 작위를 받은 후작, 백작, 자작 들에게 200원, 150원, 100원씩 각각 차등을 지어 나눠 주는 등 그들의 침략정책을 반석 위에 올려 놓기 위한 회유책으로 창복회를 운영하였습니다. 그 금액은 매우 큰 금액으로서 문자 그대로 거금에 해당하는 것이었지요. 창복회에서는 매월 초하루에서 3일까지의 사이에 돈을 영수하러 오지 않으면 직접 집에 배달을 해 줬습니다. 그리하여 당사자들은 배달되기 전에 타려고 꼭 3일까지 창복회 사무실로 오는 분위기였습니다. 창복회에서는 그 돈이 매우 큰 돈이므로 돈을 타 갈 때에 형사를 딸려서 보냈고, 본인이 원하면 물품을 사서 주기도 하였지요.

그런데 후작, 백작, 자작의 후손 중에서, 종신까지 꾸준히 주는 그 돈을 일시불로 달라는 요청을 받게 되었지요. 그렇게 되자 한 사람의 말을 들어주니 너도 나도 일시불로 달라고 하는 상태가 되었고, 어떤 사람은 일시불로 타 가고서 망한 뒤에 또 손을 내밀기도 했습니다. 이렇게 되니까 별안간 재원이 고갈되는 어려움을 맞게 되었습니다.

그리하여 나온 긴급책의 하나가 사동궁 자손들을 사생아로 만들라는 것이었습니다. 특히 의왕이 독립운동을 하려고 망명을 떠나다가 압송되어 와서 사동궁에 유폐된 상태로 사실상 수감생활을 할 무렵부터 이런 탄압정책이 강화되었습니다. 핵심 이유는 의왕의 자손들에게 돈을 주지 않으려는 것이었습니다. 그래서 그 무렵부터는 사동궁의 자손들을 여기저기 양자로 보내 법적으로는 사동궁 자손이 아니게 만들거나, 때에 따라서는 사동궁의 여러 자손들은 본의 아니게 엄마의 성을 따랐으니 성씨마저 이씨가 될 수 없게 되었습니다. 현재 성이 바뀐 숨겨진 의왕의 자손이 다수가 있으리라고 생각이 됩니다. 일본인들은 이렇게 사동궁 자손들의 가족해체를 유도하는 가운데, 의왕에게는 가둬 놓고서 계속하여 술, 여자, 마약을 들여보내 재기불능의 폐인이 되게 이끌어 나갔습니다.」

---

11) 이초남 황손의 증언에 의하면 300원은 쌀 150가마를 살 수 있는 거금이라고, 어머니 유정순 여사에게 들었다고 한다.

이호창 선생의 증언에 덧붙여 이석 황손의 얘기를 들어보자.[12] 이석 황손의 얘기는 본인이 옆에서 아버지이신 의왕을 직접 본 것을 말하는 것이므로 보다 생생한 느낌이 든다. 다만 이석 황손은 이호창 선생보다 어릴 때에 본 것인데, 침략일본이 의왕을 술 속에 빠트린 상황을 생생히 느낄 수 있다.

「아버님은 침략일본에 대한 분풀이를 술과 여자로 하신 분이라고 할 수도 있습니다. 약주를 잡숫고 방바닥을 치며 비참한 상태의 나라에 대한 분노를 토로하시면, 어머니가 옆에서 술병을 뺏습니다. 그러면 아버님 주머니에서는 수첩같이 생긴 술병이 또 나옵니다.

아버님은 곳곳에 자손이 많으실 것입니다. 분노하며 술로 인생을 불사른 아버님께서 지방 나들이를 가시면 곳곳에서 젊은 여인을 상납하며 시중을 들게 했는데, 제 아버님께서는 그 상납을 거절할 분이 아닙니다.[13] 그러니 자손이 많이 태어나게 되었지요.

아버님께서는 분노하며 술에 묻혀 사셨지만 풍류를 즐기는 대인의 모습을 갖고 계셔서 술에 따른 일화도 적지 않습니다. 6·25전쟁 직후에 제가 혜화동에 살 때인데, 아버님께서 오셨을 때에 호기심에서 아버님의 가방을 열어 본 적이 있습니다. 지금도 기억에 남는 것은 광산 같은 곳에서 쓰는 보석감정용 돋보기가 있었고, 빨간색 표지의 영어 일기장이 있었습니다. 그런데 가방 속에서 생전 처음으로 춘화도를 보았습니다. 일본 기모노를 입은 여인의 춘화도였는데, 너무나 놀라 얼른 가방을 잠그고서 다시는 아버님 가방 근처에도 가질 않았습니다.」

그리고 인평대군[14] 직계 종손 이성주의 얘기를 들어보는 것도 의왕을

---

12) 이석 황손 면담, 2004.7.3, 타이완 타이베이 공항.

13) 의왕의 엽색과 풍류에 관한 얘기는 장안의 화제거리로 항상 오르내렸을 정도로 유명하였다.
정양원, 강동 이야기, 행정고시출판사, 1999, p.121.

14) 인평대군은 인조 임금님의 셋째 아드님으로서, 효종 임금님의 친동생이다. 병자호란 이후 청나라와의 외교에서 큰 공을 세웠으며, 대한황실의 최고 혈통의 하나이다.

이해함에 도움을 주리라고 본다.15)

「최근 신문에 보니까 의왕 전하께서 망명하시던 얘기가 나오는데, 많은 내용이 틀립니다. 의왕은 초상난 때에 쓰던 방갓을 쓰고서 상제로 위장을 하고 망명을 떠났는데,16) 아무도 몰라보는 분을 사동궁에 항상 출입하던 일본 앞잡이 순사만이 알아보며 불심검문을 하여 잡혀 오신 것입니다. 얼굴을 가렸지만 그 순사가 즉각 알아 본 까닭은, 그가 항상 의왕을 미행하고 감시한 자이기 때문입니다. 그래서 기차에서 끌려 내려와 강제로 사동궁에 유폐되다시피 하셨지요.17)

망명에 실패하고 잡혀 오게 된 뒤에 의왕전하는 사실상 미친 광인이 되어 버렸습니다. 천장에 육혈포를 쏘며 펄펄 뛰는 사람이 되었지요.

그렇게 미쳐 계실 때에 조용히 의왕의 동정을 살피려거나, 의왕에게 물건을 드려 보낼 일이 생겨 여자를 들여보내면, 의왕은 무조건 여자를 확 나꿔챘다고 합니다. 아무나 걸리면 의왕의 손에서 빠져 나오질 못했다죠. 그래서 의왕은 생각 밖으로 많은 자손을 낳았습니다. 의왕이 낳은 자손들은 미처 숫자로 셀 수가 없는 상태였습니다. 의왕은 유폐된 광인의 삶을 살 수밖에 없게 된 상태에서, 일제에 항거하는 미친 태도로 여자를 많이 건드렸습니다.」

다시 이성주의 동생인 이택주의 얘기를 들어 보자.18)

---

15) 인평대군계는 대한황실사에서 볼 때에 대단히 중요한 황실혈통이다. 인평대군댁 종가집에서 정조 임금님의 동생인 은신군의 양자로 간 분이 바로 남연군(이과중)이다. 남연군은 둘째 아들이고, 큰 아들(이도중)은 인평대군 종손을 이었으니까 인평대군계는 대원군, 광무황제, 융희황제의 큰 집이 된다.
이성주 면담, 2005. 1. 12, 지하철 7호선 사가정역 근처 식당.

16) 방갓은 대나무 삿갓과 비슷한 것으로서 상주(喪主)가 부득이 외출할 때에 하늘을 보지 않으려고 쓰는 것을 말한다. 가는 대오리로 만든 삿갓 모양의 큰 갓으로서, 방립(方笠) 또는 상립(喪笠)이라고도 불렀다.

17) 일본 순사들은 항상 국경에서 검문을 했었다.
박진목, 내조국 내산하(서울:계몽사, 1994), p.20 참조.

18) 이택주 면담, 1995. 7. 12, 구의동 사무실.

「의왕의 첫째 부인을 사동궁 마마라고 부릅니다. 그런데 전혀 의왕과 부부관계가 없으셨던 듯합니다. 심지어는 저희 모친에게 '남자랑 자는 것이 어떻게 하는 것이냐'고 물어 본 적이 있었을 정도랍니다.

그런데 사동궁 마마는 매우 남성적 성격이고 통이 크신 분이시랍니다. 의왕이 바깥 여자랑 그렇게 다녀도 항상 포용을 하셨답니다. 그러나 의왕이 밖에서 낳아 오는 아이들은 창피하니까 얼른 얼른 받아들이고는 곧 양자로 내보내곤 하셨답니다.」

슬피 울고 간 청년

그런데 이호창 선생의 얘기에 의하면 매우 뜻있는 사실이 하나 있다. 그것은 의왕이 돌아가셨을 때에 대구에서 군복을 입은 청년이 찾아와서 조문을 하고 갔다고 한다. 그 군인 청년은 찾아와서 매우 슬프게 울며, 본인의 어머님에 의하면 본인의 부친이 의왕이라면서 조문을 가라고 해서 처음으로 찾아 왔다고 말했다는 것이다. 그리고는 돌아가신 의왕을 직접 친견(親見)하고 싶다고 말했다고 한다. 이호창 선생의 얘기는 다음과 같다.

「그 청년은 아주 슬피 울며 생전에 꼭 뵙고 싶었으나 그렇지 못했다고 말하면서, 닫힌 관을 열고 마지막으로 의왕의 돌아가신 얼굴이라도 반드시 뵙고 가겠다는 것이었습니다. 그러나 당시 의왕의 관이 닫혀 있는 상태에서 누구도 결정을 내리지 못하고 주저하는 눈치였지요. 그러니까 나에게 자문을 구하게 되었고, 나는 그 상황에서 당시 의왕의 자손에 있어서 그 자리에 있는 사람 가운데 서열이 가장 높은 사람이 6남인 이 곤(이명길)이니까 그가 장례 책임자이고 그가 결정을 내려야 한다고 말했습니다.

그렇게 되니까 곤이가 나에게 다시 물으며 보여 줘도 되느냐고 했습니다. 그래서 나는 저렇게 많이 애통하게 울면서 간곡하게 말하는

데 보여주는 것이 옳겠다고 대답을 했습니다. 그리하여 못을 박은 관을 열고서 그 청년에게 의왕의 돌아가신 얼굴을 보게 하였습니다.

그 청년은 몹시 울면서, 돌아가신 의왕을 보고서는 말하길 나를 앞으로 찾지 말라. 그리고 내가 다시 찾아오지도 않을 것이다라고 말하고는 그 밤으로 즉시 떠났습니다.」

슬피 울고 간 청년에 대해서 이석 황손의 증언을 다시 첨부해 보자.

「아버님께서 돌아가신 날은 바로 광복절이었습니다. 아버님이 가장 사랑하신 둘째 형님 이우 황손이 돌아 가셔서 1945년 8월 15일에 장례식을 치룰 때에 바로 침략전범 일본천황이 항복선언을 했었던 것과 연결시켜 생각하면 기묘한 인연입니다. 평생을 항일 분노 속에 사신 아버님께서 왜놈들이 2차대전에 패전하고 물러간 날을 택해 돌아가신 것이나, 이우 형님의 장례식이나 결코 우연하다고 생각되지 않습니다.

아버님께서 돌아가신 때는 제가 중학생 시절로서 15세 때입니다. 그런데 돌아가신 아버님의 얼굴은 아주 검었습니다. 흡사 독살을 당하신 얼굴 같기도 할 정도로 시커먼 시신의 얼굴이셨습니다. 아버님의 얼굴을 생각하면서 한 동안은 잠도 잘 오지 않고, 밥도 제대로 못 먹었습니다. 생각하건대 아버님은 평소에 독살을 염려하여 극약을 약간씩 먹어 몸에 내성을 기르셨다는데, 그래서 그런지 돌아가신 얼굴색이 보기 싫을 정도로 정상이 아니었습니다.

당시 공군 군복을 입은 청년이 찾아와서 아버님의 아들이라며, 아버님의 시신을 보길 원했습니다. 지금도 기억에 선한데 아기를 어깨에 업고서 나타나, 관을 마구 두드리며 보여 달라고 했습니다. 펄펄 뛰듯이 울었던 기억이 나는데, 그 형님은 전해종이었습니다.[19]

---

19) ① 전혜원이 필자를 안내하여 경기도 포천군 창수면 주원리에 있는 전혜원의 집인 창수관광농원을 방문한 적이 있었다. 당시 전혜원은 본인의 할머니는 성함이 전경복으로서 의왕이 창덕궁의 옛날 차에 태워 벽제에 보내 그곳을 벽제궁이라고 불렀다고 말했다. 거기서 자란 부친은 당시에 공군 일등상사였으며, 제10전투비행단에 소속되어 있

또 해룡 형님이 그 때에 처음 나타났습니다. 그리고는 울면서 해룡이가 왔습니다라고 몇 번을 말하니, 큰 어머님이신 덕인당께서 그래 안다, 잘 알고 있다고 말하며 울음을 그치라고 했습니다. 해종 형님과 해룡 형님은 그 때 처음 나타났는데, 해종 형님은 그 후에 본인의 집으로 가버렸고 해룡 형님은 함께 살게 되었습니다.

아버님께서 돌아가신 뒤에 해룡 형님이 들어와 함께 살게 되었으니까, 우리는 경길 형님, 해룡 형님과 나를 포함하여 3형제가 별궁에서 살았습니다. 풍문여고 뒤에 큰 기와집이 7~8채가 쭉 이어져 윤보선 대통령 댁까지 별궁이 연달아 있었는데, 이승만 박사 때에 불하를 하여 없어졌습니다. 그 별궁에는 큰 어머님 친척도 살았습니다. 그런데 기막힌 것은 거기에 매국노 윤덕영의 친척들도 살았고, 구황실 사무총국 직원들도 살았습니다.」

의왕의 산아투쟁

의왕(義王)의 많은 자손들에 대해서 어떠한 역사적 평가를 내려야 할까? 많은 경우에 의왕은 무너진 황실의 구제불능한 바람둥이 왕자로 잘못 알려져 왔다. 그러나 이것은 오로지 침략일본의 악선전만이 강하게 잔존하면서 의왕을 모함한 것이 전해졌기 때문일 것이다. 의왕은 광무황제가 낳은 자손에 있어서 가장 우수한 아들이었고, 많은 독립운동에 직간접적으로 관련되어 항일전쟁의 최고봉에 있었던 인물이었기에, 끊임없이 악선전을 계속하여 그렇게 된 것일 뿐이다. 우리는 의왕이 많은 자손을 낳은 것을 항일 독립투쟁의 차원에서 해석해야 옳을 것이다.

었다고 말했다. 그의 부친 전해종은 의왕의 사망 소식을 듣고서 김득령 단장이 제공하는 헬리콥터로 서울에 날아와 장례에 참석했었다고 한다.

② 전혜원의 형제는 2남 2녀로서, 여동생 둘이 있고 남동생이 고려대 농경제학과를 다닌다고 했다. 전혜원의 큰 매제는 국방과학연구소를 다니고, 작은 매제는 미술가라고 말했다.

의왕은 공식적으로 12남 9녀의 자손을 낳아서, 21명의 자손이 있다고 알려져 있다. 그러나 앞에서 말했듯이 창복회 등에 의한 탄압으로 인해, 숨겨진 자손도 꽤 있을 것이나 정확한 숫자는 알 길이 없다. 의왕의 많은 자손은 대한황실의 역사로 볼 때에 매우 의미가 크다. 그 까닭은 일본의 침략이 집중된 곳의 하나가 우리의 임금님 혈통을 끊어 소멸시키려는 것이었기에, 그것은 일종의 항일투쟁의 성격을 갖는 대단한 의미가 있다는 것이다.

요즘 우리나라의 출산율이 급격히 낮아져서 국가적 문제가 되고 있다. 그런데 그것은 해외에서 수입된 잘못된 인구이론을 맹목적으로 도입하여 생긴 악영향의 탓이 분명하다. 약 30여 년 전에서부터 깊은 생각이 없이 산아제한 정책을 강행하여, 그간 아기를 낳는 것이 무언가 잘못된 것이고 자식이 많은 것이 부끄러운 듯한 왜곡된 흐름이 만들어졌다. 그렇지만 그것은 깊은 생각이 없이 해외이론을 들여다가 맹목적으로 아기를 낳지 않는 풍조를 만들었기에[20] 만들어진 대단히 잘못된 것이다. 인구 정책을 너무 축소 위주로 강행하여 이미 20년 전(1983년경)에 여성 1인당 가임률이 2.1명 이하로 내려 왔는데, 2.1명 이하부터 인구가 줄어드는 분계점인데도 무모하게, 계속적으로 이어진 경직된 정책타성으로 오늘날 국가위기를 자초하였다.

세계적인 초강대국들은 현재 1억 내지 2억 이상의 인구를 가진 인구대국이다. 그리고 번창하는 집안에는 풍성한 자손이 있다. 그럼에도 불구하고 아기가 많으면 그것이 잘못된 것인 듯 선전한, 악의적 이론에 노예가 된 정책을 30여 년이나 무지막지하게 강행한 업보로서 세계 최저의 출산율을 만든 것이다.

강한 나라를 만들고, 번창하는 집안을 만들려면 아기를 많이 낳아야 한다. 본인의 능력이 허락하는 한 아기를 많이 낳고, 어느 집이나 최소한 서

---

20) 안천, 신사고 사회과교육론(서울: 교육과학사, 2003), pp.243-266 참조.

너 명 이상의 아기는 있어야 한다는 새로운 인구의식이 널리 확산되어야만 되겠다. 요즘 우리민족에게 있어서 아기 낳기는 항일전쟁 때의 독립운동보다도 중요한 일이다. 이웃 중국은 열등한 민족이라 끊임없이 북방족의 침략을 받고 1천년이 넘게 비참한 지배를 받았어도 인구가 많으니까 되살아났다. 요즘 우리 민족의 애국운동, 민족운동은 무엇보다도 아기 낳기가 최우선이다. 자식을 많이 낳은 사람이 진정한 애국자이다. 이웃의 강대국을 보거나, 번창하는 집안들을 보면 풍성한 자손을 둔 가족들이 다복하게 사는 것을 행복으로 알고 있다. 아기 키우기를 기쁨으로 알고, 많은 자손의 자라는 모습을 뿌듯한 마음으로 즐기는 부모가 많은 사회가 건전한 사회이다.

생각건대 일본의 황실 침략은 일찍이 아기 낳기의 중요성에 착안하여 악의적으로 시작되었다. 그리하여 우리 황실의 황통을 단절시켜서 정치적으로 일본에 흡수통합되게 만드는 일을 끈질기게 자행하였다. 일본이 마지막 황태자인 영왕에게 불임진단을 받은 방자여사를 강제결혼시킨 만행을 우리는 정확히 기억하고 있다. 그리고 융희황제가 아기를 낳지 못하는 상태가 되었음도 우리는 분명히 알고 있다. 또한 덕혜옹주가 낳은 외동딸도 이유를 알지 못하는 비밀 속에 현해탄에 빠져 비운의 죽음을 맞았음을 알고 있다. 대한황실은 오로지 의왕이 남긴 후손들만이 있으며, 의왕의 후손마저 없었다면 그 혈통적 정통성을 이어가지 못할 기막힌 상황이 되었다.

특히 최근에 알려진 경악할 일로서, 의왕이 노년에 가장 귀여워한 아들인 이경길 황손은 어려서 궁궐에서 일제침략자들이 고환을 까서 성불구의 고자를 강제로 만들었을 정도로 일제침략은 가혹했었다.[21] 이경길 황손을 노년에 의왕이 가장 사랑했으니까, 태평양 전쟁의 말기에 국제정세의 급변으로 의왕이 전격적 조치로 새로 임금님을 별안간 세운다면 이경

21) 일월오악도 제4권(서울:교육과학사, 2004), pp.208~211 참조.

길 황손으로 세운다고 본 것인가? 일제침략의 극악성은 상상을 불허하는 혹독함 그것이었다. 그와 같은 비통한 상태의 대한황실에 있어서 의왕은 많은 고민을 했을 것이다. 더구나 본인의 정부인인 덕인당 김씨와의 사이에 자손이 없는 점은 더욱 큰 고민이었을 것이다. 그러한 가운데 수관당 정씨와 수인당 김씨 등에서 아들을 얻게 되었을 때의 기쁨은 대단히 컸을 것이다. 그러나 기쁨도 잠시이고 침략일본은 의왕의 아들들마저 법으로까지 정하여 일본인들과 강제결혼을 시키게 되는 상황을 맞게 되었고, 의왕은 이로써 마음먹고 산아투쟁을 시작했다고 생각이 된다.

침략일본에 맞서서 황실을 지키기 위해 겉으로는 미친 사람 행세를 하면서, 단호하게 곳곳에서 아기를 낳으며 일본인들이 어쩔 수 없이 손을 들게 만든 것이다. 생각하면 의왕은 가장 멋지고 슬기로운 항일전쟁 애국애족을 했다고 생각이 된다. 그는 황통을 단절시키려는 침략일본을 맞아서 '아들 딸 구별없이 대량생산'이란 목표로 강력하게 추진한 아기 낳기로 무참히 일본을 항복시켰기 때문이다. 이러한 흐름 속에서 침략일본은 창복회를 통해 의왕의 자손들을 사생아로 만들며, 의왕을 무너진 황실의 구제불능한 바람둥이 탕아로 선전했고, 술과 마약에 빠진 폐인의 길을 걷게 유도했던 것이다. 의왕의 대량산아(大量産兒) 투쟁에 패한 침략일본의 비열한 악선전은 바로 의왕의 통쾌한 승리를 뜻하는 것이고, 일본의 참패를 명확히 말하는 것이다.

의왕의 단호한 항일독립 의지에 의해 황실에는 많은 자손들이 태어났다. 그리고 그 자손들이 있기에 요즘 무너진 대한황실도 살아있다는 목소리를 내고 있으며, 명예회복을 향한 움직임도 용틀임치게 만들어진 것이다. 요즘 전국의 젊은 부부들에게도 의왕과 같은 결단이 있어야 할 것이다. 그것은 바로 가족발전을 꾀하고 애국을 하는 자세로 확실하게 여러 자식을 낳으라는 것이다. 나라와 집안을 미래에 어떻게 만들 것인가는, 젊은 부부들의 산아계획에 달려 있다. 지난 30여 년의 산아제한이란 용어는 민족사에 큰 죄를 지은 것이다. 산아계획은 적절한 숫자의 아기를 낳는 것이며, 그것은 최소한 서너 명 이상을 낳는 것이다.

젊은 부부가 경로당에 가는 시간은 결코 멀리 있지 않다. 양로원에 가서 자식도 없이 외롭게 불쌍히 죽는 노인이 되지 말고, 의왕의 산아투쟁을 본받아서 전국의 젊은이들이 열성적으로 산아 애국애족을 하며 확실하게 나라와 집안을 번창하게 만들어야 할 것이다. 누구나 당당한 애국자가 되어야 할 것이다.

의왕의 산아 항일투쟁에 대해서 이석 황손의 얘기를 들어보자.[22]

「아버님의 자손은 국내에도 많지만 해외에도 자손이 꽤 있으리란 정황 증거가 있습니다. 먼저 고수정댁에 대한 얘기가 있는데, 당시 여러 어머님들을 혜화댁이니 돈암댁이니 하고 부르던 방식으로 일본에 계신 큰 어머님이시라 고수정댁이라고 불렀답니다.

제가 미국에서 돌아와 서울 청담동의 샤또라는 술집 밤무대에서 노래를 부를 때에, 손님으로 온 재일교포가 말해주던 것이 생각납니다. 아마도 13년 전(1991년)쯤인데 그 교포는 말하길, 이석 선생님의 누님이 되실 텐데, 일본에 계신 분은 레이꼬(영자)로서 최근에 돌아가셔서 아쉽다고 말하는 것이었습니다. 고수정댁 어머님은 일본에 사시며 딸 둘과 아들 하나를 키웠는데, 대단히 잘생긴 얼굴들이었답니다. 딸 둘은 특히 누가 보아도 놀랄 미녀들이었다고 합니다.

현존 황실의 큰 할머니
(의왕의 부인)

그리고 아버님이 미국에 계실 때에 함께 계셨던 미쓰 부라운(Miss Brown)이 있습니다. 제가 처음 미국으로 갔었던 때(1979년)입니

22) 이석 황손 면담, 2004.7.8, 타이완 타이베이 공항.

다. 워싱턴의 펜타콘 근처에 있는 식도원(食道園)이라는 한정식집으로서, 현재는 우래옥이라고 부르는 집에서 약 6개월간 노래를 불러 준 때입니다. 거기에를 황재경 목사가 이은상 씨랑 함께 찾아 왔습니다.

거기서 황목사가 말하길 의왕께서 미국의 웨스트 버지니아에 있는 로아노크 대학에 다니실 때에 본인과 김규식 씨가 의왕을 모시고 있었다고 했습니다. 그리고는 부친께서 황목사에게 학비를 대주셨다며 대단히 고맙다는 얘기를 했습니다. 그리고서 미쓰 부라운에 대한 얘기도 해주었습니다. 미쓰 부라운은 부친께서 로아노크 대학에 다니실 때에 수발을 들어준 여자랍니다. 그런데 부친이 귀국하실 때에 함께 동행해 오셨답니다. 와서는 내가 왕비가 될 것이란 발언 등을 했던 듯합니다. 그래서 사동궁의 큰어머님이신 덕인당이 크게 노해 꾸짖어 쫓아 보냈답니다. 미쓰 브라운은 당시 미국으로 갔는데 애는 없었다고 합니다.」

그런데 의왕의 일본인 처는 고수정댁만이 아니라, 뚜렷이 알려진 여인만도 여럿이라고 한다. 시사평론사의 이종엽 기자가 말하는 바에 의하면 다음과 같다.[23)]

「일전에 이해원 옹주를 만나서 취재를 할 때에 들은 것인데, 의왕은 일본인 처도 여럿이셨답니다.

먼저 국내에 함께 사신 여인으로 수와당이 있는데, 당호까지 내려준 여인이 있습니다. 사동궁에 함께 살았는데, 자식은 없었다고 합니다. 이해원 옹주를 아주 귀여워 하여 자기 딸로 달라고 할 정도였답니다. 나중에는 일본에 가서 살았는데 이수길 황손이 수와당 댁에 가서 묵었었다고 합니다.

다음으로 수인당이 의왕과 일본에 가 계실 때에 데리고 있던 일본 여자가 있었는데, 나중에 의왕이 데려와서 아들 둘과 딸 둘을 낳았는데 고수정댁이라고 불렀답니다. 용산 쪽에 살아서 이해원 옹주는 자

23) 이종엽 면담, 2005.4.3, 서울교대 연구실.

주 갔었는데 나중에 일본으로 갔답니다. 그래서 이수길 황손이 일본에 갔을 때에 만나기도 했답니다.

그리고 국내에 온 적은 없는 일본인 처가 벳부에 있던 하라상이 있었는데, 의왕의 일본인 애첩으로 항상 같이 다닐 정도로 의왕의 사랑을 받았답니다. 자식은 없었는데 이해원 옹주가 수인당 및 동생(이희자)과 일본에 갔을 때도 의왕이 함께 다녔답니다.

또한 항상 단발머리를 하고 다녀서 '단발이'라고 부른 일본 여인을 포함하여 두 명의 일본인 처가 또 있어서 일본에만 4명의 일본인 처가 있었답니다.

그러니까 의왕의 일본인 부인은 국내에까지 왔었다가 일본으로 간 2명을 포함하여, 일본의 4인을 합해서 6명이 알려져 있답니다. 그런데 제일 큰 아들인 이건 황손 위에 일본 여인에게서 낳은 딸이 또 있었는데, 그 여인도 딸도 현재는 모른답니다.[24] 그렇다면 알려진 일본 여인만도 7명이며 자식도 꽤 되리라고 생각이 됩니다.」

양자파동 뒷얘기

전혜원을 양자로 세우려던 전주이씨대동종약원의 계획은 상상 이상의 거센 장벽에 부딪쳐서 별안간 중단이 되었다. 전혜원을 이구 황손의 양자로 입적하려는 움직임은 분명히 존재했던 일인데, 곳곳에서의 반대의견이 강력하고 분명했기에 중단할 수밖에 없었다는 것이다.

반대여론의 하나로서 인평대군계 종손 이성주의 얘기를 들어 보자.[25]

「이구 황세손의 양자 논의는 일찍이 있어 왔던 일입니다. 그것의

24) 아마도 의왕이 명성황후와 엄귀비에 의해서 해외로 내보내진 뒤에 12년간을 귀국하지 못할 때에 낳은 딸일 개연성이 크다.

25) 이성주 면담, 2005. 1. 12.

최초 발단은 이재형씨였습니다. 그는 자기 아들을 양자로 입적시키려고 꽤 노력을 했으나 방자비 전하가 단호히 반대하여 이루어질 수가 없었습니다.

그 무렵에 이연택 총무처 장관이 연락을 하여 저도 2시간 정도의 면담을 했었는데, 그것도 핵심내용은 이구 황세손의 양자 세우기였습니다.

이러한 분위기 속에 방자비 전하가 별세하시자 종약원 이사장인 이재형씨가 불편한 심기로 장례를 모시고, 저희 황족들과 좋지 않은 불화를 빚기도 했습니다.

그런데 세월이 흘러서 그것이 잊혀질 무렵인 최근에 전혜원이란 인물이 별안간 나타났습니다. 누군지도 모르는 인물인데, 어느날 동구릉에를 가니 전혜원이 초헌관을 쓰고 제향을 모시는 것입니다. 제가 그것을 보고서는 크게 일갈하면서, 황실의 법도가 무너진 것을 개탄했습니다. 당시 관련자들이 모두 멀쑥해지고 말았습니다.」

양자파동이 끝난 뒤에 종약원에서 들려오는 얘기에 의하면, 전혜원을 양자로 옹립하려고 거의 최종 결정단계에까지 갔다가 중단된 이유는 두 가지였다고 한다. 첫 번째는 전혜원이 전(全)씨이기 때문에 많은 정통 혈통이 존재하고 있는데 하필 성씨가 다른 전씨를 옹립하려 하는가 하는 비난에 대한 대응이 결코 쉽지 않았기에 중단이 되었다고 한다. 그러나 종약원 측에서는 전혜원이 황손신분이 맞다고 이해경 여사를 통해서 인증받고 양자옹립을 추진했던 듯한데, 막상 결정을 하려니까 전혜원을 어떻게 믿고 양자로 옹립하려느냐는 거센 비난이 다양하게 속출이 되었던 듯하다.[26]

둘째로 전혜원이 아들이 없이 딸만 있다는 것이 반대이유로 거론된 듯하다. 그러나 그것은 결코 결격사유가 될 수는 없는 일이다. 왜냐하면 이

26) 이에 대해서는 이석 황손이 분명히 증언하고 있다. 본인을 오라고 해서 가니까 종약원에서 전혜원을 양자로 세우려한다는 얘기를 하는 자리였고, 본인은 자리를 박차고 나오면서 반대의사를 분명히 했다고 한다.

제 대한황실도 시대가 바뀐 만큼 유연한 생각을 가질 필요가 있는데, 영국이나 북유럽 국가들 같이 여성을 황통으로 옹립한다고 해서 큰 잘못을 범하는 것은 아니기 때문이다. 앞으로 우리 황실도 복원이 된다면 여왕도 가능하다는 탄력있는 사고방식은 대단히 중요한 것이며, 여성이나 남성을 따지며 성적차별 의식을 갖는 것은 시대착오적인 생각임을 분명히 해야 할 것이다. 그렇지만 종약원 측에서는 두 번째 이유를 겉으로 내세우며 전혜원을 양자로 옹립하지 못하게 되었다고 공식표명을 했다고 한다. 전혜원의 체면을 고려한 것이고, 종약원의 체통을 고려한 변명일 수도 있는 얘기라고 생각이 된다.

그런데 여기서 분명하게 매듭을 지어서 말할 것이 있다. 그것은 바로 전혜원 양자파동은 결코 파동일 수가 없는 것이 파동으로 비화가 되었다고 생각이 되기 때문이다. 왜냐하면 이구 황손의 양자잇기는 전혀 중요한 사안이 아니기 때문이다. 그것은 그 어떠한 역사적 가치도 존재하지 않는 것으로서, 거의 역사적 의미가 없는 일이기 때문이다. 아니 생각하면 오히려 역사적 오류를 저지르는 정말로 잘못된 일일 수 있기 때문이다.

이구 황손은 그 개인적 인간으로는 전혀 잘못이 없다. 그러나 그는 침략일본에 의해서 만들어진, 잘못된 혈통을 잇고 있는 비극적 어둠의 인물이다. 생각하면 이구 황손을 황손(皇孫)이라고 부르는 것조차 잘못된 일이며, 그는 사실상 침략 적국의 의도에 따라서, 그들의 혈통을 이은 적손(敵孫)에 불과한 인물이다. 그는 황손도 아닌 적손에 불과한 하찮은 인물이 분명한데, 더군다나 그 혈통을 잇는다는 것은 도저히 인정할 수 없는 잘못된 것이다. 방자여사의 마지막을 지킨 최측근 비서였던 김상렬 노인의 얘기는 매우 의미가 크다.[27)]

27) 김상렬 면담, 1994.11.24, 필자 연구실.

「일본으로 도망가서 일본 무당 아리다와 살고 있는 이구 황손은 정상적인 사람이 아닙니다. 나는 방자비 전하와 상의하여 이구 황손을 정신병원에 넣으려고까지 했습니다. 경찰에도 다 얘기를 해놓고서, 강제로 끌어 오려던 계획이 두 번이나 무산되며 수포로 돌아갔습니다. 이구 황손은 정상적인 사람이 아닌 환자가 분명합니다.

방자비 전하도 아들인 이구 황손은 임금님 자격이 없다고 했습니다. 방자비는 말하길, 자기는 물론 아들을 지지하지만 50%가 일본피인 것은 현실이기 때문에 불가하다고 말했습니다. 당시 방자비 전하와 나는 황실복원의 좋은 날이 온다고 하더라도 이구 황손은 안된다고 합의를 봤었습니다.

그런데 당시의 전주이씨대동종약원 이사장은 이러한 상황을 알고서, 방자비 전하에게 본인의 아들을 황태자로 만들고 이구 황손을 폐하자고 얘기하여 방자비 전하를 격분시키고 맙니다. 그리고는 방자비 전하와 냉정한 관계가 되었는데 그 후 이사장의 사감에 의한 보복적 행태가 많았습니다. 심지어 내가 찾아가서 이구 황손을 귀국시켜 보호할 필요성을 말하니까, '종약원은 황태자도 바꿀 수 있다. 바꾼 뒤에 새로 시작하면 되니까 이구 황손은 신경쓸 필요 없다'는 얘기를 할 정도였습니다. 훗날에도 당시 이사장의 행태는 꼭 유의해 둘 일입니다.[28)]」

그간 전주이씨대동종약원에서는 이구 황손을 황태손이라고 불러 왔다. 그러나 이구 황손이 언제 어떤 절차를 밟아서 황태손이 되었단 말인가? 아무리 무너진 황실의 후손들이기로서 간도 쓸개도 없단 말인가? 침략일본에 의해서 그토록 엄청난 치욕적 수모를 당하고서도 그 혈통을 인정하고 있음은 너무도 역사의식이 마비된 것이면서 큰 역사적 죄업을 짓고 있는

28) 방자여사의 장례식 때에 당시의 이사장은 신발을 신은 채로 단상에 올라와서 지팡이를 들어 여기저기 가르치며 불손하게 말하고, 모든 사람이 정중히 절을 하는데 간단히 목례만 하여 이석 황손을 비롯한 여러 황손에게 봉변을 당하는 일까지 벌어졌었다고 한다. 이성주 면담, 2005.1.12.

것이다. 영왕은 분명한 황태자였지만, 영왕의 아들인 이구 황손은 황태손이 된 적이 없다. 아무렇게나 일각의 이성을 잃은 사람들이 황태손이라고 부르는 것을 따라서 부른 것도 잘못된 일인데, 더군다나 그에게 황통 잇기를 시도함은 앞으로 절대 불가한 일이다. 방자여사와 마지막 인생을 함께 했기에 모든 정답을 제대로 알고 있는 김상렬 노인은 이구 황손 불가의 이유를 소상하게 밝히고 있다.[29]

「생각하면 이구 황손을 미국에 보낸 것이나, 쥬리아와 결혼을 하게 된 것이 모두 잘못입니다. 한국과 멀어지는 길로만 갔으니까요. 방자비 전하는 원래 쥬리아와의 결혼에 적극 반대를 했습니다. 다시 25% 피의 혼혈 자손을 낳을 수는 없다는 생각이었지요. 영왕 전하도 크게 진노하면서 반대를 했습니다. 그러다가 영왕이 마음을 바꾸어서 나는 내 뜻대로 살아 본 것이 전혀 없는데, 자식이나 뜻대로 살게 하자면서 결혼을 승낙했습니다. 그런데 쥬리아는 10년 연상의 여인이고, 백인도 순수 앵글로 색슨이 아닌 잡종 백인이라 흔쾌히 생각하질 않았지요.

이구 황손은 여인의 치마폭에서 나오지 못하는 인물입니다. 쥬리아와 살 때는 쥬리아에 빠져 있었고, 종약원에서 이혼 종용을 받으며 쥬리아와 멀어지다가는 느닷없이 일본으로 도망가서 일본 무당 아리다의 치마폭 속에서 헤어나질 못하는 인간입니다.

애초에 이구 황손이 귀국하면서 박정희 대통령에게 내놓는다며 27가지의 귀국조건을 갖고 왔습니다. 그것을 보고서 내가 즉시 치워 버리라고 했습니다. 이승만 정권 때에 귀국도 못하며 탄압을 받다가 박대통령이 은혜를 베푸는데 말도 되지 않는 일이었고, 박대통령이 해주는 대로 하라고 타일렀습니다.

이구 황손은 귀국하면서 우리말로 인사조차 못하는 수준이었습니다. 그래서 쓸 데 없는 조건을 내세우지 말고서, 한국말이나 배우라고

29) 김상렬 면담, 1994.12.2, 필자 연구실.

했습니다. 미국 시민권도 당연히 버리라고 했습니다. 그렇지만 이구 황손은 항상 한국땅에 정착하지 못하는 이방인의 자세였습니다. 한국에 동화하려는 노력이 전혀 없었지요. 아무리 설득해도 무반응이었습니다.

푸른 눈의 쥬리아 여사를 두고 종약원에서 말이 많았으며, 그리하여 주위에서 한국여자를 붙여 주려고 했는데 문화적 차이로 항상 결합에 실패를 했습니다. 다만 미술 화랑업을 하는 유여사는 이구 황손을 포용하며 마음대로 다룬 능란한 여자라 몇 년을 살았습니다. 이구 황손이 이란의 팔레비 황실과 통해 테헤란에서 5년간을 유여사와 산 것은 특이한 사례였습니다. 그러나 팔레비 왕이 이란혁명으로 축출되자 쫓겨 오듯이 귀국하고 말았지요.

아마 1979년쯤입니다. 이란에서 귀국하여 어머니 방자비 전하와 일본에를 갔지요. 거기서 어머님 소개로 만난 돼지같은 몸집의 대단히 못생긴 추녀 무당 아리다를 만났는데, 그 자리에서 세뇌를 당해 버렸습니다. 아리다는 딸 셋을 가진 이혼녀로서 희대의 사기꾼인데, 그녀의 전 남편은 운전수였습니다. 이구 황손은 느닷없이 일본 무당 아리다와 결합하며 유여인을 버렸습니다. 그러다가 국내의 사업이 부도가 나니 아예 일본으로 도망가서 아리다와 계속 동거하게 된 것입니다.

박대통령이 지시하고 김재규가 나서서 부도낸 돈을 갚아 주었으나 또 부도를 내고 도망을 가버렸습니다. 그러자 대림산업의 이회장이 돈을 다 갚겠으니까 그냥 귀국 하십시요, 사무실도 그냥 드리겠습니다 하고 간곡히 연락해도 거절하고 아리다와 살고 있습니다.

그후 일본에서는 아까사까 호텔을 공짜로 쓰고 도망가거나, 돈을 빌려 쓰고 갚지 않고서 도피하는 등의 생활을 계속하며, 일본 경시청에 고소를 당하고 신문에 기사화되어 망신을 당하는 생활을 잇고 있습니다. 방자비 전하에게 백지 위임장을 받아서 내가 서초경찰서장과 치안본부장을 만나 사정 얘기를 하고 정신병원에 강제 입원시키는 계락을 짜기도 했었습니다. 강남성모병원 정신과장과 협의도 끝내놓고, 다른 핑계를 대며 귀국을 시켰는데 어머님께는 연락도 않고 종약원 이

사장을 만나러 갔습니다. 신라호텔에서 이사장과 마주 앉았는데 30분 단위로 일본에서 아리다의 전화가 걸려 왔습니다. 계속 세뇌 설득을 하는 것이죠.

아리다는 이구 황손 편에 방자비 전하를 욕하는 편지까지 들려서 보냈었습니다. 그 편지는 현재 내가 갖고 있습니다. 아리다는 희대의 사기꾼으로서 이구 황손을 내세워 사기만 쳤습니다. 당시 일본인 야마자끼를 대동하고 왔었는데(사람들은 이를 야꾸자 조직원이라고 하는데) 곳곳에 정보망을 깔아 놓고 온 듯 했습니다. 그런데 일이 꼬이느라고 아침식사를 하려는데 별안간 화랑을 하는 유여사가 들이 닥쳤습니다. 이구 황손은 그러자 신발도 신지 않고 뒷문으로 급히 사라져 택시타고 도망을 갔으며, 일본인들의 호위 속에 비행기를 타고 일본으로 사라졌습니다.

이 무렵에 쥬리아에게서 이혼장이 우송되어 왔습니다. 아리다와 이구 황손을 쌍벌 간통죄로 고소하겠다는 것입니다. 둘 다 감옥에 잡아 넣고서 모든 것을 털어 놓겠다고 했습니다. 그렇게 되니 언론에 나서 황실망신을 시킬 수도 없었고, 약 1년 4개월을 쉬쉬하며 시간을 끌면서 내가 간신히 협의이혼이 되게 만들었습니다. 쥬리아는 50만 달라를 위자료로 요구했는데, 그것을 3500만원으로 간신히 조정했지요. 그리고 종약원 이사장이 1500만원, 내가 1500만원, 방자비 전하가 500만원을 분담하기로 하고 도장을 찍었는데, 이사장이 내지 않아 그것도 내가 냈습니다. 이구 황손의 이혼을 계속 종용하여 가정파탄을 내놓고 책임은 전혀 지지 않은 것입니다. 그러니까 계속 이혼을 종용한 것도 순수한 충정이 아니라, 자기 손자를 양자로 만들려는 계략에서 비롯되었다가 무산된 것이라고 생각이 됩니다. 그 후 이구 황손은 아리다와 정식결혼을 하고는 10년이 지났습니다. 그리고는 어머님이 돌아가신다고 수술동의를 하래도 오지 않았고, 돌아가신 뒤에 마지못해 상주노릇은 하러 왔습니다.」

다시 이석 황손의 얘기를 한 번 들어보면 이구 황손의 입장을 분명히 다시 인식할 수 있다.[30]

「지난 번 5월 5일의 종묘제례에 참석을 했었습니다. 끝나고 이구 황손을 만나서 귀국을 하여 낙석재를 다시 찾고, 한국어도 배우라고 권고를 했습니다. 그러니까 거부를 하면서, 'That is not my business' 라고 답변을 할 정도였습니다.

머리를 빽빽 깎은 일본인 서너 명을 꼭 대동하고 오는데, 이번에도 그들이 밀착되어 다녔습니다. 그는 금번에 오는 데도 칠백만원이 들었다면서 곧 귀국을 하였고, 영구귀국 의사는 없다고 확실히 말했습니다.」

그렇기에 잘못된 이구 황손에서 비롯된 전혜원 양자파동은 결코 파동일 수가 없다는 것이다. 그 어머니인 방자여사도 인정치 않는 이구 황손에게 무슨 황통을 잇겠는가? 이구 황손의 양자는 누구를 데려다 이은들 탓할 이유도 없고 파동을 일으킬 것도 없다. 이구 황손이 스스로 알아서 그에게 적당한 사람을 양자로 뽑는다면, 그것은 그 개인의 자유다. 그 양자는 일본인이든 다른 외국인이든, 그리고 또 어떤 누가 되던 전혀 개의할 것이 아니다. 자연인 이구 황손이 개인적인 양자를 얻는 것에 불과하기 때문이다. 우리민족과는 크게 관계될 것이 전혀 없다. 이렇게 생각할 때에 전혜원은 양자 잇기가 불발된 것이 개인적으로 큰 행운이다. 만약에 당시 양자가 되었다면, 두고두고 멍에를 지고서 역사적 지탄을 받으며 살아야 했을 것이기 때문이다.

그렇다면 앞으로 대한황실의 황통 잇기는 어떻게 되어야 하나? 그런데 그것은 재차 강조하지만 이구 황손과는 전혀 관계가 없는 일로서, 새롭게 결정될 일이다. 아니 그것은 이 나라가 제대로 된 나라였다면 침략일본이

30) 이석 황손 면담, 1996. 5. 16, 필자 연구실.

물러간 뒤에 방자여사는 단호히 황실에서 내쫓았어야 하고 이구 황손도 확실한 조치를 취했어야 할 일임을 분명히 유의하고 결정될 일이다. 만약 지금에 와서도 이구 황손을 극진히 모시고 있다면, 그것은 끈질기게 이어진 침략영합의 매국행위임을 유의하고 단호하게 거부되어야 할 일이다.

만약 오늘날에도 태조 고황제 폐하나 태종 임금님께서 살아 계시다면, 이구 황손을 모시고 있는 상상 못할 잘못된 행위를 그대로 용납해 두었겠는가 분명하게 가슴에 손을 얹고 생각을 가다듬어야 옳다. 죄송스러운 얘기지만 방자여사나 이구 황손은 전통사회 그대로였다면 공개 참수형을 내렸을 인물임도 분명히 유의되어야 한다. 침략첨병을 그대로 둘 수 있겠는가? 대한황실의 황통은 지금도 이구 황손의 어두운 그늘에서 헤매며, 미망 속에 길을 잃고 있는 부끄러움 속에서 양자파동이 빚어진 것이다. 대한황실의 황통은 단호하고 새롭게 이 시대의 국민 모두가 승복할 황통으로 새로 확실하게 모셔야만 한다.

그렇다면 이와 같은 비통한 현실을 이구 황손 당사자는 어떻게 생각하고 있을까? 그런데 이초남 황손이 전해주는 바에 의하면 이구 황손은 아주 대단히 훌륭한 분이라고 생각이 된다. 그는 비참한 역사를 끌어 안은 피눈물로 얼룩진 비극의 인물이지만, 정말 본인의 아버지 나라를 진심으로 사랑하는 훌륭한 인물이라고 생각된다. 이구 황손의 주변에서 그를 부축이며 오도하는 사람들이 있거나, 공연히 사심을 품고서 이구 황손의 뒤를 잇겠다는 망상을 가진 사람들이 있을 뿐이라고 생각이 된다. 왜냐하면 이구 황손 스스로는 완전하게 마음을 비운 자세로서, 역사 앞에서 담담하게 본인의 입장을 정리한 노후를 보내고 있다고 전해지고 있기 때문이다. 이구 황손의 놀랍고 감격적인 훌륭한 발언은 다음과 같았다고 한다.[31]

---

31) 이초남 황손이 전해주는 바에 의하면, 이는 2004년 봄의 사직대제에 참석한 이구 황손이 주변의 사람에게 본인의 심경을 털어 놓은 얘기라고 한다.
이초남 황손 면담, 2004.9.30, 광화문 식당.

「내 뒤를 이어서 다시 불행한 후손이 나와도 옳지 않으며, 나에게 양자를 들이는 것도 바람직하지 않습니다. 조선황실의 비극은 나로서 끝나야 합니다.」

그러나 이구 황손의 이러한 개인적 견해에도 불구하고, 그의 주변에서는 양자잇기가 대단한 권력쟁탈이라도 되는 듯 암투가 계속되고 있다. 이렇게 억지로 이은 양자가 무슨 역사적 의미가 있겠는가? 아니 역사흐름에 큰 죄를 짓는 것임을 왜 모르는가 답답할 뿐이다.

그런데! 매우 결정적인 커다란 장애물이 별안간 나타났다. 그 놀라운 얘기는 이초남 황손에 의해 다시 전해졌으니, 결정적인 순간이 되자 이구 황손의 마음이 돌변한 것이다.[32] 이초남 황손은 항상 그러하듯이, 정통 황손답게 이구 황손을 걱정하고 감싸는 마음으로 얘기를 하고는 한다. 그러나 그러한 과정에서 전해지는 다음의 얘기는 매우 당혹스러운 바가 크다.

「이구 황손이 작년 연말부터 증발되고 전혀 연락이 되지 않는다고 합니다.[33] 물론 금년도 신년하례식에도 참석을 하지 않았지요. 그간 이구 황손은 중요 황실제향과 연말, 연시 행사에는 꼭 참석을 한다는 조건으로 국가에서 품위 유지비용을 수령해 갔습니다.

그런데 그 약속이 자꾸 지켜지지 않다가 금번에는 전혀 연락이 두절 상태에 있습니다. 제가 듣건데, 전주이씨대동종약원에서 이구 황손의 후사에 대한 최종 결론을 내기 위한 협의를 하려고 한 뒤로 증발되고 말았답니다.

종약원에서 양자에 대한 협의를 하여 최종 결론을 내려니까, 이구 황손은 말하길 '나는 양자가 필요 없다. 대리모를 나에게 마련해 달라. 지금이라도 씨받이 여인을 통해 나의 직계 아들을 낳아서 대를 잇

32) 이초남 황손 면담, 2005. 3. 6, 서울 서초동 삼계탕집.
33) 이종엽, 시사평론사 기자, 2005.4.3.

고 싶다'고 말하고는 연락을 끊었다는 것입니다.」

그렇다. 앞에서 누차 강조를 해서 말했지만 이구 황손은 결코 우리황실의 앞날을 위해서 진지하게 논의를 할 상대자가 될 수 없다. 왜 그토록 의미없는 일이 계속 되는가? 이구 황손은 변함없는 침략혈통의 적손(敵孫)에 불과하다. 우리황실을 해체시키고, 단절시키며, 교란, 분열, 마비시키려고 만든 일제침략의 첨병에 불과할 뿐이다. 젊었을 때에 낳지 못한 자식을 다 늙은 70대 중반의 노인이 되어 낳을 수도 없으련만, 늙어서 죽을 때까지도 대한황실을 괴롭히려는 그 집념은 정말로 침략의 촉수답다고 생각이 된다.[34)]

전혜원 죽이기

전혜원을 양자로 옹립하려던 파동이 끝난 뒤에 나타난 또 하나의 기묘한 현상의 하나는 급격하게 '전혜원 죽이기' 현상이 나타난 일이다. 그간 전혜원은 양자옹립 파동이 있기 전까지는 사실상 누구도 애써 전혜원을 폄하하거나 비난하는 발언을 하는 경우가 별로 없었다. 내면으로 참 불쌍하고 억울한 사람일 수 있겠다는 동정적인 분위기도 적지 않이 나타나는 상황이었다. 어쩌다가 불운하게 태어나서 할머니의 성을 타고 태어났으며, 그 후유증으로 극심한 마음의 고통을 겪으며 사는 불행한 사람이라는 생각을 널리 갖고 있었다.

그런데 전혜원이 양자로 옹립되어 이구 황손의 뒤를 잇는다는 얘기가

---

34) 이구 황손의 이혼한 본 부인 줄리아 여사는 1958년 10월 25일에 남편이 황손이란 것을 모르고 결혼했다고 한다. 결혼 후에 두 번을 유산하고 나서 자식이 없으며, 본인이 우크라이나계 미국인이라 본의 아닌 이혼을 당했다고 말한다.
동아일보, 1996. 2. 18.

알려진 이후, 특히 격렬하게 전혜원을 비난하는 측이 있었다. 그런 아주 묘한 사실은, 비난을 크게 하는 측이 바로 최근까지 전혜원을 진짜 황손이라고 인정해주던 일부의 황손들인 점이었다. 그간 전혜원을 경우에 따라서 두둔하고 그 뿌리를 확인해 주던 일각의 황실 후손들 사이에서 그것이 강하게 돌출하는 까닭은 무엇일까? 그 이유는 그러나 매우 자명한 것이 아닐까 생각이 된다.

전혜원의 뿌리는 인정하되 그를 양자로는 인정할 수 없다고 강하게 말할 몇몇 사람은, 양자옹립에 따른 이해관계가 확실히 존재하는 위치에 있는 사람들이기 때문이다. 다른 일반인들에게는 큰 이해관계가 있을 수 없고, 또 있다고 할 경우에는 국가대의를 보는 입장에서의 공적 관계이지 사적 성향이 높을 수는 없기 때문이다.

전혜원은 정말 인간적으로 동정을 금할 수 없다. 그를 격렬하게 비난하는 쪽의 비난이유가 바로 전씨라는 것이 핵심이기에 더욱 동정심이 크게 나옴을 말하는 사람도 적지 않다. 그러나 심지어 성씨도 다른 사람이 어찌 양자가 되려고 했느냐는 비난을 격렬히 하는 측의 내면적 심서는 일반인들의 마음에 결코 상쾌한 것일 수만은 없다. 왜냐하면 그 비난의 소리는 어제까지 전혜원을 그토록 예쁘다고 강조하던 측에서 강하게 나오고 있기 때문일 것이다. 그리고 요즘 들어서 전혜원이 황손들 사이에서 사실상 왕따 상태에 있다는 얘기도 결코 즐거운 소식일 수만은 없다. 이에 대해서 평소 바른 말을 잘하는 이해원 여사가 분명하게 꼬집어 말하는 것이 있다.

「혜원이를 비난하기에 앞서서 부친의 제사나 제대로 모셔라. 의왕의 제사는 어렵게 사는 혜원이가 도맡아서 지내는데 왜 혜원이를 비난하냐?」

두 번째 주제

현대판 양녕대군 : 이석

- 양자파동의 속뜻
- 이석 황손에의 집중공격
- 현대판 양녕대군
- 광대 황손
- 이석 황손 공격의 참뜻
- 횃불을 드높이 들다
- 이석 황손의 인간적 매력
- 내각제 추진
- 김종필 총재
- 놀라운 뒷얘기
- 사양길
- 찜질방 사건
- 경기전 초대장
- 서울시 황실모독 사건
- 나도 황손?
- 전주대학교 교수 발령

양자파동의 속뜻

그렇다면 전혜원 양자파동에 담겨진 깊은 속 뜻은 무엇인가? 그것은 이제 시대가 바뀌고 역사가 점차적으로 무르익어 가면서 양자파동과 같은 일이 벌어지게 되었음을 뜻하는 것이다. 생각이 잘못되어 착각하고 있는 일부 사람들에게 있어서는, 이구 황손의 양자가 매우 의미있는 일이라고 오해될 수 있는 분위기가 만들어져 있음을 뜻하는 것이다. 혹시 역사의 흐름이 순조롭게 진행되어 임금님을 모시자는 사회분위기가 만들어지게 되면, 이구 황손의 양자가 자동적으로 임금님이 되는 것은 아닐까 하는 오해에서 비롯된 것임이 내면적으로는 분명한 것이다.

그렇지만 그것은 앞에서도 언급했지만 분명한 착각이다. 전혀 불가능한 것이고, 있어서는 절대로 않될 일임을 유의해야만 될 것이다. 만약 이구 황손의 양자 잇기에 의해 새로운 역사를 만든다면 그것은 임금님을 모시지 않는 것만도 못한 우매한 일을 저지르는 것이 분명하다. 침략일본의 악행을 바로잡고 새로운 역사를 만들기 위한 일을, 침략일본이 만든 악의 흐름을 다시금 추인해주는 것으로 해결할 수는 없는 일이다. 그럼에도 불구하고 양자 모시기에 집착하는 일각의 흐름과 양자 모시기를 반대하는 또 다른 흐름이 부딪치며 양자옹립 파동이 빚어졌다는 것은 일종의 해학적 코미디극이 만들어진 것과 다름이 없는 일이다.

이에 대하여 이호창 선생도 분명하게 단언한다.

「영왕 전하는 분명하게 황태자이십니다. 그러나 아드님이신 이구 황손을 태손이라고 부르는 것은 어쩔 수 없이 궁여지책으로 부르는 것입니다. 입으로만 황태손이라고 하는 것을 사람들이 무작정 함께 따라 부르는 것에 불과합니다.」

이 시대에 있어서 이구 황손의 양자 잇기가 큰 파동이 될 수는 없는 일이다. 그저 자연인 이구 황손의 개인적 사생활에 불과한 것이며, 우리들은 이구 황손에 대해서 사실상 큰 관심을 가질 필요도 없다. 그럼에도 착각적 행태를 보이는 일부 인사들에 있어서, 전혜원이 아닌 다른 사람으로 양자를 이어야만 한다는 집착성을 보이는 흐름도 계속 이어지고 있다. 그러한 사람들에게 무슨 말을 해 주어야 옳을 것인가?

첫째로 역사의식을 올바로 가질 것을 권하고 싶다. 단군왕검 이래로 도도히 흘러 내려온 긴 역사의 흐름을 제대로 인식하고 있다면 이구 황손을 어찌 황통(皇統)으로 인정할 수 있는가? 황통이란 거대한 맥(脈)을 뜻하는 것이다. 그 줄기가 연면히 이어지면서 정당성을 확보하는 도도한 흐름이 없다면 그것은 결코 맥을 잇는 것이 아니며, 통(統)을 세우는 것이 될 수 없는 것이다. 이구 황손은 절대로 황통의 정당성을 가질 수 없는 침략오염의 잘못된 혈통이다.

둘째로 매국노의 흐름과 단호하게 단절할 것을 권하고 싶다. 이 시대에도 아직까지 방자여사와 이구 황손에 집착한다면, 그것은 분명히 지적하건대 확실하게 이 시대의 현대판 매국노가 분명한 일이다. 침략일본에 의해서 만신창이가 된 대한황실의 비참한 현실을 직시한다면, 이구 황손을 성스러운 종묘에 들여보낼 수도 없는 일이고 종약원에 발을 딛게 할 수도 없는 일이 분명하다.[1] 아니 어찌 한국 땅을 활보하고 다니게 할 수 있는 일인가 사려깊게 생각해야 옳다.

셋째로 사심(私心)의 노예가 되지 말 것을 말하고 싶다. 역사의 명예회복은 사심으로 이루어지는 것이 아니다. 황실의 명예회복을 위해 성심껏 헌신하고 봉사하며 희생함이 없이, 오로지 사욕에 눈이 멀어 불의에 영합

---

1) 종묘대제 때에 이구 황손에게 초헌관을 쓰게 하고, 그를 종약원의 중심인물로 보는 것은 이성을 잃고 역사의식 마비상태에 있기 때문이다. 한 마디로 종묘대제를 올려서 조상께 효도하는 것이 아니라 죄를 짓고 있는 것이다.

함은 역사에 오명을 남기는 지름길이 되는 것이다. 검은 마음을 갖고 역사의 명예를 회복한다고 함은 역사를 모독하는 일임을 분명히 숙지해야 할 것이다. 떳떳한 흐름에서 당당하게 역사의 주인공이 되어야지, 이 시대에도 역사의 열매를 찬탈하려는 마음을 갖고 살아간다면 누가 그것을 옳다고 말하겠는가? 겸허한 자세로 봉사하는 역사창조의 흐름이 항상 선행되어야지 역사에 죄를 짓지 않는 것이다. 만약에 이구 황손에게 억지로 양자잇기를 시도하여 역사를 오도함은, 그것이 바로 현대판 역적과 같은 것임을 유의해야 할 것이다.

이석 황손에의 집중공격

전혜원 양자파동이 일어나는 때에 나타난 또 다른 현상의 하나는, 이석(李錫) 황손을 집중적으로 공격하는 흐름이 나타나게 되었음이다. 이석 황손에 대한 여러 가지 비난이 쏟아지는 가운데, 이석 황손을 흡사 침략일본이 의왕을 공격하던 바와 비슷한 현상이 나타나게 된 것이다. 침략일본은 그 시대에 자기들의 말에 잘 따르는 사람이나 집단은 모범이라고 불렀다. 예컨대 그 시대의 모범학교나 모범생이란 사실상 침략일본의 앞잡이였음을 뜻하는데, 그것이 부끄럽게도 현대시대에까지도 그대로 이어졌던 점을 우리사회가 심각히 반성해야 될 일이다.[2)]

우리들은 많은 경우에 정치선전의 노예가 되어 살아가는 경우가 많다. 사람들의 눈과 귀를 가리고서 특정방향으로 교묘하게 다듬어진 일방적인 정보에 세뇌되면, 인간은 부지불식간에 그에 대해서 긍정반응을 보이게 된다. 생각하면 사람들은 많은 경우에 자신의 독자적인 뜻으로 사는 것이

2) 고교 평준화는 그러한 측면에서 보았을 때에, 강력하게 잔존했었던 부끄러운 고교의 우위성을 없앤 대단히 중요한 일을 했던 공로가 있다.

아니라, 타인의 뜻에 따라서 타인에 의해 조종을 당하며 타의적인 삶을 산다. 지구상에는 왜 사는가도 제대로 모르면서 타의로 살다가 타의로 죽어가는 사람들이 수없이 많다. 경우에 따라서는 알면서도 어쩔 수 없이 따라가게 되는 경우도 있지만, 많은 사람들은 맹목적으로 어디로 가는지도 모르면서 그냥 따라가며 인생을 허송한다.

요즘 예컨대 우리사회에는 촛불시위가 유행하고 있다. 그러나 그 촛불 자체가 어떤 의미를 갖는 것인가? 촛불시위의 목적은 무엇이고, 그 시위의 위상이나 전개방법은 어떤 뜻이 있는가? 촛불시위를 함은 어떤 결과를 낳는가 등을 폭넓고 면밀하게 생각하고 동참하는지 의문이 가는 경우가 많다. 멀리 숨어있는 어떤 큰 세력에 의해 맹목적으로 조종당하며 촛불을 들고 있는 경우가 의외로 많을 수가 있다.[3)]

우리는 때때로 깊은 생각이 없이 조선시대를 욕하고 헐뜯는 말에 동참한다. 예를 들어 이북 부수상 홍명희가 쓴 임꺽정 같은 소설이 어떤 목적으로 왜 등장했는가를 생각해 보았는지? 그리고 느닷없이 소설 장길산이 현대시대에 나타났는데, 장길산은 어떤 배경에서 왜 쓰여졌는가를 깊게 생각해 보았는지 스스로 물어보며 그 소설에 빠져드는지 생각해 본 경우가 흔치 않다. 그리고 현대시대의 6·25전쟁을 일방적 시각으로 오도시킨 태백산맥 같은 소설의 깊은 속 내용을 알고서 그 소설을 읽고 있는지 생각해 본 경우가 흔하지 않다.[4)]

최근에 우리들은 지난 박정희 시대를 일방적으로 비난하며 무조건 독재시대라고 몰아붙이는 흐름을 언론매체에서 쉽게 만나며 살아가고 있다. 그런데 많은 사람들은 깊은 생각도 없이 그 언론매체가 전달하는 정보

---

3) 촛불을 어떤 때에 들고, 어떤 때에 들지 않는가를 예리하게 살피면, 촛불을 드는 것의 순수성이 파악될 것이고 어떤 세력이 뒤에서 조종을 하는가도 쉽게 알게 될 것이다.

4) 안천, 사회과학 쪽에서 본 분단문학 : 태백산맥을 사례로 들어, 한양대학교 한국학연구소, 한국학논집 제 24집, 1994.2, pp. 367-397.

를 받아들이며 사실상 무조건 그에 따른다. 그러나 6·25전쟁의 폐허 위에 한강의 기적을 만든 박정희시대를 독재라고 매일같이 매도하는 합창소리에 휩쓸려 사는 사이에, 국가는 IMF 국치를 겪으며 수없이 많은 기업이 쓰러지고 외국에 팔려나가며 수많은 실업자가 넘쳐났다. 언론에는 연속하여 절박한 상황이 전해지게 되는 속에서도 그 이유를 제대로 알지 못한다. 만약에 바른 말을 하거나, 정치권력 혹은 사회적 주도권을 쥔 쪽에 비판적인 자는 교묘한 죄목을 붙여서 순식간에 제거를 당하고 만다. 그리고 바른 말을 하면 인터넷 등으로 사회적 왕따를 만들고 두려움 속에 숨죽이며 지내게 만든다. 이 시대의 주도권을 쥔 자들에게 맹목적인 박수를 치지 않는 자에게는 가혹한 형벌이 내려지는 무섭고 무서운 사실상의 독재시대요, 살벌한 공포정치의 시대를 살아가고 있지만 많은 사람들은 그냥 휩쓸려 떠내려가고 있는 듯하다.

우리는 이석 황손에게 쏟아지는 공격도 예리하게 살펴 볼 필요가 있다. 왜 요즘 이석 황손에게 집중포화가 쏟아지고 있는가? 물론 이석 황손에게 잘못도 있고 약점도 있지만 왜 유난히 요즘 비난이 쏟아질까?

그에 대한 답은 간단하다. 예전에는 이석 황손을 공격할 상황이 만들어지지 않았었는데, 이제는 시대가 흘러서 이석 황손이 공격을 당할 만한 상황이 만들어져 있기에 공격을 당하는 것이다. 전혜원 양자파동이 일어나는 무렵에, 이석 황손 때리기가 일어나고 있다는 것은 이석 황손을 때릴 상황이 만들어져 있음을 의미하는 것이다.

현대판 양녕대군

예전의 양녕대군이 이 시대에 다시 태어난다면 어떻게 살아가고 있을까? 조선 초기의 시대이니 생각하면 양녕대군은 약 600년 전의 인물이다.

그 양녕대군이 시대를 훌쩍 뛰어 넘어서 현대시대에 다시 태어난다면, 그 사람은 틀림없이 이석 황손과 비슷한 생활을 하지 않았을까 하는 생각이 든다. 아니 불교의 윤회적 사고로 말한다면, 이석 황손은 양녕대군의 직계손으로서 양녕대군 그대로가 이 시대에 다시 태어난 것이라고 해도 틀리지 않을지도 모른다.

노래하는 황손 이석

통상 알려져 있길 이석 황손은 그간 '노래하는 황손'이라고 불려져 왔다. 그는 젊은 시절에 가수의 길을 걸으며, 비둘기집, 외로운 조약돌 등의 노래를 통해서 널리 알려진 인물이다. 생각하면 이석 황손은 선천적인 가수인지 모르겠다. 예전에 그의 부친 의왕이 노래도 잘 부르고 풍류에 일가를 이룬 풍운아였기에 그 핏줄을 이어받은 때문인가? 이석 황손은 6·25 전쟁 당시 서울 창경초등학교에 다니는 10세의 어린 소년일 때에, 인민군이 서울을 점령하고 어린이들에게 가르친 선무공작 노래를 지금도 정확히 부를 정도이다.

만주벌 눈바람아 이야기하라
밀림의 긴긴밤아 이야기하라
만고의 빨치산이 누구인가를
절세의 애국자가 누구인가를
아-아 그 이름도 빛나는 김일성 장군
아-아 그 이름도 거룩한 김일성 장군

동료 가수들과 공연에 앞서 찍은 기념사진

6·25 전쟁 당시에 이석 황손은 동네의 통반장들이 인민군기를 들고 다니며, 동네 사람들과 어린이들을 불러다가 공산당 선전 교육을 시키던 것은 잊었다면서도 노래는 정확히 기억하고 있다. 인민군들은 원래 공산당 조직운영이 그렇듯 선전이나 음악을 중요하게 활용했고, 피난을 가지 못하고 서울에 남은 어린이들까지 몽땅 모아 놓고서 선무공작을 했던 것이다.[5] 그런데 이석 황손이 부른 노래의 김일성 장군은 원래의 김일성 장군을 말하는 노래 가사인듯 하며, 사료로서의 가치도 있을 듯하다. 30대초의 어린 나이로서 소련군 초급장교 신분으로 조국에 돌아온 김일성(김성주)에게 이런 노래 가사가 나올 수는 없으리라고 보며, 원래의 진짜 김일성

5) 인민군들은 6·25 전쟁 당시에 국립국악원에 있던 악기들을 모두 이북으로 가져가려고, 완전히 묶고 포장까지 끝내 놓은 것을 어린 10세의 이석 황손이 목격했다고 한다. 다만 인천상륙작전으로 급히 패주하며 못 가져갔다고 한다.

(김광서) 장군의 노래가 이북군대에게[6] 전해진 것이라고[7] 생각이 된다.[8]

이석 황손은 예전에 가수생활을 하면서 TBC 동양방송의 유능한 사회자로서도 인기가 있었고, 잘 생긴 젊은 미남가수로서 대중성도 있었기에 곳곳에서 큰 호응을 받으며 살아왔다. 더군다나 그가 무너진 대한황실의 왕자라는 남다른 신분의 인물이라는 신비로운 측면까지 가미되어, 그는 많은 사람들의 뇌리에 깊게 각인되어져 오늘에 이르렀다.

그런데 이석 황손이 그 어느 날부터 가수의 길을 접고, 새로운 삶을 시작하면서 그의 생애는 완전히 다른 길을 가게 된다. 그는 무너진 대한황실의 명예를 다시 찾겠다고 최초의 횃불을 든 용기있는 사람이다. 우리의 황실은 일제침략으로 깨끗하게 무너져 사라졌다고 생각한 많은 사람들에게 별안간 나타나서, 황실은 살아있다고 외친 바는 수많은 사람들에게 큰 충격을 주고도 남음이 컸다. 그의 등장을 알리는 신문기사 하나를 읽어 보자.[9]

> 「대한제국 황손인 이구씨와 이석씨가 5일 대한제국 황실의 '비정치적' 복위 여부를, 오는 8월 15일까지 답해 달라고 요청하는 성명을 발표해 배경에 관심이 쏠리고 있다.
>
> 이들은 각 언론사에 돌린 회견문을 통해 "우리 민족은 왕정 중단이 외세의 침탈에 의해 이뤄졌기 때문에 일제 불법 강점의 시련기에 독립운동이 줄기차게 진행됐는데도 대한제국에서 8·15 조국 탈환까지의 역사가 단절돼 버렸다"고 밝혔다. 이들은 이어 "황실을 침탈한 을사조약과 일본의 침략행위를 추인하는지, 대한민국의 대한제국 계승

---

6) 임은, 북한 김일성왕조 비사(서울:한국양서, 1982) 참조.
임은, 김일성 정전(서울:옥촌출판사, 1989) 참조.

7) 임은은 가명이다. 그는 원래 허진으로서 유명한 의병장 허위 장군의 손자이다. 6·25 전쟁 당시 인민군 고위장교였으나, 망명하여 소련의 모스크바에서 여생을 보냈고 허웅배라는 이름으로도 불린다. '레닌 기치' 신문사를 운영하다 작고하였다.
안천, 남침유도설 해부(서울:교육과학사, 1993), pp.277-284 참조.

8) 이명영, 권력의 역사(서울:종로서적, 1954) 참조.

9) 강남규, 대한제국 황손들 복위주장 성명, 한겨레신문, 1997. 2. 6.

및 비정치적 차원에서 황실의 복위 여부 등을 헌법제정권력자에게 묻는다"고 밝혔다.」

만약 이석 황손이 지금까지 노래하는 황손으로서 평범하게 가수의 길을 갔다면, 그는 지금도 부담없이 세인의 사랑을 넓게 받는 대중가수 그대로의 신분일 것이다. 그리고 그에게 집중된 공격의 화살이 날아올 까닭도 있을 리가 없다. 그러나 그가 대한황실을 다시 살려야 한다는 구국의 횃불을 들면서 그에 대한 일반인들의 시선이 달라지게 된 것이다. 이석 황손의 오늘날 모습은 어떻다고 보아야 할까?

첫째로 이석 황손은 일단 가수로서의 모습을 사람들에게 우선적으로 떠오르게 만든다. 가수라는 직업은 만인을 즐겁게 해주는 좋은 직업이다. 만인을 홍겹고 즐겁게 만들어주는 직업은, 직업 중에서도 아주 으뜸가는 직업일 수 있다. 그러나 가수라는 직업은 다른 시각으로 보면 정착된 인상보다는, 왠지 모르게 비안정적인 직업이고 대중의 인기라는 일종의 허황된 거품에 팔려 다니는 듯한 기분을 안겨준다. 그리고 한편으로는 무언가 허전한 듯한 느낌을 갖게 만든다. 물론 모든 직업이 어느 정도는 그런 성향이 있겠지만, 대중가수와 같은 인기인은 그것이 보다 두드러진다. 인기는 시간이 흘러가면 많은 경우에 물거품이 되기 때문이다. 이석 황손에게는 그 인상이 계속하여 따라다닌다.

둘째로 이석 황손은 술에 대한 인상이 항상 잔존해 있다.[10] 그 까닭은 그가 언젠가부터 개인적 삶을 위해 밤무대 가수생활을 했었기에, 많은 사

---

10) 조선시대의 확고한 토대를 만든 일세의 정치적 경륜가 태종 임금님은 술철학이 어떠했는가? 양녕대군은 말썽피우는 말술꾼이라 틀렸고, 효령대군은 한 모금도 못 마시니 바람직하지 못하다. 그러나 충녕대군(세종)은 술을 잘 마시지는 못하지만 적당히 마시고 그친다. 충녕이 대위(大位)를 받을만 하니, 충녕을 세자로 바꿔 정한다.
김문식, 김정호, op.cit.,p.281.

람들의 뇌리에 그 인상이 강하게 남겨지게 된 것이다. 술은 인간을 친근하게 만든다. 그리고 적절하고 절도있게 마시는 술은 건강증진에도 큰 도움을 준다. 그렇지만 술은 정도를 넘는 순간에 인간을 흐트러지게 만들고, 때로는 타락의 길로 이끌기도 한다. 이석 황손은 요즘 술을 가까이하지 않는다. 그렇지만 그에게는 그런 인상이 따라다니는 것이 문제다.

셋째로 이석 황손은 정착된 직업이 없는 인상이 강하다. 그렇기에 평생을 떠도는 듯한 인상을 짙게 일반인들에게 안겨주게 된다. 사람들은 무언가 주어진 직장이나 직업이 확실하게 정해진 때에 나름대로의 신뢰감을 강하게 주게 된다. 또한 직장이나 직업이란 그 사람의 인상을 규정하기도 한다. 그러나 이석 황손에게는 그런 정착된 느낌이 없다. 부평초와 같이 떠도는 인상을 타인들에 안겨 주게 됨에서 타인에게 오해를 안겨줄 수도 있다.

넷째로 이석 황손은 일반인의 삶과는 다른 길을 걸은 데에서 오는 남다른 인상이 있다. 그렇기에 이석 황손은 일반인들이라면 거리끼면서 삼가는 수준의 말까지 거침없이 공중 앞에서 얘기를 한다. 그는 때로는 생방송 텔레비전에 출연해서도 막힘없이 여러 가지 말을 한다. 이를 사람들은 신기하고 놀랍게 대한다. 그래서 이석 황손은 높은 인기가 있다. 그러나 그것은 거꾸로 말하면 일반인들의 삶의 흐름을 벗어난 것으로 받아들여지거나, 때로는 비정상적인 것으로 받아들여지게도 된다.

다섯째로 이석 황손에게는 무너진 황실의 모습이 투영된다. 침략일본의 가혹한 짓밟음에 의해 무참하게 무너져버린 대한황실의 아픔이 그의 모습에서는 강하게 느껴진다. 그렇지만 우리사회는 잘사는 매국노 후손을 못사는 독립군 후손보다 겉모습만 보고서 좋게 생각하는 듯한 흐름이 강하게 흐르고 있다. 무너졌다는 그 사실만으로도 일반인들은 대한황실을 무능하게 볼 수가 있는데, 그에게는 그런 모습이 투영되는 것도 어쩔 수 없는 현실이다.

여섯째로 이석 황손에게는 침략일본의 심리공격에 의해 대한황실에 덧씌워진 어두운 그늘도 남겨져 있다. 이석 황손 스스로는 그것을 거부하지만, 일반인들은 이석 황손과 같게 생각을 하지 않는 경우가 적지 않다. 침략일본은 대한황실을 이씨조선으로 격하시켰고 수많은 상징조작을 통해서 마땅히 무너져야만 될 부정적인 황실로 일반인들의 뇌리를 계속 고정화시켜 놓았는데 그것이 그의 얼굴에서는 강하게 느껴지기도 한다.

일곱째로 이석 황손에게는 자유당 시대에 특히 강하게 덧씌워진 것으로서, 황실이 일본황실에 빌붙어 편히 산 부도덕성이 컸다는 오도된 선전의 멍에도 짙게 느껴질 수 있다. 자유당의 집권안정을 위해 대한황실을 의도적으로 공격한 후유증이 본의 아니게 이석 황손의 삶에도 족쇄가 되고 있는 것이다.

여덟째로 이석 황손에게는 어쩔 수 없는 일이지만 무너진 황실의 빈털터리 인상도 강하게 느껴질 수 있다. 침략일본의 탄압과 자유당 정권의 고사(枯死) 작전에 의해 황족들 대부분이 가난하게 살고 있는 것이 현실인 만큼, 그에게서 그런 냄새가 나지 않을 수는 없는 일이다. 당연한 일이지만 그것이 그에게 필연적으로 따라다니고 있는 것이다.

아홉째로 이석 황손에게서는 이상의 여러 요인에 더한 것으로서, 대한황실의 명예를 회복시키겠다고 곳곳에서 열변을 토하며 다니는 것에서 놀라움과 함께 충격적 모습도 만들어 준다. 그렇지만 그것은 때로는 무모하고 황당무계한 허황된 느낌을 만들어 주는 것일 수도 있다. 확실한 수준의 가능성을 갖고 일을 추진하는 것인가 하는 의아심을 일반인들에게 선사할 수도 있으며, 비현실적인 사람이라는 인상을 심어주게도 되어 있다.

열째로 이석 황손의 행태는 그를 공격하려는 사람들에게 많은 공격거리를 제공하도록 많은 허점이 존재하고 있음도 사실이다. 짜임새 있고 면밀하게 설계된 행태라기보다는 많은 경우에 즉흥성을 띠고 행동하는 점에 있어서도 공격을 받을 여지는 적지 않게 있을 것이다. 말을 곳곳에서 많이 하다 보니까 앞뒤 좌우의 맥락이 일치하지 않는 경우도 적지 않고,

부지불식간 혹은 의식적인 흐름의 부정확한 측면도 여러 곳에서 나타나는 문제점을 보이고 있다. 그러니까 그 공격들이 축적되면서 이석 황손이 무언가 큰 문제성을 가진 사람으로 보여지게 될 수도 있다.

광대 황손

'현대판 양녕대군'이라고 말할 수 있는 이석 황손은, 다시 말하면 '광대 황손'이다. 물론 이것을 이석 황손 스스로는 거부할지 모른다. 어떻게 그런 표현을 쓸 수 있느냐고 말할 수도 있다. 그러나 사람의 종합적 인상은 많은 경우에 스스로 만드는 것이다. 이석 황손의 현대판 양녕대군으로서의 광대 황손 인상은 본인 스스로 만들어 왔다고 함이 옳다. 그리고 때로

첫째 형님 이건 황손과 이석 황손(동경 다이이치 호텔 커피숍)

는 자기가 스스로를 광대라고 부르기도 했다.

그렇지만 꼭 광대란 말을 나쁘게 볼 것도 없다. 전통시대의 용어로 가수는 광대인 것이고, 광대란 말이 오도되어 전해져서 그렇지 꼭 나쁜 것이라고만 말할 것도 아니지 않을까? 그리고 같은 흐름으로 현대판 양녕대군이란 말도 결코 나쁜 뜻으로만 받아들일 것은 아니며, 양녕대군은 나름대로 역사적 의의가 크다고 해석할 수도 있다.

생각하면 양녕대군은 조선시대 최고의 임금님이 나오게 만드는 데에 결정적인 도움을 준 인물이다. 양녕대군이 존재했었기에 세종 임금님이 탄생된 것이지, 결코 양녕대군의 위상을 낮게 폄하해서 보는 일은 없어야 할 것이다. 그렇다면 광대는 어떤 장점이 있는가?

우선 말할 것으로서 광대는 수많은 사람들의 시선을 모으는 마력을 가진 사람이다. 이석 황손은 잊혀진 대한황실에 수많은 사람의 시선을 끌어모으는 대단히 중요한 위업을 만들었다. 온 사람의 눈을 대한황실에 집중시킨 위업은 광대가 최고 적격자로서, 광대가 주동을 하여 만들어질 일이다. 그것은 고매하고 거드름 피우는 드높은 분이 할 수 있는 일도 아니고, 특별한 권력을 갖고 강압으로 눌러서 쉽게 되는 일도 아니다. 그것은 어릿광대라는 신비로운 마력을 가진 사람에 의해서 자연스럽게 이루어지는 것이다. 이석 황손에 의해서 대한황실은 오늘날의 일반인들 머리 속에 생생히 되살아나게 되었다.

그리고 이석 황손은 그간 수많은 사람들에게 황실문제에 대해 곳곳에서 흥미를 북돋워 주었다. 까다롭고 복잡한 이론이 아니라, 친근하고 쉬운 논리에 의해서 일반인들이 저절로 황실에 관심을 갖고 빠져들게 만들었다. 그것은 바로 광대로서의 이석 황손이 있었기에, 친밀감을 갖고 황실의 세계에 부담없이 접근할 분위기가 만들어졌기에 가능했던 것이다.

다음으로 이석 황손이 곳곳에서 불을 지핀 바에 따라서, 많은 사람들의 마음속에 임금님의 중요성을 깨닫게 만든 것도 잊을 수는 없다. 광대 황손이 나서서 다양하게 황실을 재조명시켜 주게 되니까, 복잡한 것을 싫어하는 일반인들도 손쉽게 임금님의 존엄한 위상을 다시금 깨닫게 된 것이다.

광대 황손 이석에 대해서 누가 어떤 말을 하더라도, 광대 황손은 이 시대에 대단히 중요한 위상을 갖고 역사적 소임을 다했다고 많은 사람들이 진심으로 인식하게 될 날이 꼭 올 것이다. 왜 이석 황손이 광대로서의 현대판 양녕대군이 되지 않을 수 없었는가? 그것은 술에 취한 듯 제 정신을 잃은 듯 이 시대를 한탄하며 노래하고 외치는 어릿광대가 없이는, 도저히 다시 깨어날 수조차 없게까지 굳어버린 오늘날의 우리사회를 보면 자명하게 알게 될 일이다. 오늘의 우리사회가, 역사의 본모습을 제대로 안다면 그것은 정말로 이성이 있는 제대로 된 사회라고 말 할 수 없겠기 때문이다.

이석 황손 공격의 참뜻

그렇다면 광대 황손으로서의 현대판 양녕대군을 공격하는 흐름이 나타나게 된 것은 무슨 까닭인가? 광대가 광대로서 일반인들을 즐겁게 해준다면 결코 이석 황손에 대한 공격이 있을 수 없겠는데, 어째서 이석 황손을 공격하는 흐름이 나타났는가? 그것은 여러 경우에 이석 황손이 현대판 양녕대군이 아니라 혹시 '현대판 대원군'이 아닐까 하는 의구심을 갖는 사람들이 생겨나기 시작했기 때문이다.

그렇다! 이석 황손은 여러 경우에 본인이 역사의 조연이 아니라 주연이라고 오해를 살 듯한 발언을 많이 했다. 그래서 혹시 이석 황손이 대한 황실의 명예회복이 이루어진다면, 그 열매를 딸 사람으로 오해할 사람들이 생겨나기 시작한 것이다. 그리고 이석 황손은 또 이 시대에 있어서도 본인이 황실역사의 주인공인 듯이 처신한 경우도 적지 않았다. 이러한 언행이 계속 확산적으로 전파되면서 이석 황손을 공격하는 흐름도 증폭되어 나

큰 따님과 함께 선 이석 황손 부부

타나게 되었다고도 생각이 된다.

그러나 이 경우에 이석 황손의 편에서 입장을 바꿔 생각을 해 볼 필요도 있다. 이석 황손 스스로는 비판자들에게 분명히 할 말이 있을 것이다. 본인이 겨우 의왕의 10번째 아들로써 아주 역사의 변두리에 있는 하찮은 존재로 있다고 말하면서[11] 황실의 명예회복을 강력히 주장할 수 있을까? 생각하면 이석 황손은 황실명예를 다시 찾자고 말할 경우에 본인이 힘차게 주장할 수 있는 입장에서 단호하게 말할 수밖에 없었을 것이며, 그것은 오해를 하는 사람들이 있다면 오해하는 사람의 잘못이라고 말 할 수도 있지 않을까? 또 다 무너진 황실에서 황실명예를 찾자면서 조심조심 몸을 사리며 관망하고 눈치나 보고 체면을 차리면서 주저하는 자세였다면 어떤 결

11) 그리고 이석 황손의 형님들의 대부분이 돌아가신 상태이고, 나머지 대부분은 외국에 있었으니 이석 황손이 주인공 노릇을 함이 결코 틀린 상황도 아니었다.

이석 황손의 자녀(1남 2녀)

과가 나왔을까 등을 생각해 보면서, 이석 황손의 적극적 자세가 옳은 것이고 그 비판자가 오히려 문제가 큰 것이 아닌가 등을 두루 생각해 볼 필요가 있다.[12)]

왜냐하면 어차피 이석 황손과 같은 광대가 없었다면, 대한황실은 무너지고 사라진 역사의 골동품에 불과할 것이기 때문이다. 무너지고 사라진 상태의 역사를 되살리는 데에 체면을 차리고 눈치를 보는 대다수의 사람들만 있었다면 역사는 무심히 흘러가 버릴 것이 분명하고, 이석 황손과 같은 단호한 행동력이 있었기에 오늘날의 황실 재조명 분위기가 만들어질 수 있었기 때문이다.

---

12) 단호한 용기와 행동이 필요한 때에도 겸손한 태도는 겸손이 아니라 비겁한 것일 수도 있다. 그간 이석 황손의 용기있는 행동을 겸손이란 단어로는 해석이 불가능한 것이다.

그렇다면 이석 황손을 공격하는 참뜻은 저절로 분명해진다. 그것은 혹시 대한황실의 명예회복이 이루어지면 그 열매를 이석 황손에게서 빼앗겠다는 생각 그 이상도 그 이하도 아니라고 생각이 된다. 보다 원색적으로 말하면 이석 황손이 밥상을 차려 놓으면 그 밥상을 자기가 대신 차지하겠다는 저의가 내면에 있다고 누구라도 생각이 들 일이다. 왜냐하면 이해관계가 직접적이지 않은 사람들은 이석 황손을 향한 공격이 큰 의미가 없기 때문이다.

그러나 역사는 역사를 오해한 사람에게 열매를 쥐어주지는 않는다. 역사는 당당하게 역사의 흐름에 맞게 정정당당히 산 사람에게 그 열매를 안겨주는 것이다. 본서의 첫 번째 주제에서 말했듯이 대한황실의 명예회복이 이루어진다면 그 황통은 무조건 그 누구에게 주어지는 것이 아니다. 이석 황손도 어떤 공로가 있다고 무조건 그 열매를 딸 수는 없다. 국민들 대다수가 승복하는 절차와 정치적 결단에 의해서 그것은 훗날 결정되는 것이다.

이러한 경우에 맞게 정확한 우리의 속담이 있다. 그것은 떡 줄 사람은 생각도 않는데 김칫국부터 마신다는 절묘한 속담이다. 첫 번째 주제에서 나온 양자옹립 파동이나, 이석 황손 때리기는 모두가 쓸 데 없이 김칫국부터 마시려는 사심이 앞섰기에 생긴 일이다. 역사창조에 나서는 사람들은 큰 미래를 생각하면서 자신을 서슴없이 바치고 희생해야지, 사심을 갖고 새 역사를 창조할 수는 없다. 사심을 즉시 버려야 한다.

그렇다면 이석 황손을 때리는 사람들에게 충고할 말은 무엇인가? 그것은 이석 황손을 때릴 것이 아니라, 보다 더 힘내라고 응원하고 박수나 치라고 하는 말일 것이다. 그리고 보다 더 멋진 광대가 되라고 우렁찬 목소리로 성원을 열렬히 보내야 할 것이다. 아직 마라톤으로 말하면 출발점에서 얼마나 갔다고 김칫국을 마시는 추태를 피울 수 있는가? 어떤 방법으로든지 힘껏 광대 황손을 돕고 응원하며 밀어주는 넓은 도량이 필요하다.

현재도 대한황실은 가시밭길 속에서 고난의 길을 가고 있고, 그 명예회복을 위한 길에는 아직도 광대가 할 일이 매우 많다. 지금 이석 황손을 때리는 자중지란이 일어나면 누가 역사를 되살리는 역사적 광대노릇을 할 것인가? 전혀 광대노릇도 못할 사람들이 광대를 탓하는 잘못은 삼가야 한다. 광대가 지금 사라지면 역사 찾기도 저절로 끝나고 말 것임을 확실히 유념해야만 한다.

횃불을 드높이 들다 : 제1단계

무너진 황실을 되살리자는 이석 황손의 운동은 크게 3단계로 이루어졌다. 그의 첫번째 단계는 당연히 최초의 횃불을 드는 것이었다. 대한황실의 명예를 다시 찾기 위한 일을 널리 알리고 많은 사람들의 동참을 호소하는 일에서, 역사적인 사업의 첫 단계가 시작된 것이다.

당시의 이석 황손은 미국에서의 10년 생활을 청산하고, 다시 조국에서 여생을 보내려는 결단을 내린 초기의 무렵이었다. 무너진 황실의 왕자라는 신분으로 가수 생활을 하다가, 역사의 무도함을 한탄하며 다른 왕자들과 공주들이 하나 둘 씩 조국을 떠났듯이 이석 황손도 실의에 빠져 미국행을 택했고, 10년 만에 다시금 결심을 다지며 우리 땅을 밟은 것이다.[13)]

그러나 이석 황손이 다시금 찾아온 고국은, 황실에 대해서 거의 망각상태에 다다른 비참한 상황이었다. 사실상 완전히 죽은 황실과 같은 상태가 되어 있었고, 누구도 황실의 소중함을 생각함이 없는 듯한 어둠의 상태가 되어 있었다. 이는 사실상 황실에 있어서는 비참한 암흑상 그대로였다.

---

13) 당시 이석 황손은 미국에서 빌딩청소나 잔디깍기 등으로 어려운 생활을 하다가, 1989년 4월에 이방자 여사가 돌아가시며 귀국하게 된다.
한국일보, 1993. 8. 29.

가난하고 어려웠던 젊은 가수시절의 결혼사진

누군가를 붙들고 임금님의 중요성을 말해도 들어줄 사람도 없었다. 더군다나 그 암울한 상황에서 황실의 명예회복에 대한 말을 꺼내면 오히려 정신나간 사람이라도 보는 듯한 난감한 분위기가 지배하던 시대였다. 경우에 따라서는 공개적으로 대한황실을 비난하고, 심지어는 황실가문인 전주이씨 집안까지도 함께 몰아쳐서 공격을 해대는 기막힌 상태에 있었다. 누가 보아도 대한황실은 사라져 죽어버린 비참한 골동품이라고 생각하던 때였다.

이 암울한 시대에 있어서 어둠을 밝히는 구국의 횃불을 든다는 것은 대단한 용기와 결단이 없이는 불가능한 것이었다. 생각하면 황야의 처절한 삭풍 속에서 필마단기로 드넓은 벌판의 어둠을 헤쳐 나가는, 사실상의 동키호테가 아니라면 그 누구도 할 수 없는 일을 시작한 것이다. 그렇다! 이

미국땅에서 고생할 때의 이석 황손

석 황손은 소설이 아니라 실제의 세계에서 흡사 동키호테나 할 일을 과감하게 행동화시켜 나간 것이다.

그런데 이석 황손은 이런 일을 해나갈 수 있는 최고의 적격자였다. 아마도 당시의 시대에 있어서 유일무이한 적격자였으리라고 생각을 한다. 그는 과거에 대중가수로서 비둘기집이란 애창곡을 갖고 있어, 적절한 수준의 지명도가 있는 인물이었기에 그 어둠 속에서 용기있게 횃불을 들 수 있었던 것이다.[14)]

이석 황손은 처음에는 아주 이름없는 신문, 잡지 등을 통해서 본인의 주장을 알리는 일부터 시작을 해나갔다. 여기서 이름없는 언론매체라고 했

14) 이석 황손은 미국에서 10년 만에 귀국을 했지만 연예계에서는 나름대로 선배의 위상을 갖고 있었고, 방송계나 신문에 적절한 인맥을 널리 갖고 있었다.

미국땅의 젊은 미남 가수

는데, 사실상 이름없다는 표현이 맞을 수준의 언론매체로부터 시작을 해 나갔다. 당시의 상황에서는 힘있고 당당한 언론기관에서 이석 황손의 엉뚱한 주장을 다뤄 줄 분위기는 전혀 아니었기 때문이다.

이 무렵에 있어서 황실은 사람들의 머리 속에서 완전히 잊혀진 때였고, 이석 황손을 알아주는 사람도 거의 없는 때였다. 그렇지만 황실과 이석 황손에 대한 기사를 무게있게 다뤄주는 고마운 신문기자들이 계속 나왔다. 정말 고마운 일인데 어떤 신문기자도 형편없이 무너져 만신창이가 된 대한황실을 가볍게 다룬 바가 없었고, 최선을 다해 좋은 내용의 글을 써 주었다. 이 때에 등장한 여러 신문기자들에게 대한황실은 항상 고마운 마음을 가져야 할 것이다. 그 가운데 최초에 토대를 놓아준 주요한 기자들을 나열해 보면 다음과 같다.

① 최초에 이석 황손에 대한 기사를 열심히 다뤄 준 언론매체는 '뉴월드'라는 이름 없는 월간지였고, 기자는 신민범이었다. 현재는 폐간되고 없어진 것인데, 대한황실에서는 지금도 고마움을 잊을 수 없다.

② 두 번째로 황실에 대한 기사를 성심껏 실어 준 것은 청년회의소에서 발간하는 '청년세계'였으며, 기자는 오기영이었다. 심도있는 내용의 황실관련 기사를 계속 실어 주었다.

③ 세 번째로 황실을 심층 취재하면서 황실은 죽지 않았다는 여론을 일으키는 데에 결정적 기여를 한 신문기자는 주간지 '일요신문'의 박은

영이었다. 박은영 기자는 나름대로 많이 읽히는 주간지인 일요신문에서도 가장 중요한 지면에 4면을 완전히 할애하여 특집을 구성해 주었다. 이리하여 그 후 여러 주간지가 경쟁적으로 황실과 이석 황손을 다루게 되었다.[15] 박은영 기자는 경향신문 기자였다가 결혼을 하면서 남편 대신에 사표를 쓰고 일요신문으로 옮겨온 기자로서, 그의 글은 황실 여론화의 본격적 출발점이 된 아주 중요한 것이었다.

④ 그 후 정통 일간지에 최초로 크게 다뤄 준 기사가 나왔으니, 조선일보의 김동섭 기자가 황실복원운동을 처음으로 우리사회에 확실히 부각시켰다. 김동섭 기자는 그 후에도 계속하여 황실과 이석 황손에 대한 좋은 글을 써 주었고, 여론의 보편화에 큰 기여를 하였다.

⑤ 또한 국민일보의 김종구 기자는 곧 이어서 가장 확실하게 '조선황실복원의 추진'을 알리는 체계적인 기획기사를 실어 주어 여론을 확산시킴에 큰 도움을 주었으며, 균형잡힌 글이 다른 신문에 나오는 기준점을 제시했다.

⑥ 이와 같이 지면을 통한 언론기관에서 황실에 대한 여론이 확산되어 나가자, 그 다음에는 방송기관에서 황실을 심도있게 다뤄주기 시작하였다. 최초에 황실여론을 확산시킨 공로가 큰 방송작품은 다음과 같다.

•SBS : 그것이 알고 싶다 (조선황실은 살아 있다) - 1995. 2.

•KBS : 인간극장 (왕자의 노래) - 1995. 4.

•두산 C. TV : 문학이야기 (이석 황손과 함께) - 1995.5.

•KBS : 밤과 음악 사이 (이석 황손과 함께) - 1995. 5.

⑦ 그 후 여러 방송사에서 이석 황손이나 황실을 부각시키는 프로그램

---

15) 이렇게 쏟아진 주간지 취재에서 가장 열성을 보인 기자는 '여성신문'의 최창희, 이은희 기자, '플래시'의 김성철 기자, '경향신문사 뉴스메이커'의 원희복 기자, '일요서울'의 김성호 기자 등이었다.

이 경쟁적으로 쏟아져 나왔다. 특히 이러한 존황 분위기에서 출현한 것이 KBS의 '역사 스페셜'이었으니, 이것은 최초에는 '조선왕조실록'이라고 나오다가 '역사 스페셜'로 바뀌면서 국민들의 역사의식 고양에 결정적인 구실을 하였다. 생각건대 역사 스페셜은 이석 황손의 활약이 낳은 매우 의미깊은 열매가 아닌가 한다.

⑧ 그리고 황실을 사랑하는 사회정서가 확산되면서, 조선황실의 건국과정을 그린 KBS의 대하드라마 '용의 눈물'이 등장한다. '용의 눈물'을 만드는 작업을 주도한 인물은 김재형으로서, 그는 이석 황손과도 여러 번 연락을 취하며 좋은 작품을 만들도록 최선을 다했었다. '용의 눈물'은 그 후 각 방송사에 큰 충격을 주며 역사 드라마 풍년시대를 만들었다. 또한 국민들과 정치권의 역사의식을 높이는 데에도 큰 업적을 쌓았다.

그런데 특히 '용의 눈물'은 방송극 사상 매우 중대한 의미가 있다. 그간 방영된 많은 방송 드라마가 일제침략 문화정책의 흐름을 반영하며 조선시대사를 어둡고 나쁜 역사로 보는 것이 큰 대세였었다. 예컨대 연산군의 바람피우기나 장희빈의 질투와 같은 부정적인 것이 주류였는데, 그것을 전면적으로 바꾼 방송극사에 남을 작품인 것이다. 조선시대를 웅대한 역사로 만들고 자랑스러운 역사로 바꾸며 올바른 시각으로 드라마를 만든 우수한 작품이었다. 당시 온 나라가 용의 눈물을 보면서 움직였다고 할 정도로 영향력도 컸었다.

⑨ 그 이후 서울과 지방에 널리 포진한 신문사나 방송사, 통신사 등의 여러 언론기관에서 경쟁적으로 황실에 관한 기사를 다뤄 준 것은 이루 셀 수가 없다. 죽어서 사라진 듯한 황실을 되살려준 여러 언론기관의 공로는 대한황실에서 언제라도 고맙게 생각할 일이라 생각이 된다.

⑩ 특히 고마운 일은 모든 주요 언론기관의, 여러 기자들이 가진 대한

> 황실에 대한 지극한 정성이다. 여러 기자들이 온갖 성심을 다해 부각시킨 대한황실은, 국민들의 머리 속에 그 이후 확실히 살아있는 존재로 재탄생되었다. 이리하여 대한황실은 부활을 향한 국민적 공감대를 만들었고, 전주이씨 황실가문은 존경받는 집단이 되었으며, 우리민족은 뼈대 있고 품격 높은 역사의 주인공으로 화려하게 되살아나는 계기가 되었다.

이석 황손이 최초로 언론에 대한 호소를 진행하던 무렵에는 서울 청담동의 샤또라는 밤무대에서 가수생활을 하면서, 밤이면 그 곳 다락방에서 웅크리고 새우잠을 자는 귀국 후의 대단히 어려운 삶을 살고 있었다. 그러나 그는 만나는 사람마다 붙들고는, 대한황실의 명예를 다시 살려 달라고 무조건 간곡하게 얘기하고는 했다. 사람들은 처음에는 그의 말을 듣고서 농담으로 생각하는 사람도 있었고, 술좌석의 덕담으로 받아 넘기는 사람도 있었으며, 마음 아프게 생각하며 대화를 나눠주는 사람도 있었으며, 적은 숫자이지만 진지하게 말을 들어주며 공감하는 사람도 있었다. 그러나 적은 숫자이지만 이 사람들의 마음이 계속 축적되고, 이 사람 저 사람에게 전해지면서 대한황실의 명예를 회복해야 될 것이란 당위성이 계속적으로 전파되어 나가게 되었다.

생각하면 이석 황손이 최초의 횃불을 든 때가 4323년(1990년) 무렵으로서, 4323년은 대한황실의 역사에 있어서 영원히 기억될 뜻깊은 해가 되리라고 생각을 한다. 칠흙같이 캄캄하게 어두운 밤을 밝히며 최초의 횃불을 든 용기있는 출발을 역사에서는 결코 잊지 말아야 할 것이다. 이 때로부터 약 5년 동안을 이석 황손의 활동에 있어서는 제1단계라고 할 수 있겠다.

내가 이석 황손을 처음으로 만난 때는 이석 황손의 제1단계 활동이 시작되는 때로서, 경향신문사 논설위원을 역임하고 한국황실학회 초대회장으로 활동했으며 '왕조의 후예', '연분홍 치마가 봄바람에' 등의 소설책을 쓴 작가인, 강용자 여사의 소개로 이석 황손이 나의 대학연구실로 찾아오면서부터이다. 훗날 KBS 등에 내가 절에 은거하는 이석 황손을 찾아간 드라마 장면 등이 나오는데 그것은 사실과 다르다. 내가 쓴 일월오악도 1권 셋째 주제나, 일월오악도 4권[16] 등에 나오는 이석 황손의 자랑스럽고 용기있는 얘기는 모두 그의 제1단계 활동내용을 쓴 것이다.

제1단계 활동기에 있어서의 이석 황손은 정말 존경스럽다는 표현이 어울릴만하다. 물론 털어서 먼지나지 않을 사람이 없고, 이석 황손이 평생을 자유인으로서의 연예인 생활을 한 만큼 일반인들이 볼 때에는 허점도 많았지만, 어둠 속에서 사실상 죽어있는 대한황실을 살리려는 성스러운 횃불을 용기있게 쳐들었을 때의 이석 황손은 큰 박수로 칭찬해야만 옳다. 그런 용기를 내면서, 욕을 먹을 각오로 외롭게 발걸음을 내딛기 시작한 이석 황손의 언행은 서서히 사람들의 주목을 받게 되고 꾸준히 공감대가 형성되어 나가기 시작했다. 그것은 대한황실이 서서히 다시 살아나는 것을 뜻하는 것이었다.

제1단계에 있어서 이석 황손은 모든 면에서 겸손하고 공손한 인품을 잃지 않았다. 사람들에게 깊은 호감을 사는 행보를 계속했고, 원래부터의 연예인 미남가수로서의 인기에 더해져서 정말 많은 사람들의 크고 작은 박수를 받게끔 되며 날로 관심도가 높아갔다.

그리고 사람들과의 약속을 지키고 신의를 지키려는 자세가 뚜렷했다. 많은 사람들에게 신뢰감을 심어 주었으며, 많은 사람들에게 대한황실을 되살리는 것이 옳겠다는 생각을 갖게 만들어 주었다. 너무도 상쾌하고 멋있게 역사의 인물로 혜성같이 등장했던 것이다.

---

16) 일월오악도 4권은 원래 '황실은 살아있다' 로 인간사랑출판사에서 출간했던 책인데, 훗날 개정판을 내면서 일월오악도 시리즈의 제4권으로 재출간하였다.

이석 황손의 인간적 매력 : 황실 낭만주의의 창시자

특히 제1단계의 황실복원 운동이 성공할 수 있었던 데에 있이서 정확히 지적할 것이 있다. 그것은 황실복원의 성스러운 첫번째 발걸음이 성공적으로 토대를 마련함에 있어서, 중요한 성공요인의 하나가 바로 이석 황손의 '멋진 인간미(人間美)'였음이다. 이석 황손은 일반인들과 만나는 데에 있어서 매우 뛰어난 친화력(親和力)을 가진 인물로서, 많은 사람들을 자석같이 가깝게 빨아들이는 마력을 가진 인물이다. 그것이 바로 현대판 양녕대군으로서의 광대 황손을 아주 돋보이게 하는 면임을 강조해서 지적해야만 되겠다.

첫째로 이석 황손은 많은 사람들과 만나는 데에 있어서 큰 부담감을 주지 않는다. 무언가 편안하고 안정된 느낌을 주는 인간적 냄새를 갖고 있기에, 많은 사람들이 그를 잘 따른다. 이석 황손은 다양한 방면에 걸쳐서 세칭 마당발이라고 할 정도로 아는 사람이 전국적으로 많이 있는데, 그것은 이석 황손의 편안한 인간됨에서 비롯되는 바라고 하겠다.

영원한 낭만주의자

둘째로 이석 황손은 내면에서 우러나오는 정(情)이 많은 사람이다. 정이 많다 보니까 많은 것을 서슴없이 나눠 준다. 당장 본인도 아쉬운 물건이고, 본인도 별로 나은 형편이 아닌데도 불구하고 선뜻 갖고 있는 것을 나눠주니, 일반인들이 보기에는 쉽게 이해가 되지 않을 정도이다. 언뜻 생각하기에는 본인은 없고 남을 위해 사는 듯이 남을 많이 생각하는 면이 특이하다. 그렇다 보니까 못된 흑심을 갖고서 접근하는 사람들에게 이용을 당하기도 한다.

셋째로 이석 황손은 매우 상쾌하고 시원시원한 인물이다. 답답한 느낌을 갖는 경우가 별로 발견될 수 없다고 할 정도로, 많은 일을 처리함에서 주변 사람들에게 시원한 느낌을 갖게 일을 잘 처리한다. 경우에 따라서는 신중성이 부족하다고 할 정도이고, 때로는 즉흥성이 느껴지는 경우도 많다. 그렇지만 너무나 좀스럽게 따져보면서 이리 저리 재보고 눈치를 보는 소인배에 비하면 주변인에게 시원하고 산뜻한 매력을 안겨 준다. 상쾌한 인간미! 그래서 많은 사람들이 그를 너무나 좋아한다.

넷째로 이석 황손은 솔직 담백한 인물이다. 그래서 경우에 따라서는 남들에게 오해를 살 정도이다. 다른 사람들 같으면 숨기고 감출 일도 툭툭

이석 황손이 포항 종현들과 함께 찾은 준경묘

털어놓는 것이 그의 진짜 매력인지도 모른다. 거기다가 덧붙여서 연예인 출신인 만큼 일종의 쇼맨십도 곁들여지니까 때로는 사실상 틀리거나 과장된 표현도 나온다. 그래서 그를 비판하는 사람들에게 입방아 찌을 거리를 제공해 주기도 한다. 그러나 내가 그 문제점을 추궁해 물으면 한 번도 거짓말을 하는 적이 없었다. 부끄러운 일도 거침없이 털어 놓고서 잘못됐다고 말한다. 그러니 더 이상 남에게 적이 되거나 원색적인 공격의 대상이 될 까닭이 없다. 특정한 이해관계를 가진 극소수 황손이 아니면 그를 누구나 따뜻하게 받아들인다. 이석 황손은 그렇기에 타인을 만날 때에 허점도 많이 나타난다. 그러나 그 허점이 결코 밉지 않은 것이다. 그렇기에 너무나 많은 사람들이 그를 좋아하고 사랑하는지도 모르겠다. 이석 황손은 완벽한 사람이 아니라, 어딘지 부족하기에 대중적 사랑을 받으며 매력이 넘치는 묘한 인물이다.

다섯째로 이석 황손은 대단히 행동력이 있다. 이석 황손이 황실복원의 첫단계를 성공시킨 요인들은 앞에서 말한 여러 장점들인 편안한 인간됨, 정이 넘치는 인품, 시원시원한 성격도 중요하지만, 특히 욕을 먹더라도 본인이 옳은 일이라면 과감하게 행동화시키는 장점에서 말미암았다고 생각이 된다. 원래 어디에서나 일을 하는 사람은 욕을 먹는 경우도 많다. 그러나 일은 않고서 복지부동하면서 몸조심이나 하며 눈치를 보는 사람은 욕을 먹을 기회도 없다. 욕을 먹는 사람은 행동하는 사람이라는 뜻이다. 무너진 황실을 살리는 데에 있어서, 선두에서 활약한 이석 황손의 공로는 정말 언제라도 높게 인정해야 옳다. 모든 사람들이 눈치나 보며 주저할 일을 선뜻 앞에 나서서 행동화시킨 그의 탁월한 행동력이 없었다면 아무 것도 될 일이 없었을 것이다.

여섯째로 이석 황손은 의리있는 인물이다. 한 번 신세진 일이나 도움을 받은 바는 항상 마음속에 고마움으로 간직하고 산다. 한 번 맺은 의리는 본인의 능력이 허용하는 한 항상 지키려고 노력한다. 무너진 황실의 광대 황손으로서, 손에 가진 것이 없음에도 불구하고 다른 사람들에게 매력을 주는 이유의 하나는 그의 의리있는 행태에서 연유되는 면도 클 것이다. 요즘 이석 황손을 따르는 사람들이 너무도 많아 어디를 가나 인사를 받기에 바쁜 사실상의 공인(公人)이 되어 있는 이유는, 특히 이석 황손이 의리의 인물이기에 그렇다고 생각이 된다.

일곱째로 이석 황손은 신비로운 인간미를 갖고 있다. 사람들 가운데는 '이유없이 좋은 사람'이 있는가 하면, '이유없이 싫은 사람'도 있다. 소위 팬클럽이라는 것이 있는 사람에는 연예인, 체육인, 정치인, 문인, 예술가, 문화인 등의 다양한 사람들이 있는데, 팬 클럽에는 뚜렷한 이유가 있어서 그 사람을 좋아하는 사람도 있지만, 이유없이 좋아하는 사람도 있다. 이석 황손에게는 이유없이 좋아하는 사람들이 많다. 생각하면 신비한 인간적 매력에 의한 것이라고 하겠는데, 허점도 많고 허물도 많은 맨손의 왕자님(황손)을 그토록 좋아하는 사람이 많다는 것은 재미있는 일이다.[17)]

그런데 여덟째로 말 할 것은, 그 중에서도 가장 중요한 점으로서 이석 황손이 인간적 의리도 중시하지만, 역사에 대한 의리를 지키는 큰 인물이면서 무너져 만신창이가 된 본인의 뿌리인 대한황실에 대해 정면으로 의리를 지킨 점에서 만인의 공감을 사는 매력있는 인물로 떠올랐다고 하겠다. 그렇다! 무너진 대항황실에 비난을 하고 침을 뱉는 어두웠던 지난 날을 부정하면서, 내 얼굴에 침을 뱉으라며 당당히 정면으로 나선 용기! 그것은 본인이 황손으로서 언제라도 역사와 국민을 사랑한다는 거대한 의리에 뒷받침이 되었기에 가능한 것이었다. 그래서 이석 황손의 황실복원 횃불은 성공리에 타올랐던 것이다. 이석 황손의 인간적 매력에 있어서 그

17) 미국의 클린턴 대통령에 대해 미국인들이 열광하는 것과도 비슷하다고 생각이 된다. 클린턴은 유능한 행정능력과 정치력을 가졌지만 여성행각으로 탄핵위기에 몰리기도 했다. 그런데 너털웃음의 허점이 큰 대통령을 미국인들은 매우 좋아하고 있다.
정영목, 이순희 옮김, Bill Clinton, 마이 라이프(경기 안양 : 물푸레출판사, 2004) 참조.

것이 가장 핵심이다.

다음 아홉 번째로 지적할 것으로서, 이석 황손에게는 많은 사람들이 자석에 쇳조각이 끌려들 듯이 빨려드는 힘이 존재함을 말해야 되겠다. 그 까닭은 무엇인가? 그것은 이석 황손이 주는 신비로운 마력이 존재하고 있기 때문이다. 그 힘은 단순하게 설명하기가 쉽지 않은 보이지 않는 힘으로서, 한마디로 말해 마술적인 힘과도 같은 것이라고 생각이 된다. 그 힘은 특히 이석 황손을 통해서 많은 사람들이 무너진 황실의 어두움을 훌훌 털어내고 밝은 내일을 가늠해 볼 수 있음을 뜻한다. 어둡고 찌든 역사를 끌어안은 암울한 존재라고 생각했던 황실에, 밝은 내일을 향한 희망을 주고 꿈을 선사한 사람이 이석 황손이다.

현대사가 낳은 대한황실의 꿈을 키워주는 낭만주의자! 어두움을 훌훌 털어내고 밝고 맑은 새누리(신세계)가 있음을 확인해주는 힘을 가진 사나이가 바로 이석 황손이요, 그를 통해 내일의 상쾌한 역사를 만나는 희열을 확인하는 기쁨을 만끽하는 것이다. 그는 오늘도 곳곳을 다니며 다음과 같은 희망을 전하고 있다.

> 「우리의 황실에도 꿈이 있고, 낭만이 있고, 미래가 있고, 영광이 있고, 희망이 있습니다. 우리 황실을 적극 사랑해 주십시오. 우리 황실과 함께 가슴을 펴고 밝은 내일을 향해 힘차게 달려갑시다.」

내각제 추진

이석 황손의 활동에 의해서 만들어진 가장 큰 업적은 물론 임금님의 존엄성과 필요성을 다시금 국민들의 머리 속에 되살려 놓은 것이다. 그간 우리사회에 있어서 임금님은 침략일본의 공격과 이승만 시대의 탄압으로 완전히 사라진 것에 가깝게 되어 있었으나, 이석 황손의 분투노력에 의해서 임금님은 완전히 사라진 것이 아님을 국민들에게 강렬하게 부각시켜 놓았으니 그 공로는 언제라도 인정을 받아야 한다.

그런데 이석 황손의 초창기 활동에 있어서 빼놓을 수 없는 것이 또 하나 있으니, 그것은 내각제 추진이다. 상식적으로 생각할 때에 임금님을 모시려면 나라의 정치체제를 내각제로 바꿔야만 된다. 영국이나 태국, 스페인 등과 같이 입헌군주(立憲君主) 내각제(內閣制)가 되어야 되는 것이다. 그리하여 곳곳을 찾아다니며 내각제의 당위성을 설파하는 일을 하게 되었다.

그러나 내각제 주장과 같은 일은 쉽게 대중을 설득하기가 쉬운 것이 아니다. 임금님 모시기는 이석 황손이 자신을 왕자님이라고 말하면서 단순하게 설명해도 된다. 황손이란 사람이 '임금님을 모시자'고 단호하게 주장을 하고, '경복궁을 내 놓으라'고 분명히 말하는 것으로서 국민들의 마음을 쉽게 파고들 수가 있었다. 그렇지만 내각제 주장은 보다 논리적으로 정치적 설득을 해야 되는 만큼 결코 쉽게 되지는 않았다.

그래서 생각해낸 것이 정치전단을 만들어 배포하는 것이었다. 그렇지만 내각제를 주장하는 정치적 선전문을 만들어서 배포하는 것은 결코 쉬운 일이 아니었다. 당시는 김영삼 대통령이 집권한 초기였는데, 감히 대통령제를 내각제로 바꾸자는 개헌(改憲) 주장을 펴는 정치선전문을 만들어 배포할 분위기가 전혀 아니었다. 정치적 탄압을 받고 피해를 입을 가능성도 큰 일이기에, 꼭 해야 된다는 생각은 하되 실행이 쉽지 않았다. 그리하여 생각한 것이 당시(1994년) 출간된 나의 저서인 '황실은 살아있다'의 책 선전으로 위장한 정치전단을 만들게 되었다.[18)]

당시 '황실은 살아있다'는 매우 큰 반향을 불러온 책이었고, 광복절에 맞춰서 8월 14일 저녁 KBS 9시 뉴스(김혜송 기자)와 MBC 뉴스데스크(노웅

---

18) '황실은 살아있다'는 그 후 몇 년이 지나, 개정판이 나올 때에 '일월오악도 4권'으로 재출간되었다.

입헌군주 내각제 전단

래 기자)에 주요 기사로 소개까지 되었다. 이석 황손과 나를 부각시킨 방송 뉴스가 두 방송국의 황금시간 뉴스를 통해 광복절 특별뉴스로 알려지며, 황실을 주목하는 분위기가 정치권은 물론이고 온 국민들에게 강력하게 전달이 되었었다. 그리고 도하 주요 신문에 게재되지 않은 신문이 없었다고 말할 정도로 다양하게 많이 소개가 되어, 많은 사람들이 읽은 책이었다.

물론 선전용지에는 큰 글씨로 하여 '입헌군주 내각제로 개헌합시다'라는 표제를 확실하게 나타낸 것으로서, 가로 33cm에 세로 18cm 되는 정치 전단이 만들어졌다. 그리고는 내각제가 대통령제보다 낫다는 뜻을 담은 내용을 나름대로 상세히 넣고, 임금님을 다시 모시자는 얘기도 확실하게 넣었다. 물론 당당하게 이석 황손의 사진까지 실었다. 그런 다음에 귀퉁이의 일부분에 책 선전 내용을 약간 넣었다. 총 5만장을 만들었는데, 누가 이 정치전단에 대해 정치적 추궁을 하면 책선전용 전단이라고 얼버무리기로 하고서 배포를 시작하였다.

그 전단에 담긴 내용을 잠시 참고로 살피면 다음과 같다.

우리의 임금님을 나라의 어른으로 정중히 모셔야 합니다. 어른이 계셔야 합니다.

나라의 어른이 안계시니 국가가 혼란하고 국민이 방황을 하게 됩니다. 임금님께서 어른으로 계시면 온 나라가 안정되게 발전될 것입니다.

임금님이 구심점이 되시어 갈갈이 찢기고 상처난 국민을 하나로 뭉치게 해야 합니다.

극심한 지역갈등을 극복하고, 산산이 찢겨져서 흩어진 국민을 한덩이로 뭉치게 하는 국민통합의 길은 임금님을 핵으로 한 내각제뿐입니다. 왜 영국, 태국, 일본, 스페인, 네덜란드가 똘똘 뭉친 강국인지 아십니까?

**민족통일도 임금님을 모시면 아주 쉽고
순탄히 될 수 있습니다.**

이북정권이나 이남정권이나 극단적 통일경쟁을 피하고, 임금님을 중심으로 순조롭게 하나가 되는 비책을 왜 모르고 계십니까! 민족 전체가 사는 통일이라야 합니다.

우리의 정치문화를 되찾고, 잃어버린 우리의 역사를 찾는 길은 입헌군주내각제 뿐입니다.

왜 우리는 광복이 되면서 우리의 정치가 아닌 미국의 정치를 도입했는가? 우리 옷이 아니니 우리 몸에 맞지 않고, 끊임없는 혼란만을 준 것이 대통령제의 옷이었습니다.

그리고 당시(94년 10월)의 월간조선에 담긴 내각제 여론 조사표도 함께 실었다.

당시 배포된 전단은 주요 정치인에게는 모두 5장씩 직접 우송이 되었다. 청와대에도 보냈고, 야당 당수였던 김대중, 김종필 의원은 물론이며 모든 국회의원과 서울시 의원 전원, 주요 일간지의 정치부 기자 전체, 방송국 핵심부는 물론이고 보낼 가치가 있다고 생각되는 주요기관에는 모두 우송하여 보냈다. 그리고 임금님을 모시려면 전주이씨대동종약원도 의식이 바뀌

【내각제 찬반표】

	찬 성(%)	반 대(%)
전 체	40.2	34.3
서울	41.9	36.8
인천 / 경기	42.4	35.4
대전 / 충청	30.5	28.3
광주 / 전라	50.6	26.6
대구 / 경북	38.3	31.4
농·임·어업	50.5	27.5
화이트 칼라	44.5	37.7
가정주부	43.8	21.4
20대	45.8	38.6
30대	41.7	35.1
50대 이상	34.8	25.6

어야 한다고 생각을 하여, 전주이씨대동종약원의 본부, 전국의 각 지원 및 분원에도 완전히 우송되었다.

이렇게 5만장을 우송한 뒤에 반응을 기다리니, 약 한 달 뒤에 야당인 김대중 진영에서 내각제로 당론을 결정하려는 움직임이 나왔다. 그러나 당내에서 반대가 있었는지 김대중 진영은 잠시 뒤에 대통령제로 다시 돌아갔다. 그런데 김종필 진영에서는 그 이후 확실하게 내각제를 당론으로 채택하였다. 5만장의 위력은 결코 약한 것이 아니었다. 김종필 진영은 끝내 집권을 못 했으나 그 이후 시종일관 내각제 당론을 고수했는데, 그러한 결정의 저변에는 내각제를 만들려는 이석 황손의 숨겨진 노력이 많이 있었던 것이다.

이 무렵에 이석 황손이 뿌린 5만장이 어떤 위력을 발휘했는가는 다음 표를 보면 쉽게 이해가 될 것이다. 전혀 그 이전까지 우리 사회에서 거론도 되지 않던 내각제가, 국민들에게 어떤 반응을 보였는가 잘 드러난다.

특히 김대중 진영이 내각제로 갈 듯하다가, 다시 대통령제로 바꾼 뒤의 변화도 주목이 된다.

【내각제 찬반 조사표】

		찬	반	
94.10.	월간조선	40.2	34.3	
95. 1.18	경향	46.6	39.7	
95. 5.	시사저널	40.2	35.4	충청권중심
95. 7.14.	국민일보	40.6	48.7	
95. 8.	WIN	47.3	46.6	
95. 9.15.	조선	31(내각)	47(대통령)	김대중씨가 내각제에서 다시 대통령제로 변경후
95.10. 6.	경향	46.2	52.8	
96. 1. 1.	한국	30.3	29.1	

이 당시에 나온 신문기사 하나를 참고해 보자.[19] 내각제가 정치권의 최대 화두가 되었음을 뚜렷하게 보여 준다.

> 「대통령중심제를 선호하는 응답(52.8%)이 내각책임제를 선호하는 응답(46.2%)에 비해 다소 높았으나 격차는 크지 않았다. 이는 내각제 개헌문제가 본격 제기됐을 경우 역전될 수 있는 가능성을 시사한다. 의원내각제에 대한 선호도는 여성(53.1%)이 남성(39.6%)보다 훨씬 높았으며 젊은 세대일수록 내각제를 지지하는 성향을 보였다.
>
> 20대에서는 오히려 내각제를 선호하는 의견이 절반을 넘었고 30대에서는 반반이었으며 40대 이상에서는 대통령제의 선호비율이 높았다.
>
> 지역별로는 내각제개헌 주창자인 金鍾泌 자민련 총재의 텃밭인 대전·충청에서 내각제 지지여론이 63.0%로 가장 높았다.

19) 경향신문, 1995. 10. 6.

金大中 국민회의 총재의 기반인 광주·전남에서 내각제를 선호하는 비율(56.3%)이 대통령제 선호비율(43.7%)보다 높은 것도 특징이다. 대통령제에 대한 선호도는 부산·경남(59.2%)과 대구·경북(57.3%) 등 영남에서 높았다.

내각제를 선호하는 이유로는 '국민의 의견수렴이 잘되고'(40.9%) '대통령의 권한을 분산할 수 있다'(29.9%)는 점을 꼽았다. 대통령제를 지지하는 응답자들은 '강력한 정부를 구성할 수 있고'(52.3%) '정치적 안정을 가져올 수 있다'(15.0%)는 점을 장점으로 꼽았다.」

이러한 내각제 추진 노력은 그 후 2년쯤 뒤에 김대중 진영이 김종필 진영과 연합하여 국민들에게 내각제 선거공약을 하는 것으로 발전된다. 그리고는 김대중 대통령의 집권에도 결정적인 영향을 미친다. 김대중 대통령은 잘 알다시피 사실상의 특정지역이 중심이 된 대통령이 분명한 인물이었다. 그는 대통령에 출마하고 떨어지고 재수하여 또 떨어지고, 은퇴도 했다가 다시 번복하는 등의 온갖 우여곡절을 겪으며 천신만고 끝에 드디어 대통령이 되었다. 그런데 김대중 진영은 아무리 노력해도 되지 않으니까, 김종필 진영과 내각제 개헌추진 약속을 하고서 겨우 대통령이 되었다.[20] 그것은 국민들 앞에 문서로 선언까지 하는 개헌약속이었다.

이 무렵에 나온 신문기사를 참고로 읽어 보자.[21] 김대중 진영은 내각제를 최후의 승부수로 던지고 있음을 알 수 있다.

「DJ가 '내각제개헌'을 고리로 한 '야권후보 단일화'를 제시, 주목을 끌고 있다.[22] DJ의 계산은 무엇이고 '내각제'와 '후보 단일화'가운데 DJ는 어느쪽에 무게를 두고 있는가.

20) 동아일보, 1997. 3. 8 참조.
21) 문화일보, 1996. 9. 25.
22) DJ는 김대중 씨의 영문 이니셜이고, JP는 김종필 씨의 영문 이니셜이다. 그리고 DJP는 김대중 씨와 김종필 씨의 연합을 뜻하고, YS는 김영삼 씨의 영문 이니셜이다.

자민련측은 DJ의 발언을 어떻게 받아들이고 있나. 국민회의 金大中 총재가 당내외에 팽배한 'DJ 회의론'을 앞장서 불식시켜 가면서 대선 고지를 선점하기 위한 '대권구상'을 하나씩 펼쳐 보이고 있다. 金총재가 24일 방송기자 클럽 초청토론회에서 밝힌 내각제 개헌을 고리로 한 '야권후보 단일화'는 그의 대권구상의 골간으로 받아들여지고 있다. 金총재는 '15대 국회에서 내각제 개헌은 사실상 힘들지만 16대 국회의원 선거에 공약으로 내걸고 국민의 심판을 받을 수 있을 것'이라고 밝혔다. 金총재는 또 '야권후보 단일화도 이것(내각제)을 갖고 논의될 수 있을 것'이라고 주장했다.

DJ는 JP에게 내각제 실시를 약속하고 대신 자신이 야권 단일후보로 나서겠다는 생각을 내비친 셈이다. 그러나 DJ의 이같은 구상이 실현되기 위해서는 해결해야 할 난제가 너무나 많다. 먼저 YS와 내각제 합의 각서까지 쓰고도 '烹'당한 경험이 있는 JP가 '산 넘고 물 건너야 하는'DJ의 내각제 추진을 얼마나 신뢰할 수 있느냐가 문제이다. 또 내년 대선에는 아직도 예측불허의 변수가 많아 DJP의 후보 단일화가 승리를 보장하는 것도 아니다. 그러나 이같은 불확실성에도 불구하고 DJ는 이번 정기국회를 통해 자민련과의 공조를 더욱 공고히 하면서, 당내외에 'DJ 대세론'을 확산시키는데 주력, 대권구상을 실현하려 할 것이다.」

그리고 이 무렵 중앙일보에 나온 정치권의 동향 소개도 의미있게 살펴볼 필요가 있다.[23] 정치권에서는 내각제가 최고의 화두로 떠오르고 있었음을 알 수 있으며, 이석 황손의 활약이 어떤 결과를 낳았는가를 확연하게 알 수 있겠다.

「정치권의 내각제 관련 발언이 그치지 않고 있다. 김대중(金大中)

23) 중앙일보, 1996.9.

국민회의 총재가 솔솔 냄새를 풍기면서 시작된 내각제 화두(話頭)는 서서히 여권 일각의 반향을 불러일으키면서 복잡한 정국의 변수로 부상하고 있다.

【내각제 관련 발언록】

발언자	내용(일시 · 장소)
金大中	집권하면 거국내각을 구성해야 한다. 우리 헌법에는 이미 내각제적 요소가 있다. 현행 헌법으로도 내각제적 요소를 충분히 살릴 수 있다. (20일 기자간담회)
金鍾泌	대통령제는 비효율적이고 정치보복을 일삼는 제도다. 2차대전 이후 선진국 중 내각제를 하지 않는 나라는 미국 정도일 뿐이다. (23일 한국프레스센터 특강)
趙世衡	야당이 집권하기 위해선 서로 힘을 합쳐야 하며 이를 위해선 국민회의가 새로운 정부형태를 융통성 있게 수용해야 한다. (모월간지 6월호 인터뷰)
李鍾贊	정권교체를 위해 야권, 나아가 지역간 연합이 필요하며 대통령제 고수주장을 희석시키기 위해 군불 때기 작업이 필요하다. (23일)
朴哲彦	야당이 집권하면 총리의 내각제청권 등 현행 헌법의 내각제 요소를 살려 과도기적 형태로 국정을 운영한 뒤 내각제로 개헌하면 된다. (24일)
金潤煥	대통령제인가, 내각제인가 하는 문제는 국민의 심판을 한번쯤 받아볼 필요가 있다. 그러나 특정인을 상정해놓거나 야당처럼 대선공약으로 내거는 것은 곤란하다. (25일)

김윤환(金潤煥) 전 신한국당대표는 25일 자택에서 국민회의 金총재의 지역간 정권교체론·거국내각 등에 논평을 요구받고 '대통령제건 내각제건 이제 국민의 심판을 받아야할 필요는 있다'고 말했다.

김영삼(金泳三) 대통령이 '절대 개헌불가'를 고수한 가운데 여권 고위인사로는 처음 내각제를 포함한 정치제도 변화에 대한 의견수렴의 필요성을 거론한 것이다.

물론 金전대표는 '특정지역을 배제하자는 金총재의 지역간 정권교체론은 그 자체로 지역분열을 조장하는 발언'이라는 비판을 잊지 않았다. 그는 또 '특정인을 염두에 둔 이원집정제니 하는 논의는 옳지 않으며, 이를 대선공약으로 내거는 것도 있을 수 없는 일'이라고 못 박았다.

金전대표는 특히 '이번 총선결과 야권의 양金총재가 대통령후보로 나서기는 안팎으로 어려움이 따를 것'이라며 '양金이 나서지 못할 경우 정계개편의 가능성이 있다'고도 말했다.

그의 이날 발언은 적잖이 움츠러든 민정계의 당내입지를 고려, 장기적인 활로를 모색해 보려는 발언으로 관측되고 있다.

야권 쪽에선 이미 내각제 논의가 활발해진 상태다. 자민련과 국민회의가 장군멍군하며 심정적 공조를 가속화하고 있다.

한영수(韓英洙) 자민련 부총재는 'DJ가 내각제로 가는 사전 정지작업을 펴는 것'이라 했고, 이종찬(李鍾贊) 국민회의 부총재는 '대통령제 주장을 희석시키기 위해 군불을 지펴야할 때'라고 화답하고 있다.

이런 가운데 나온 김윤환 전대표의 발언은 당내 민정계가 정치제도 개편 등 큰그림 변화의 돌출변수가 될 수 있으며, 이에 상응한 대접을 해달라는 메시지를 여권 핵심에 던진 것으로 관측된다. 그는 이날 '민정계의 대표성은 야권인 자민련내 인사들이 아니라 여당내의 TK세력에 있다'고 누차 강조하며 'DJ가 노리는 게 바로 여당내 TK의 이탈'이라고도 말했다.[24)]

특히 김대중 총재는 초기 언급했던 '영남배제 정권교체'대신 '영남협력에 의한 정권교체'로 선회, 사실상 반(反)YS의 지역연합을 시사하고 있다. 金전대표는 이날 낮 대구의 선산金씨 종친회에 참석, 신당창당설 관련 질문에 '당내에서 정권 재창출을 위해 노력한다는 생각이지만 앞으로 나의 생각과 달리 진행되면 생각을 달리 할 수밖에 없지 않느냐'는 의미심장한 말을 남겼다.

내각제 논의의 가능성까지 슬쩍 열어놓으며 그가 요구한 것은 현

---

24) TK는 대구·경북 지역을 일컫는 저널리즘 용어이다.

재로서는 명확해 보인다. 그는 이날 자신의 국회의장 지명과 관련, '누가 시켜준다고 한 적도 없지만 막상 권한다면 그 때 가서 생각해볼 문제'라고 운을 뗐다. 민정계의원들이 자주 전화를 걸어 '무언가 관리역을 맡아야할 때 아니냐고 한다'는 게 그의 얘기다.」

그런데 김대중 대통령이 탄생됨에는 임금님을 모시려는 많은 사람들의 숨은 노력이 크게 있었음을 알아야 한다. 전혀 겉에 드러나게 발표된 것은 없었지만 전국 곳곳에서 임금님을 모시려는 사람들이 한결같이 김대중씨의 내각제 공약을 순진하고 순진하게 믿고서 적극적으로 후원을 했었다. 당시 경상도 지역에서도 과거보다 훨씬 많은 표가 나왔고, 충청도 지역에서도 확실히 지원하여 대통령이 되었는데, 그것은 임금님과 내각제를 꿈꾸는 여러 사람들의 적극적 후원이 있었기 때문이었다.

생각하면 내각제 개헌 공약의 출현은 물론이고, 내각제 추진을 시작하면서부터 김대중 대통령이 탄생되는 전체 과정에는 임금님을 모시려는 사람들의 숨겨진 노력이 매우 컸고, 그것이 없었으면 김대중 대통령은 결코 나올 수 없었다. 항상 떨어지던 김대중 대통령은 약간 차이로 겨우 승리했기 때문이다. 그러나 김대중씨는 대통령이 된 뒤에 내각제 개헌에 대한 노력을 기울인 흔적이 거의 없었다. 사실상 민족사에 남을 완전한 사기극에 의해 모든 것이 끝나고 말았다.

5만장이나 되는 전단을 주요한 정치인 모두에게 직접 우송하여 배포하고, 대통령 선거시에 가능한 한 모든 노력을 정말 적극적으로 쏟아 부었던 당시를 생각하면 한마디로 말해서 허망하다는 느낌이 든다. 하루 24시간이 짧다하며 모든 시간을 투입하고 많은 돈과 노력을 쏟아 부은 만큼 정말 실망감이 컸었다. 당시 모였던 나름대로의 황실복원 인맥은 정말로 열심히 뛰고 헌신적으로 활동을 했었는데, 김대중 진영의 역사적 사기극 이후 시간이 흐르면서 하나 둘 이탈하여 점진적으로 해산이 되고 말았다.[25)]

김종필 총재

김종필 자유민주연합(자민련) 총재는 황실복원운동사에 있어서 꼭 거론해야 할 것이다. 왜냐하면 국민들에게 내각제 당론을 통해서 경직된 대통령제에만 기울어져 있는 것이 옳지 않다는 생각을 뿌리내려 줌에 큰 기여를 했기 때문이다. 그리고 내각제를 실현시키려고 시종일관 끈질기게 노력을 한 정치행보에 대해서도 의미있게 평가를 내려야 하리라고 본다. 요즘은 사실상 정치생명이 끝난 사람으로서 완전히 은퇴한 인물이 되었는데, 지난날의 그의 정치역정을 생각하면서 고마운 생각을 말할 수도 있다고 생각이 된다.

이석 황손은 김종필씨의 따님을 예전에 가수생활을 할 때부터 잘 알고 있었다고 한다. 그리하여 미국에서 귀국을 한 뒤에도 한두 번 만나기까지 했었다고 한다. 그리하여 내각제 전단은 우송을 하기도 했지만, 임금님을 모시려는 인맥에서 김종필씨의 따님을 통해 김종필씨에게 직접 전달이 되었었다. 따라서 김종필씨는 본인의 평소 정치철학이기도 하겠지만, 여러 가지를 감안하여 내각제 당론을 자민련을 통해 꾸준히 유지했다고 생각이 된다.

최초에 임금님을 모시려는 사람들은 이석 황손을 당시의 정치적 실세들인 3김씨에게 접근시키는 노력을 했었다. 그리하여 당시 김영삼 대통령의 가장 큰 신임을 받는 차남 김현철을 소개해 주겠다는 사람이 나타났다. 황실복원 모임에 큰 호감을 갖고 있는 사람에 의해서 제의가 온 것인데,

---

25) 당시 경상도 지역 사람들을 설득함에 있어서, 지역의식의 벽이 매우 높아 결코 김대중 진영을 믿지 못하겠다고 하는 사람이 많았다. 그러나 내가 직접 그 사람들에게 타이르길, 큰 정치인인 김대중씨가 문서로 공약한 것은 믿어야 한다고 설득하여 곳곳의 반대 여론을 진정시켰었다. 그러나 김대중씨의 사기극 이후 나의 말은 경상도 지역에서 설득력을 상실하게 되었다.

황실모임에서도 책임있는 사람이 나와야 한다는 전갈이 왔다. 그리하여 황실모임의 대표로 내가 가야 한다는 결정이 났는데, 그것을 내가 거절하여 무산이 되었다.

왜냐하면 나한테 연락이 오길 김현철이 등산을 하는데, 그 옆에서 한 시간을 함께 걸으며 얘기할 기회를 주겠다는 것이었다. 그렇지만 나로서는 대통령을 직접 만나는 것도 아니고 뚜렷한 직책도 없는 대통령 차남이며, 나이도 한참 아래인 사람 옆에서 그것도 등산을 하며 흠뻑 땀을 흘려 걷는 가운데 임금님 모시기를 설명할 마음이 없다고 했더니 그 기회가 흘러갔다.[26) 훗날 가까운 몇몇 사람들은 아주 좋은 기회를 내가 무산시켰다고 농담반 진담반으로 말하기도 했으나, 나로서는 지금도 그 때에 거절하길 잘했다는 생각이다. 그 말이 맞는 것이, 얼마 후에 곧 IMF국치를 만든 김영삼 대통령을 볼 때에, 그에게 임금님 모시기 얘기를 했다고 전혀 대화가 제대로 통했을 리가 없었다고 생각이 되기 때문이다. 전혀 말상대가 되지 않을 인물이었다는 얘기다.

그 후 김대중씨에게 소개를 해주겠다는 사람도 있어서, 내가 직접 만났던 적도 있다. 당시는 김대중 진영에서 내각제 당론을 잠시 정했다가 다시 대통령제로 회귀한 직후였는데, 약간 아쉬운 생각도 있어서 그 사람을 만나긴 했는데, 정치권에서 맴도는 협잡성 정치꾼이었던 것 같다. 앞으로 임금님 모시기 운동이 보다 활성화되면 이런 정치협잡꾼들이 계속 나타날 가능성도 있는데, 그것을 예리하게 살피며 차단함은 매우 중요하다고 생각이 된다.

그런데 그 무렵에 김종필 진영에서 내각제를 확실하게 당론으로 정하게 되었다. 임금님을 모시려는 사람들에게 있어서는 천군만마를 얻는 듯한 기분이었다. 김종필 진영은 당시 제2야당 수준이었지만, 제3의 세력을

---

26) 당시 김영삼 대통령에게 전달할 문건을 만들고 준비까지 했다가, 다른 기회를 찾자며 시간을 끌다 기회가 오지 않아 전달치 못하고 무산이 되었다.

가진 정파에서 내각제를 기치로 내걸었다는 것은 매우 의미가 큰 것이기 때문이었다. 그 무렵에 황실복원 모임에서는 이석 황손을 김종필씨와 만나도록 많은 노력을 했다. 자민련의 당론에 입헌군주제를 넣게 되길 바랐기 때문이다. 다행히 우리 인맥에 자민련 핵심당원이 있어서 김종필씨와의 면담이 성사가 되게 되었다. 이석 황손에게 김종필씨가 직접 국회에서 만나겠다고 연락이 왔다. 그런데 매우 당혹스러운 일이 벌어졌다.

그것은 김종필 자민련 총재와 만나도록 해서 이석 황손에게 연락을 했고, 만나러 출발까지 했던 이석 황손이, 나중에 말하길 국회에 가지 않았다는 얘기였다. 그래서 왜 가지 않았느냐고 내가 나중에 캐물으니, 답변이 나오길 감히 김종필씨가 황손을 오라고 할 수 있느냐는 답변이었다. 괘씸해서 가지 않았다는 놀라운 답변이니, 상상도 못할 상황이 벌어진 것이었다. 이것을 어떻게 해석해야 할까?

첫째로 이석 황손이 미국에서 돌아와서 몇 년의 시간이 흐르며, 황손의 위상을 되찾는 분위기가 되자 교만해진 때문이라고 본다. 이석 황손은 그 후 점차로 무너져 내리는 길을 자꾸 걸었는데, 그가 당대의 거물 정객 김종필씨에게 건방지다고 말할 정도의 심서가 나온 것은 이석 황손이 무언가 큰 착각을 한 것이 분명했다.

둘째로 당시 이석 황손의 주변에 점차 모여든 사람들에 있어서, 전국에 살포한 정치전단을 보고 무언가 모함성 얘기를 한 듯도 했었다. 이석 황손이 언제인가부터 약간씩 행동이 변하며 다른 길을 걷기 시작한 때가 이 무렵부터인데, 그의 주변에 모여든 사람에게 그 얘기를 상의했더니 무언가 꼬인 언질을 전해 주어 약속장소에 나가지 않았다고 생각도 된다.

셋째로 당시 이석 황손이 아직 자신이 없어서 거물정객 김종필씨를 못 만나고 피했다는 생각도 든다. 그리고는 그와 같이 변명을 한 것일 가능성도 크다. 이석 황손은 당시 미국에서 돌아와 행동반경을 점차 넓혀가고 있었지만, 김종필씨와 같은 거물 정객을 만날 만큼 마음의 준비가 되어있지는 않았다는 생각도 든다.

매우 아쉬운 일인데, 당시 나는 이석 황손에게 김종필씨를 만나서 전할 임금님 모시기의 상세한 문건까지 많은 시간을 투입하여 만들어서 손에 쥐어드리기까지 했었는데, 아직은 시운이 무르익지 않았던 때였다고 생각이 들기도 한다. 당시 자민련 총재로서 김종필씨는 큰 힘을 갖고 있던 거물정객이었고, 자민련이 내각제를 당론으로 정해 나가던 때였기에 이석 황손을 직접 만났으면 자민련의 당론이 보다 구체화되어 임금님 모시기의 내용도 보다 뚜렷하게 담겼을 지도 모른다.

그 후 김종필씨의 따님과도 연결이 되며 이석 황손은 김종필씨를 두세 번 만나기도 했으나, 우연성 만남이거나 많은 사람이 모인 후원회 등이었고 이석 황손이 독대를 한 적은 없었다. 그렇지만 김종필씨는 생각건대 그의 내각제 당론에 있어서 속마음으로는 임금님 모시기도 많이 고려를 했었다고 믿는다. 왜냐하면 황실복원 모임에서는 김종필 총재가 그런 생각을 할 만큼의 많은 자료를 여러 번 보냈고, 김종필 총재의 따님과 이석 황손이 잘 알고 있었기에 따님이 자주 김총재에게 '임금님 의식'을 피력했으리라고도 생각을 해본다.

이제는 김종필 총재가 역사 속의 흘러간 인물이 되었는데, 그가 나이가 들면서 하던 말이 항상 아쉽다. 그가 항상 말한 다음 얘기는 확실히 임금님 모시기였다고 믿기 때문이다. 누가 뭐래도 그것은 임금님 모시기였다고 확신한다.

「나는 석양을 벌겋게 물들이는 엄청난 일을 하고서 사라질 것이다.」

놀라운 뒷얘기

내각제 사기극 이후에 정국은 물 흐르듯 흘러갔다. 여러 가지 정치 사건이 이어지면서, 김대중 정권은 노무현 대통령을 탄생시키며 내각제 얘기는 국민들의 머리 속에서 점차 사라져 갔다. 더군다나 내각제를 정치 신조로 내세운 정계의 거물 김종필씨가 정계 은퇴를 하고 나니까, 내각제란 말이 거론되는 경우는 거의 없게 되었다.

그런데 세월이 흘러간 뒤에 나온 뒷얘기에는 매우 놀라운 내용이 들어 있었다. 당시 김대중 씨와 김종필씨의 내각제 대국민 공약의 속 내용에는, 숨겨지고 숨겨진 비밀로서 '입헌군주제 밀약'이 숨겨져 있었다는 것이다.

이 얘기는 최초에 서영훈 총재의 입에서 나왔다. 당시 집권당의 당권을 쥐고 있던 서영훈 총재가 장호원에 있는 대한적십자사 혈액 공장에 들른 때에 그 비밀의 단서는 노출되었다고 한다. 적십자에서 평생을 보낸 서영훈 총재가 집권당 대표의 입장에서 국내 여러 곳을 순시하다가 들러서 함께 점심식사를 하며, 당시 장호원의 혈액공장에서 관리부장으로 있던 이초남 황손에게 해준 얘기가 출발점인 것이다.[27)]

서영훈 총재의 말은 다음과 같았다.

> 「입헌군주제 여론이 많아! 임금님을 모시자는 여론이 많이 나돌고 있어!」

생각하면 지방 순시 중에 지나가는 투로서 흘러가는 말 정도의 가벼운 얘기라고 생각할 수도 있고, 같은 대한적십자사 직원으로 긴 시간을 함께 보낸 사이에서 해 주는 덕담과도 같은 얘기일 수도 있다고 보아 당시로서

---

27) 이초남 황손의 증언에 의하면 그 때는 2001년 8월이었다고 한다.

는 대수롭지 않게 흘려보낸 얘기였다. 다만 집권여당의 대표를 맡고 있는 사람의 얘기니까 가볍게 들을 수도 없는 정도의 그런 얘기였다.

그렇지만 김대중 정부는 내각제 국민선언을 공식적으로 실천하려는 강한 의지를 표출한 적이 거의 없이 시간을 덧없이 보냈기 때문에, 결코 중요한 발언으로 생각을 함이 없이 이 얘기는 흘러갔다. 당시 김대중 정권 하에서 내각제를 현실화시키려는 성실성을 어느 정도라도 보였다면 그 발언은 매우 중요한 것이었겠지만, 그저 가벼운 덕담 수준이라고만 보았던 것이다.

특히 당시에는 이석 황손을 필두로 한 임금님 모시기 모임에서의 활동이 활발하던 때였고, 입헌군주 내각제 전단 5만장을 뿌린 뒤이므로 여기저기서 임금님 모시기 얘기가 산발적으로 떠돌던 시기였으니까, 그러한 흐름에서 나오는 얘기 정도로 생각하는 수준에서 이해를 하는 분위기였다.

그런데 이 얘기는 집권당 내부에서는 꽤 심도 있게 논의가 되었던 것이란 증언이 훗날 채집되고 있다. 당시 내각제를 하겠다고 국민들에게 문서를 통해 밝혀 공약을 한 것인 만큼, 겉에 표출된 것은 하나도 없다고 하더라도 집권당의 내부에서는 한때 많은 얘기를 나눈 것이 분명하고, 서영훈 총재의 말이 결코 지나가는 덕담 수준은 아니었음을 말해 주는 것이다. 그 놀라운 얘기는 김대중 정부에서 당시 문화관광부 장관이었던 남궁진 씨에 의한 것이었다. 남궁진 씨가 이초남 황손에게 해주었다는 얘기는 매우 놀라운 얘기임이 분명하다.[28)]

「화랑 전시실에서 테이프를 끊는 자리였습니다. 주최 측에서 참석자를 소개하는데 제 이름이 불려지고 간단한 소개도 있었습니다. 물론 저를 소개하면서 광무황제의 증손자이고, 의왕의 손자라는 얘기를

28) 이초남 황손은 프레스 센타 1층의 화랑 전시실에서 2004년 8월에 남궁진 장관을 만나서 얘기를 들었다고 한다.
이초남 증언, 2004.10.8, 광화문 식당.

분명히 했지요.

그러고는 참석자들이 음료수와 다과를 마시며 환담을 나누는데, 남궁진 장관이 저를 직접 찾아와서 깍듯하게 인사를 하는 것이었습니다. 물론 저는 남궁진 장관과 초면이었지요. 남궁진 장관은 저를 찾아와 정중하게 인사를 하면서 "이초남 황손이십니까?" 하며 말하는 것이었습니다. 그런 뒤에 본인이 문화관광부 장관으로서, 김대중 정권의 힘있는 인물이었을 때의 숨겨진 얘기를 해주는 것이었습니다.

그는 말하길 김대중 정부 때에 김종필 씨와 내각제 합의를 한 내용은, 황실을 복원하고 입헌군주제를 하자는 비밀협약이었다는 놀라운 말을 하는 것이었습니다. 그는 저를 보며"여기서 뵙다니 정말 반갑습니다"라고 말하면서, 당시 제 이름이 정치권 내에서는 많이 거론이 되었었다고 전해주는 것이었습니다.

당시 저를 보고 숨어 있는 비밀의 황손이라고들 말했다고 하는데, 그것은 안교수님의 저서에 표현된 그대로이지요. 그러니까 당시 집권당 내부에서는 안교수님의 저서를 많은 사람들이 숙독하면서 나름대로의 깊은 논의가 있은 것이라고 하겠습니다.

그는 말하길 당시는 입헌군주제 논의를 내부적으로 진지하게 진행하고 있었는데, 옷 사건 등으로 정국이 급랭하면서 더 이상의 논의를 진행할 수가 없었다고 합니다. 그러나 정부 측에서는 기초적인 정지작업으로서 황실문화를 부각시키려는 여러 가지 활동을 진행시켰으니, 요즘 계속 시행되는 궁궐의 수문장 교대의식 등은 남궁진 장관 본인이 입안하여 추진시킨 것이라고 합니다.[29] 그는 당시 정치적 혼란이 계속되고 김종필 씨와 정치적 결별을 하게 되는 등의 흐름 속에 입헌군주제 추진이 중단되어 매우 아쉽다는 말을 했습니다.

29) 당시부터 시작된 수문장 교대의식은 우리나라의 주요 관광문화가 되었다. 생각하면 아주 작은 일에 불과한 것이 외국 관광객에게는 큰 구경거리가 되는데, 임금님이 모셔지고 나면 수많은 관광자원이 저절로 생길 것이다. 임금님 모시기는 우리나라의 관광문화를 진흥시키는 결정적 계기가 될 것이다. 그리고 내수 경기가 연쇄적으로 살아나고 산업전반에 미치는 효과도 지대할 것은 누구나 알 수 있는 일이다. 이것은 예컨대 영국을 찾는 많은 사람들이 황실문화를 보러 가는 것에서도 백번 이해가 될 것이다.

그는 "앞으로도 기회는 또 있을 것입니다"라는 말을 덧붙이며 헤어지는 인사를 했습니다. 그러면서 이렇게 만나 뵈니 죄인같은 심정이라고 정중히 고개를 숙이는 것이었습니다.」

사양길 : 제2단계

그런데 사람들의 삶은 어려울 때가 아니라 항상 좋을 때에 더욱 조심해야 한다는 평범한 진리가, 이석 황손에게도 그대로 나타나기 시작했다. 이석 황손은 미국에서 처음 귀국했을 때부터 차근차근 돌다리도 두드리며 밟아가듯 쌓아 나가던 본인의 발걸음을, 스스로 자기가 무너뜨리는 길을 걷게 된다. 그 무너지는 발걸음의 출발점은 생각건대 4328년(1995년) 무렵이 되겠으니, 그가 황실의 명예를 회복하겠다고 구국의 횃불을 든지 약 5년 쯤 시간이 흐른 때부터 발걸음의 조심성을 잃고서 점차 흐트러진 행태를 보이기 시작했다.

왜 이석 황손이 무너지면서 사양길을 걷기 시작하였는가? 그것에 대한 해답은 이석 황손 스스로가 잘 알 것이다. 나름대로 본인이 옛 연예인 시절과 같은 대중적 인기를 되찾고, 대한황실 명예회복에 대해서 언론매체들도 호응도가 높아가는 듯한 어느 때부터, 그는 서서히 겸손성을 상실해가고 점차 역사에 대해 오만한 모습을 보이게 된 데에서 사양길은 시작된 것이다.

이 때에 이석 황손의 주변에는 여러 사람들이 꼬여들기 시작을 했다. 나름대로 적지 않은 사람들이 주변에 모여 들어서, 그에게 듣기 좋은 덕담을 던지며 그를 이곳저곳으로 안내하고 다니는 일로 하루하루가 바쁘게 시간이 이어졌다. 이석 황손은 여기에 도취되면서 점차 바른 판단력을 상실해가기 시작한 것이고, 이 무렵부터 이석 황손은 지난 5년간의 성실한 모

동구릉에서의 이석 황손

습을 잃어가기 시작했다.

황실복원운동을 시작한 때부터 최초의 5년간에 있어서 사실상 이석 황손의 일거수일투족은 거의 모두가 나와 의논을 나누고 시행한 것이었다. 비참하게 무너진 황실을 되살리겠다는 순수한 한마음으로, 그는 나의 말을 대단히 신중하게 듣고 철저할 정도로 약속을 지켰다. 앞에서 말한 일월오악도 제1권 셋째 주제나 일월오악도 제4권에 있는 의미있는 내용을 쓸 수 있을 정도로 이석 황손은 사실상 나와 밀착된 생활을 했었다.[30)]

그러나 그가 대중적 인기를 되찾고 많은 사람이 꼬여든 때부터는, 서서히 나의 말을 듣지 않는 길을 갔다. 그러다가 돌발적 상황이나 사고가 발

30) 국민일보, 김종구, 조선황실 복원 추진, 1995. 11. 24. 참조.

생할 때에라야 즉각 나에게 연락이 왔고, 그 때에만 나와 함께 사안을 해결해 나갔다. 제2단계에 있어서도 중요한 사안은 계속 나의 의견을 따랐으나 서서히 나의 의견은 받아들여지지 않게 되었고, 제2단계의 활동기가 끝날 무렵에는 사실상 나랑 거의 만나지 않는 사이가 되었다. 결코 불미스러운 불화관계가 있는 것도 아니었고, 단지 이석 황손이 계속 흐트러진 길을 걸으므로 내가 점차 실망을 하면서 만나지 않고 연락을 않으니 자연스레 멀어져 버린 것이다. 물론 계속된 충언도 했고, 간곡한 요청도 하면서, 무너지는 흐름을 막아보려고 많은 노력을 기울이다가 끝내 손을 든 것이다. 그렇게 되니까 이석 황손은 계속 꼬여드는 다양한 사람 속에서 헤어나지 못하며 세월이 흘렀다.

제1단계에 있어서 이석 황손은 나와 매우 많이 만났으며, 항상 약속시간을 어긴 적이 거의 없었다. 그러다가 제2단계부터는 약속을 어긴 적이 없되 시간을 지킨 적이 없는 상황으로 바뀌어졌다. 그러다가 점차 약속도 할 수 없고 시간을 정할 수도 없는 관계가 되어 버린 것이다. 5년 사이에 생각 밖으로 유명인이 되니, 나와의 인간관계를 이을 여지가 점차 사라져 버렸던 것이다.

제1단계에 있어서 무너진 대한황실을 되살리자는 생각의 체계는 사실상 모든 것이 나에게서 나온 것이었고, 이석 황손은 정확하고 성실하게 나와 의논한 것을 행동화시켰다. 제1단계에 있어서 이석 황손의 황실복원운동은 거의 모든 것이 나의 견해에 따른 것으로서 혹시 문제가 있었다면 나는 결코 책임을 회피하고 싶지 않다. 아니 회피할 필요도 없이, 역사에 대해서 떳떳했고 정말 많은 것을 쏟아 붓고 희생하면서 대한황실의 명예를 다시 찾는 옳은 일을 했다고 당당히 말할 수 있다. 그리고 어떤 잘못이 있었다면 그것은 모두 내 탓이고, 영광은 모두 이석 황손의 것이라고 확실히 말하고자 한다.

그간 20년 가까운 세월에 걸쳐, 우리나라의 자랑스러운 정치적 뿌리를 다시 찾고 정치사적 정통성을 재정립하려면 침략일본에 의해서 무너진 임금님을 다시 모셔야 한다는 주장을 계속하면서, 나는 많은 경우에 무력감에 빠지기도 하고 능력의 부족을 느끼기도 했었다. 나름대로 연부역강한 나이일 때에는 눈앞에 보이는 것이 없다고 할 정도로 용기있게 의견을 펴고 힘있게 행동화시키기도 했으나, 나이가 들수록 부족함을 절감하고는 했다. 조선시대를 개창함에 일등공신인 무학대사(無學大師)는 넘치는 실력을 갖고서 겸손하게 자신을 그렇게 불렀겠지만, 나는 정말 무학교수라는 생각을 절실히 느끼며 오늘에 이르렀다.

그렇기에 나는 이석 황손에게 대단히 고마운 마음을 갖고 있다. 완벽한 이론을 갖고 충분한 뒷받침을 해줄 수도 없는 상황에서, 이석 황손은 정말 용기있게 황실복원의 주장을 펴고 적극적으로 행동하면서 우리 사회의 경직된 생각을 고쳐왔다. 나의 견해를 적극적으로 현실화시켜서 오늘날의 우리사회와 같이 임금님 문화, 어른 문화, 선배 문화의 필요성을 공감하는 수준으로 이끌어 올리는 데에 있어서 결정적 공로를 세운 이석 황손의 업적은, 그렇기에 때로는 실수가 있었어도 드높게 칭찬을 받을 역사적 위업이 분명하다.

나는 죄송스런 표현이지만 나의 각본에 따라서 확실하게 광대노릇을 해준 이석 황손에게 정말 고맙게 생각한다. 나는 대한황실 명예회복을 위한 횃불을 드높게 올려줄 이석 황손과 같은 적격자를 계속 찾았으나 아무리 찾아도 발견할 수가 없다가 정말 행운으로 그를 만났고, 그는 너무도 멋지게 그 일을 해 주었다. 대한황실 명예회복의 횃불을 드높이 들고서, 명예회복의 열매를 맺기 위한 씨앗 뿌리기의 정면에 나서서 온 몸으로 헌신해 준 이석 황손의 공로는 언제라도 잊을 수가 없다. 그 일은 이석 황손과 같은 광대가 아니었다면 전혀 할 수 없는 일이었다. 전국민이 대한황실은 죽어 없어진 골동품이라고 생각할 정도의 어둠의 사회를 향해 용기있게 돌진해서 세상을 바꿔준 쾌거는, 이석 황손이 아니면 결코 누구도 해낼 수 없는 일이 분명하다. 태조 고황제 폐하나 태종 임금님, 세종 임금님 등의 조선초 위대한 영웅들은, 모두가 일제침략의 가혹한 후유증에 짓눌려서 잠자고 있을 때에 그 잠을 맨 앞의 선봉에 나서서 깨운 갸륵한 후손 이석 황손을 땅속에서라도 정말 고맙고 고맙게 치하하고 있을 것이라고 굳게 믿는다.

이 무렵의 이석 황손을 향해 돌을 던질 사람이 있다면, 그것은 결코 그 돌을 던진 사람의 잘못이다. 모두가 잠잘 때에 혼자 고군분투하며 대한황실 명예회복의 위대한 초석을 놓는 과정에서, 혹시 마음에 들지 않는 것이 있었다고 그에게 돌을 던지는 것은 결코 옳지 않다. 역사는 활활 타오르는 황실 명예회복 운동의 횃불을 보면서 길이길이 이석 황손에게 박수를 칠 것이다.

방자여사와 마지막을 함께 한 최측근 비서 김상렬 노인은 이석 황손에 대해서 정확한 평가를 내리고 있다.[31)]

> 「저는 이구 전하를 보필하기 위해서, 방자비 전하와 함께 모든 것을 바친 사람입니다. 방자비 전하가 위독할 때의 입원 보증, 사망시의 유언장 문제, 쥬리아 여사 뒷처리, 이구 황손의 생활문제 등의 모든 어려운 일에 있어서 최후의 뒷받침을 제가 다 했습니다.
>
> 그러한 제가 볼 때에 이구 황손은 결코 임금님이 될 수 없다는 결론을 일찍이 내렸고, 방자비 전하도 확언한 일입니다.
>
> 저는 이구 황손에게 일본피가 50% 섞인 것을 없애라고 강조하고 강조했었습니다. 한국적인 삶이나 언어를 열심히 습득하여 참다운 한국인이 되라는 요구였죠. 방자비 전하도 자식을 위해 피눈물나는 노력을 했습니다. 그러나 한국인이 되려는 자세가 전혀 없었습니다.
>
> 인생의 많은 부분을 이구 황손을 돕고 황실을 살리기 위해 보낸 제가 생각할 때에, 이석 황손은 높게 평가해야 한다고 봅니다. 누구도 황실문제를 제대로 생각하지 않던 이 나라에서, 욕을 먹으며 선두에

---

31) 김상렬 면담, 1995. 1. 18, 세종문화회관 커피숍.

서 일한 사람은 이석 황손 밖에 없지 않습니까?」

그러나 제2단계부터는 이석 황손의 행보가 나의 뜻이 아니라 곳곳에서 그가 만난 여러 사람들에 의해서 다양하게 움직여졌다. 제1단계에는 모든 것을 숨소리조차도 나와 함께 의논해가며 실천했기에 내가 모르는 것이 거의 없었는데, 제2단계에 들어서는 점차 내가 예측하기도 어렵게 일이 전개되어 나갔다. 그 누군가가 뒤에 새롭게 나타나서 얘기해 주는지, 나와는 전혀 관계없는 흐름에 의해서 이석 황손은 점차 독자적인 행태를 계속 다양하게 표출했다. 이 무렵부터 나는 이석 황손의 행보에 대해 짐작조차도 할 수 없고, 계속 럭비볼 튀듯 하는 상황이 이어져 나오며 당혹감이 축적되다가 점차 멀리할 수밖에 없는 상황으로 빠져 들어 갔다. 그러니 사실상 나의 의견을 이석 황손에게 말할 필요도 없고 말할 수도 없는 상태로 서서히 진행되어 나갔으며, 급기야는 거의 연락이 되지 않는 단계로 진척이 되어 나갈 수밖에 없었다.

이 무렵에 있었던 최초의 놀라운 일은 서울의 플라자 호텔에서 있었던 후원회 사건이다.[32] 그것은 어느 날 나타난 몇 명의 젊은이들이 계속 이석 황손을 모신다면서 함께 다니기 시작하며 나타난 사건이다. 승용차를 직접 몰고 다니면서 이석 황손을 극진히 모신다며 태우고서 곳곳을 다니던 어느 날, 플라자 호텔을 빌려서 이석 황손 후원회 행사를 벌인다고 초청장을 전국에 발송했다. 물론 나에게 물으면 만류하고 제지할 것이므로, 나에겐 알리지도 않고서 전격적으로 비밀리에 시행한 일이니 그곳에 내가 갔을 리도 없다. 훗날 만나서 물어 본 바는 다음과 같다.

① 초청 대상을 누구로 했습니까?

---

32) 그 날자는 1995년 10월 28일로서 약 100명 정도의 사람들이 모였었다고 한다. 한국일보, 1995. 10. 29 참조.

「그간 내가 여러 곳에서 만나 명함을 받은 사람들의 명함을 모두 그 젊은이들에게 주었습니다. 와이셔츠 상자 곽으로 두 개니까 그 사람들에게 모두 발송한 것으로 압니다.」

② 아무나 모두 초청을 했습니까?

「나에게 명함을 준 사람은 모두 초청장을 보냈는데, 반송되어 온 것도 많습니다. 초청기준을 정한 것은 없습니다.」

③ 후원금이 많이 들어 왔습니까?

「후원금을 낸 사람도 있고, 참가회비를 낸 사람도 있습니다. 그런데 그 일을 주관한 젊은이들이 나중에 수지결산 결과를 말하는데 손해를 보았다면서 오히려 돈이 모자란다고 말했습니다. 그리고 그 젊은이들은 모두 떠나가 버렸습니다.」

생각하면 곳곳에서 이석 황손에게 명함을 건넨 사람들은, 정도 차는 있었겠지만 이석 황손에게 호감을 가진 사람들일 것이다. 그러나 느닷없이 후원회를 개최한다면서 초청장을 보내니까 어느 정도 숫자의 사람들이 모였던 것이고, 식사를 하면서 덕담을 나누다가 헤어지고 만 것이다. 플라자 호텔 후원 행사는 이렇게 하여 덧없이 끝났고, 명함을 이석 황손에게 건넨 많은 사람들의 마음에는 좋지 않은 추억을 남기며 지나간 일이었다.

그 후 이석 황손은 사실상 전국 곳곳을 헤매고 다녔다. 어디서 전화가 오면 무조건 그 곳으로 갔고, 누군가 만나자면 무조건 만나는 식의 삶이 이어졌다. 이제는 현대판 양녕대군이라기보다는 흡사 방랑 김삿갓을 보는 느낌이 들게 전국을 누비고 다녔다. 그러다가 생긴 또 하나의 돌발사고는 이름 없는 정당의 국회의원 후보가 되어 출마를 하게 된 것이다. 아무 연락도 없다가 어느 날 별안간 나의 대학 연구실을 찾아와서는 국회의원에 출마하게 되었다며 도와달라는 얘기였다.

놀라고 당혹스런 마음으로 대화를 나눠보니 전혀 힘있는 정당도 아니고, 국회의원 당선자가 거의 없을 신생정당의 경기도 여주 지역구라는 것이다. 그래서 차분하게 대화를 나누며 출마포기를 권하고 있는데, 이미 내 눈앞에서 신문기자들의 전화가 연속하여 걸려 오고 있었다. 이미 출마사실이 알려졌고, 신문기자들은 좋은 기사거리라고 연속 전화를 걸며 사실확인을 하는 통화가 내 앞에서 이어졌다. 그렇게 되니까 물론 그 다음날 여러 주요한 신문에 확실하게 보도가 되었다. 그 가운데 한 기사를 사례로 읽어보면 다음과 같다.[33)]

「'영친왕 조카 李海錫씨 여주서 한국신당 出馬'
고종의 손자이자 영친왕의 조카인 이해석(李海錫)씨가 김용환(金龍煥)의원의 한국신당 후보로 여주에서 출마한다. 그는 20일 조직책으로 임명돼 본격 정치 활동에 들어갔다. 서울에 사는 이씨가 여주를 택한 것은 왕실 후손들이 많이 모여살기 때문이라고 한다.
이씨는 60년대 이석이라는 예명으로 '비둘기처럼 다정한…'으로 시작되는 '비둘기집'을 히트시킨 가수로도 유명하다. 79년 미국으로 이민갔다가 89년 영친왕 부인 이방자(李方子)여사 장례식 때 귀국했다. 90년 '황실보존국민회의'라는 단체를 만들어 총재로 있다.」

이렇게 되니까 출마포기는 당장 불가능한 것이었고, 왜 국회의원에 출마하며 왜 여주에서 출마하게 되었는가 등을 묻게 되었다.

① 왜 출마를 별안간 결심하게 되었습니까?
「아는 사람의 소개로 그 정당에 며칠 전에 가입을 했고, 국회의원이 되면 황실의 명예를 찾기가 쉬울 듯 해서 출마를 결심했습니다.」
② 도대체 경기도 여주에 무슨 선거기반이 있습니까?

33) 기사 제목에 이해석으로 이름이 나왔는데, 의왕의 자손들은 침략일본에 의해서 거의 모두가 가까운 황족들에게 양자입적이 되었으므로, 이석 황손도 대원군의 큰집 족보에 이해석으로 입적이 되어 있다. 그러니까 이해석은 호적 명칭이고, 이석은 예명이다. 본 신문기사는 조선일보의 2000년 1월 21일자에 실려 있다.

「그 곳에 명성황후 생가가 있고, 세종 임금님 릉이 있어서 택했습니다.」

③ 표는 사람이 찍는 것인데, 생가와 릉에서 몇 표가 나옵니까?

「그래도 우호적인 표가 있으리라고 봅니다.」

④ 돈은 있으십니까?

「없습니다. 아는 사람이 자전거를 준다고 해서 그것을 타고 시골길을 달리며 선거운동을 할 것입니다. 예전에 그렇게 해서 당선된 국회의원이 있다고 그가 말해 줬습니다.」

⑤ 그래도 최소한의 기본경비는 있어야 하는데, 그것은 있습니까?

「전혀 없습니다.」

⑥ 그러면 이렇게 해 보십시오. 그간 황손님을 돕고 잘 해주신 분이 있다면, 그 명단을 약 열 명 정도 적어 갖고서 찾아가 순서대로 후원을 해달라고 부탁해 보십시요. 그 후 그 결과를 보고서 최종결정을 내리십시요.

「그렇게 하겠습니다.」

이 대화를 들으면 이석 황손이 얼마나 세상물정을 모르는가가 뚜렷하게 드러난다. 물정을 모르니까 곳곳에서 이 사람 저 사람이 말하는 대로 부평초 같이 휩쓸려 다니는 모습이 왜 나타나는가 그 이유가 명백하게 느껴진다. 나는 출마포기를 유도해야 되겠다는 생각으로 앞의 여섯 번째 질문을 깊게 생각해서 던진 것인데, 그 결과를 보고서 며칠 후에 다시 찾아오면 다시금 중도 하차 하도록 권유할 생각이었다. 그런데 그렇게 며칠을 기다릴 것도 없이, 그 다음 날로 이석 황손에게서 즉시 전화가 걸려 왔다.

⑦ 웬일이십니까?

「오늘 출마를 포기했습니다.」

⑧ 왜 그렇게 결정을 신속히 내렸습니까?

「그 가깝던 사람들마다 전화를 거니까, 누구도 만나주지 않아서 사퇴를 했습니다. 다들 어디 갔다거나 일이 있다거나 하면서 전화도 바꿔주지 않았습니다. 사람들이 다 왜 그런지, 세상 일이 다 그런 것 같습니다.」

당시 내가 깊게 생각을 하고서, 약 열 사람에게 전화를 해 보라고 말한 까닭은, 그렇게 하면 출마를 포기하게 될 것이라고 내심으로 생각하면서 말한 것이다. 그렇지만 세상 인심이 그런가는 나 스스로도 놀랐다. 항상 이석 황손에게 매우 가까운 듯이 좋게 말해주던 사람들이 직접 만나서 결코 따뜻한 말이라도 하며 바른 말을 해 준 사람도 없었고, 전혀 누구 한 사람도 만나주질 않았다는 싸늘한 인심의 얘기에 세상사를 정말 생생히 느끼는 분위기였다.

그러나 다시 잠잠히 생각해 보면 이석 황손이 이름없는 정당의 국회의원 후보가 되었다는데, 그를 만나서 지원해 줄 사람이 있을 리가 없었다. 되지도 않을 후보에게 돈을 쓸 이유도 없고, 공연히 지원을 해주면 소문만 날 것인데, 전화를 받아 줄 사람도 없을 것은 당연한 일이다. 이렇게 되어 국회의원 출마사건은 순식간에 종료되었다. 그리고 세인의 웃음거리가 되며, 주변 사람들에게 쓴웃음을 안겨 주었을 뿐이다.

그런데 이 무렵 이석 황손에게 모여든 사람들 중에는 못된 사람이나 사기꾼만 있는 것이 아니라, 좋은 사람도 많았음을 꼭 지적해야 하겠다. 예컨대 최초로 이석 황손에게 전용 사무실을 빌려 주며 여러 가지로 지원을 해 준 엄이 건축설계소의 이각표 사장은 진심으로 그를 도우려 했었다고 생각된다.[34] 그렇지만 이석 황손은 더 좋은 사무실을 내주며 좋은 말을 그럴듯하게 해대는 사람이 새로 나타나면 이내 곧 그 곳으로 가버리고 말았다. 그러니 이석 황손이 옮겨 다닌 사무실은 여러 개에 이르렀다. 이각표 사장도 이런 일을 당하고는 부하직원들 보기가 민망하여 사무실을 폐쇄

34) 서울시 성동구 상왕십리의 광수빌딩에 있던 것으로서, 최초의 황실 사무실에 해당한다고 볼 수 있다.

할 수밖에 없었을 것이다.

때에 따라서는 흡사 진짜로 임금님이나 된 듯이 착각을 할 만한 수준의 놀라운 사무실을 빌려준 경우도 있었다. 그러나 여러 경우에 사무실을 내준다던지 하면서 도우러 나타난 사람들은 진심보다는 사심이 더 느껴지는 경우가 많은데도, 이석 황손은 그에 대한 예리한 판단력이 없이 여기저기 휩쓸려 다니다 보니까, 진심되게 도와 준 이각표 사장을 비롯한 여러 사람의 후원이 모두 끊어지는 사실상의 막다른 골목에 도달하고 만 것이다. 생각하면 이석 황손은 이런 상황을 본인 스스로 자초했다고 본다. 긴 인간관계를 맺으며 성실하게 사는 것의 중요성을 생각하지 않았기에 생긴 일이라고 하겠다. 이 무렵에 충격적인 찜질방 사건이 별안간 돌출했다.

찜질방 사건

이석 황손의 활동에 있어서 제2단계는 약 7년 정도의 기간이다. 그가 황실 명예회복의 횃불을 들고서 약 5년간에 나름대로의 정점에 다다랐다면, 무너져 내리는 데에 약 7년이 걸렸다. 그러니 날아오르는 것도 빨랐고 추락하는 것도 아주 짧은 기간에 이루어졌다는 생각이 든다. 다만 지난 10여 년 사이에 우리사회는 대한황실에 대한 인식도 몰라보게 달라지고 있었고, 역사가 순리대로 풀려나간다면 임금님을 다시 모실 수 있지는 않을까 하고 생각될 수 있을 만큼 사회도 점차적으로 변했다.[35] 이석 황손의 활약의 결과가 가시적으로 나타나면서 사회의 변화도 계속 나타나고 있는 것이었다.

그러나 사회가 꾸준히 변하면서 대한황실이 부각될수록, 이석 황손은

---

35) 이 무렵에는 왕정복고에 대한 호의적 여론도 적지 않게 조성되고 있었다. 최정호, 왕정복고론, 동아일보, 1996. 4. 28 참조.

반대로 사양길을 재촉하며 추락하는 길을 찾아 갔다. 그 추락을 상징하는 대표적인 사례가 바로 찜질방 사건이었다. 이석 황손은 황실의 명예회복을 시킨다면서 내면적으로는 계속하여 무너져 내리는 길을 걸었기 때문이었다.

그 까닭은 무엇인가? 그러나 그 책임은 두 말할 것 없이 이석 황손 스스로에게 있다. 이석 황손은 하는 일에 계획과 질서가 없었던 점이 가장 큰 결점의 하나였다. 황실의 명예를 되찾는 일과 같은 중대한 일을 하면서 커다란 밑그림으로서의 설계도가 없이 무조건 닥치는 대로 일을 벌이고, 말이나 행동을 생각없이 즉흥적으로 하였다. 특히 그의 언행의 즉흥성이 훗날 그를 공격하는 일각의 사람들에게 좋은 소재가 되었음은 물론이다.

그의 무계획성은 특히 인간관계에서 가장 크게 나타났다. 그는 인간관계에 있어서도 장기적인 신뢰관계를 구축함이 없이 무계획적인 흐름에 수동적으로 본인을 내맡겼기 때문에, 긴 신뢰를 갖고 꾸준히 만나는 사람이 많을 수가 없었다. 그는 많은 경우에 수시로 걸려오는 전화에 따라서 움직이는 것이 개인일정이었다. 그 걸려오는 전화는 어떤 사람의 것일까를 생각함이 많지 않았다. 그 순간순간에 본인이 좋다고 생각하면 그냥 따라갔다. 때로는 위험인물로 느껴지며, 흑심을 갖고 사기성 짙게 접근하는 듯한 사람의 얘기도 그냥 따르는 경우가 비일비재 했다. 많은 경우에 전혀 모르는 사람과의 만남이 이어지니, 그 만남의 성격이나 결과가 어떨 것인가는 쉽게 이해될 것이다.

그런데 찜질방 사건이 돌발적으로 일어날 무렵에는 나름대로 이석 황손의 주위에는 사람의 장막까지 생겼다고도 말할 상태가 되었다. 그것은 이석 황손이 나름대로 많은 언론매체에 오르내리며 유명세를 타게 되니까 사람들이 계속 모여 들었다가 흩어지고는 했는데, 그 모여든 어떤 숫자의 사람들에 의해서 만들어진 것이었다. 모여든 사람들은 '황실보전국민연합'이라는 조직으로 자신들을 부르게 되었고,[36] 이석 황손은 본인을 그

총재라고 하며 명함에 인쇄해 갖고 다녔다.

이 무렵이 되어서는 거의 나는 그에게 접근하기가 쉽지 않은 상태가 되었다. 물론 황실 명예회복 운동의 출발을 함께 시작한 내가 그에게는 매우 중요한 인물이었다. 그러나 이 단계에서는 나조차도 그를 만나는 것이 어렵게 되었다는 얘기다. 벌써 여러 해에 걸쳐서 갈 길을 본인의 발걸음대로 알아서 찾아가는 그에게, 유일하게 쓴 말을 하고 직설적인 바른 말을 계속 하는 나를 그가 피하는 단계의 한계점에 다다랐고, 나도 지쳐서 방치할 수밖에 없는 상태로 시간이 많이 흘러갔다. 그런데 특히 내가 그에게서 점차 차단될 수밖에 없게 된 것은, 그의 주변에 몰려든 사람들에 의해서 사람의 장막이 형성되었기 때문이었다.

언젠가 그 상태에서 그와 우연히 한 번 만날 기회가 있었는데, 어떤 젊은이가 옆에서 사실상 나를 감시하는 것과 같은 일이 생길 정도였다. 그래서 내가 자네는 누군가하고 물으니, 자기는 이석 황손의 경호대장이라고 말할 정도였다. 물론 나였으니까 이석 황손 보고 당장 쫓아 보내버리라고 말하고서 둘이 대화를 나누고 헤어졌는데, 그 정도의 상황이니 그 이후 무슨 기분으로 내가 이석 황손을 다시 보고 싶을 것인가는 짐작이 가고도 남을 일이다. 그리하여 이석 황손과는 거의 잊혀진 관계와 같이 떨어져 지내는 어느 날 별안간 찜질방 사건이 일어났다.

찜질방 사건은 무엇인가? 그것은 어느 날 이석 황손이 노숙자와 같은 신세가 되었으며, 갈 곳이 없어서 찜질방에서 잠을 자고 있다는 내용의 놀라운 기사가 주간지에 대서특필이 되면서 촉발되었다.[37] 이 신문기사는 계속 여러 방송이나 신문에 다양하게 대서특필이 되면서, 일파만파로 회오리바람을 일으키는 가운데 대한황실사에 충격적인 사건으로 기록이 되게 되었다. 이 시대에 있어서 대한황실의 황손이며 황실의 명예회복을 주

36) 그들은 황실보전국민연합은 줄여서 황보련이라고 불렀다.
37) 주간조선 1744호, 2003. 3. 13.

장하는 대표적 인물인 그가, 지프차에 옷 가지나 간단한 생필품을 싣고 다니는 신세로 비참하게 살면서 잠을 잘 곳도 없다는 얘기는 전국적인 화젯거리가 되었고, 많은 사람들에게 놀라움과 안스러움을 안겨 주었을 것은 불문가지의 일이 분명하다. 충격을 받고 대단히 놀란 나도 정말 오랜만에 그에게 전화를 걸었고, 그리하여 나의 대학 연구실에서 둘이 마주 앉게 되었다. 격앙된 분위기로 내가 질문을 던질 수밖에 없는 순간이었다.

① 도대체 아무리 살기 어렵다고 하더라도 신문방송에다 그러실 수 있습니까?
「염려할 것 없는 일입니다.」
② 아니 도대체 방송에서까지 그래야만 합니까? 방송이나 신문에서 그토록 크게 다뤄진 일을 보면서도 염려하지 않을 수 있습니까?
「안교수님 심정은 잘 압니다. 그러나 그렇지 않으면 누가 나에게 경복궁을 되돌려 주겠습니까?」

그러나 격앙되어 질문을 던진 나는, 이상의 짧은 대화를 나누고는 더 이상 그에 대한 얘기를 이어 나갈 수가 없었다. 내가 이석 황손에 대해서 아주 잘 알고 있다고는 해도, 그렇게 답변을 하리라고는 상상을 전혀 못하고 질문을 던졌었기 때문이다. 그렇게 답변을 하니 나로서도 더 이상 할 말을 이을 수가 없었던 것이다. 생각건대 이석 황손은 오랜만에 나하고 통화가 되어 내 연구실에를 오면서, 당연히 내가 그것을 강하게 따져 물을 것이라고 생각을 하고서 답변할 정답을 곰곰이 생각하고 왔거나, 진짜로 그의 답변대로 생각하고서 행동한 것일 수도 있었다. 어떻든 그 답변은 정곡을 찌른 절묘한 답변이라고 할 수 있었다. 이석 황손이 나에게 할 답변으로서 그 이상 다른 답변이 나오면 곤란한 것이고, 유일무이한 정답이 그것이라고 하겠기 때문이다.

그렇다! 이석 황손이 지난 10여 년간 무엇을 주장하고 다녔는가? 무너져서 만신창이가 된 황실의 명예를 되살리자고 곳곳에서 입버릇처럼 말하고 다녔고, 많은 사람들이 서서히 공감대를 형성해서 우리사회가 태국, 영국, 네덜란드, 스웨덴, 스페인과 같이 나라의 전통이 살아나고 품격 있는 어른 문화가 정립되어 갔으면 하는 소망을 계속 키워오게 되었다. 그러한 때에 이석 황손은 나름대로의 충격전략으로서 경복궁 탈환의 정당성을 온 몸으로 국민들에게 설득했다고도 생각할 수 있는 일이 분명하다. 일제침략과 자유당 시대의 황실탄압으로 사실상 소멸상태에 다다른 황실의 입장에서, 이 나라의 국민을 극적으로 깨우쳐주는 충격전략은 현대판 양녕대군으로서의 광대 황손만이 할 수 있는 기상천외의 일이 확실하다.

나는 그렇게 되니 말소리를 차분히 가라앉히고서, 어떻든 너무 황실의 체면을 손상시키거나 곤란을 주는 일이 더 이상은 없었으면 한다는 견해를 밝히고 헤어졌다. 다만 여기서 분명히 지적할 것은 아무리 무너진 황실이라고는 하더라도, 이석 황손 스스로는 결코 찜질방의 황손이 된 것을 자랑스럽게 내세울 것이 없는 부끄러운 일이란 점이다. 누구라도 쉽게 생각할 일로서, 황실은 무너졌다고 하더라도 황손이 사실상의 노숙자가 되어 떠돈다고 할 때에 그것을 한편으로는 좋지 않게 볼 경우도 많을 것이기 때문이다.

생각건대 지금까지 이석 황손을 말하면서 그를 현대판 양녕대군이라고 말했지만, 그는 정말 양녕대군과 너무나 똑 같다고 생각된 경우가 많았다. 금번의 찜질방 사건과 같은 난감한 일은 이 시대를 산 우리민족의 너무도 많은 숫자가 언론매체를 통해 다 알게 되었다. 예전에 양녕대군도 이렇게 되면서 역사에 진짜 양녕대군으로 기록이 되었는가? 양녕대군은 당시 격노한 태종 임금님에 의해서 '종묘에 가서 반성하고 맹세하게 하라'는 밀지를 받았고, 태종께서는 사실상 양녕대군에게 최고의 훈계를 전하고 반성할 기회를 주었다. 양녕대군은 당시 그의 스승 변계량이 써준 8가지 조목에 의해 맹세를 하고 태종께 반성문을 제출하였었다. 그러나 양녕대군은 그 후 변화가 전혀 없었고, 끝내 폐위되어 동생인 세종 임금님에게 자리를 넘겨주게 되었다.[38] 현대판 양녕대군의 앞날은 어떻게 전개될 것인가? 찜질방 사건은 그 충격파가 너무도 컸던 사건이었다.

경기전 초대장 : 제3단계

찜질방 사건 이후에 이석 황손의 삶은 급격히 바빠졌고, 더욱 널리 알려지게 되었다. 그것이 유명한(famous) 사람으로서냐 악명높은(notorious) 사람으로서냐는 여러 사람들의 생각하는 몫이고, 이석 황손을 모르는 사람이 거의 없을 정도로 널리 알려지게 되었다. 사실상 길거리를 지나다가 그를 모르는 사람은 진짜 우리나라 사람이 아니라고 할 정도로 최고 저명인사가 되었다.

이 무렵부터를 이석 황손의 제3단계 활동기라고 불러야 되겠는데, 그는 다양한 언론매체에서 집중적인 조명을 받는 인사가 되었다. 주요 방송매체에서 전국적으로 확실한 시간을 할애하여 대대적인 방영을 계속해 줄 사람은 결코 쉽지 않은 것이고, 여러 신문에서는 이석 황손에 대한 신문기사를 경쟁적으로 실었다. 그리고 이석 황손은 여러 언론매체에서 계속 황실의 명예 회복을 직간접적으로 강조하고 다녀, 그에 대한 국민적인 인식도 나날이 높아져 갔다.

이러한 때에 날아든 기쁜 소식이 그를 전라북도 전주시의 경기전으로 초대한다는 것이었다. 찜질방 사건 이후에 이석 황손에게는 여러 곳에서 방을 제공하겠다는 제의를 받았다. 심지어는 외로운 노후를 같이 살자는

38) 김문식, 김정호, 조선의 왕세자 교육(서울:김영사, 2003), p.278.

전주시의 대표적 상징인 경기전

여인들의 전화도 적지 않았을 정도였다. 그러나 대부분은 이석 황손에게 잠시 와서 있으라는 것이고, 한시적으로 있다가 비워 달라는 것이라 안정적으로 가 있을 수가 없었다. 또 유명세를 타는 이석 황손을 얼굴 마담으로나 이용하려는 순수하지 못한 사례도 여럿이 있었다.

그런데 전라북도 전주시에서는 뜻있는 시민들이 주축이 되어 대한황실의 발상지로서의 경기전(京畿田)의 모습을, 역사유적이 아니라 실제적인 살아있는 황실유적을 만들기 위해서, 찜질방을 전전하는 이석 황손을 초청하여 전주시에서 살게 하자는 흐름이 태동되었던 것이다.

그 움직임의 선두에 선 인물은 유춘순 여사였고, 시의원인 주재민, 이완구 그리고 김완주 전주시장 등이 적극적으로 후원을 했다. 그리하여 전주시에서는 이석 황손 후원회가 결성되기에 이르렀고, 이석 황손이 전주시를 상징하는 인물로 떠오르게 되었다.

전주시의 새로운 상징 이석 황손

전주시를 비롯한 전라북도 사람들은 이석 황손이 전주시를 상징하는 인물로 자리를 잡게 된 것에 대해 매우 긍정적인 자부심을 갖고 있으며, 이석 황손에 의해서 그간 대한황실의 발상지로서 옛 사적지로만 남아 있었던 전주시가 살아있는 생생한 황실유적이 됨을, 일종의 짙은 향토애가 서린 자부심으로 자랑하고 다니는 분위기가 만들어 졌다.

또한 사실상 그간 황실발상지면서도 잊혀져 있던 경기전 유적을 재조명하면서, 전주시가 매우 뜻깊은 도시로 재탄생하게 되는 계기로서 많은 사람들이 적극적으로 호응하는 열성적인 분위기도 만들어져 나갔다. 그리고 이석 황손의 높은 지명도에 의해서 전주시는 연속적으로 언론매체에서 부각되었고, 이석 황손은 방송이나 신문에서 계속적으로 경기전의 중요성을 설파하고 다녔다. 이러한 흐름 속에 전주시뿐만 아니라 황실의 재조명 흐름도 계속하여 전국적으로 강화되어 나가게 되었다.

서울시 황실모독 사건

전라북도 전주시의 경기전이 새롭게 떠오르는 분위기가 날로 무르익어 가고, 황실의 중요성이 나날이 강조되어가는 바람직한 흐름 속에서 느닷없이 터진 돌출사고가 서울시의 황실모독사건이다. 이명박 서울시장이 잘 흘러가는 분위기에 끼어들어서 이석 황손을 매우 곤란하게 만들고, 전주시 사람들에게 적지 않은 마음의 상처를 안겨 주었다. 대한황실을 사실상 우롱한 기막힌 사건은 정말 생각 밖으로 별안간 도출되어 나왔다.

거의 매일 같이 전주시에서 생활을 하고, 경기전을 중심으로 한 황실문화를 활성화시키는 일에 몰두하는 이석 황손을 이 무렵에 있어서는 더욱 만나기가 어려운 상황에 있을 때였다. 정말로 오랜만에 이석 황손을 만나 시간을 보내면서, 전주시에서의 활동 이야기나 그간의 근황을 듣고 있는데 이석 황손이 이명박 서울시장을 만나게 되었다는 얘기를 꺼냈다.

① 어떻게 되어서 서울시장을 만나게 되셨습니까?

「얼마 전에 서울에서 전통 의상을 중심으로 한 패션쇼에 초대를 받아서 참석을 하게 되었습니다. 그리하여 의상 쇼를 주빈석에서 한참동안 관람하고 있는데, 그 곳에를 이명박 시장이 들어오는 것이었습니다. 서울시장도 초대를 받았는데 업무가 많아 늦게 도착이 되었다면서 양해를 구하며 자리에 앉게 되었는데, 서울시장도 주빈석에 앉게 되고 나랑 가까이서 인사를 나누게 되었습니다.

그렇게 되니까 이명박 시장은 최근의 신문에서 저의 어려운 입장을 잘 보았다고 말하면서, 여러 가지 환담을 나누고는 나중에 한 번 만나자고 약속을 하고 헤어지게 되었습니다.」

② 서울시장과의 구체적 약속은 어떻게 정해졌습니까?

「예, 바로 내일 오후 4시에 저한테 서울시장실로 와 달라고 직접 전화가 걸려 왔습니다.」

③ 그러면 서울시장을 만나서 무슨 얘기를 하실 생각이십니까?
「전혀 구체적인 생각을 아직까지 해보지 않았습니다.」

④ 그러시면 말씀하시는 바가 뜻대로 되지 않으실 수가 있습니다. 간단히 주요한 것을 써 갖고 그것을 보면서 말씀을 하셔야 체계적으로 대화가 되지 않겠습니까?
「그렇다면 안교수님이 간단히 써 주셨으면 합니다.」

이렇게 되어서 급히 간략한 대화자료를 즉석에서 만들게 되었다. 그러나 당장 내일 만날 일이고, 시간도 없어서 주요 조항만 나열한 것을 두 장 정도로 만들었다. 황실 문화의 중요성을 중심으로 서울시를 1천년 이상의 긴 역사를 가진 황도(皇都)로 만들어야 한다는 얘기 등을 썼으나, 급히 썼기에 약간의 모순점도 있는 것이었다. 그렇지만 옆에 놓고서 참고하며 대화를 나누는 자료로는 큰 문제가 될 것이 없다고 보아서 이석 황손에게 전달하고 헤어졌다. 그리고는 그 다음날 저녁에 나에게 전화가 걸려 왔다.

⑤ 안녕하십니까? 서울시장은 잘 만나셨습니까?
「예, 시장실에서 직접 만나서 약 1시간 정도 환담을 나눴습니다.」

⑥ 누가 배석을 했습니까?
「저는 혼자 갔고, 문화예술국장과 옆에 공무원 한두 명이 배석하여 있었습니다.」

⑦ 말씀을 잘 하셨습니까?
「써 주신 것을 보면서 상세하게 잘 얘기했고, 이명박 시장도 밝은 얼굴로 잘 대해 주었습니다. 만나고 나와서 지금 제 기분이 대단히 좋습니다.」

⑧ 써 드린 종이는 어떻게 하셨습니까?
「아예 국장에게 줘 버리고 왔습니다.」

이 말을 들으며 나는 어이없어 웃으며 놀랐다. 사실상 모순성이 있는 것으로서, 내가 갖고 있을 경우에는 찢어버려야 할 것을 직접 시장실에 주고 왔다고 말해서, 전화를 마치며 무조건 잘 하셨다고 말하고 끊을 수밖에는 없었다. 이따금 나를 곤혹스럽게 한 경우들을 적지 않게 겪어 왔기에 항상 여러 상황을 감안하고 이석 황손을 만나 왔지만, 그 요약문을 직접 전해 주고 오리라고는 상상을 않았던 일이 또 벌어진 것이다.

그리고는 한 동안 시간이 흘렀다. 그러고서 어느 날 이석 황손의 전화가 걸려 왔다. 내일 국장실로 오라는 전화가 왔다면서, 무언가 기대에 들뜬 듯한 기쁜 목소리의 전화였다. 그리고는 국장실을 다녀온 뒤에 다시 통화가 되었다. 그러나 예상 밖으로 상당히 풀이 죽은 전화 목소리였다.

⑨ 국장을 잘 만나고 오셨습니까?

「그런데 약속을 한 국장은 가까운 분의 상을 당해서 출근을 못했다면서[39] 과장이 만나줬고, 관련 공무원이 옆에서 기록을 하며 배석을 했습니다.」

⑩ 어떤 대화를 나누셨습니까?

「지난 번에 이명박 시장과 만나서 나눈 주요한 주제의 얘기들은 전혀 거론도 되지 않았고, 지금 당장 필요한 것이 무엇이냐고만 실무자들이 얘기하여 그에 대한 대화를 나누고 헤어졌습니다. 그들은 현재 무엇이 필요하냐고 물었고, 나는 전주에 안착했으며 과거에 찜질방이나 호텔에서 잔 얘기 등을 했습니다. 그들은 방 두 개 정도를 줘서 민박에 묵게 해 주겠다고 했습니다. 다른 얘기들은 나눌 입장이 못 되었습니다. 실무 담당의 과장이 나왔으니 다른 얘기를 나눌 것이 없었습니다.」

39) 통상 공직사회에서는 거절을 하거나 입장이 곤란한 경우에 이렇게 한다는 얘기를 하는 사람도 있었다.

짧은 대화가 오가고 전화를 끊었다. 이석 황손이 국장실을 간다면서 활기차게 전화를 건 때가 엊그제인데, 서울시청을 다녀와서는 완전히 힘이 빠진 듯한 목소리로 얼버무리는 투의 전화 목소리가 된 까닭은 다음날 신문을 보고 그 이유가 명명백백히 드러났다. 기막힌 일이 벌어진 것이다. 당시 주요 일간지 여러 곳에 나와서 많은 국민이 읽은 기사를 살펴보자.

「'마지막 황손' 이석씨 서울 정착 지원키로[40]

대중가요 '비둘기집'으로 유명한 조선왕조의 '마지막 황손' 이석씨가 서울시의 도움으로 고단한 떠돌이 삶을 마감할 수 있을지 주목된다. 서울시는 고종황제의 둘째아들인 의친왕의 11남 이씨가 마땅한 거처 없이 떠돌아다니고 있다는 소식을 전해 듣고, 거주지와 생활비를 지원할 방법을 찾고 있다고 26일 밝혔다.

이에 서울시는 북촌 한옥마을 가운데 숙박이 가능한 게스트하우스의 숙박비를 50% 깎아주고, 이씨의 증조할아버지 대원군이 살던 운현궁에서 진행되는 황실재현 프로그램에 강사나 심사위원으로 초빙하는 방안을 추진중이다. 현재 이씨의 주소지는 전주로 돼 있고, 서울에는 한달에 열흘 정도 머물고 있다.」

「'마지막 황손' 이석씨 서울로 올라온다[41] : 市서 숙소 지원금 검토

"비둘기처럼 다정한 사람들이라면…."

조선시대 '마지막 황손'이자 가요 '비둘기 집'의 가수로 잘 알려진 이석씨가 서울 북촌 한옥마을에 자리를 잡을 전망이다. 서울시는 25일 고종황제의 둘째 아들 의왕의 11남인 李씨에게 숙소 및 지원금을 제공하는 방안을 검토 중이라고 밝혔다.

최근 이명박 서울시장은 황손인 李씨가 마땅한 거처도 없이 전주로 내려가 찜질방 등에서 숙식하며 지낸다는 소식을 듣고 도와 줄 수

40) 한겨레신문, 2004. 3. 27.
41) 중앙일보, 2004. 3. 26.

있는 방법을 검토해보도록 지시한 것으로 알려졌다.

이에 따라 서울시는 우선 북촌 한옥마을 중 숙박이 가능한 게스트 하우스의 숙박료 절반을 지원하는 방안을 추진하고 있다. 또 시는 李씨의 증조부인 대원군이 살던 운현궁에서 진행되는 황실문화 재현 프로그램에 강사로 초빙할 방침이다. 다음달 열리는 '왕비(명성황후) 간택의식 재현행사' 심사위원으로도 위촉될 전망이다.

1941년 서울 관훈동 사동궁에서 태어난 李씨는 의왕이 타계한 이래 음악다방 DJ나 미8군 가수 등을 하면서 가족들을 부양했다. 베트남에 파병됐다가 이듬해 휴가 나와 부른 '비둘기 집'은 당시 선풍적인 인기를 모았다」

생각하면 이명박 시장은 애초에 어렵게 떠돌면서 살고 있다는 이석 황손을 도와주려는 순수한 마음에서 시장실로 와서 만나자고 했었을 것이다. 그리고는 도와주려는 입장에서 국장이나 관련 공무원에게 지시를 했었다고도 할 수 있다. 그러나 신문에 발표된 내용은 이석 황손을 도와주기는커녕 매우 어렵고 곤혹스런 상황을 만들어 주고 말았다.

먼저 이석 황손은 전주시 사람들에게 나름대로 배신감 같은 기분이 들게 되면서, 전주시에서 터전을 잡을 수 있을 기회마저 상실할 위기를 맞게 되었다.[42] 전주시에서는 물론이고 전라북도 전체의 도민들이 충심으로 황손을 돕고 경기전을 살아있는 황실유적으로 가꾸겠다고, 대대적인 움직임을 벌이던 사람들이 생각지도 않게 돌출사건에 휘말린 격이 되었으니, 이석 황손은 급히 전주 사람들에게 전화를 걸어 불을 끄는 발언을 하면서 사과를 해야 되게 만들어 놓고 말았다.

다음으로 한 두 황족과 그에 부화뇌동하는 일부 인사들에 의해서 조성된 것으로서, 이석 황손을 시기하고 공격하는 흐름이 나타나기 시작하였

42) 중앙일보, 2004. 3. 30 참조.

다. 어떤 사람은 속사정도 전혀 모르면서, 이석 황손만 잘 먹고 잘 살게 되었다는 얘기를 곳곳에 하고 다닐 정도였다. 그리고는 이석 황손을 원색적으로 비방하고 다니는 사람들도 나타났다. 사촌이 땅을 사면 배가 아픈 현상과 같은 일이 벌어지면서, 이것이 외부의 사람들에게는 생각 밖으로 황족간의 내분과 같이 생각되는 일이 벌어진 것이다.

이석 황손은 서울 북촌 가회동 한옥마을의 게스트하우스이니 사실상 여인숙의 방 두개를 빌려 주면서, 그 반값을 서울시에서 지원하고 반값을 노력 봉사를 하여 갚으라는 얘기에 개인적으로 깊은 충격을 받으며 상심 속에 서울시 방문을 마쳤던 듯하다. 별로 크게 자기의 주장도 못 펴고는 귀가를 했으나, 여인숙 방 2개를 빌려주겠다는 얘기에 내심으로 쓴 웃음을 지으며 발걸음을 옮겼다고 하겠다. 그렇게 되자 이석 황손은 없던 일로 하고 잊어버리려고 했을 것이다. 그러나 조용히 귀가한 이석 황손은 그것이 다음날 각 신문에 요란하게 기사화되자 극도로 분노하여 온몸을 떠는 충격을 받았다고 생각을 해야 되겠다.

왜냐하면 각 신문에 난 기사를 보고서 사나흘 지난 뒤에야 통화가 되었는데 이석 황손은 대단히 분노하고 있었다. 나도 각 신문에 난 기사를 보고서 통화를 시도했으나 통화가 되지 않았는데, 이석 황손은 지난 번의 전화를 끊고 분노 속에서 시간을 보냈던 듯하다. 그러다가 통화가 된 내용은 다음과 같다.

⑪ 신문기사에 난 것이 사실입니까?

「그렇습니다. 시장이 불러서 지시까지 했고, 국장이 다시 오라고 해서 갔었는데 겨우 여인숙 방 두 개를 반값에 들도록 지원해 준다는 얘기였습니다. 사실상 빈 말로 생색이나 내면서 나를 조롱한 것이지요. 그런데 그것을 왜 신문에 냅니까?」

⑫ 지금 어디에 계십니까?

「예, 지금 서울시장실로 찾아 가면서 안교수님의 전화를 받고 있습니다.」

⑬ 그러면 이명박 시장과 사전에 약속이 되었습니까?

「아닙니다. 지난 번에 갔던 곳이니까 그냥 찾아가고 있는데, 이명박 시장에게 이것은 잘못된 것이라고 직접 얘기하러 찾아 갑니다.」

⑭ 만약 이명박 시장이 없거나 만나주지 않으면 어쩌려고 그냥 가십니까?

「그래서 편지를 하나 써 갖고 갑니다. 만나지 못하면 비서실에 편지를 놓고 올 생각입니다.」

⑮ 혹시 편지 내용을 어떻게 쓰셨는지 읽어 주실 수 있습니까?

「예, 핵심요지만 간단히 썼습니다. 그것은 '존경하는 이명박 시장님! 저에 대해 관심을 갖고 도와주시려고 한 점에 감사를 드립니다. 그러나 저는 결코 잘 곳이 없어서 걱정하는 사람은 아닙니다. 감사합니다.' 이렇게 썼으니까 전달을 하고서 밤 늦도록 전주시로 달려갈 예정입니다.」

이석 황손은 편지글을 읽으면서 약간 흥분한 듯한 말투였다. 약간 정확하게 듣기가 쉽지 않게 읽었으나 '잘 곳이 없어서 걱정하는 사람은 아니라'고 항변하는 것은 분명했다. 그렇다! 이석 황손의 분노는 백번 이해가 되는 일이다. 자그마한 여인숙 셋방 두 개를 반값에 얻어 준다면서 도하 각 신문에 대대적인 언론 플레이를 하여, 이석 황손을 사실상 바보로 만든 바에 대해서 그는 너무도 충격을 크게 받은 목소리였다. 그날 저녁에 다시 통화가 된 내용은 다음과 같다.

⑯ 이명박 시장을 만났습니까?

「예, 가니까 시장실에는 있었습니다. 그리고 제 차례가 되었을 때에 시장은 급하게 밖으로 나오고 있었습니다. 만나서 악수는 했는데 약속이 있다면서 그대로 가려고 하여 편지를 손에 쥐어 주고 왔습니다. 지금 전주로 가고 있습니다.」

생각하면 이명박 시장은 대한황실에 너무 큰 결례를 저지른 것이 되었다. 서울시의 형편상 도와줄 수 없다고 하면 정중히 거절해도 좋고, 백번 양보하여 여인숙의 방 두 개를 반값에 들게 해 줄 수도 있다. 그런데 그 알량한 황손후원 방안을 갖고 대대적인 '언론 플레이'를 한 것이 문제다.

작심하고 황실을 망신시키고 모독하려는 듯한 사건이 벌어진 것이다. 이것은 너무도 생각이 얕고 경솔한 잘못을 저지른 것이다. 아무리 서울시장의 선전을 할 자랑거리가 없었기로서니, 작은 셋방을 반 값에 얻어주고 온 나라에 그것을 자랑하는 수준이라면 누가 그것을 이해할 것인가? 아무리 무너진 황실이기로 이렇게 모독하고 우롱해도 되는 것인가 깊게 생각하고 생각할 일이다.

서울시에서는 금번 이석 황손 우롱사건을 일으키기 전에, 그것은 너무도 좋은 기회였다는 생각을 할 수는 없었을까? 서울시 북촌의 한옥마을 지역을 그냥 한옥지역 수준에서 문화사업을 할 것이 아니라, 집 한 채 정도만 배려를 하면 황실문화센터를 만들 수가 있었을 것이며, 그렇게 되면 서울시 북촌 전체의 품격을 높이고 점차 북촌의 가회동 일대를 인사동 이상 가는 문화지역으로 승격시킬 수가 있었을 텐데 그 기회를 놓친 것이다. 그것은 요즘 강북지역이 낙후되어 있음에 대한 하나의 좋은 대책이 될 수도 있고, 가회동 한옥마을을 활성화시킬 방안을 찾을 수도 있는 아주 좋은 계기를 문화감각이 없어서 무산시키고 만 것이다.

더군다나 금번의 이석 황손 우롱사건을 벌인 부서가, 서울시의 문화예술담당 부서라고 하는 데에서는 말문이 막힐 지경이다. 본인들이 알아서 북촌마을 가꾸기 사업의 일환으로 이석 황손을 초빙하고 고급문화사업을 벌일 적극적이고 창의적인 의지가 있었는가 없었는가 묻지 않을 수 없다. 복지부동형 소극행정이 아쉽고 아쉬울 뿐이다.

여기서 잠시 전주시와 서울시를 비교하면 서울시 문화행정의 수준을 알 만하다. 전주시에서는 당시 개최된 국제영화제의 단상에서 중앙에 시장, 좌우에 도지사와 이석 황손의 3인이 좌정할 정도였고, 전주 한옥마을의 대표자로 예우하면서 사무실을 갖춘 건물 1채를 내주었다. 전주시에서는 이석 황손을 제대로 황족으로 대했는데, 서울시에서는 셋방 두 개를 주며 사실상 하인 취급을 하면서 대대적인 언론 플레이를 한 것이다. 그리고 전주시에서는 많은 기자들이 찾아와서 신문기사를 대서특필해 준 정당한 언론흐름이었는데, 서울시의 것은 서울시가 주도한 관주도의 얕은 언론 플레이에 불과한 것이었다.

특히 대한황실에서는 이명박 시장이 과거 잠깐 종로구에서 국회의원을 했을 때의 통탄할 선거공약을 항상 잊지 않고 있다. 그것은 황실 최고의 사당이며, 세계문화유산인 종묘 앞에 야외음악당을 만들겠다는 기막힌 선거공약을 내걸어서,[43] 그것이 현재 종로국악정이란 이름하에 버젓이 살아 있으며 종묘와 황실을 원색적으로 모독하고 있음을 알 사람은 다 알고 있다.

그런 이명박 시장이 이석 황손을 만나자고 했을 때에, 뜻있는 사람들은 그것을 너무도 잘 알고 있었기에 반신반의 했지만, 금번의 이석 황손 초청을 일단 순수하게 받아들이고 좋게 생각해서 지켜보았다. 그러나 그것이 심각한 우롱사건으로 끝난 뒤에는 어차피 기대할 가치도 없는 데에 기대를 했고, 모독을 당한 것은 당연히 일어날 일이 일어난 것이란 생각이 널리 퍼졌다.

1천년 역사의 유구한 전통과 문화를 가진 황도(皇都) 서울시가, 전주시의 반만 쫓아가도 부끄럽지 않을 텐데 고개를 들기가 어려운 참담한 일이 벌어졌다. 서울시의 연속된 황실모독! 그 주연되는 분의 극심한 문화실조

---

43) 동아일보, 1996. 3. 17 참조.

현상을 개탄하면서, 차라리 서울시민이 불쌍하다는 생각이 들 정도이다.[44)]

나도 황손?

이명박 시장의 황실모독 사건은 그러나 단순한 우스갯거리로 끝나지는 않았다. 전혀 생각지도 않은 후유증이 유발되며 황실영광 회복사에 나쁜 영향을 미치게 되었다. 그간 황실의 명예회복을 위한 운동이 꾸준히 진행되면서 우여곡절도 없지는 않았지만, 애당초에는 전혀 생각을 할 필요가 없었던 문제점이 촉발되며 곤혹스러운 일이 벌어진 것이다.

물론 그 전에도 약간의 조짐이 없지는 않았던 일이긴 한데, 이명박 시장이 어설픈 언론 플레이를 하면서 그 후유증이 강하게 불거져 나오게 된 것이었다. 이것은 정말로 이명박 시장에 의해 유발된 것이 분명한 만큼, 철학이 부족한 정치꾼들이 벌이는 행태가 얼마나 악영향을 우리 사회에 미치는가를 말해주는 대표적인 사례가 확실하다고 하겠다. 그 후유증이란 무엇인가?

그것은 그간 긴 시간에 걸쳐서 팔짱을 끼고 구경을 하고 있던 일부의 황손들이 나도 황손이라며 본격적으로 나서기 시작한 것이다. 황실복원을 출발시킨 현대판 양녕대군이며 광대황손인 이석 황손이 지난 여러 해 동안을 고군분투하면서 여러 사람들의 손가락질을 받으며 외롭게 달려올 때에 멀리서 조용히 구경만하고 있었거나, 경우에 따라서는 핀잔을 주면서 비방성 발언을 하던 이석 황손의 일부 형제들이 나도 황손이라고 주장

---

44) 이명박 시장의 심각한 문화실조 현상을 신문에서는 '이명박 증후군'이라고 꼬집기도 한다. 청계천이나 시청앞 광장 같은 하드웨어는 알아도 소프트웨어는 모르는 현상에 의한 정책실패를 말하는 얘기다.
조선일보, 2004. 7. 16.

하며 나선 것이다, 아니 때로는 내가 더 정통성이 있다는 등의 발언을 하고 나서서 보는 사람들을 곤혹스럽게 만드는 일이 생겼으니, 이명박 시장 후유증은 정말로 상상 밖의 일이 생긴 것이었다.

그 후유증의 핵심내용은 첫째로 이석 황손에게 집을 준다면 나에게도 달라는 것이었으니, 심지어는 임대 아파트라도 달라는 주장까지 제기되었다. 그리고 둘째로는 전주시에 연락을 하여 이석 황손이 아니라 내가 더 정통성이 있으니 나에게 경기전을 살리는 주인공 역할을 맡기라는 난감한 얘기의 두 가지로 나타나게 되었다. 물론 두 가지 주장을 하며 이석 황손에 대한 여러 가지 비방을 쏟아 놓으면서 본인들이 더 옳다는 다양한 얘기를 곁들이는 것이었다.

그러나 이러한 주장에 대해서 많은 사람들은 냉소적인 자세로 일관하고 있다. 밥상을 차릴 때까지 조용히 관망하고 있다가, 밥숟가락을 본인도 들겠다고 나서거나 밥상을 자기가 대신 받겠다는 모습을 보면서, 많은 사람들은 실소를 머금고서 무너진 황실의 서글픈 다른 측면을 보는 듯하여 가슴 아파하는 모습을 보이고 있다. 그리고 황손이란 존재에 대해 되새겨서 생각을 해보는 흐름을 만들게 되었다. 이 시대에 있어서 황손이란 도대체 무엇인가? 아무나 다 황손인가? 황손의 기준은 무엇인가? 여기서 이석 황손의 얘기를 참고로 들어 보자.[45]

「그저께 광복절에 아버님(의왕)의 제사를 모시러 아버님의 묘소에를 갔었습니다. 최근에 들어서 우리 가족들이 잘 모이기가 어려우니까 아버님의 제사를 혜원이가 모시고 있는데 가족들이 혜원이를 전혀 인정하지 않는 분위기도 있고 하여, 모일 수 있는 가족들만 따로 의왕 묘소에 모이게 된 것입니다.

평소에 말들만 많았지, 가보니까 네 째 형님의 아들인 일주와 석주,

45) 이석 황손 면담, 2004.8.17, 서울교육대학교 연구실.

이석 황손이 아끼는 조카(이호)의 결혼식

여섯 째 형님의 아들인 준, 그리고 아홉 째 형님의 아들인 상엽이와 상우만이 왔습니다. 간략하게 차리고 아버님께서 좋아 하시던 약주를 따라 올린 뒤에 제가 조카들을 불러 앉혀 놓고 할 말을 좀 했습니다.

너희들이 전혜원에게 대해 성씨도 다르고 인정할 수 없는 가짜라고 하는데, 혜원이는 황손이 맞다. 내가 중학생 때에, 할아버님(의왕)께서 돌아가신 날에 혜원이 아버지가 데리고 온 것을 내가 직접 봤다. 혜원이를 따뜻하게 감싸줄 아량이 필요하다. 다만 혜원이가 이구 형님의 양자가 되려고 했을 때는 나도 확실히 반대를 했다. 우리 황실가족 내에서 협의도 없었고, 국내에서는 내가 자기 숙부인데 나에게 어떤 상의도 없이 종약원과 비밀리에 일을 추진한 것은 잘못이다. 그러나 혜원이의 혈통까지 너희들이 왈가왈부 하는 것은 옳지 않다고 얘기해 주었습니다.

그리고 상엽이 아버지도 할아버님(의왕) 장례식 때에 사동궁에 나타나서, 울며 큰 할머님께 인사를 올리고 할아버님께 마지막 인사를 올렸다. 혜원이랑 그 때에 나타났다. 네 아버지가 찾아와서 아버님의 아들이 왔습니다 하고 울면서 인사를 올리는 것은, 내가 혜원이 아버지가 혜원이를 어깨에 얹고 나타난 것과 함께 눈으로 똑똑히 봤다.

그런데도 너희들이 혜원이는 불운하게 전씨가 되어 있다고 가짜라 말하며 몰아치는 것은 황손들 다운 태도가 아니다. 소위 황족이라면 황족들 다워야 한다. 나도 허점이 있고 누구나 완벽할 수는 없지만, 황손들은 그릇이 크고 당당하며 황손다운 기백이 있어야 한다. 사소한 일을 갖고 남의 약점을 들춰내는 등의 행위는 옳은 일이 아니다.

그런데 최근에 일부 인터넷 회원들이 버릇없이 아무렇게나 잘못된 글을 올리고, 내가 활동하는 데에 대해서 비방하는 글을 올리고 있는 것은 내가 좋게 볼 수 없다. 외국에 있는 나의 형님 한 분이 귀국하여서 황실을 살리는 일을 한다는 말이 있는데, 제발 귀국하여서 내가 하던 일을 해주면 고맙겠다. 나도 힘들고 지쳤다고 말했습니다.

내가 지난 15년쯤에 걸쳐서 많은 고통을 참으며 힘들여서 한 일을, 지금에 와서야 자기들 입장에서 자기들에게 유리하게 일방적으로 말하는 것은 옳지 않다고도 말을 해주었습니다. 우리황실이 완전히 비참한 상태로 죽어지낼 때에는 말 한마디 못하던 사람들이, 이제 와서 여론이 호전되니까 그간에 있던 일들을 갖고 마음대로 인터넷에 글을 올리는 것은 좋지 않습니다.

인터넷에는 훌륭한 글도 올라오지만 적지 않은 사람들이 무조건 글을 써서 정말 잘못된 글도 많습니다. 각자 자기의 주장을 마음대로 하는 것도 좋지만, 예의를 지키고 상대방을 생각하면서 겸손하게 글을 올려야 되겠습니다.[46)]

특히 최근에 인터넷이 생기면서 왜 사람들이 파당을 짓는지 모르겠습니다. 우리국민들이 뭉치고 양보하는 미덕을 길러야 합니다. 일부 파당을 만들어 사이버 행패에 가까운 행동을 하는 사람들은 고쳐

46) 인터넷에 올라온 정보는 검증과정이 없는 것이 많고, 뉴스원의 확인도 없는 경우가 많다. 정확성과 객관성도 없이 마구잡이로 올라온 정보에 책임도 지지 않는다.

이석 황손과 동생(이문길)의 정다운 만남

져야 합니다.」

침략일본의 공격과 이승만 탄압에 의해서 우리의 황실은 만신창이 상태로 무너진 채 오늘에 이르렀다. 그러나 이석 황손과 이초남 황손 등이 주축이 되어 무너진 황실을 다시 살리려는 명예회복 운동이 불붙으며 현재에 도달했다. 그렇다면 이 시대에 있어서 황손이란 지위는 두 가지 성향을 갖고 있다. 그 하나는 무너진 황실의 황손이고, 다른 하나는 되살아나는 황실의 황손이다. 여기서 첫번째의 무너진 황실은 황손이 사라졌다는 것을 뜻하고, 되살아나는 황실은 황손이 재조명된다는 것을 말한다.

그렇다면 그간 무너진 황실에 있어서의 황손은 사라진 황손이 분명하다. 비참하게 쓰러져 사라진 대한황실의 어둡고 고통스런 모습을 눈감고서 인정하고, 뒷짐 지고서 조용히 살아온 사람들은 사실상 황손이 아니었다. 현재 몰골사납게 나서며 본인도 황손이라고 말하는 방식으로 한다면, 이 나라에 존재하는 모든 사람들이 다 황손이라고 해도 잘못은 없지 않을까 생각이 된다. 최소한 황손이라고 주장을 하려면 대한황실의 명예회복을 위해서 대들보는 몰라도 서까래 하나라도 자신의 힘으로 다시 만들던가, 주춧돌이 아니면 흙덩이라도 갖다 놓고서 새로 지은 집에 주인이라고 해야지 무조건 자신이 황손이라고 하면 누가 승복을 하겠는가?

지금 황손이라고 주장하는 사람들은 겸손하고 차분하게 자신을 재점검해야 한다. 이 나라의 역사회복을 위해서 지금부터라도 당장 팔을 걷어 올리고 성실히 봉사하는 행동이 중요한 것임을 유의하며, 온 국민이 보는 앞에서 새로운 잘못을 저지르지는 말아야 할 것이다.

역사는 위선을 용납하지 않는다. 역사는 진실로 쓰여지는 것이다. 역사 앞에 겸손하게 봉사하는 사람들이 황손임을 유의해야 한다. 그리고 아직도 길은 멀고 역사에 대해 봉사할 일은 너무도 많다는 점도 유의해야 할 것이다. 황손이라고 주장하려면 땀 흘려 역사에 책임을 지고 의무를 다 하며 성실히 봉사해야만 한다. 그렇지 않으면 황손이 아니다. 최소한 황손이라면 역사에 대해서 당당히 책임있는 행동을 해야 한다. 비겁한 행태를 보이거나 부끄러운 모습을 보이는 일이 있어서는 안 되겠다. 어떠한 비바람 눈보라에도 당당히 맞서면서, 무너진 황실의 재기를 위해 의연하게 스스로를 바치는 용기가 없이는 황손이 될 수 없다.

전주시에서는 왜 이석 황손을 경기전의 얼굴로 내세우게 되었는가? 전주시에서는 결코 아무나 내세운 것이 아님을 확실히 유의해야만 되겠다.

이석 황손을 모시고 축제분위기에 들뜬 전주시

예컨대 축구경기로 말하면 11명의 다른 포지션이 있어서 각자의 할 일을 다 하며 상대방과 경기를 진행한다. 11명은 자기의 위치에서 최선을 다하며 승리에 협조해야 한다. 그렇다. 황손이라고 말하려면 본인도 축구경기에 임하는 선수와 같아야 한다. 주어진 위치에서 확실하게 역사창조를 위한 봉사를 해야 한다. 자기가 할 수 있는 최소한의 일을 해야만 황손이라고 말할 수가 있다. 요즘 황손들에는 세 형태가 있다. 이석 황손과 같이 열심히 활동하는 황손, 그리고 활동하는 사람을 방해하면서 남을 비방하는 황손, 조용히 자신의 일에 충실하며 성실히 살아가는 황손이 있다. 여기서 두 번째의 유형은 결코 바람직하지 않으며 사실상 황손도 아니다. 아무것도 하지 않으며 황손일 수는 없고, 더구나 잘 뛰는 선수를 비방하고 방해함은 패배를 만드는 것이고 잘못을 저지르는 죄인이 되는 것이다.

전주대학교 교수발령

그런데 이명박 시장의 황실모독에 대비되는 정반대의 일이 전주에서 벌어 졌다. 약 1년 뒤에 전주시의 김완주 시장은 이석 황손의 품격을 확실히 높여 드리기 위해, 이석 황손을 전주대학교 교양학부 객원교수로 모셔드리는 극진한 성의를 보였다. 신문에 난 기사를 보고 전화가 연결되었다.

① 신문에 난 것이 사실입니까?
「예, 사실입니다. 전주대학교 교양학부의 객원교수가 되었습니다. 전주시의 김완주 시장이 적극적으로 도와서 전주대학교에서 발령을 내주었습니다.」

② 그런데 황손님! 어떻게 강의를 하려고 승낙을 하셨습니까? 정식 대학교수들도 1학기의 강의를 하려면 교재연구도 하고 공부를 많

이 해야 하는데 가능하시겠습니까?
「큰 걱정은 마십시오. 매 시간 학생들을 바꿔서 넣어 준답니다. 전주대학교에서 제가 제대로 강의를 하도록 매시간 특강 형태로 운영을 하고, 학생들은 폭넓게 많은 학생들이 번갈아 저를 만나 강의를 듣게 운영을 해 준답니다.」

이석 교수님

그런데 다시 2주쯤이 지나서 이석 황손이 강의를 무난히 잘 하였는가, 어떤 문제가 발생되지는 않았는가 등의 걱정이 되어 전화를 걸었다. 그랬더니 다시금 놀라운 일이 생겼다. 전주대학교의 객원교수가 된 것도 놀라운 일인데, 거기에다 더 추가하여 더욱 놀랄 일이 벌어진 것이다.

③ 강의를 잘 하셨습니까?
「예 아주 잘 마쳤습니다. 학생들 자세도 좋고 여러 모로 만족합니다.」
④ 강의 준비도 잘 되셨지요?
「그럼요. 열심히 준비하여 대한황실의 역사와 황실문화, 황실예법 등을 잘 가르쳤습니다.」
⑤ 학생들의 반응은 어떻습니까?
「아주 좋았습니다. 그런데 안교수님! 제가 정식 교수가 되었습니다.」
⑥ 그게 무슨 말씀이시죠? 객원교수가 되시지 않으셨습니까?
「아니 그게 아니라 정식으로 교수가 되었습니다. 지난 번 강의시간에 전주대학교 총장님께서 직접 학생들과 함께 강의를 들으셨습니다. 강의를 하려는데 별안간 총장님이 들어와 뒤에서 쭉 들으셨습니다. 그렇게 강의를 함께 들으시고는 정식교수로 발령을 내시

겠다고 말씀을 하셨습니다.」

⑦ 그렇게 놀랍고 기쁜 일이 정말로 사실입니까?

「예 대학에 특별법이 있답니다. 총장님께서 저한테는 특별히 배려를 해서 정식으로 교수로 임명을 해주신답니다.[47] 물론 연구실도 준다고 하셨습니다.」

정말 놀라운 일이 발생했다고 밖에 할 말이 없다. 서울시의 이명박 시장에게 농락을 당하고 실의에 빠져서 한 동안을 침체된 기분으로 살던 이석 황손에게, 전주시에서는 충심으로 모든 것을 황실의 어른답게 예우해 드리고 있는 것이다. 전혀 예상하지도 못한 수준으로 이석 황손을 극진하게 대우하는 전주시는, 경기전을 갖고 있는 대한황실발상지로서 전혀 손색이 없는 존경받는 도시의 풍모를 확실히 보이고 있는 것이다. 존황입국의 전진기지! 전주시에 영광과 발전이 있길 간절히 기원하고 기원한다.

전주대학교 학생들에 둘러싸인 이석 교수님

47) 그러나 실제로는 객원교수를 정식으로 발령낸다는 뜻이었다.

세 번째 주제

황실가문 재건의 선봉장: 이초남

- 해체상태 황통의 몸부림
- 이초남 황손 때리기
- 이초남 황손 재조명 Ⅰ
- 이초남 황손 재조명 Ⅱ
- 거창 황실 의병 기지
- 국농소(國農所)
- 영광의 땅 거창(居昌)
- 자랑스런 완원군파(完源君派)
- 재일동포 사회의 탄생
- 재일동포 사회의 성격
- 이낭훈(李琅薰)
- 천기누설(天機漏泄)
- 역사적 대망론

해체상태 황통의 몸부림

요즘 들어서 생각이 바뀐 사람들이 계속적으로 늘어나고 있다. 황실의 명예를 다시 찾자는 운동이 태동된 이후로 10여 년의 세월이 흘러가면서, 민족사의 행운이 찾아온다면 정말로 임금님을 다시 모시고서 황통을 다시 이을 수 있을 가능성이 보인다는 생각을 가진 사람의 숫자가 점차 늘어나고 있다.

흡사 아프리카의 신생국들과 같이, 침략일본이 물러간 뒤에 새로 태어난 나라라고까지 생각하던 착각이 사라지고 있는 것이다. 국력이 커가고 나라가 힘차게 자라날수록 역사의 어두움을 과감하게 떨치고서 잃었던 전통과 자존심을 다시 찾아야 한다는 흐름이 도도하게 살아나고 있다. 이러한 흐름을 대변하는 언론기사도 자주 등장한다. 다음 기사는 그런 흐름을 말하는 대표적인 사례이다.[1]

> 「엊그제 스페인 마드리드에서 거행된 왕위 계승 1순위자 펠리페 왕세자(36)의 결혼식은 30여 개국에서 온 정부대표와 100만 군중 및 12억 명의 시청자가 지켜본 세기의 결혼식이었다. 이혼경력이 있는 앵커우먼 출신의 레티시아 왕세자비(31)는 할리우드 톱스타로 모나코 왕비가 됐던 그레이스 켈리(1929~1982)를 연상시킬 만한 미모였다. 앞서 노르웨이와 덴마크 왕세자의 결혼도 신부 자신과 가문의 전력이 논란이 됐으나 왕관보다 더 소중한 사랑의 승리로 막을 내렸다.
>
> 오늘날 전 세계적으로 30여 개의 왕정국가가 존재하고 있다. 유럽은 영국, 네덜란드, 벨기에, 노르웨이, 덴마크, 스웨덴, 룩셈부르크, 리히텐슈타인, 모나코, 산마리노, 그리고 프랑코 체재가 마감된 뒤 왕실

---

1) 동아일보, 2004. 5. 25(필자 약간 수정)

을 부활시킨 스페인 등 11개 국가가 왕정국가다.[2] 영국, 네덜란드, 덴마크는 여왕이 통치한다. 이탈리아는 사보이 왕가가 무솔리니 독재에 협력했다는 이유로 1946년 국민투표를 통해 왕실 폐지를 결정했으나 최근 이를 후회하는 눈치고, 불가리아, 유고 등 동유럽에서는 왕정복고 움직임이 구체화되고 있다.

조선왕조는 1910년 막을 내렸다. 마지막 임금인 순종황제는 자식이 없고 영왕(이은)과 의왕(이강) 등 이복동생만 두었다. 형인 의왕이 1955년, 영왕이 1970년 각각 승하함으로써 왕가 또한 역사의 뒤안길로 사라졌다. 하지만 왕가의 맥마저 끊긴 것은 아니다. '마지막 황태자' 이은의 아들 이구(73)가 자손은 없지만 생존해 있고, 의왕의 자손 12남 9녀 중 9명이 국내외에 거주한다. 역사의 정통성 회복과 국민화합을 기치로 내건 황실복원추진 단체도 이미 활동 중이다. 물론 반발도 있다.

'존재하되 통치하지 않는 왕가'를 기대한다는 것은 복고적 낭만주의에 불과할까? 왕과 왕비가 경복궁과 창덕궁을 우아하게 산책하고, 외교사절들이 왕을 알현하기 위해 마차나 가마를 타고 궁으로 들어가는 모습은 생각만 해도 즐겁다. 자유분방한 공주가 애인을 만나기 위해 궁궐의 담을 뛰어넘다 카메라에 포착되고, 왕자가 음주운전을 하다 경찰에 적발돼 곤욕을 치르는 모습도 보면서 민주주의를 만끽하면 어떨까? 서양의 로열 웨딩을 보며 하게 된 상상이다.」

그런데 이러한 반가운 흐름이 가중되어 나타날수록, 우리의 황통 현황에 대한 국민들의 관심도도 높아지고 있다. 그것은 특히 우리의 황통이 이미 사라진 역사에서의 위상이 아니라, 부활되는 실체로서의 새로운 황통의 가능성이 커가면서 보다 더 높아지고 있다.

이와 같은 흐름은 그러나 역사발전의 순기능적인 면과 함께 역기능적

---

2) 타국에 의해 침략을 당하지 않고 순탄하게 역사가 흐른 유럽에 상대적으로 왕정국가가 많은 것은 당연한 일이다. 그러나 침략을 많이 받은 다른 곳은 슬프게도 왕정이 많이 사라졌다. 침략자들은 1차로 왕을 없애고나서 그 국민을 식민노예로 만들었기 때문이다.

인 면도 동시에 나타나고 있다는 점에서, 계속적으로 입장정리가 요망된다. 왜냐하면 그 역기능은 크고 작고 간에 순기능을 오도하면서 많은 일을 어렵게 만들기 때문이다.

일제침략과 자유당 탄압에 의해서 해체 상태에 있던 황통(皇統)이 아직도 살아 있다는 몸부림의 핵심은 그간 크게 두 가지로 나타났었다. 하나는 이석 황손에 의한 명예회복 운동이었고, 또 하나는 이초남 황손에 의한 역사찾기 운동이었다. 이 두 운동에 의해서 오늘날 대한황실은 완전히 사라진 것이 아니며, 완전히 해체된 것도 아님을 증명하면서 오늘에 이르렀다.

그런데 약 10여 년간 어려운 고비를 넘겨 가며 순기능적인 면이 증진되어 나가면서 서서히 나타난 역기능은, 바로 순기능을 방해하는 형태로 나타나게 되었다. 그것은 첫째로 전혜원 왕따 만들기, 둘째로 이석 황손 때리기로 나타났고, 그 다음 세 번째로는 이초남 황손을 공격하는 것으로 나타나기 시작하였다. 이 세 가지가 바로 그간 잘 진행되던 황실 명예회복 흐름에 나타난 3대 역기능 현상이라고 하겠다.

그렇다면 왜 이런 역기능이 나왔고, 그 출처는 어디인가?

첫째로 그 역기능이 나오게 된 것은 모든 사회현상의 보편적인 것이 돌출된 것으로서, 어쩌면 당연히 나올 것이 나온 것에 불과하다. 황통은 전통적인 정치권력을 말하는 것으로서, 그것이 부활된다고 할 때에 정치권력의 보편적인 현상이 나타나는 것은 지극히 당연한 현상이라고 하겠기 때문이다. 황통도 정치권력이라면 그것을 누가 쥘 것인가 하는 문제가 필연적으로 대두되는 것이고, 그 맛있다고 생각되는 떡(권력)을 먹으려는 세력은 언제라도 존재하는 것이기 때문이다. 우리는 동물의 왕국에서 항상 약육강식의 처절한 투쟁이 벌어지고 있음을 널리 알고 있는데, 권력의 세계는 사실상 동물의 왕국과 다를 것이 없는 것이다. 맛있는 떡을 먹겠다고 흑심을 품은 세력은 언제 어디에서고 돌출이 가능한 것이다.

둘째로 그 역기능이 나오게 된 출처는 3차원으로 생각이 가능하다. 그것의 핵심차원은 그러나 아주 극소수로서 소위 황족에 속하는 사람들에 의한 것이다. 지난 10여 년간 멀리서 관망하거나 이석 황손을 비난만 하던 몇몇 인사들이 행동화하기 시작한 것이다. 그리고 그 핵심차원을 둘러싼 어느 정도 숫자의 일부 인사들이 핵심차원에 부화뇌동하면서 2차적 행동을 하며 역기능이 나타나는 것이다. 그리고 3차적으로는 아직도 침략일본과 자유당 탄압정책에 따른 오도된 정보에 의해 굳어져 있는 사람들에 의한 반작용적 역기능 현상이 있을 수 있다. 그러나 아직 3차적 현상은 미미하고, 그 핵심차원과 그를 둘러싼 일부 소수 인사들이 문제인 상태에 놓여져 있다.

이초남 황손 때리기

이초남(李初男) 황손은 사실상 겉에 나타난 적이 별로 없었다. 그간 조용히 숨어서 살아온 사람이라고 할 정도로 거의 겉에 나타난 바가 없다. 다만 일월오악도 시리즈의 제4권에 담긴 내용을 중심으로, 무너진 역사찾기에 헌신하면서 사실상 칩거하며 살아온 인물이다. 그러니까 일반인들이 이초남 황손의 얼굴을 직접 대한 경우도 많지 않고, 책을 읽지 않은 사람들은 이초남 황손의 실체를 아는 사람조차 없었다. 그러니까 이초남 황손은 많은 경우에 '숨겨진 비밀 속의 황손'으로 살아 왔다.

그런데 대한황실 황통 잇기의 당위성이 점차 높아지면서, 황실명예 회복운동의 역기능이 부각되는 가운데 전혜원, 이석 황손을 공격하는 일환으로 이초남 황손에 대한 공격현상이 나타나게 된 것이다. 여기서 가장 강하게 나타난 것은 물론 이석 황손에 대한 공격이다. 이석 황손이 전면에 나서서 확실하게 명예회복 운동을 한 만큼 집중적으로 그에 대한 공격이 나타났다. 그러다가 아무 일이 없이 순탄하게 있던 전혜원이 양자옹립 파동을 겪으며 집중공격을 받았다. 생각하면 전혜원에 대해서는 공격이 있을 까닭이 없었고, 전혀 관심의 대상일 수도 없었다. 그런데 느닷없이 전혜원이 양자 잇기의 주역이 된다고 하니까 단기간에 집중된 공격으로 그것을 무산시켰고, 그 후에는 그를 왕따시킨 것이다.

그렇다면 항상 조용히 숨어 지낸 이초남 황손은 왜 공격을 받게 되었는가? 그것은 이초남 황손에 대한 얘기가 쓰인 일월오악도 4권의 내용을 읽으면서, 그에 대한 역사적 시기심이 발동됨에서 비롯된 것이 원초적 이유일 것이다. 그러나 엄밀하게 말해서 이초남 황손은 직격탄보다는 유탄을 맞은 성향이 크다. 왜냐하면 이석 황손을 향해 집중공격을 하면서, 이초남 황손도 함께 휩쓸려 공격을 당했다고 하겠다. 그리하여 이초남 황손에게 쏟아진 공격은 그가 '가짜 황손'이라는 것이었다.

그런데 이초남 황손에게 가짜 황손이라고 공격을 가한 측은, 주로 이석 황손을 공격한 극소수의 한 두 황손들이며 그 입장은 분명한 것이다. 공격을 가한 측의 입장은 전혜원 황손을 엉터리 황손, 이석 황손은 못된 황손이며, 이초남 황손은 가짜 황손이라는 것이다. 그러니까 주인공은 바로 자기란 얘기인 것이다.

그러나 이러한 공격을 가하는 측은 매우 큰 실수를 하고 있는 것이다. 왜냐? 마라톤으로 말하면 아직도 출발선을 떠난 뒤로 얼마 가지도 않았는데 이러고 있으니 큰 실수를 저지르고 있다는 얘기다. 그 주장을 누가 크게 인정해 줄 사람도 없고, 제대로 흐름을 아는 사람들은 냉정하게 주시하고 있음을 유의해야 옳다. 역사는 당당한 흐름에 따라서 흘러가는 것이지, 오도되고 비겁한 흐름에 따르는 것이 아니다.

지금은 어떤 때인가? 불쌍한 황손 전혜원을 감싸고, 고군분투하며 열심히 활약하는 이석 황손을 응원해야 옳다. 그리고 제대로 알지도 못하면서 이초남 황손을 가짜라고 말하지 말아야 한다. 이들 세 황손을 공격하는 측에서는 그간 황실명예를 찾으려고 별로 노력한 것이 없었으며, 황실의 숨겨진 역사를 제대로 알 수 없는 주변부에 있었음을 유의하고서 겸손성을 잃지 않아야 역사에 죄를 짓지 않게 될 것이다.

이초남 황손 재조명 I

되돌아 생각해 보건대, 이초남 황손의 등장은 어느 날 별안간 돌출한 것으로서, 현대 대한황실사의 놀라운 사건이었다. 대한황실이 일제침략에 의해 무참하게 붕괴되고, 다시 이승만 시대의 탄압에 의해 숨도 제대로 쉬지 못할 정도로 지리멸렬된 상태에 있던 당시의 상황에 있어서, 대한황실은 사실상 일반인의 관심사가 될 수 없는 잊혀진 존재였고 사라진 상태에 가까웠다. 아니 죽은 황실이라는 표현이 맞았다. 그리하여 남아있는 소수의 황손들은 사실상의 평민이 되어 있었고, 때로는 사람들의 조롱과 질시를 받는 한심한 수준에 머물러 있었다.

거의 사라진 황실과 같은 상태에서 별안간 나타난 이초남을 알 수 있는 사람이 존재할 수는 없었다. 이초남 황손이 처음으로 운현궁을 찾아 갔을 때는 17세로서 모친과 함께 동행했었다고 한다. 그러나 운현궁 문간에서 퇴짜를 맞고서 집으로 되돌아 올 수밖에 없었다. 그 후 모친은 그 충격 속에 식음을 전폐하고 한 달을 누워 계셨다. 그리고 얼마 뒤에는 암에 걸려서 고통을 겪다가 젊은 나이인 50세에 작고하였으니, 운현궁 문간에서 퇴짜를 맞은 지 4년만이었다.

아직도 전근대적인 사회분위기가 짙게 작용하고 있던 당시의 상황에서, 법률적 본부인인 박찬주 여사가 존재하고 있었기에 계속 숨어서 살 수밖에 없었으며, 벼르고 별러서 아들을 데리고 운현궁에를 찾아갔다가 문간에서 받은 충격은 불치의 암이 되고도 남을 일이었으리라 생각이 된다. 아무리 강인한 사람이라도 많은 사람들은 자식의 문제에서는 나약해지기

쉬운 일이다. 더구나 그것이 남편도 없이 인생을 걸고 키운 외아들에 관한 일일 경우에 겪는 아픔은 가히 상상하기 어려운 수준이었을 것이다.

이초남 황손의 뿌리찾기에 대해서는 이미 앞의 제4권에서 상세히 살펴보았으므로 더 살펴 볼 것은 없다. 그러나 일반인들은 제4권에 담긴 여러 증언을 들으면서도, 최종적으로 이초남 황손에 대한 의문점을 완전히 해소하지 못하는 분위기가 있을 수 있다. 그래서 그를 공격하는 일각의 잘못된 흐름이 나타날 틈새가 존재할 수 있는 것이다. 그 까닭을 몇 가지로 정리해 볼 수 있겠다.

첫째로 이초남 황손의 얘기가 너무도 엄청난 것으로서, 흡사 소설에서나 나올 듯한 대단한 드라마이기에 그럴 것이다. 일반 가정집에서 어떤 남자가 젊은 시절에 바람을 피워 낳은 자식을 숨겨서 키우다가, 훗날 별안간 나타나도 처음에는 믿어지지 않을 경우가 적지 않을 것이다. 그러나 이초

일본 적십자사를 방문한 이초남 황손

남 황손의 경우는 소설가가 쓴 소설에서도 쉽게 접하기 어려울 정도의 너무나도 놀라운 충격적 얘기이기 때문이다.

둘째로 운현궁에서 일단 부정적인 자세를 보였기에 그런 결과가 나왔을 것이다. 그의 부친 이우 황손이 생존해 계셨다면 이유없이 자식으로 받아들였겠지만, 박찬주 여사가 여자의 입장에서 부정적인 자세를 갖는 것은 당연한 일인지도 모른다. 이런 경우는 일반 가정집에서도 흔히 그럴 수 있는 것으로서, 낳은 엄마가 다른 새로운 아들을 자식으로 인정한다는 것이 쉽게 용납되기는 어려울 것이다.

셋째로 가까운 황족들이 이초남 황손의 존재를 거부함에서 비롯된 것이기도 하겠다. 그 까닭은 자명한 것이다. 너무도 놀라운 수준의 정통성을 갖는 황손이 별안간 나타났다는 사실은, 본인들에게 비교우위성을 상실하게 만들 대단한 존재가 나타난 것이다. 그러니 본인들의 위상을 깎는 결

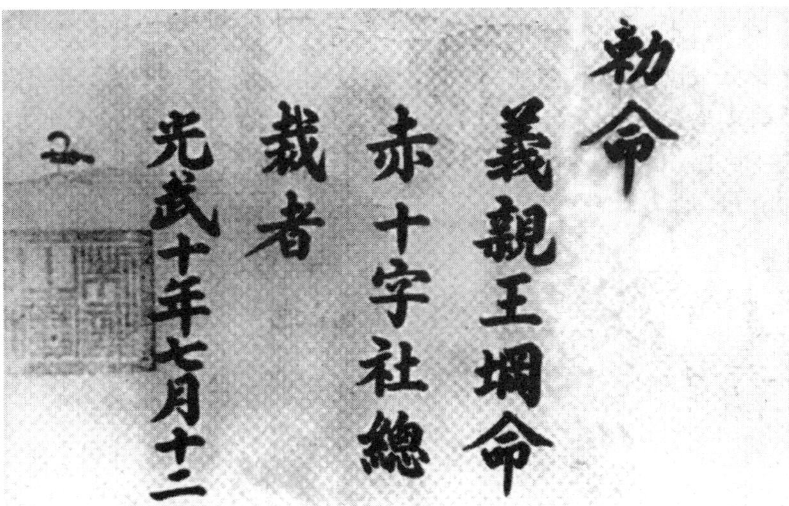
勅命
義親王堈命
赤十字社總
裁者
光武十年七月十二日

의왕전하의 적십자 총재 임명장

과를 낳을, 이초남 황손의 존재를 선뜻 긍정하고 싶지 않을 것은 당연한 흐름일 수 있다. 그리하여 앞에서 말한 한 두 황손의 공격이 시작될 수 있었던 것이다.

넷째로 전주이씨대동종약원이 황족에 대해서 사실상 깊게 아는 바가 없는 상태가 되어 있었기에 나온 현상이기도 하다. 일제침략의 질곡 속에서 역사가 무너지고 사실상 황실이 해체상태에 이른 상황에서, 이것은 오히려 당연한 일일 수밖에 없는 것이 되겠다. 왜냐하면 전주이씨대동종약원은 황족을 거의 모르는 상태로, 황족과 유리된 길을 한동안 걸어 왔었기 때문에 빚어진 현상인 것이다.

이와 같은 상황에서, 이초남 황손은 초야에 숨은 평범한 생활인이 되어 독자적인 삶을 영위해 나갈 수밖에 없었다. 그는 평생을 대한적십자사에서 보냈다. 이초남 황손은 젊은 시절에 대한적십자사에 들어갈 때는 물론이고, 긴 세월을 적십자활동을 하면서 뿌듯한 자부심을 갖고서 삶을 살아왔다. 그 까닭은 대한적십자사는 바로 광무황제가 직접 창설한 기구이고, 그 초대총재는 본인의 직계 친조부이신 의왕 전하였기 때문이다.[3] 만약에 대한적십자사가 개인회사라면 그는 바로 창업주 광무황제의 직계손으로서 사실상 주인(owner)일 것이며, 그가 총재가 되어 있을 것이다.

그러나 평범한 생활인으로서의 이초남 청년은 다른 직원들과 똑같이 공채시험을 보아 입사하여, 똑같은 입장에서 근무할 수밖에 없었다. 그는 꾸준하고 성실하게 땀 흘려 근무하여 진흥과장(혈액사업전담), 감사과장, 홍보과장, 북한수해물품지원단장(방북), 남북이산가족고향방문단 추진위원, 대북한지원과장(적십자사, 통일부, 국가안전기획부 통합과장), 원폭희

---

3) 대한적십자사 70년사에는 1905년에 창립될 때에 초대총재는 의양군(義陽君) 이재각 이었다가, 1906년 7월 12일에 의왕 이강에게로 넘겨진 것으로 되어 있다.
대한적십자사, 대한적십자사 70년사 , 1977, p.71.

북한 돕기 수해물자를 싣고 최초로 방북한 이초남 황손

생자복지사업소장, 사업협력부장(대북사업), 울산혈액원장, 총무부장(알부민 혈장센타) 등을 역임하는 바쁜 생애를 보냈다. 젊음을 불태운 모든 일이 적십자 봉사활동이었다. 그러니까 황손다운 뜻깊은 삶을 살았고, 누가 보아도 의미있고 보람있는 삶을 살았던 것이다.

이초남 황손은 이제 적십자사를 은퇴하고, 한국자원봉사단체협의회 사무국장 등의 활동을 하면서 살아가고 있다. 그런데 이초남 황손은 적십자사를

판문점을 넘어가는 이초남 황손

떠난 뒤의 삶이 더 바쁘고 더 신바람이 나며 더 뜻있는 듯이 오늘도 힘차게 움직이고 있다. 그는 요즘 전주이씨대동종약원에 열심히 참가하면서 무너진 대한황실의 영광을 되살려, 역사를 다시 찾는 길을 꾸준히 모색하고 있기 때문이다.

이초남 황손 재조명 II

그런데 여기서 다시 강조하여 말하건대, 이초남 황손의 뿌리는 그간 본서의 4권까지에 밝힌 바로서 나름대로 충분하다. 더 이상 보충설명을 할 필요성을 느끼지 않는다. 그렇지만 혹시 아직도 최종적 확언을 하기 어렵다고 보는 일부 사람들에게 전해줄 결정적인 추가증언이 있다. 그 증언은 정조 임금님의 막내 동생 은전군의 직계손인 이호창 선생에게서 들을 수 있다.

> 「어느날 저녁에 당시 전주이씨대동종약원의 이재형 이사장에게서 전화가 걸려 왔습니다.[4] 운현궁의 직계손이라는 이초남 청년이 별안간 나타났는데, 나는 황실근친의 상황에 대해서 아는 바가 없으니 이호창에게 찾아 가라고 말했다는 전화였습니다.
>
> 그래서 나는 박찬주 여사에게 직접 찾아가 물어보게 되었습니다. 당사자인 운현궁의 박찬주 여사가 그에 대해서는 누구보다도 잘 알고 있을 일이기 때문이었습니다. 그런데 박찬주 여사의 답변에 의하면 이초남은 그 혈통적 뿌리가 확실하답니다. 두 말할 필요 없이 이초남은 운현궁의 혈통이 확실하답니다.

---

4) 이호창 면담, 2004. 5. 15, 서울교육대학교 필자 연구실.
이호창은 당시 이재형 이사장이 이와 같은 황통 핵심사안에 대해서 질문할 자문인사로 볼 지위에 있는 거의 유일한 사람이었다.

강영훈 총재에게서 표창장을 받는 이초남 황손

박찬주 여사는 처음에는 찾아온 이초남을 박대해서 차갑게 쫓아 보냈다고 합니다. 자기를 해치러 온 것이거나 운현궁을 뺏으러 온 것으로 생각을 하면서, 매우 놀라 냉정히 쫓아 내보냈다는 것입니다.

그러나 박찬주 여사의 말에 의하면, 그녀는 일본에서 남편인 이우 황손이 어떻게 지내고 있는가 하는 소식을 다양한 방면으로 전해 들어서 상세히 알고 있었다고 합니다. 남편이 동거하는 여자관계가 있다는 것까지도 알고 있었다고 합니다.[5] 그렇지만 모든 것을 다 알고서 각오하고 있었음에도 막상 거기서 낳은 아들이라는 이초남이 나타나서 실제로 눈앞에 보이니까, 엄청난 충격과 함께 대단히 놀랐고 자기도 모르게 거칠게 냉대를 하여 쫓아냈다는 것입니다. 더군다나 그

5) 박찬주 여사는 친일매국 거두인 박영효의 손녀딸이었던 만큼 개인 정보망도 확실히 있었고, 일본 정보당국에서 비밀리에 전해주는 다양한 정보도 있었을 것이다. 특히 박찬주 여사의 친정에서 들어오는 정보가 많았을 것으로 생각이 된다.

의 얼굴을 보니까 시아버님이신 광무황제를 완전하게 빼어 닮은 그대로라 가슴이 덜컹할 정도로 놀랐는데, 보내 놓고서 두고두고 생각하니 자기가 너무나 잘못했다는 생각이 든다는 것이었습니다.

박찬주 여사는 쑥스러운 표정을 지으면서 말하길, 초남이를 잘 알면 데리고 와 달라. 초남이에게 미안하다면서, 자기나 초남이나 외로운 사람들이니 가끔씩 자기에게 놀러 오라고 전해 달라고 했습니다. 그리고 초남이를 보고 싶다고 말하기도 했습니다.

그러나 나는 당시 이초남에게 그 얘기를 직접 전하지는 않았습니다. 시간이 가면 해결되리라고 보았기 때문입니다.」

그런데 박찬주 여사는 이호창 선생에게 그 후 시간이 지난 뒤에 재차 초남이 얘기를 또 했다고 한다. 그러니까 박찬주 여사는 초남이를 데려오라고 두 번째로 강조해서 부탁을 했던 것이다. 나름대로 꽤 간곡한 입장이었던 듯하다. 그런데 이에 대해서 이호창 선생은 다음과 같이 말했다고 한다.

「박 여사가 두 번째로 말하면서, 본인이 매우 외로우니 초남이를 왔다 갔다 하게 해달라고까지 재차 말했습니다. 그러나 이번에는 제가 박여사에게 단호하고 분명하게 말을 했습니다. 초남이가 말한다고 오겠느냐? 나라도 오지 않겠다. 왜 별르고 별러서 온 젊은이를 그렇게 비참하게 내 쫓았느냐고 말을 했습니다.

왜 내가 그렇게 야멸차게 말했느냐 하면, 당시 운현궁에를 사람들이 잘 가지 않는 분위기였습니다. 박여사가 사람들을 항상 도도하고 쌀쌀하게 대했고, 사람들이 잘 붙지 않는 차가운 여자였습니다. 다른 사람들은 노락당 할머니 생신 때에 찾아 가서도, 노락당 할머니만 뵙고는 모두 그냥 나오는 분위기였습니다. 노락당의 생신 때면 약 100명 정도는 매년 왔는데 박찬주 여사까지 만나는 사람은 거의 없었습니다.

왜냐하면 시어머니인 노락당과 밥도 따로 해 먹고 남같이 사는데다, 오로지 생신 때에도 노락당께 드리는 상 하나만 나오고서 다른 손님은 안채로 들어오라고 합니다. 그러니까 그것은 그냥 가라는 뜻으로 알고서 모두 기분 나쁘게 생각하며 되돌아갔습니다. 더 기분 나쁜 것은, 매번 본인이 나오는 적이 없고 꼭 사람을 시켜서 전갈을 했습니다. 박여사는 많은 손님을 안 만납니다. 그러니 나부터도 자존심이 있지 가고 싶은 분위기가 아니었습니다. 다만 나는 그래도 인사는 드리고 가는 것이 도리라고 보아, 갈 때마다 인사를 드리고 왔습니다. 그래서 나에게 초남이 얘기를 할 입장이었습니다.」

이호창 선생은 박찬주 여사를 만난 결과를 말하면서, 박찬주 여사가 이초남에 대해서 단호하게 혈통이 맞다고 확언하는 입장이었다고까지 말한다. 더 이상 다른 말이 필요없다는 얘기다. 그렇지만 이호창 선생은 이초남 황손의 혈통을 보다 더 분명하게 확인하려고, 그 후 다른 주요한 곳에 계속 확인을 했었다고 한다. 박찬주 여사가 스스로 정확하게 맞다고 인정한 것이지만 가까운 황족들에게 재확인을 했다고 하며, 재확인한 결과도 뚜렷하게 이초남의 혈통을 확실하게 인정한다는 것이다. 이호창 선생의 얘기를 계속 들어 보도록 하자.

「먼저 운현궁의 외동딸인 이진완에게 찾아가서 물어 보았습니다.[6] 운현궁의 정통을 잇는 딸로서, 오빠인 이우 황손의 일을 누구보다도 잘 알 것이기 때문이었습니다. 그랬더니 이진완은 말하길, 오빠가 일본에서 혼자 살지 않았으며 과거에 초남이 얘기도 들어서 이미 알고 있다고 답하는 것이었습니다. 그리고 초남이는 내 조카가 확실하다고 확언하는 것이었습니다. (당시 의왕은 가회동에서 이초남 황손의 모친인 유정순 여사를 이따금 만나기도 했는데, 이진완 여사는 그 여자를 의왕의 숨겨진 애첩으로 오해했었다고 한다. 그러면서 하필 버

6) 운현궁의 혈통은 딸 하나로서 이진완 여사뿐이다. 그러니 아들이 없어서 이우 황손이 운현궁에 양자로 왔고, 그리하여 공작 작위를 물려받게 되는 것이다. 그러니까 이우 황손은 이진완 여사의 양 오빠가 된다.

이경길 황손, 이진완 여사와 이초남 황손

스표를 파는 여자와 만나서 집안 망신을 시키려고 하나 하고 오해를 했다고 한다. 유정순 여사는 당시 시간이 나면 버스표 파는 일을 하며 돈을 벌기도 했다고 한다.)[7]

그리고 나는 다시 이우 황손의 친동생인 이명길(이 곤)에게 물어 보았습니다.[8] 이명길이 우리집에 왔을 때에 물어 본 것인데, 그는 내 손을 꼭 잡으면서 초남이는 틀림없이 형님의 아들이라고 대답하는 것이었습니다. 그는 초남이 엄마는 그 아버지가 독립운동을 하던 매우 똑똑한 분의 딸인데, 당시 유학생 형태로 일본에 와 있었으며 멀리서

7) 본 얘기는 이초남 황손의 모친 유정순 여사에 대한 것으로서, 일월오악도 4권을 읽어 보아야 제대로 이해가 된다.

8) 이명길은 아명이며 정식이름은 이 곤이다. 의왕이 가장 가까이 한 수인당 김씨가 낳은 세 아들이 있으니, 이우, 이수길, 이명길의 3명이 친형제간이다. 이명길은 의왕의 아들로서 6남이다.

한 번 보았는데 키가 늘씬한 여인이었다고 말했습니다.

그는 형님과 함께 일본의 시나가와에서 말을 타고 가다가 형님이 말을 매어 놓고서 잠깐 기다리라고 얘기를 한 뒤에, 집에 들어가서 초남이 엄마와 초남이를 만나고 나오는 것까지 직접 보았다면서, 초남이는 확실하게 본인의 조카라고 말하는 것이었습니다. 더군다나 그는 초남이를 처음 보자 광무황제의 어진(사진)과 꼭 같으며 본인의 조카가 확실한 것이 초남이라고 강조하는 것이었습니다.[9)]

그후 광무황제의 근친인 이면용씨를 만나서도 재확인을 해 보았습니다.[10)] 이면용씨랑 함께 만나서 이초남에 대해 물어 보니까, 이면용씨는 말하길 긴 말할 것이 없이 확실하다고 말하는 것이었습니다. 그러면서 본인이 젊은 시절일 때에 광무황제와 함께 많은 세월을 보냈는데, 초남이가 어쩌면 그렇게 광무황제의 젊은 시절 모습과 똑 같으냐며 놀라는 투로 말하는 것이었습니다. 이면용씨는 누가 뭐래도 이초남은 진짜가 확실하다면서, 광무황제와 똑 같다고 계속 강조할 정도였습니다.

나는 여러 곳에 확인한 바를 종합할 때에, 이초남에 대해서 분명하게 확언할 수 있습니다. 누가 뭐라고 말해도 이초남은 이우 황손의 핏줄임이 분명합니다. 나는 다른 사람들에게 말하길, 매우 죄송한 말이지만 경기도 마석에 있는 이우 황손의 무덤을 몰래 파서 DNA검사를 하면, 무조건 확실할 것이라고까지 말했을 정도로 이초남은 혈통이 분명한 사람입니다. 나는 언제 어디에서라도 단호하고 확실하게 증언할 수 있습니다.」

---

9) 또한 이경길 황손은 일본의 시나가와에 의왕과 함께 갔을 때에, 형님(이우)과 의왕이 큰 소리로 언성을 높이는 것을 들었다고 한다. 상호간에 의견이 맞지 않아서 난 소리였는데, 그 중에는 이초남 황손의 출생에 대한 것도 있었다고 한다. 이경길 황손은 항상 의왕이 계신 밖에서 망을 보는 담당을 했는데, 평생 망을 보는 일을 하다 보니 비밀을 많이 안다고 한다.
안천, 일월오악도 4권(서울:교육과학사, 2003), p.339 참조.

10) 이면용은 광무황제의 6촌되는 아주 가까운 황족이다.

이면용 선생, 이진완 여사와 이우 황손의 묘소를 찾은 이초남 황손

그리고 이초남 황손의 증언에 의하면, 그의 숙부인 이수길 황손이 낳은 이호 황손에 대한 얘기가 재미있다. 이호 황손의 모친이 남편에게 들은 바에 의하면, 형님(이우)도 순수한 우리 민족 혈통의 애를 낳았는데, 자기도 순수한 혈통의 애를 낳아야 한다며 유혹하여 아기를 낳게 되었다고 한다. 이수길 황손은 다른 황손들과 같이 일본에 끌려가 일본여자와 강제 결혼을 할 수밖에 없었는데, 형님 이우 황손이 순수 우리민족 혈통의 이초남 황손을 낳은 바를 말하면서 부럽다고 얘기를 자주 했다는 것이었다.

그런데 여기서 유의할 중요한 일이 있다. 그것은 4337년(2004년) 5월 2일에 있었던 종묘대제에 참석한 이구 황손에 관한 얘기이다. 당시 종약원 간부가 이구 황손에게 이초남 황손의 신분과 뿌리에 대한 설명을 상세히 했더니, 이구 황손이 그에 대해 답한 것이 종약원 내에서 주요 화젯거리가 되었었다고 한다. 당시 이구 황손은 설명을 다 듣고서 다음과 같이 간단히 답했었다고 한다.

「예, 이미 잘 알고 있습니다.」

매우 짧은 답변이지만, 과묵하여 전혀 말이 없는 이구 황손이 신중하게 설명을 잘 듣고서, 과거부터 그것은 잘 안다고 답변한 얘기에 종약원 간부들 사이에서는 이것이 한 동안 중심화두와 같이 회자되었었다고 한다.[11]

거창 황실 의병 기지

경상남도 거창(居昌)은 이초남 황손의 뿌리를 밝힐 중요한 단서를 간직하고 있는 땅이다. 그러므로 일단 거창이 어떻게 하여 황실의 의병 기지가 될 수 있었는가를 살펴보아야 되겠다.

거창 황실 의거의 주역은 광무황제의 둘째 아드님인 의왕(義王)이었고, 그 장소는 거창의 깊은 산골 오지로서 남덕유산에 가까운 사선대이다.[12] 여기서 사선(思璿)이란 황실의 선원(璿源)을 기린다는 뜻이니까, 우리 황실의 자랑스런 뿌리를 생각한다는 뜻이 되겠다. 그러므로 의왕이 황실 의병의 기지를 사선대라고 이름을 지어 부른 것은, 황실의 흐름을 영원히 잇는다는 의지를 밝힌 것이다. 그러니까 이것은 황실은 영원히 살아있다는 것을 선언한 것과 같다. 그러므로 이것은 또한 사실상 황실독립운동의 중

11) ① 이구 황손은 그간 한국말을 전혀 못하는 것으로 알려져 있었는데, 이호창 선생의 증언에 의하면 한국말을 알지만 항상 조용히 듣고 있을 뿐이라는 것이며, 평소에 말이 없으니까 못 한다고 소문이 났다는 것이다.
② 그러니까 17년간 우리땅에 있으면서 어느 정도로 말귀는 알아듣지만, 전혀 우리말은 쓰지 않는다고 생각이 된다.

12) 거창군사편찬위원회, 거창군사, 1997, p.1504.

심된 기지라고 선언하는 것과도 같은 것이다.

요즘 이곳을 돌이 4층으로 되어 있으며, 돌 위에서 신선이 바둑을 두었다는 전설로 인해 사선대(四仙臺)라고 부르고 있다는데, 이것은 침략일본이 의도적으로 나쁜 저의를 갖고 고친 것이라고 생각이 된다.[13] 침략 일본은 전국 곳곳의 창지개명(創地改名)을 통해서 우리의 민족혼을 손상시키는 일을 광범하게 자행했고, 오도된 전설을 퍼뜨린 허다한 사례가 존재하는 바, 사선대도 똑같은 침해를 입었다고 하겠다. 침략 일본이 사선대와 같이 중요한 곳을 그대로 둘 리가 있겠는가?

그간 의왕이 이곳에서 비밀리에 의병 기지를 구축하다가 일제 경찰에 발각이 되면서 서울로 압송되어 갔다는 얘기는 거창에 사는 사람들에게는 잘 알려진 것이었다. 그런데 문제는 왜 의왕이 깊은 산골의 거창을 찾아가 의병 기지를 만들게 되었는지, 그 숨겨진 이유가 매우 궁금한 것이다.

국농소(國農所)

경상남도 거창에는 국농소라는 특이한 곳이 있다. 말뜻으로는 단순하게 나라에서 농사를 짓는 장소라는 국영농장의 의미가 되겠다. 그렇다면 국농소의 실제 의미는 무엇인가? 국농소에 사는 전주 이씨 완원군 파 소속의 가장 원로가 되는 이철우(88세) 할아버지의 설명은 다음과 같다.[14]

「임진왜란 때에 왜놈들이 처음으로 침략해온 부산성의 첨사인 정발(鄭撥) 장군은[15] 저희 국농소의 출발이 된 이위(李瑋) 장군의 외삼

13) 이것은 지리산 정상의 천황봉을 일본인들이 천왕봉으로 격하시켜 부르는 것과도 비슷한 맥락이다.

14) 이철우 면담, 경상남도 거창 국농소 농산재, 2004.12.15.

15) 정발 장군은 25세 때에 무과에 궁마(弓馬)로 급제하였고, 선전관이 되어 부산성을 지키

촌이셨습니다. 정발 장군은 부산성 첨사로 부임을 하면서 저희 할아버님이신 이위 장군을 동행하도록 권유했고, 함께 동행해 가서 부산성을 지키다가 전사하셨습니다.

이위 장군은 당시 벼슬을 하지 않은 백두(白頭)였습니다만, 38세로서 40세의 정발 장군과 나이가 비슷한 친구격의 외삼촌과 생질 사이라 동행하여 장렬하게 순국을 하셨지요. 이위 장군은 성종 임금님의 제4자 완원군(完原君)의 4대손으로서 주요한 황족이므로 벼슬이 없이 살고 있었다가,[16] 외삼촌의 권유로 나라를 위해 목숨을 바쳐 훗날 대사헌으로 추증이 되셨습니다.

그런데 이위 장군께서 돌아가시니 어린 세 아들이 남게 되었지요. 나이가 어린 세 아들은 마땅히 갈 곳도 없는데 왜란이 계속되자, 당시 거창에 시집을 와서 살고 있던 고모님 댁에 옮겨와 살게 되었습니다. 그렇게 되어 3형제가 거창에서 성장을 하고, 둘째 아드님이신 승의랑(承義郞) 이유길(李惟吉) 어른이 거창에서 신(愼)씨 댁과 결혼도 하고 계속 사시게 되어 훗날 국농소가 만들어지게 된 것입니다. 원래 국농소는 이곳 하(河)씨 댁의 무덤 터였는데 이유길 어른이 오시면서 큰 농토가 만들어져 나간 것입니다.」

그렇다면 이 곳의 지명이 왜 국농소가 되었는가? 일부 인터넷에서는 (많은 인터넷 내용이 불확실한 미검증 정보 이듯이) 국농소가 고려시대의 향(鄕), 소(所), 부곡(部曲)에서 비롯된 것인듯 쓰여진 자료도 있는데, 거창의 국농소에서는 전혀 견해가 다르다.

거창의 국농소는 확실하게 이유길 어른에서 비롯되었고, 그 후손들이 대대로 살아오면서 국농소가 되었다는 것이다. 그러니까 보통 농장이 아

다가 전사하였다. 항상 검은 옷을 입어 흑의장군이라고 불렀고 좌찬성에 추증되었다.

16) 조선시대에 있어서 국왕의 4대손까지는 황족으로서 어떤 관직도 맡을 수가 없었고, 종친부의 최고 관작을 받는 예우를 했을 뿐이다.
신명호, 궁중문화: 조선왕실의 의례와 생활(서울:돌베개, 2003), pp.146-149.

니라 국영 농장이라는 얘기다.

그리하여 거창에서는 완원군파 후손들의 집거지가 되었는데, 그 이유를 보다 부여하면 다음과 같다. 전주이씨대동종약원 경남지원 이창우 고문의 얘기를 들어 보자.[17)]

「완원군은 연산군과 형제 사이였으나, 연산군에게 바른 말로 충고를 하다가 귀양살이를 하셨습니다. 중종반정이 있고 나서야 귀양에서 풀려나시게 되었으니, 구사일생으로 어렵게 살아나시게 된 것입니다.

그리하여 완원군께서는 후손들에게 절대로 현실 정치에 관여를 말라고 유언을 하셨고, 완원군 후손들은 조용히 은거하며 사는 생활 풍토가 만들어 졌습니다. 벼슬을 하지 않는 것이 저희 완원군 파의 가풍입니다. 거창의 완원군파도 그래서 깊은 산속에 숨어 살면서 집거지를 만들게 된 것입니다.」

국농소가 있는 곳은 현재 정장리(正莊里)가 공식적 지명이다. 그런데 원래 이곳에는 조선 초에 장원(莊園)을 두고 농소(農所)를 설치하여 나라에서 관리함에 따라 정장리라는 이름이 생겼다고 한다.[18)] 이것은 거창군사편찬위원회가 쓴 거창군사(居昌郡史)에 실린 내용이다. 그런데 거창군사의 내용은 상호 모순되는 것이 있다. 왜냐하면 그 책의 122쪽에는 조선 초에 만들어졌다고 써 있고, 다시 124쪽에는 임진왜란 이후에 만들어졌다고 쓰여져 있다. 조선건국과 임진왜란 사이에는 200년이란 시간차가 있으니, 어느 한 쪽이 오류가 있을 수 있다. 요컨대 거창군사가 세밀하게 제대로 쓰여 지지 않은 것이 사실인 듯하다.

그렇다면 정장(正莊)이란 지명을 주목해 보자. 이 곳에서는 그간 정장 혹은 정장골로 불려져 왔는데, 침략일본 이후에 현대지명화 되며 정장리

---

17) 이창우 면담, 경남 거창 대동리 자택, 2004.12.19.
18) 거창군사, op.cit, pp. 122～124.

가 되었다고 생각이 된다. 그런데 이것이 언제부터 쓰여 졌는가? 그러나 이에 대해서 뚜렷한 답을 말하는 자료는 없다.

다만 국농소와 정장이라는 두 이름의 관계에 대해서 분석해 보는 것이 중요하다고 하겠는데, 여기서 그 해답이 나오리라고 본다. 왜냐하면 거창에 은거한 완원군의 후손들은 완원군 파에서 갈라진 지파(支派)로는 운흥정(雲興正)파이므로 운흥정에서 유래하여 정장이 되었다고 해석을 하면 이해가 된다. 운흥정 가문에서 운영하는 장원으로 해석이 되는 것이며, 운흥정에서 운영하므로 국농소가 되었다고 보아야 되겠다. 운흥정(正)과 장(莊)원이 합쳐져서 정장(正莊)이 된 것이고, 임금님의 친척인 황족이 운영하는 농장이므로 국농소라고 불리우게 되었다고 하겠다.

그런데 거창에서는 국농소를 그간 국노실 혹은 국농실로도 불러 왔다는데, 여기서 실(室)은 소(所)와 같이 장소를 뜻하는 것이라고도 하겠다. 어떻든 국농소는 정장과 합해져 국영 농장의 의미를 갖는 것이 되겠는데, 거창을 지키는 완원군파 사람들은 본인들의 드높은 혈통에 대해서 매우 자존심이 강했다. 전주이씨대동종약원의 이택우 거창 분원장의 마을 자랑을 들어 보자.[19]

> 「제가 어렸을 때에 일본에서 오는 편지를 보면 겉봉의 주소에 원(原)정장리 국농소라고 되어 있었습니다. 이 마을의 이름은 임진왜란 이후에 저희 할아버님이신 이유길 어른에서부터 출발된 것입니다.
>
> 마을의 이름을 지어 달라고 나라에 청원을 하여 종친부에서 지어 준 것입니다. 나라에서 애초에 지어준 이름은 원래 국농실이었는데, 훗날에 와서 국농소로 바꾼 것입니다.」

---

19) 이택우 면담, 경남 거창 정장리 자택, 2004.12.19.

영광의 땅 거창(居昌)

완원군파는 전주이씨대동종약원의 여러 구성원 가운데 그리 큰 파종회가 아니다. 성종 임금님의 왕자 계열로서의 평범한 위상을 갖는 집단이다. 그런데 완원군파가 근현대 대한황실 독립전쟁사에 있어서 대단히 중요한 의미를 갖는 것이 그간 가려져 있었다고 생각이 된다.

왜 완원군파가 황실독립전쟁의 자랑스러운 위상을 갖게 되었는가? 그 해답은 왜 광무 황제의 둘째 아드님이신 의왕께서, 머나먼 산간 오지 거창의 궁벽한 심심계곡 사선대를 찾아가 의병 기지를 만들려고 했던가 하는 것의 이유를 찾아 나가면 자연히 밝혀지게 될 것이다. 사선대 항일 기지는 대한 황실에서 정면으로 구국의 횃불을 들려던, 대표적이고 유일한 사례라고 할 정도로 역사적 가치가 확고한 것이기 때문이다. 도대체 왜 의왕 전하는 거창의 산골을 찾아 갔을까? 이 질문에 대한 답변은 거창 땅이 매우 영광스런 역사를 갖고 있음을 증명하고, 완원군파가 역사적으로 대단히 자랑스러움을 분명히 밝혀줄 것이다.

먼저 거창 땅의 영광된 역사적 위상을 생각해 보면, 머나먼 산간오지 심심산골에 왜 대한황실의 의병 기지가 만들어지려고 했던가를 추적하면 쉽게 답이 나올 것이다. 현재까지 알려진 바로는 광무황제의 둘째 아드님이신 의왕께서 거창의 사선대 일대 땅을 사들이고 의병 규합을 하다가 발각되어 한양으로 압송되어 갔다고 되어 있다.

첫째로 이것은 대한 황실에서 거창 땅을 황실 의병 창의의 제1순위 장소로 보았음을 뜻한다. 요즘 학계에서는 대한 황실의 내재적 역사 창조 능력의 존재 여부에 대한 논쟁이 많은데, 거창 땅은 당시의 대한 황실이 영광의 역사를 되살리려는 확고한 내재적 의지가 있었음을 분명히 밝혀준다. 왜냐하면 거창을 황실의 항일 의지 구현의 장소로 선정할 만큼 황실 내부의 내재적 식견과 능력이 갖춰져 있었음을 뜻한다.

거창 땅의 향토 문학가 이경재의 얘기를 참고해 보자.[20]

「거창 땅에 완원군파가 많지만 저는 효령대군파 입니다. 거창에는 주로 완원군파와 효령대군파가 있습니다.

저희 집은 예전에 번화한 곳에 살았는데, 별안간 거창 국농소로 이사를 올 수밖에 없었습니다. 예전에 저희 웃대 할아버님께서, 걸인이 되어 전국을 헤매는 대원군과 바둑을 두시다가 바둑싸움이 격렬해져서 바둑판을 뒤엎은 적이 있답니다. 그런데 대원군이 집권을 하자 지레 겁을 먹고서 도망을 온 것이지요.

거지같은 행색으로 전국을 헤매고 다닌 대원군도 아마 전국의 주요한 곳은 다 다녔을 것입니다. 의왕께서도 전국의 주요한 곳을 계속 찾아 다녔으며, 그러한 흐름 속에서 거창의 국농소에도 오셨으며, 이곳을 의병창의의 기지로 주목하게 되었다고 봅니다.」

둘째로 의왕이 전국을 헤매고 다니면서 황실의 권토중래 재기를 꿈꾸며 동분서주하다가, 최적지로 거창 땅을 지목하고서 직접 거창 땅에 내려와 진두지휘를 했다는 것은, 의왕 개인의 행위가 아니라 황실의 행위였음을 명증한다고 생각된다. 의왕이 거창 땅에 오면서 부친인 광무황제와 깊은 논의 과정을 거치고, 황실의 대표로 거창을 찾았다고 보아야만 되겠기 때문이다. 항일 전쟁의 큰 뜻을 의왕 혼자서만 결행할 수는 없는 일이 분명하다면, 그것은 광무 황제를 중심으로 한 황실의 항일 의지 실현을 위한 것이 확실하다.

셋째로 거창 땅에는 황실이 주목할 만한 수준의 항일 기지의 제반 여건이 충분하게 갖춰져 있었음을 뜻한다. 황실에서 고르고 골라서 찾은 곳이

---

20) 이경재, 거창 향토 문학가, 동요동시 작가, 2005. 1. 26, 거창 식당에서 면담.

라면 가장 황실에 충성을 바치는 지역으로서, 내재적 항일 역량이 가장 충만했던 곳이 거창이었다고 해석할 수 있기 때문이다.[21] 거창 땅의 주민들은 그 어떤 곳보다도 애국 충정이 강한 사람들이며, 항일 기지를 만들 내재적 힘이 충분히 갖춰져 있다는 결론이 없이 황실에서 둘째 왕자를 비밀리에 파견할 수는 전혀 없는 일이다.

요컨대 거창 땅은 지금까지 역사 속에서 크게 각광을 받지 않았으나, 당시의 대한 황실에서는 전국 제1의 충성 지역으로 판단할 만큼의 존황 애국 의식이 성숙해 있었다고 보인다.

자랑스런 완원군파(完源君派)

거창 땅의 영광을 대변하는 인맥은 어떠한가? 이에 대한 답변은 거창 땅의 영광을 증명할 내재적 힘을 만들었던 사람들을 추적하면 답이 나올 것이다.

거창 땅의 자랑스런 황실 의병 기지 건설의 핵심 인물에는 정태균이 중심 인물로 등장한다. 그는 의왕과 함께 우국 청년들을 규합하여 의병 기지를 만들려던 인물이며, 병자호란 때의 유명한 정온 선생의 직계손으로서 음사로 좌승지, 통정대부의 벼슬을 한 인물이다. 정태균이 정3품 벼슬을 한 것이 병오년(1906년)으로서 나이는 24세였었다.

그렇지만 여기에 대해 이견을 보이는 말도 있는 듯하다. 전주이씨대동종약원 이택우 거창 분원장은 다음과 같이 말하고 있다.

「의왕이 사선대 의병 기지를 만들면서 은거한 곳은 북상면의 정온

21) 거창 땅에서의 항일 의거는 파리장서 항일 운동으로 크게 알려져 있으나, 그간 사선대 항일 의병 기지는 크게 조명된 역사가 아니었다.

고택과 임훈 고택의 두 곳이었습니다. 거창군사에는 정온 고택으로 강조하고 있으나, 임훈 가문에서는 의왕이 은거한 핵심 가문은 본인들 가문이 맞다고 강조하고 있습니다.

특히 문제가 되는 것은 정온 가문에서는 중추원 참의를 지낸 핵심 친일 인사가 있으니까 변명을 하기가 쉽지 않은 측면이 있습니다.[22] 그래서 임훈 가문에서는 의왕의 황실 의병 기지 구축 활동은 본인들 가문을 중심으로 진행된 것이라고 강하게 주장하고 있습니다. 제가 보기에도 임훈 가문의 세력이 컸던 점을 생각하면 설득력이 있는 주장이라고 봅니다.

또한 애국을 뚜렷이 한 가문인 거창 신씨, 연안 이씨를 비롯한 몇 가문이 소홀히 다뤄진 점에 대해서도 말들이 많습니다.」

그런데 거창문화원의 김태순 문화원장은 다음과 같이 말한다.[23]

「의왕은 당시 애국지사의 구심점이었습니다. 의왕과 정태균은 약 1개월에 걸쳐서 의병양성을 위한 땅을 사서 모으고, 사람을 규합하다가 발각되어 두 분 모두 압송이 되었습니다. 사선대가 있는 곳은 지세가 절묘하여 덕유산, 지리산, 가야산이 쉽게 통해지는 4통 8달의 교통요지로서, 진주, 전주, 거창을 쉽게 오갈 수 있는 곳입니다.

의왕과 정태균은 절친한 술친구면서 애국의 동지였지요. 정태균의 큰 손자 며느리는 일본여자였는데, 한국, 일본, 대만, 중국을 통털어서 제1의 남아가 정태균 어른이라고 항상 자랑을 했습니다. 의왕과 배포가 맞을 인물이란 얘기죠. 정태균이 중추원 참의를 지내서 훗날 말이 많지만 좋은 일도 많이 했습니다. 정태균은 말하길, '내가 왜놈 중추원 참의를 했지만, 내가 동포를 괴롭힌 증거를 대라'고 확실히 말

22) 정태균 승지 자체가 가문과 재산을 지키기 위하여 경술국치 후에 침략일본의 벼슬을 받았다고도 한다.
정양원, 강동 이야기, 행정고시출판사, 1999, p.118.

23) 김태순 면담, 1997. 10. 21, 거창 정온 고택.

했습니다. 그리고 정태균의 손자 정성순은, '내 조부께서 만주땅에 독립운동 자금을 수없이 보냈다'고 강조합니다.

정태균은 항상 자손들에게 확언하길, 공직생활은 학교 선생님 외에는 못한다고 못을 박았습니다. 그래서 후손들에는 교육자가 많습니다. 그래서 큰 손자 정우순은 거창여고교장, 거창교육장, 함안교육장을 했습니다. 거창군이 교육열이 높은 것은 옛부터의 전통이 있기 때문입니다.」

그리고 거창박물관의 구본룡 연구사의 얘기를 참고해 보자.[24)]

「의왕을 도와 의병 활동을 한 것은 초계 정씨 가문만 한 것이 아닙니다. 사선대는 오히려 은진 임씨 영향권에 더 가깝게 존재하고 있는 것으로 보아, 두 가문이 공동으로 했다고 보아야 하겠습니다.

그리고 두 가문은 생각하면 사돈을 맺고 있는 친척 사이이기도 했으나, 사이가 꼭 좋았던 것은 아닙니다.

그 곳에서 있었던 월성 의병을 주목해 보아야 합니다. 월성 의병은 의왕의 사선대 의거에 있어서, 시기적으로 보아 앞서 일어나기도 했고, 그 후에 일어나기도 했습니다. 월성 의병은 의왕의 활동과 관련이 클 것입니다. 그리고 유명한 의병장인 문태서[25)]장군의 활동에도 영향을 주었으리라고 봅니다.」

또한 거창여중 신성기 교장선생님의 얘기도 의미가 있다.[26)]

「덕유산 밑의 험준한 요새지인 월성은 주목해야 할 땅입니다. 그 곳은 매우 중요한 전략적 요지에 해당하는 곳입니다. 그렇기에 월성

24) 구본룡 연구사 면담, 거창박물관, 2005, 1, 26.
25) 이태룡, 의병 찾아가는 길 II (서울: 다물출판사, 1995), pp.122-129 참조.
26) 신성기 교장, 63세, 거창여자중학교 교장 정년, 2005. 1. 26 자택에서 면담.

의병이 그곳에서 일어나는 것입니다.

그런데 특히 월성은 의병이 있기 이전에도 동학군의 중요한 거점이었습니다. 그리고 6·25 전쟁 무렵에는 유명한 빨치산 부대의 본부가 그 곳에 있었습니다. 계속하여 동학, 의병, 빨치산의 본부가 되는 곳인 지역이 어떤 지세를 갖고 있는가를 주목해야 합니다.

의왕께서 사선대를 찾아와 의병 본부를 만들려고 한 것은, 사람도 중요하지만 땅에 대해서도 날카롭게 주목하며 연구를 해야 되겠습니다.」

그렇지만 황실 의병 기지 건설에 참여했던 사람들의 구체적 행적이 소상하게 기록된 자료가 없기 때문에, 이러한 논쟁에 대해 직접적 결론을 도출할 방안은 쉽지 않다. 다만 분명히 말할 것은 단지 동계 정온 가문에서 중추원 참의 벼슬을 한 것만으로 집단 전체를 매도할 수는 없다는 점이다.

일제 침략은 워낙 간교하고 혹독했기 때문에, 특별히 중추원 참의를 시키는 등 전향을 시킨 가문에는 확실한 항일 애국 인물이 포함되어 있을 가능성도 큰 것이다. 침략 일본은 아무 가치도 없는 곳에 시혜를 베푸는 일은 절대로 없었기 때문이다. 당시 정온 가문에서는 중추원 참의를 했으니까 비밀리에 항일 애국을 보호하는 방파제가 되었을 가능성이 높은 것이다.

그런데 거창 항일 인맥에서 특히 중요한 인물은 정태균과 함께 이낭훈(李琅薰)이라는 숨겨진 인물의 역사로서, 그의 행적이 거창의 자랑스런 역사를 크게 증명해주고 있다. 그간 이낭훈(1861년생, 참봉)은 출향 인물로서 완원군파 족보에도 올라 있지 않은 인물이었다. 거창 완원군파 시조인 이유길의 차남 계열 종손인 이지형의 얘기를 들어 보자.27)

「제가 종손인 계열의 아저씨 되시는 이낭훈 진양 참봉에 대해서는

27) 이지형 면담, 경남 거창 자택, 2004.12.19.

아는 바가 전혀 없었습니다. 물론 제 선친이나 조부 이상 되시는 윗대 어른들은 아셨겠지만 저는 아무 것도 몰랐습니다.

그런데 제가 중학생 때(1970년대 초)에 일본에 계시는 고모(이만순)님과 함께 부산에서 이난우(만술) 삼촌이 연속 찾아 왔습니다. 족보를 새로 만들 때에 본인들도 족보에 올려 달라는 것이었습니다. 당시 본인들 이름이 있는, 과거에 만들어진 가첩을 들고 여러 번 왔었기에 이낭훈 참봉의 존재에 대해서 처음으로 알게 되었고, 고모님이 재일교포로 일본에 사시는 것도 처음으로 알게 되었습니다.」

그리고 다시 이지형과 8촌간인 이화형[illegible] 말은 다음과 같다.

「저의 고조부 때에 제 할아버지 [illegible] 되시는 분 한 분이 위천면 쪽으로 갔다가 없어지셨다는 얘기를 [illegible] 할머님께 들은 기억이 있습니다. 할머님께서는 잔칫날 같은 때에 [illegible]들이 많이 모였을 때면, 용옥이를 찾아야 한다는 말씀을 몇 번 하[illegible]니다.[28] 저의 할아버님과 할머님도 한동안 일본의 오사까에 가[illegible]을 하시다가 대동아전쟁 때에 귀국을 하셨다는데, 용옥 할아버[illegible] 보신 듯 합니다.[29]」

그렇다면 이낭훈은 거창 의병이 [illegible] 되고 어디로 사라져서 세월을 보냈는가? 그간 거창 의병은 사선대 [illegible]의왕이 일본 경찰에 잡혀 서울로 압송되어 가고, 우국 청년들은 뿔뿔이 [illegible] 망가 사라졌다고만 알려져 있었다. 그리고는 정태균을 강조하는 [illegible]과, 임훈 가문에서 상호간에 더 열심히 항일을 했다는 논쟁이 [illegible] 거창 땅의 향토사로만 남아 있었

28) 여기서 용옥은 이낭훈의 호(號) [illegible]록되어 있다.
이화형, 거창농협 아림지점장, [illegible]지점장실 면담.
29) 이화형의 삼촌이 되는 이경우 [illegible] 예전에 한 집이 사라졌고, 훗날 경남 고성에 가서 산 것을 알게 되었 [illegible]
이경우(70세) 면담, 2005. 1[illegible]

다.[30] 이초남 황손의 설명은 다음과 같다.[31]

「의왕께서 의병 활동을 하실 때에 모병을 담당한 사람은 정태균 승지였고, 자금을 모으는 책임을 진 인물은 이낭훈 참봉입니다. 이낭훈은 호적에 이용옥(李龍玉)으로 올라 있는데, 의병 규합을 할 때는 물론이고 의왕께서 일본에 가 계실 때에도 거창의 땅을 팔아서 만든 자금을 계속하여 일본으로 보냈습니다.

사선대 의병 창의가 발각되고서 이낭훈은 경상남도 남쪽 바닷가 끝마을인 고성군 배둔으로 옮겨 가서 숨어 살게 되었습니다. 그런데 이낭훈은 고성 땅에 조용히 숨어서 산 것이 아니라, 의왕과 비밀리에 오가면서 꾸준히 활동을 했습니다.

그래서 저희 어머니이신 유정순 여사도 고성으로 가시게 된 것입니다. 당시 어머님은 이우 황손과의 약혼이 깨지고 서울에서 살기가 곤란한 상태였고, 이것을 아는 의왕이 비밀리에 거창을 거쳐서 고성의 이낭훈 참봉에게 어머님을 보내신 것입니다. 그래서 어머님은 이낭훈 참봉에게 한학을 수학하시면서 함께 은둔생활을 했지요.」

특히 이초남 황손의 설명에는 거창 완원군파가 왜 일제 침략 때에 쇠락의 길을 갔는가 하는 이유를 밝힐 단서가 나온다. 거창의 국농소는 매우 넓은 땅을 갖고 있었다고 하는데, 그 많은 땅이 계속 팔려져 나간 시기가 바로 의왕에게 자금을 모아 보낸 이낭훈 참봉의 활동기와 일치한다는 점을 주목해야 될 것이다. 완원군파 영남동종회장인 이창우 노인(83세)의 증언은 매우 의미심장하다.

---

30) 거창에 의왕이 내방하여 정태균 승지와 함께 지내던 얘기는, 많은 항일시대 얘기가 그러하듯이 속에 숨겨진 비밀 이야기는 쉽게 드러나지 않는다. 다음 자료에도 의왕이 거창에서 1개월을 지낸 이야기의 공개된 내용만을 담고 있는데, 일본경찰의 눈을 피한 비밀 움직임을 찾기가 쉽지 않다.
정양원, 강동 이야기, 행정고시출판사, 1999, pp.120-125 참조.

31) 이초남 황손 면담, 서울 광화문 식당, 2004.12.24.

「저희 국농소는 원래 많은 재산을 갖고 있었습니다. 최소한 저희 종가집만도 천석군은 되었던 큰 부자였습니다. 그것은 완원군의 후손이라 나라에서 땅을 많이 준 때문이 아닙니다. 다만 처음에 거창에 터를 잡은 이유길 할아버님이 이곳의 부자집인 거창 신씨와 결혼하여 큰 부자가 된 것입니다. 당시 왕손인 이유길 어른에게 시집 온 거창 신씨는 무남독녀 외동딸이었는데, 거창 신씨 댁에서 양자를 세우지 않고 그 많은 재산을 완전히 사위에게 넘겨주었습니다. 그래서 대대로 부자로 살게 되었고, 종가집뿐만 아니라 각 지파 후손들도 부자였습니다. 그런데 종가집 만이 아니라 종가집에서 갈라진 각 지파도 왜정 말에 갑자기 가난해지고 말았습니다.

우리 거창 완원군파의 종손은 이진구(李軫九)씨였습니다. 종손인 만큼 국농소 중심부에 아주 좋은 집을 갖고 있었는데, 그 집까지도 팔려나가게 되었지요. 많은 땅을 판 것은 이해가 되는데 사는 집이면서 종가집인 주택까지 팔렸으니, 거창 완원군파의 상징 건물조차도 팔려나간 것입니다. 당시 진구씨는 약 40대 정도의 나이였는데, 수많은 재산을 탕진한 사람이 되고 말았습니다.

그렇다면 별안간 가세가 빈한해지며 전답과 가옥을 판 이유를 말해야 될 텐데, 일반적으로 알려지기는 종갓집에서 많은 제사를 도맡아 지내면서 가난해졌다고 들었습니다.

저희 집도 그 무렵에 빈한하게 되었는데, 4대 봉제사를 전통적인 방식 그대로 지내니까 돈이 많이 들었습니다. 제가 어렸을 때인 왜정 말기에 종가집인 진구 씨 댁도 저희 집도 많은 땅을 팔며 별안간 곤궁한 생활이 되었습니다. 제가 어려서 10대 청소년기였는데 논밭을 파는 것은 알고 있었는데, 구체적으로 왜 땅을 팔았는가 하는 이유를 뚜렷이 어른들께 들은 적은 없습니다. 다만 제삿돈 때문에 어쩔 수가 없었다는 부친의 말씀만 있으셨습니다.」

여기서 주목할 매우 중요한 사항은 무엇인가?

첫째로 왜정 말기라는 표현을 유의해야 되겠다. 이 무렵은 거창 완원군파의 돈이 점차 고갈된 때이면서, 별안간 돈이 필요한 때였기 때문에 땅을 팔았음을 뜻한다. 생각건대 사선대 의병 창의의 시기에는 거창 완원군파가 의병 자금을 댈 수준의 여유재력을 갖고 있었을 것이다. 황실 자금이나 의왕 개인의 자금에다 더 해서, 완원군파가 정온 가문과 임훈 가문 등과 합해서 의병 창의의 자금을 댈 수준이 충분히 되었었기에 거창에서 황실 의병의 봉화불을 피우려고 했던 것이 분명하다. 그런데 왜정 말기가 되면서 통상적으로 갖고 있던 수준의 여유 재산이 고갈되었을 것이며, 그러한 어려운 때에 별안간 큰 돈이 필요하다면 땅과 집을 팔 수밖에 없었을 것이다. 참고로 이화형 거창농협 지점장의 얘기를 들어 보자.

> 「저희 집은 증조부 때에는 매우 재산이 많았다고 합니다. 할머님 말씀에 의하면 말을 타고 돌면서 머슴을 여럿 부리며 재산관리를 할 정도로 땅이 아주 넓었다고 합니다. 그런데 왜정시대 말기 무렵인 조부님 때부터 가세가 급격히 기울었습니다. 제가 듣기에 그 무렵에 저희 집에서는 말장사도 크게 했다고 들었습니다.[32)]」

둘째로 종갓집을 비롯한 여러 집에서 별안간 땅을 팔았다는 것이 주요한 초점이 된다. 이 무렵은 의왕이 일본에 끌려가 억류를 당해 있을 때인데, 많은 돈이 의왕에게로 가면서 거창 완원군파의 큰 땅덩이가 팔려나가게 되었다고 해석된다. 더군다나 여기에 가세하여 일본의 악덕 침략 정책이 합해져 빈한은 급속화되었다고 생각된다. 전주이씨대동종약원 이택우

---

32) 여기서 주요 황족 가문인 완원군파에서 말장사를 했다는 것은 의미가 크다. 당시 의왕이나 이우 황손은 기병대를 만드는 데에 큰 관심을 가졌었기 때문이다. 그리고 완원군파는 의왕과 깊게 관련이 되었기 때문이다. 기병대 양성 준비를 하면서 겉으로는 말장사를 했을 가능성이 크다. 그리고 말장사는 의왕이나 이우 황손의 숨겨진 뜻을 구현한 것이지, 결코 장사꾼이 되려고 한 것이 아닐 것이다.
경향신문, 1994. 8. 30 참조.

거창 분원장의 증언을 계속 들어 보자.

「당시 농민들이 많이 가난해진 이유는 일본의 간교한 금융 정책에서도 기인했습니다. 왜정 당국은 봄에 쌀값을 대폭 올려서 예컨대 100원하는 가격으로 융자를 해주고는, 가을이 되면 별안간 50원의 반값으로 쌀값이 내려가게 만들어서 쌀을 대신 받아 일본으로 실어 보냈습니다. 그러니 농민들은 수확된 쌀의 반은 앉아서 그대로 빼앗겼습니다.」

셋째로 이낭훈은 고성에 숨어 지내면서 내면적으로는 계속 의왕과 연계된 활동을 하고 있었다고 볼 수 있다. 그리고 거창의 완원군파에서는 사선대 의병 창의 때에는 물론이고, 그 후에도 끊임없이 의왕과 연계 관계를 갖고서 무너진 대한 황실을 다시금 되살리려고 끈질긴 노력을 기울이고 있었다고 생각이 된다. 이낭훈이 계속하여 의왕과 연계된 삶을 살았음을 말하는 증언을 이초남 황손에게서 들을 수 있다.[33]

「영왕께서 일본에 인질로 끌려갈 때에 같은 나이 또래의 친구 10여명을 함께 보냈습니다. 그 때에 함께 보낸 사람 하나가 이낭훈의 둘째 아들 이학천(李鶴天)입니다.

그리고 이낭훈의 큰 아들 이학이(李鶴伊)의 장남이 이만조(李萬祚 혹은 李祚雨) 였는데, 이만조가 저의 양아버님이 되십니다. 저의 양삼촌 되시는 이만술(이만우)은 이만조의 동생으로서 부산에 살다가 최근 약 6년 전에 돌아가셨습니다.

이학천은 재일 거류민단 단장을 했고, 그 자손들은 재일교포의 지도자 집안이 되었습니다. 어머님께서 해주신 말씀에 의하면 이학천은 매우 머리가 좋고 활달한 성격이며 노름에 명수였다고 합니다. 노름판의 돈은 혼자 다 따서 모았다고 할 정도로 노름을 잘 해서, 유정

33) 이초남 황손 면담, 서울 광화문 식당, 2004. 12. 24.

순 여사에게 돈을 넣은 가방을 가져가게 한 적이 여러 번 있었답니다.

어머님은 어느날 웃으며 하시는 말씀이 이학천 씨와 어머님이 함께 말타기를 배우러 갔었는데, 말은 어머님이 더 잘 타셨다는 농담조의 얘기를 하시던 것이 기억납니다. 이낭훈의 딸이 이봉월인데 재일거류민단 부인회장을 했습니다. 그리고 이봉월의 아들인 이칠두가 요꼬하마시 거류민단장을 했습니다. 그런데 이학천의 후손은 조총련계의 거물이 많답니다.

이학천은 최초에 재일동포 사회의 지도자로서 재일거류민단과 조총련의 모두를 이끄는 위치에 있었답니다. 그런데 훗날 조총련과 갈라져 나갔는데, 이학천의 딸들은 재일거류민단의 지도자가 되고, 아들의 계열은 주로 조총련의 지도급 인사들이 되었답니다. 제가 일본에 갔을 때에 이봉월 여사가 해주는 얘기로는 가까운 친척 사이인데도 조총련 측을 만나지 말라고 말할 정도였으며, 상호간에 교류가 거의 없는 듯한 분위기였습니다.」

재일동포 사회의 탄생

일본에 강제로 끌려간 의왕은, 일본에서도 결코 잠을 자는 동면의 삶을 살지는 않았었다고 한다. 많은 돈을 모아서 비밀리에 독립전쟁 자금으로 만주 땅에 보냈으니, 그 돈을 갖고 계속 독립군 양성의 자금으로 운반했던 유정순 여사의 얘기는 많은 것을 시사해 주는 것이다.[34)]

그러한 분위기 속에서 일본에 있는 재일동포 사회가 점차 형성되어 나가는데, 그 최정상에는 영왕과 의왕이 실질적 혹은 정신적으로 존재했다. 그리고 이우 황손 등이 지도급 황족으로 존재하면서 완원군파 망명객들이 핵심적 활동을 했었다고 생각이 된다. 그렇기에 훗날 의왕이 귀국하고, 일

34) 일월오악도 제4권 11주제 참조.

제 패망이 된 뒤에 재일동포 사회의 지도층이 자연스럽게 의왕의 뜻을 받드는 사선대 항일 인맥을 바탕으로 형성되었다고 보여진다.[35] 재일 동포 사회는 사선대 항일 인맥이 지도적 활동을 하며 토대를 놓은 것이 분명하다.

재일동포 사회는 암울한 그 시대에 구심점이 존재할 수가 없었다. 단지 일본인들에 의해 강제로 끌려와 중노동으로 비참하게 고통을 겪는 사람들의 집단일 뿐이었다. 그러므로 당시의 재일교포들을 집단이라고 부르는 것도 말이 되지 않는 수준의 흩어진 다수에 불과했다.

그런데 이들을 지도하여 삶의 기틀을 쌓은 사람들이 사선대 항일 인맥이라고 생각이 된다. 이초남 황손의 얘기는 다음과 같다.

「당시 의왕 계열의 사선대 인맥은 나름대로의 적지 않은 돈을 갖고 있었습니다. 그 돈은 영왕과 의왕에게서도 나왔지만, 제가 듣기로는 거창 국농소의 땅을 판 돈이 주축을 이루고 있었다고 들었습니다. 당시로서는 아주 큰 거금이 독립운동의 뒷받침을 위해서 일본으로 보내졌다고 합니다. 의왕 계열의 사선대 인맥에서 요구하는 대로, 거창에서는 많은 땅을 팔아서 일본에 서슴없이 보냈다고 하겠습니다. 침략 일본에게서 나라를 다시 찾고, 인질로 잡혀 계시는 영왕을 모셔다가 나랏님으로 다시 모셔서, 임금님이 계시는 번듯하게 독립된 나라를 다시 만들자는 매서운 애국충정의 마음으로 아낌없이 땅을 팔아서 보냈다고 생각이 됩니다.

의왕께서 재일동포 사회의 토대를 만드신 바는, 처음에는 영왕의 하사금을 갖고서 시작하셨답니다. 그리고는 의왕 자신의 재산도 많이 재일동포들에게 뿌려졌답니다. 최초의 사업은 동경 대지진 직후부터랍니다. 동경 대지진 때에 많은 동포들이 학살을 당하고 비참하게 살

35) 여기서 사선대 항일 인맥이라는 표현을 썼는데, 이는 의왕이 사선대에서 의병기지를 만들려고 했을 때에 주축이 되었던 사람들과 함께, 그 전후에 의왕과 비밀 항일전쟁을 한 사람들을 포괄적으로 지칭하는 것이다. 물론 완원군파가 중요하게 생각이 되어야 하겠지만, 일본에는 의왕의 다른 인맥도 많이 있었으리라 생각이 된다.

게 되니까, 의왕이 적극적으로 나서서 동포들의 생활 터전을 마련하시게 되었답니다. 우리나라 남해안 바닷가에 있던 의왕의 멸치어장에서 나오는 돈을 비롯한 많은 돈이 동포들에게 나눠지게 되었지요.

요즘 밝혀지는 자료에 의하면 광무황제가 창립하시고 제 조부님이신 의왕께서 초대총재를 지내신 대한적십자사의 초창기 정체성이 매우 묘한 것이더군요. 그것은 대한적십자사가 창립될 때에 많은 애국인사가 의도적으로 규합되고, 거기서 모은 돈의 상당액이 항일 독립전쟁의 자금으로 나갔다고 일본측 적십자 문서에 기록이 되어 있답니다. 의왕께서 계신 곳에서 행해진 일은 모든 것이 항일 전쟁과 직결된 것이었다고 생각이 됩니다. 생각하면 초창기의 대한적십자사는 순수봉사단체가 아니라, 항일 단체의 성격을 띤 것이었습니다.

의왕께서 동경 대지진 직후 동포 돕기 운동을 할 즈음, 의왕의 적극적인 활동이 시작될 때에 사선대 항일 인맥이 중요한 일을 합니다. 헐벗고 굶주리며 헤매는 동포들에게 삶의 기틀을 동분서주하면서 눈코 뜰 새 없이 만들어 준 것입니다. 그렇지만 그것은 요즘의 사람들로서는 생각하기가 어려운 방식입니다. 왜냐하면 동포들에게 리어카를 사 주면서 고물장사, 엿장사를 하도록 해주는 수준이었으니까요. 그러나 동경 대지진 당시의 일본 사회에서는 열심히 리어카를 만들고 나눠주는 것이 대단한 도움을 주는 것이었습니다.

당시 동포들에게 리어카를 사 주면서 최소한 밑바닥 수준의 삶이라도 생계 수단을 마련하게 해 준 것이 뜻밖의 결과를 낳습니다. 그것은 동포들이 고물장사를 하면서 이러한 사업방면에 착실한 기반을 쌓게 되고, 많은 고철을 쌓아 놓고 있는 중에 훗날 6 · 25전쟁이 터지며 고철값이 천정부지로 뛰어 올랐기 때문입니다.

그렇게 되어 경제적으로 탄탄한 기반을 잡은 재일동포 사회가 만들어지게 되었고, 이를 바탕으로 당시 일본인들이 손을 대지 않았던 바찡꼬에 손을 대며 큰 돈을 버는 재일동포들이 나오게까지 된 것입니다.」

재일동포 사회의 성격

참고로 우선 재일동포 사회의 오늘날의 모습을 취재한 신문기사 하나를 살펴보자.[36] 현재의 재일동포가 가진 의식구조를 파악하는 좋은 준거기준이 될 수 있고, 우리들이 재일교포를 얼마나 모르고 있나를 살피는 계기도 되겠다. 본 신문기사는 재일교포 사회의 뿌리는 모른 채, 오늘날의 겉에 보이는 현실만을 본 것이지만 그 뿌리를 살필 단서로는 충분하다.

「두개의 조국… 슬픈 '섬속의 섬' 생활

'섬안의 섬.' 일본 도쿄에서 오사카로 행하는 신칸센 열차에 몸을 실었다. 까맣게 태운 얼굴과 하얀 입술 메이크업으로 흑인을 흉내낸 도쿄 시부야 여성들(일본에서는 이들을 '강그루 족(族)'이라고 부른다)의 '국적(國籍) 없는' 패션에 식상해진 바로 그 무렵. 오사카를 여행해 본 사람은 안다. 일본에 거주하는 재일동포 60여 만 명 중 40%가 터를 잡고 사는 그 곳에는 또 다른 '국적없는' 슬픔의 기운이 떠 있다는 것을. 한 재일동포 3세 청년은 말했다. "존재 자체가 원죄(原罪)입니다. 우리는 일본인도, 한국인도 아니에요." 어쩌면 미래의 재일동포 세대들은 빠른 시간의 흐름을 타고 우리 기억 속에서 영영 잊어질 수도 있다. 고립된 섬나라 일본 안의 '또 다른 섬'의 존재를 우리는 모른 채 살아왔다.

◇ 먼 나라 이웃나라

나는 일본 오사카에 있는 조총련계열의 A초급학교 교장입니다. 멀리 한국에서 기자분이 오셨는데 마땅히 같은 민족을 반갑게 맞아야죠. 다만 조총련계열의 우리학교에서 이뤄지는 민족교육을 '김일성

---

36) 김선미, 재일동포사회 현주소, 문화일보, 2000. 3. 9.

수령님'의 사상교육으로 몰아붙이는 언론의 보도라면 사양합니다. 현재 일본에는 민단(대한민국 민단)계의 한국학교가 12개(초등학교 4, 중학교 4, 고교 4), 조총련계의 조선학교는 145개(초급 78, 중급 54, 고급 12, 조선대학교 1)가 있습니다.

솔직히 우리는 김일성 수령님의 은혜에 감사드리고 있습니다. 김일성 수령님은 지금까지 재일동포들의 교육원조비와 장학금으로 441억엔을 보내주셨습니다. 돈뿐만이 아닙니다. '공화국(북한)'은 제때제때 아이들의 악기며, 광물표본, 식물표본을 보내줍니다.

새천년을 맞아 학생들이 쓴 '나의 목표'를 교실 뒷면에 붙였습니다. 2학년 김이선 양은 '우리말 교과서를 또랑또랑 읽습니다,' 박이철 군은 '매일 꽃에 물을 줍니다,' 4학년 백철화 양은 '소조(小組:클럽활동)를 잘 합니다' 등의 목표를 정했습니다.

우리학교의 교훈은 '올바른 우리말을 써서 떳떳한 조선 사람이 되자'입니다. 국어시간에 가장 먼저 익히는 문장은 '가자, 가자. 어서 집으로 가자'입니다(조총련이 지난 59년부터 추진한 재일동포의 북한 '귀국운동'과 무관치 않다). 조선 역사는 초등학교에서는 일제침략이 있었던 1919년까지만 가르칩니다. 아이들은 남조선(남한)이 일본처럼 잘 살고 있으며 여전히 미군이 주둔하고 있다는 것을 압니다. 공화국(북한)에 대해서는 '어려운 조국을 도와야 한다'고 생각합니다.

이제 재일동포 4세대들이 학교에 다니고 있고, 5세대들이 태어나고 있습니다. 일본정부는 그동안 '일본어를 국어로 사용하지 않는'조선학교를 정식학교가 아닌, 각종 학교로 분류해 국립대 지원 자체를 막아오다가 지난해부터는 '대입검정시험을 치러야 한다'는 조건으로 국립대 진학을 조건부 허용했습니다.

동포끼리 믿고 의지하고 살아야죠. 일본은 말로는 '공생(共生)'과 '국제화'를 외치면서도 결국에는 일본으로의 '동화(同化)'를 유도합니다. 무료인 일본의 공립학교를 보내지 않고 월 1만엔의 비싼 교육비를 따로 부담하며 조선학교를 보내는 재일동포 2세대들의 마음을 기억해 주십시오.

한국에 돌아가시면 한국 '아니메'(애니메이션) 비디오테이프를 보내 주십시오. 요즘 학생들은 책보다는 비디오로 한국어를 배우는 것을 좋아합니다. 그리고 일본에 있는 민족교육기관들이 정식학교로 인정받을 수 있도록 정부차원에서 도와주십시오. 그것이 우리의 최대 염원입니다.

(이 학교 교장의 뚫어진 양말에 우연히 시선이 머물렀고 교장은 슬리퍼 밖으로 발뒤꿈치를 내밀어 뚫어진 엄지발가락 부분을 숨겼다. 부끄러움은 인지상정이라 했다. 교장은 그가 몸담고 있는 사회의 뚫어진 부분을 애써 숨겼을 수도 있다. 하지만 그의 간절한 눈빛은 '민족'의 실체를 손으로 만지는 감동을 전했다.)

◇ 8월의 크리스마스

오사카에 본부를 둔 재일한국청년연합(지난 91년 남북한의 이념차이를 배제하고 재일동포사회의 화합을 위해 결성된 청년단체)의 재일동포 3세 청년들과 만났다. 그들 대부분은 초등학교에서부터 대학교까지 일본학교를 다녔으며 한국말은 대학에 들어가서야 배우기 시작했다. 재일동포 1세대인 할아버지는 대부분 도로공사 인부 등의 일을 했으며 2세대인 아버지는 식당업 등 자영업이나 부동산중개업을 했다. 3세대로 내려가면 조총련이냐, 민단이냐, 조선적(籍)이냐, 한국적이냐 하는 구분 자체는 희박해지고 일본인과 결혼해 귀화하는 경우도 많다.

한국영화 '8월의 크리스마스'를 좋아한다는 20대 후반의 재일동포 3세대 청년은 "한국사람들이 우리 재일동포들을 아직도 '같은 민족'으로 생각해 주고 있을까 그것이 가장 불안해요"라고 고백했다. 작렬하는 일본의 태양 아래에서 그들의 마음에는 아직도 서글픈 눈이 내린다.」

그렇다면 재일동포 사회는 신문기자가 본 겉모습이 아니라, 진짜 내면에 흐르는 본질적 모습은 어떤 성격을 갖는가? 재일동포 사회는 탄생될 때부터 원초적으로 어떤 토대를 갖고 형성이 되었는가? 이 질문에 대한 답변은 황실 항일 전쟁사의 입장에서 살펴 볼 때에만 정답이 제대로 나온다.

첫째로 전혀 생각 밖으로, 대한황실의 항일 전쟁 흐름을 정통으로 잇는 성향을 갖고 있다. 침략 일본이 우리의 황태자인 영왕을 인질로 잡아가고, 둘째 왕자인 의왕을 강제로 억류해 갔을 뿐만 아니라, 핵심 황족인 이우 황손 등을 사실상 인질로 잡아간 때문에 생긴 의외의 결과였던 것이다. 대한 황실의 핵심부가 일본에 억지로 끌려가서 반강제 억류생활을 당한 것이 재일동포 사회의 존황 성격을 분명히 해주는 결정적인 계기가 되었다는 것이다.

둘째로 의왕 계열의 사선대 항일 인맥이 재일동포 사회의 핵심 중추가 되었다. 그 까닭은 이낭훈이 의왕의 심복으로 활동을 했고, 그 후손 및 친척, 지인들이 재일동포 핵심부를 구성하게 되었기 때문이다. 독립자금을 모아서 갖고 있던 것으로, 동포들에게 리어카를 사주며 최소한의 생계대책을 세워주고 열심히 살도록 이끈 갸륵한 동포애가 재일동포 사회의 토대가 된 것이다.

셋째로 재일동포 가운데는 의왕 계열의 후원이 점차 열매를 맺으면서 크게 성공한 사람도 여럿이 나왔다고 한다. 이러한 말의 타당성을 생각하려면 이택우 거창분원장의 애기는 좋은 참고가 될 것이다.

> 「롯데 그룹의 신격호 회장은 의왕과 인간 관계로 잘 통한다는 얘기를 들었습니다.」

생각건대 의왕은 6 · 25전쟁 중에 부산에서 작고하신다. 그런데 의왕과 신격호 회장이 잘 통했다는 얘기는[37] 의왕이 일본에 계실 때에 쌓아 놓은 인맥과 잘 통했다는 것과도 다를 것이 없다.[38] 재일동포 사회는 그 집단의

---

37) 신격호가 19세의 청년 나이에 일본의 시모노세키로 밀항한 때는 1941년의 봄이다. 정순태, 신격호의 비밀(서울:지구촌, 1998), p.49.

성공 에너지가 기본적으로 사선대 인맥이 토대가 되었음이 분명하다면, 많은 재일동포가 그 흐름 속에서 성장했음을 뜻한다는 것과도 같다.

특히 전주이씨 인평대군파의 종손인 이성주가 말해주는 증언은 매우 인상적이다.[39]

「방자비 전하께서 돌아가셨을 때에, 제1호로 도착한 화환은 신격호 회장의 것이었습니다. 그리고는 곧이어 전화가 걸려 와서 제가 받았는데, 저를 상주인 이구 황손으로 알고서 전화를 계속 이었습니다. 저는 신격호 회장이 슬피 울면서 오열하는 데에다가, 아직 이구 황손이 일본에서 귀국하지 않았다는 변명을 할 수도 없어서, 계속 전화기를 들고 앉아 있으며 듣고 있어야 할 분위기였습니다.

신격호 회장은 계속하여 울면서 말하길, 어떻게 이렇게 허망하게 무너질 수가 있느냐? 정신적 기둥이 이렇게 무너져도 되느냐? 하고 말하면서 통곡하는 수준이었습니다.

신격호 회장은 어렵게 고생하며 껌장사를 한 사람으로서, 일반적인 대다수의 재일교포들과 같은 심정일 것이라고 생각을 합니다. 재일교포들에게 영왕전하와 방자비 전하는 정말로 정신적 기둥이었습니다. 재일교포들은 영왕전하나 방자비 전하를 생각하는 마음이 국내사람들과는 현격히 달랐으며, 신격호 회장님도 그 정서는 꼭 같았습니다. 그리고 신격호 회장님은 방자비 전하께서 생존해 계실 때에도 매우 깍듯하게 모신 것으로 압니다.」

네 째로 조총련계도 의왕 계열이 핵심 지도부를 구성하고 있다는 점도 새삼 유의해 볼 일이 분명하다. 그러나 이 사실은 결코 놀랄 일도 아니라

38) 신격호의 전기집 하나에는 그가 매우 비밀이 많은 인물이라고 쓰여져 있고, 책 제목까지도 신격호의 비밀이다.
Ibid., p.51.

39) 이성주 면담, 2005. 1. 12.

고 볼 수 있다. 왜냐하면 항일 독립 전쟁 당시에 일본에서 보내진 많은 항일전쟁 자금은 사회주의 계열로도 적지 않게 전달되었음을 알고 있기 때문이다. 유정순 여사는 본인이 보낸 독립자금의 많은 액수는 민족주의 계열만이 아니라 탕원 등의 북만주 사회주의 계열로도 보내졌다고 확실히 증언하고 있기 때문이다.[40)]

다섯째로 재일동포 사회가 성공됨에 있어서 많은 돈이 거창 국농소의 땅을 판 돈이 갔다는 얘기는 매우 의미있게 생각을 해야 될 것이다. 그것은 거창 완원군파가 왜정 말기에 별안간 빈한한 지위로 전락하며 많은 전답을 팔았다는 것과도 같은 맥락에서 설명이 되기 때문이다. 재일동포의 사회가 큰 성공을 거둔 이면에는 거창 완원군파의 희생적인 항일 애국 활동이 있었음을 잊을 수는 없겠다.

이러한 요인이 합해져서 재일교포 사회에는 국내에 거주하는 사람들과는 매우 다른 독특한 정치의식이 형성되었다. 재일교포 사회에는 의왕, 영왕에 대한 독실한 애정, 완원군파를 중심으로 한 품격이 높은 존황 문화, 황실의 동포사랑에서 비롯된 지극한 황실사랑 의식이 있었다. 그런데 재일교포 사회에는 이승만의 가혹한 황실탄압도 없었으며, 오히려 국내에서 벌어지는 이승만의 역적성향에 깊은 분노감을 표시하는 사회였다. 생각건대 재일동포 사회에서 조총련이 초기에 크게 강세를 보인 것은 김일성 측의 통일전선 공작도 있었겠지만, 많은 재일동포들이 이승만의 패륜적 황실탄압에 분노하며 조총련으로 몰려 갔기 때문일 가능성이 대단히 크다.[41)] 더군다나 일본사회는 꿋꿋하게 천황을 모시는 사회였기에 재일교포들의 존황의식은 지극하고 지극할 수밖에 없었다고 하겠다.

이렇게 되어 나타난 쓴웃음을 지을 사례가 있다. 그것은 최명선(가명)

---

40) 일월오악도 제4권 11주제 참조.

41) 김일성 측은 약 30년 전에는 이남보다 훨씬 잘 살았으니까, 재일동포들이 이남에 분노하는 것을 간파하고 확실하게 재일교포 사회를 지원하며 조총련을 키웠다고 하겠다.

에 의한 것으로서, 생각하면 놀라운 사건이다. 인평대군계 종손 이성주의 얘기를 들어 보자.[42)]

「최명선은[43)] 장덕수 암살범으로[44)] 알려진 사람입니다.[45)] 그는 그렇지만 훌륭한 일도 했습니다. 일본으로 밀항해 가서 국내로 귀국하지 못하고 있을 때에, 일본에서 많은 사료를 수집하여 보관하고 있습니다. 구한말 때의 귀중사료나 러시아 측 사료 등을 다량 보유하고 있습니다. 사라질 사료를 수집 보관한 것은 잘한 일입니다.

그는 영왕전하와 방자비 전하가 입국하고서 어느 정도의 시간이 지난 뒤에야 귀국을 했습니다. 그 때에야 사형수로서의 형법상 시효가 끝났기 때문이겠지요. 최명선은 귀국하여 방자비 전하께 접근을 해 왔습니다. 이미 식물인간으로 계시던 영왕전하는 돌아가신 뒤이고, 방자비 전하를 만날 수밖에 없었겠지요.

방자비 전하는 덕혜옹주가 돌아가시고 꼭 1주일만에 돌아가셨습니다. 당시 제 부친(이해영)께서 상주로 앉아 계시고 그 옆에 저와 이석황손이 앉아 있었습니다.[46)] 최명선은 그 때에 번쩍이는 벤츠 승용차 2

---

42) 이성주 면담, 2005. 1. 12.

43) 최명선은 가명이다. 그러나 그가 현재 쓰고 있는 이름도 그의 본명이 아니다. 그는 장덕수 암살범으로 알려져 있으며, 일본으로 도주하여 원래의 이름을 감추고 숨어 살았다.

44) 장덕수는 일본 와세다 대학 정치과를 나오고 미국 콜롬비아 대학에서 철학박사 학위를 받았다. 귀국 후 상해에 가 있다가 여운형과 일본정부를 방문하여 독립을 역설하였다. 동아일보 초대 주필, 보성전문학교 교수, 한국민주당 정치부장을 역임했다.

45) 장덕수가 1947년 12월 2일에 현직 경사 박광옥에 의해 자택에서 살해된 사건이다. 배후조종자는 김구 계열의 한독당 중앙위원 김석황 외에 조상환, 신일준, 손정수, 김중묵, 최중하 등 8명이 미군정 재판소에서 사형이 언도되며 종결된 사건이다.
이홍직, 국사대사전(서울: 지문각, 1968), p.1301 참조.

46) ① 왜 이해영과 이성주가 상주가 되는가? 이해영, 이성주는 인평대군계 직계 종손이기 때문이다. 인평대군 종가집에서 둘째아들은 정조임금님의 동생 은신군의 양자로 입적되어 남연군이 되었는데, 큰 아들을 잇는 혈통은 그대로 인평대군계를 이었기 때문에 인평대군 종가집은 바로 대원군, 광무황제, 융희황제의 큰 집을 말하는 것이다.
경기도 양주군의 퇴계원 진관(眞官)면 기관(基官)리에는 예전에 하마비가 있었다. 진관(眞官)이란 말은 말에서 내려 몸가짐을 단정히 하고 손을 씻는다는 의미가 내재되어 있다는데, 그 말에서 훗날 땅이름이 된 것이다. 따라서 진관(眞官)이 된다는 것은 이 곳이

대를 타고 다녔고, 빌딩도 있는 큰 부자였습니다. 최명선은 그 무렵에 귀국을 하여 황실에 접근을 해 왔고, 제 부친, 이석 황손, 저랑 3인이 만나 줄 수밖에 없었습니다.

그리하여 최명선은 돌아가신 저의 부친과 많은 대화를 나누었습니다. 최명선은 자기가 자랄 때에 궁궐 옆에 살았다는 얘기를 하면서, 옛 얘기들을 하며 아버님과 친하게 대화를 나누었지요. 그런데 최명선은 방자비 전하가 돌아가시기 바로 직전에도 찾아와서는, 혼미한 정신상태의 방자비께 무언가를 정리하자고 재촉하는 자세였습니다. 그리고 무언가 모종의 사업을 하려는 입장이었습니다.

그런데 저의 부친과 저는 최명선과 거리를 두기로 결론을 내렸습니다. 그는 말하길 역사의 종결을 짓자는 견해였습니다. 그리고는 역사를 수습하여 모든 것을 정리하자는 것입니다. 요컨대 '역사수습 단절론'을 주장하는 것입니다. 그리고는 이구 황손을 귀국시켜서 자기 빌딩에 사무실도 주고 봉급도 주겠다는 등의 얘기를 하고는 했습니다.[47]

정리하여 말하면 최명선은 황실을 이용하려는 자세였고, 황실은 끝

성지이므로 몸을 낮춘다는 뜻도 포함하고 있는 것이다.
그 곳은 대한황실의 본가집에 해당하는 인평대군의 집으로서 조선황실의 대단히 중요한 황실성지에 해당하기 때문에 하마비가 있는 것이다. 임금님도 하마비에 도착해서는, 말에서 내려 손을 씻고 인평대군댁으로 들어가야 했었다.
② 진관면의 인평대군 본가는 이해영의 부친인 이재윤 대감의 의병본부가 되었던 곳이다. 이곳이 의병본부였음은 예전에 유인석 부대가 강원도에 있었고, 많은 의병들이 이쪽 방면에 있었음과 연계가 된다.
인평대군 본가의 제각(祭閣)은 황실성지의 제각인 만큼 아름드리 싸리나무로 만들었었다고 한다. 예전에 아름드리 싸리나무는 대단히 귀중한 것으로서, 부귀의 상징이었다고 한다. 당시 이재윤 대감은 그 유명한 싸리나무 제각등을 모두 팔아서 일본과 싸우기 위해, 청나라의 원세개를 만나 군사외교를 하며 본가가 팔려나가게 되었다고 한다. 이재윤에 대한 상세한 얘기는 다음 자료를 참고하면 된다.
안천, 일월오악도 ②권(서울: 교육과학사, 2003), pp.282-285).

47) ① 이것은 이구 황손을 예우하는 듯하지만, 놀랍게도 평민대우를 하겠다는 것과 같다. 정말 상상하기도 어려운 놀라운 얘기다.
② 그리고 역사수습 단절론은 침략일본이 대한황실에 최후의 면죄부를 받으려는 것이고, 그는 일제가 제공하는 거금을 갖고 와서 황실후예를 매수하는 임무를 띠고 왔을 가능성도 크다. 말하자면 최후의 몹쓸 매국 밀정이 되어서 돌아왔을 개연성도 크다는 뜻이다.

방자여사의 장례식에서의 이구, 이해영(작고), 이성주 3인의 위치

난 것이란 투에 가까웠습니다. 그리고는 황실을 보전하자는 주장을 폈습니다. 그의 주장은 '황실보전'이었으니, 일종의 흘러간 역사로서의 문화재 보호론과 같은 것이었지요. 그러니 정통황손인 제 부친이나 저는, 아무리 무너진 황실이라지만 그에 동의할 수는 없는 것이고 결별하게 되었습니다.

그런데 그는 일본에서 매우 엄청난 돈을 모금해 갖고 귀국을 하여, 지금도 매우 부유하게 삽니다. 그 얘기는 자기 입으로도 저희들에게 찾아와 직접 말한 것이니까 정확한 것입니다. 그는 영왕전하와 방자비 전하가 귀국을 해 조국땅에 계시는 때이며, 재일교포들의 사회에서 존황심이 강하게 타오르고 있을 때에 많은 모금을 했다고 합니다. 자기가 귀국을 하여 재일동포의 우상인 영왕전하와 방자비 전하를 중심으로 황실을 다시금 재건시키겠다는 얘기로 거금을 끌어들인 것이지요.

그가 돌아가시기 직전의 방자비 전하를 계속 찾아와 간곡히 얘기한 것이 무엇인지 궁금하기 짝이 없습니다. 숨겨진 깊은 비밀이 있다고 생각이 됩니다. 그는 그러니까 그후 계속하여 황실 핵심인사를 찾아올 수밖에 없었던 것입니다. 이미 영왕전하나 방자비 전하가 돌아가시고 나니까 제 부친이나 저를 찾고 이석 황손을 찾았던 것이지요.

최명선이 황실보호자금이란 명목으로 엄청난 돈을 모아다가 국내에서 호사롭게 사는 것은, 재일동포들의 지극한 존황심이 있었기 때문입니다. 다만 최명선은 돈을 많이 모아다가 재일동포들의 뜻과는 다르게 황실을 위해 쓰지 않은 것이지요.」

어떻든! 이택우 거창분원장의 얘기를 계속 들어 보자.

「한수 이남에서 옳은 황족을 찾으려면 거창의 국농소를 가라는 말이 있습니다. 그 말은 생각건대 결코 헛된 말이 아닐 것입니다.」

그렇다! 의왕이 대한황실의 항일전쟁 기치를 드높이 들고 항일 의병의 봉화불을 든 장소가 왜 거창일 것인가? 왜 그토록 많은 국농소 땅이 별안간 비밀리에 팔려 나갔겠는가? 왜 거창 완원군파의 이낭훈 계열이 재일동포 사회의 초창기 지도부가 되었는가? 왜 거창 땅에서 곽종석을 중심으로 한 파리장서 항일 거사가 일어났을까? 모든 것들을 내면적으로 생각하며 연결하면 거창 국농소 완원군 파의 항일 전쟁사적 위상이 분명하게 구체화될 것이다. 거창 땅에서의 존황항일의 길을 향한 내재적 역량이 얼마나 충만해 있었나를 알게 될 것이다.

거창 땅의 황족 후손들이 갖는 단호한 자부심은 매우 뚜렷하다. 그것은 아주 확고한 토대를 갖고 있는 자존심으로서, 왜 그들이 한수 이남의 최고 황족이 거창의 국농소에 있다고 굳게 믿었을까?

첫째로 그 까닭은 완원군파가 임진왜란에 몸바친 이위(李瑋) 장군의 직계 후손이란 점을 들 수 있다. 핵심 황족으로서 쳐들어오는 왜놈들을 부산성 전투의 선봉에 서서 막다가, 장렬하게 순국한 애국황족의 핏줄을 이은 바에 대해서 지대한 자부심을 갖고 있었다.

둘째로 국영농장인 국농소를 지키는 정통황족이라는 자부심도 대단했다. 황실의 핏줄을 잇고 황실농장을 지킨다는 자긍심은 거창 땅에서 물으면 누구나 확실하게 말을 했다.

그런데 세 번째로 가장 중요한 것으로서, 국농소의 지도급 황족들은 의왕의 사선대 인맥이 되어 모든 재산을 비밀리에 팔아가며 황실의 재기를 향해 몸부림치는 가운데 형성된 항일전쟁의 체험적 자존심이 매우 확고했다고 생각이 된다. 그렇기에 수도권에 있는 일부 변절한 황족들을 조롱하고 개탄하면서, 자기들이 한수 이남의 최고 황족이라는 단호한 자존심이 형성되었다고 하겠다.

현재 거창의 국농소는 이름없이 버려진 촌동네에 가깝다. 역사의 흐름 속에 덧없이 세월만 흘러가면서 우리의 기억 속에서 사라진 항일 애국의 성스러운 땅인 국농소와 사선대는 처절하게 잊혀져 있다. 항일 애국의 선봉에 섰던 종교, 사회, 집단은 모두 사라지고 퇴색했으나, 친일 매국의 부끄러운 부문만이 크게 성공한 이 나라에 있어서 국농소와 사선대가 망각 속에 있음을 한탄할 가치도 없지만, 역사의 덧없음은 언제라도 밝은 역사로 되돌려져야 옳지 않을까?

이낭훈(李琅薰)

이낭훈(이용옥)의 장손이 이만조(이조우)이다. 이만조는 이낭훈의 큰 아들인 이학이의 큰 아들로서 이초남 황손의 양부가 된다. 이초남 황손이 이낭훈의 양손자가 된다는 것은, 황실 항일전쟁사의 속 모습을 알면 당연히 이해가 되는 일이다.

그것은 이낭훈이 바로 의왕의 최고 심복이었으니까, 의왕이 본인의 친손자를 이낭훈에게 맡기는 것은 당연한 일이기 때문이다. 이낭훈은 그간 잊혀진 인물에 가까웠다. 최근(70년대초)에는 거창의 국농소에를 그 후손이 찾아와서 족보에 넣어 달리고 얘기를 할 정도로 잊혀저서 살아 왔다.

사선대 항일 의거가 발각되어 고성 바닷가 배둔 마을로 숨어 들어가 비밀리에 고향 사람들과 접선하며 의왕의 독립운동을 도운 인물인 만큼, 잊혀지는 것은 오히려 당연하다고 할 수도 있겠지만 너무도 망각 속에 가리워져 있었다. 이낭훈은 어떤 역사적 평가를 받아야 할까?

첫째로 사선대 항일 의거의 핵심 애국지사로 평가되어야 하겠다. 여러 정황 증거를 종합해 볼 때에 이낭훈은 사선대 항일 의거에서부터 시작하여 일제 패망까지의 긴 기간에 걸쳐 의왕의 심복으로서, 다양하게 의왕의 활동을 도운 것으로 평가된다. 특히 의왕의 항일 의거를 도운 자금책으로 많은 활동을 한 것으로 보인다. 의왕에게서 많은 돈이 만주 땅의 항일 기지로 보내진 것은 적지 않게 이낭훈의 뒷받침이 있었기에 가능했다고 생각이 된다.

이초남 황손의 증언을 들어 보자.

> 「국농소는 일찍이 대한황실과 긴밀한 관계하에 존재하고 있었습니다. 어머님이신 유정순 여사가 어려서 아버님과 파혼이 되면서, 광무황제가 아버님과 어머님의 비밀 약혼을 맺은 것이 탄로가 나자 어머님을 몰래 국농소에 보내 숨겨 두셨지요. 국농소의 농산재(農山齋)에 딸린 뒷집에서 어머님이 피신해 계셨다고 말씀 하셨습니다.
>
> 어머님이 이낭훈(이용옥) 참봉에게 어린 나이부터 맡겨지게 되고, 훗날에도 제가 이낭훈 참봉 댁에 양자로 입적되는 것은, 하루아침에 별안간 만들어진 것이 아니라 긴 세월 속에 이루어진 것입니다.
>
> 의왕께서는 남해안에 약 80개의 어장을 갖고 계셨답니다. 이낭훈 참봉이 거창을 떠나서 고성 바닷가로 숨어 든 것은, 의왕의 재산 관리

를 하던 흐름이 있었기에 연고지가 되었다고 봅니다.
이낭훈 참봉 자신도 사선대 항일 의병 양성이 발각되고 피신했다가 되돌아와서는, 3회에 걸쳐서 본인의 땅을 팔아 갖고 진양을 거쳐 고성으로 갔다는데, 본인이 진양 참봉을 했고 그러한 활동 속에 의왕과 깊은 관련을 갖게 되었다고 하겠습니다.」

둘째로 이낭훈의 활동은 거창 항일 인맥의 활동이 거창에서 단기적으로 끝난 단순한 것이 아님을 말해 준다. 사선대 항일 의거가 발각되어 일제 경찰이 추적을 시작했어도 이 인맥은 결코 단절되지 않았고, 의왕의 삶이 계속되는 곳에서 꾸준히 비밀 항일전쟁 활동을 이어온 것으로 보인다.

셋째로 이낭훈이 많은 자금을 모아서 의왕에게 갖다 전달했다는 것은 특히 거창 국농소의 활동을 반영하는 것과도 같다고 하겠다. 이낭훈이 모은 많은 독립자금의 핵심은 거창 국농소의 땅을 판 것이었을 것이기 때문이다. 거창 국농소의 종손댁이 별안간 빈한해지며 많은 전답은 물론이고 저택까지 팔려나갈 만큼, 큰 돈이 의왕을 거쳐서 독립군들에게 보내졌다고 판단이 된다. 국농소 사람들은 한수 이남의 가장 올바른 황족이라고 불리울 정도로 확실한 자부심으로 자기 희생을 했고, 큰 고통을 감수하면서도 단지 제사돈이 많이 나갔다고 겉으로는 담담하게 얘기한 것이 오늘날에 남아 있다고 하겠다. 그것은 다시 말하면 완원군파가 애국심으로 뭉친 정예 황족이었음을 뜻한다고도 해석이 된다.

넷째로 이낭훈이 얼마나 철저히 의왕을 도왔고, 얼마나 단호하게 황실복원 운동에 헌신했는가는 이초남 황손이 그의 증손자로 양자 입적이 된 데에서 뚜렷이 확인을 할 수가 있다. 이초남 황손이 이낭훈 가계에 입적되고 완원군파가 되었다는 것은 이낭훈의 헌신적 항일 애국만이 아니라 모든 완원군 파가 합심하여[48] 항일 애국의 길을 갔다는 자랑스런 표징이 된

48) 완원군 파는 거창 국농소만이 아니라 멀리 서울이나 경기도 파주 땅에 있는 완원군파

이봉월 여사

다고 해석된다. 이초남 황손의 얘기를 들어보자.

「이낭훈의 딸이 이봉월입니다. 재일 거류민단의 부인회장을 역임하셨지요. 이봉월 여사의 딸은 일본에 귀화하였는데 이름이 나까무라 기꾸입니다. 그가 해주던 말은 언제나 잊지를 못합니다. 나까무라 기꾸의 말은, 시나가와에서 본인 모친인 이봉월 여사가 일제 패망 후의 혼란 속에 힘들여 고생고생 끝에 배를 구해서 저를 떠나 보내던 눈물겨운 얘기입니다.

저는 부친(이우 황손)에 의해서 시나가와 흥국사 절의 뒷편에서 칠흑같은 어둠 속에 조용히 의부이신 이만조에게 인계가 됩니다. 이만조는 이낭훈의 장손자가 되지요.

본가 인맥도 적지 않게 항일 애국에 관련되어 있으리라고 보인다. 당시의 인간관계는 개인이 아니라 가문을 중심으로 움직였기 때문이다.

이봉월 여사와 남편 곽씨

이봉월 할머니는 이만조 장손에게 저를 맡겨 보내면서 아주 슬피 우셨답니다. 보자기에 싸여진 갓난 애기와 시니가와역에서 헤어지면서, 하쓰오를 지금 보내면 언제 다시 만나느냐면서 그렇게 우셨답니다.

하쓰오는 제 이름을 일본식으로 읽은 발음인데, 당시 일본에서는 일본인들에게 발각되지 않으려고 하쓰오라고 불렀다고 합니다. 나까무라 기꾸는 당시 10여 세 된 소녀였는데, 이만조의 아들로 입적시켜서 보자기에 싸여 일본을 떠나는 저의 모습을 언제라도 잊을 수 없었다고 말했지요.[49]」

다섯째로 이낭훈이 비밀리에 숨어서 산 경상남도 고성 바닷가의 배둔마을에 대한 평가도 새롭게 해야 될 것이다. 바닷가에 있는 작은 마을이 이낭훈의 비밀 은거에 의해서 이초남 황손이 성장하는 옛 고향과 같은 곳

49) 본 증언은 일월오악도 제4권을 먼저 읽고서 읽어야 제대로 이해가 되는 귀절이다.

이 된다. 사실상 항일 전쟁 시대에 있어서 이곳은 의왕의 심복이 사는 곳이기 때문에 최적의 항일 기지와도 같은 곳이었으며, 오늘날에도 뜻깊게 생각을 해야 될 것이다.

여섯째로 이낭훈과 그의 큰 아들 이학이의 묘소와 유정순 여사의 묘소가 있는 고성 배둔 마을의 작은 공동 묘지에 대한 역사적 재평가가 있어야 되겠다. 이낭훈과 유정순의 인물 평가가 다시 되어야 함은 물론이고, 작은 공동 묘지에 잊혀져 숨져 있는 커다란 인물들을 지금이라도 다시 인식해야 옳은 역사가 만들어질 것이다. 이름없는 촌부, 범부들의 호화분묘가 도처에 널려 있어서 후손들에게 한없는 부끄러움을 주는 이 나라에서, 진짜 정통 애국자들의 묘소는 잊혀져 있고 초라하게 방치되어 있음은 있을 수 없는 일이 분명하다.

천기누설(天機漏泄)

그러면! 이쯤에서 엉뚱한 돌출적 얘기를 해 보기로 보자. 만약에 역사 발전이 호전되어 이 나라에 임금님이 다시 모셔진다고 할 때에, 누가 임금님으로 가장 적절한 후보자가 될 것인가? 이에 대해서는 본서의 앞부분에서 분명히 말했지만 절대로 미리 답을 정할 수는 없는 일이다.

임금님 얘기만 나오면 일부 지각없는 사람들은 무작정 말하길, 누가 임금님이 되느냐고 무조건 질문을 하고 있다. 그리고 일부 생각이 얕은 사람들은 자기들이 나서서 자기들이 아무나 모시면 임금님이 된다고 생각하는 철부지 행태를 보이는 경우도 있다. 그렇기에 함부로 누군가가 임금님이 될 것이라는 등의 말을 함은 항상 경솔한 일이 될 가능성이 높다. 임금님을 누구로 모시느냐의 결정은, 언제라도 최고 유일의 정답이 나오기 전에 갈등과 싸움이 날 가능성이 높기 때문이다.

원폭복지사업소장 때의 이초남 황손

그런데 임금님 모시기 운동의 연륜이 20년에 육박하는 시간이 흐른 지금에 있어서, 이제는 우리사회가 현재 전통적인 옛날 사회도 아니고, 나름대로 고도화된 사회의식을 가진 수많은 일반인들이 있는 사회가 되었다. 따라서 그에 대해서 화두(話頭)를 던져놓는 정도의 얘기는 필요한 때가 되었다고 생각이 된다.

이제 우리사회가 그만큼 무르익었다는 생각도 내면에는 있는 얘기가 되겠는데, 차츰 그런 방향의 논의도 있어야 될 때가 된 것이다. 또한 지난 20년 가까운 기간을 임금님 모시기에 대한 연구에 삶의 많은 부분을 쏟아부은 나로서, 그리고 우리사회에 임금님의 중요성을 그간 지속적으로 설파해온 나의 사회적 책임감으로서 나의 견해를 일단 밝힐 단계에 도달해 있다고 생각이 된다. 이 정도의 화두는 던져 놓아야 훗날 혼란이 없겠기 때문이다.

이우 황손과 비슷한 나이 때의 이초남 황손

생각건대 앞으로 임금님이 새로 모셔진다고 할 경우에, 내가 지금까지 연구하며 정리한 황실역사에 의하면 가장 우선순위에 들 후보자는 일단 이초남 황손이라고 생각할 수 있다. 내가 쓴 지금까지의 책을 독자들이 읽으면 그렇게 생각이 들 수도 있게 되어 있기 때문이다. 본 일월오악도 시리즈를 1권부터 5권까지 면밀히 정독하고 깊게 생각을 정리한 독자들은, 누구나 정답은 일단 이초남 황손 일 수 있을 것이라고 생각을 할 것이다.[50)]

물론 이초남 황손도 문제점을 따지면, 모든 사람들이 그렇듯이 문제점이 있다. 그렇지만 상대적 우위성을 말할 경우에 이초남 황손이라고 생각하게 되어 있다고 보면 되겠다.[51)] 그러나 이초남 황손이 꼭 후보자가 되라

50) 그래서 일부 생각이 미치지 못하는 인터넷 동호인들은 이초남 황손을 자기들이 모신다고 나선 경우도 있었다. 그러나 내가 이초남 황손에게 자제를 권고하여 나가지 못하게 하니, 그 다음에는 아무나 자기들이 황손이라면서 추대하여 황실을 복원한다고 나선 사례도 있다.

51) 특히 이초남 황손이 부각되게 된 것은 임금님 복원의 이론을 세우려면, 어떻든 그것의

고 특별하게 법으로 정해진 바도 없다.

그러면 이초남 황손이 제1후보자가 되지 않을 경우에는 누가 후보자가 될 것인가? 그 다음으로는 황실의 명예찾기에 선두에서 활약한 이석 황손도 중요한 후보자이다. 다만 이석 황손의 약점은 선두에서 활약한 만큼 너무 상처를 많이 입어서 임금님다운 면모에 흠결사항이 존재한다고 보는 사람들이 많아서 걱정이 된다.

그렇다면 그 다음으로는 누가 후보자가 될 것인가? 여기에 대해서는 앞에서도 계속 말해 왔지만, 황족들을 폭넓은 범위에서 면밀히 살피고 국민들 모두가 승복할 최선의 후보를 뽑아야 할 것이다. 만약에 이초남, 이석 황손에 문제가 있을 경우에는 장조 임금님의 후손인 정조 임금님계, 은언군계, 은전군계, 은신군계를 모두 포괄하고, 인평대군계나 철종계를 포함한 최근의 황족혈통을 모두 망라한 넓은 인맥에서 확실한 절차를 밟아 엄선을 해야 할 것이다.

특히 유의할 사항은 임금님으로 모셔질 분은 국민들이 앞으로 누구나 따르고 존경할 민족의 구심점인 만큼, 경우에 따라서는 차라리 스페인의 프랑코 총통의 왕정복고와 같이, 가장 깨끗하고 우수한 젊은 세대에서 뽑는 것이 최선의 답이 아닐까 생각되기도 한다.[52] 새로 자라나는 젊은 세대에는 세파에 찌들지 않고 티없이 깨끗하게 임금님 재목으로 자란 멋있는 후보자가 꼭 있을 것이다. 때가 묻지 않고 신선감 넘치는 민족의 구심점이 모셔지면 새로운 임금님을 보는 모든 국민의 마음도 밝을 것이고, 기나긴 어둠의 역사를 청산하는 의미도 매우 클 것이기 때문이다.

뼈대를 세울 근거가 있어야 되겠기 때문에, 나의 책에 이초남 황손이 부각되게 되어 있었다. 이석 황손이 행동으로 임금님 복원의 틀을 세웠다면, 이초남 황손은 이론으로 뼈대를 세운 공로가 크다고 할까?

52) 그리고 잠정적으로 혹은 제도적으로, 말레이시아 방식으로 몇 년씩의 임기제 임금님을 모시는 방법도 신중하게 고려할 필요가 있다.

역사적 대망론

전주이씨대동종약원의 많은 인사들은 요즘 황통의 정체성을 찾는 일에 많은 시간을 보내고 있다. 그 까닭은 일본에서 이따금 오는 이구 황손에서 비롯된다. 이구 황손은 특히 나이가 연로한 상태이고, 직계 자손이 없음에서 문제가 시급하다고 생각이 되기도 한다. 그러나 황통의 정체성을 찾는 일은 본서에서 계속 말했듯이 이구 황손과는 전혀 관계될 일이 아니다. 이구 황손은 결코 영왕의 아들이란 신분만으로 볼 인물이 아니며, 침략일본이 만든 적손(敵孫)에 불과하기 때문이다.

종약원에서는 황통의 정체성을 찾으려면, 언제라도 이구 황손을 잇는다는 잘못된 생각에서 벗어나야 한다. 침략일본이 물러가고 벌써 환갑에 해

이우 황손이 원자탄을 맞고 쓰러졌던 상생교 다리에 선 이초남 황손

당하는 시간이 지났는데도 그 어두운 미망에서 벗어나지 못하고 있다면 정말로 이해가 되지 않는 일이다. 그리고 침략일본의 공격이 집중되어서 황통이 끊어지고 가문이 고개를 들고 다닐 수 없게 피해를 입은 것을 안다면, 어찌 종약원에서 아직도 이구 황손을 떠받들고 있을 수가 있는가 이해가 되지 않는 일이다.

전주이씨대동종약원에서 황통의 정체성을 세우기 위해 찾는 최선의 대안은 누가 될 것인가? 그러나 그에 대한 고민은 종약원이 400만 종현의 중지를 모아서 가장 현명하게 결정하면 될 것이다. 그리고 이것에 대해서는 종약원만이 아니라 국민들의 의견도 폭넓게 살펴야 할 것이다. 이것은 결코 종약원만의 문제가 아니기 때문이다.

그런데 적지 않은 종현들에서 그 해답으로 거론되는 대표적 인물은 요즘 이초남 황손이다. 현재로서 이초남 황손이, 어쩔 수 없는 주어진 여건 하에서 황통을 빛낼 최선의 인물이라고 생각하는 숫자가 점차 늘어나고 있다. 그렇지만 많은 경우에 역사는 역사의 수레바퀴에 따라 굴러가지, 사람들의 뜻대로 되는 것이 아니다. 다르게 말하면 역사는 역사의지에 따르는 것이지, 인간의지에 의해 역사가 마음대로 만들어지는 것이 아님을 말하는 것이다. 그간 이초남 황손은 좋게 말하면 많은 경우에 은인자중하면서 역사가 무르익기를 기다려 왔다. 그러한 때에 앞에 나서서 활약한 사람은 이석 황손이다.

종묘대제에서 초헌관을 쓴 이초남 황손

그렇기에 이석 황손은 적지 않은

이우 황손의 묘소 앞에 정답게 선 이석 황손과 이초남 조카

상처를 입었다. 사실상 그간 완전히 무너지고 사라진 황실의 비참한 상태를 되살리는 처절한 투쟁을 벌인 사람이 이석 황손이다. 이석 황손은 황실복원운동의 위대한 선구자였다. 선구자는 어디서나 위험을 안고 달려가게 되어 있다. 미지의 세계를 개척하는 사람이 선구자이기 때문이다.

그러나 많은 사람들은 그렇게 열심히 살아 온 이석 황손의 공로는 생각을 않고, 그가 살아온 과정에서 실수를 한 것만을 크게 확대시켜서 비방을 하는 경향이 있다.[53] 이 나라의 곳곳에서 일하는 사람의 공로는 인정하지 않고 뒤에서 숨죽이고 숨어서 몸보신이나 하고 있다

53) 생각하면 요즘 전국민을 굶어죽기 직전의 최악의 상태에서, 그리고 김일성에 의한 제2의 6·25전쟁이 다시 일어날 긴박한 상태에서 구해준 박정희 대통령의 위대한 공로는 덮어두고서, 그가 젊은 때에 일본군 중위였고 국군초기에 좌익에 연루되었다던가, 그리고 일부 잘못된 일들만 들춰낸 얘기만 매일 부각시켜 비방하며 떠들고 있는 풍조와 비슷하다.

가, 일하는 사람을 헐뜯는 사람이 출세하는 경우도 적지 않은데, 이석 황손의 경우도 그렇게 생각되어질 수 있다. 최근에 들어서 황실복원에 대한 여론이 호전되니까 자기가 역사의 주인공이라고 나서며 이석 황손을 강력하게 비방하는 일각의 사람들이 있는데 그것은 결코 바람직한 일이 아니다. 이초남 황손은 본인도 열심히 살았지만, 이렇게 이석 황손이 고통을 겪는 상황에서 어부지리로 이득을 보며 돋보이게 되었음은 확실한 것이다.

그러므로 이초남 황손은 넘어야 할 벽이 높을 수도 있다. 왜냐하면 그간 많은 벽을 이석 황손이 맨 앞에서 허물며 세월이 흘렀기 때문이다. 이초남 황손은 다음 열 가지의 벽을 원만히 넘었을 때에 하늘의 뜻을 따르게 될 것이다. 그리고 꼭 유의할 것은 하늘의 뜻은 결코 이초남 황손에게만 고정된 것이 아니란 점이다. 그것은 이석 황손에게도 갈 수 있고, 다른 훌륭한 황손에게도 갈 수 있는 것이다. 이초남 황손만이 아니라 드높은 하늘의 뜻을 받을 어떤 사람이라도, 역사의 흐름에 순조롭게 따라가려면 어떤 점을 유의해야 될까? 다음 열 가지는 임금님이 되실 분이라면 누구라도 꼭 유념할 자기교육의 과제가 될 것이다.

첫째로 임금님 모시기의 역사의지를 분명하게 읽어내는 깊은 철학을 가져야 할 것이다. 역사의 참된 뜻을 읽어낼 능력이 없이는 역사의 흐름에 부응할 수가 없다. 임금님이 되려면 단군성조 이래의 역사의지와 태조 고황제 폐하의 드높은 뜻을 헤아려 읽을 수 있는 정도의 폭넓은 혜안을 가져야만 된다. 봉황이 보금자리를 트는 곳이 상서로운 숲이듯이, 천명(天命)이 둥지를 틀 큰 그릇의 인물이어야 역사의지가 다가온다. 천명은 억지로 찾는 것이 아니라, 큰 그릇 큰 인물에 찾아오는 신비로운 존재이다.

둘째로 임금님다운 품격있는 언행을 몸에 익히도록 부단히 노력해야 될 것이다. 임금님은 임금님 다워야 한다. 그것은 거만해도 안되고 국민들과 거리감을 느끼게 해도 안되며, 그러면서도 쉽게 범할 수 없는 드높은 고귀함을 저절로 느끼게 하는 것이어야 한다. 우주만물과 천지조화를 헤아릴 만한 큰 그릇으로 소인배들의 행태를 눈녹듯 녹여내는 인물이어야 한다. 천하를 포용하는 웅지(雄志)로 뭇 사람들을 감싸 안아야 한다. 그렇지만 따뜻하면서도 쉽게 범할 수 없는 남다른 품격은 쉽게 만들어지는 것이 아니다. 임금님다운 품격은 하루아침에 이루어지는 것도 아니고, 간단히 정의되는 것도 아니기 때문이다.

셋째로 임금님이 되려면 나라의 움직임을 올바로 파악할 예리한 힘을 가져야 한다. 나라의 흐름에 대한 균형감 있는 안목을 구비하지 않으면, 올바른 나라의 어른이 되기가 쉽지 않다. 현대시대의 임금님은 군림하되 통치하지 않는 것이 원칙이다. 그러나 통치하지 않는다고 하여 무식한 임금님이 되라는 것이 아니라, 잘 알고 있으되 통치하지 않는 것을 말하는 것이다. 나라의 어른은 나라의 중심에 서는 것인 만큼 중심에 설 능력을 갖도록 최선을 다해야 할 것이다.

넷째로 임금님이 되려면 사람을 올바로 보는 능력을 가져야 한다. 바른 말 하는 사람을 가까이 하고,[54] 틀린 말을 하는 사람을 잘 분간할 줄 알아야 한다. 이석 황손이 언론에 계속 떠오르자 수많은 사람들이 다가왔고, 그에 대해 무작정 따라가며 아무에게나 맹목적으로 대응하는 경우가 적지 않았던 이석 황손의 사례는 앞으로 누구라도 좋은 교훈이 되어야 하겠다. 우리 사회에는 좋은 사람도 많지만, 사기 협잡꾼이 다가오는 경우도 적지 않을 것이다. 이 때에 사람을 보는 판단력은 항상 중요하다. 앞으로 이초남 황손에게도 많은 사람들이 접근해 올 것이다. 그런데 접근해 오는 많은 사람들에는 옳은 사람도 있지만, 옳지 않은 검은 마음을 가진 사람이 더 많이 올수도 있다는 점을 항상 유의해야 될 것이다. 사람을 바로 보지 못하면 모든 것이 사라지고 만다. 요즘 이초남 황손에게도 이석 황손과 같이 접근해 오는 사람들이 계속 나타나고 있다. 그에 대해 올바른 판단을

54) 황현 지음, 허경진 옮김, 매천야록(서울 : 한양출판, 1995), p.57, p.172.

못하면 이석 황손과 같은 길을 걷는 것은 당연한 일이다. 사람을 판단하는 것은 매우 중요한 일이고, 그 판단의 결과에는 본인이 책임을 져야만 한다.

다섯째로 임금님이 되려면 꾸준히 공부를 해야 한다. 새롭게 변하는 학문의 세계를 알아야 하고, 다양하게 움직이는 온 세계의 모습을 널리 알아야 한다. 그리고 우리사회에 도움이 될 사항에 대해서 많은 것을 알아야 한다. 세종 임금님이나 정조임금님이 얼마나 열심히 심신을 갈고 닦으며 꾸준히 공부했는가를 생각하면 쉽게 이해가 될 것이다. 무식한 사람이 임금님이 되면 그 개인도 나라도 어려움을 겪는다.

여섯째로 임금님이 되려면 고난을 이겨내는 극기력(克己力)과 빼어난 용기가 있어야 한다. 나라의 앞날을 개척함에는 순풍에 돛을 달고 달리기도 하지만, 태풍을 만나 난세를 겪는 경우도 많다. 난세와 역경을 헤쳐 나가는 빼어난 용기와 절륜한 슬기는 필수적으로 요망된다. 또한 침략일본과 이승만 탄압에 의해 무너진 황실을 다시 일으켜 세우려는 용기와 극기력은, 소태를 씹고 장작더미 위에서 잠을 자는 강력하고 강인한 자기극복의 과정이어야 한다. 그리스의 국왕이 나라의 위기가 생기면 연속해서 망명을 떠나다가 국민들의 신망을 잃고 만 교훈을 생각하면 용기가 얼마나 중요한지 이해가 될 것이다. 그리스의 왕정이 사라지게 된 것은 비겁한 임금님 때문이었다. 예로부터 군주는 용기를 잃으면 지도력을 상실하는 것이다.

일곱째로 임금님이 되려면 민첩하고 단호한 결단력을 가져야 한다. 조선시대의 모든 토대를 놓은 태종 임금님은 결단력과 용기의 결정체였다. 무섭도록 확고한 의지를 바탕으로 과단성있게 나라의 앞날을 개척한 태종 임금님이 계셨기에 조선시대가 500년을 존재할 수 있었던 것이다. 우유부단이란 무능력과도 같은 것으로서, 실력이 없는 허망한 사람은 결단력이 나올 수가 없다. 결단력도 끊임없는 노력에 의해 나오는 것이다. 태종 임금님이 술독에 빠진 큰 아들 양녕대군이나, 술 한 잔을 못 마시는 둘째 아들 효령대군을 멀리하고, 적절하게 술을 마시며 시작과 끝맺음이 확실하게 술을 마시는 충녕대군(세종)을 후계자로 택한 것은 태종 임금님의 결단력의 최고 경지를 말한다고 생각이 된다.

대한적십자사 산하 자원봉사단체협의회
사무총장 이초남 황손

여덟째로 임금님이 되려면 일을 추진함에 있어서 대단히 치밀해야만 한다. 나라님은 나라를 이끌고, 온 나라 백성들의 삶에 있어서 내일을 만들어나가는 드높은 위상을 가진 분이다. 누구든지 어떤 일이나 성사시키려면 한낱 사소한 일이라도 열성을 쏟아야 하는데, 나라님이 나라의 국운을 열어 나감에 있어서는 지성감천(至誠感天)의 확실한 자세가 갖춰져 있어야만 매사를 완벽하게 성취하게 된다. 하늘은 스스로 돕는 사람을 돕는다고 한 대로, 온 정성을 집중적으로 모아 단호하고 치밀하게 임금님의 길을 향해 매진해야 천명이 다가온다.

아홉째로 임금님이 되려면 청렴해야 한다. 지저분한 풍모가 있으면서 존경을 받을 수는 없다. 나라의 어른이요 최고의 지도자가 될 사람이라면, 사심에 눈이 멀어서 사리사욕에 빠지는 경우를 항상 경계해야 한다. 사람을 대할 때에 신의(信義)를 지키고, 재물을 대할 때에 청신(淸新)해야 한다. 자고로 모든 지도자는 깨끗해야 지도력을 잃지 않았다. 최근의 한국 대통령 가운데 부패의 중심에 섰기에 국가를 망치고 국민의 신망을 잃은 경우는 좋은 교훈이 될 것이다. 과거에 대원군이 10년에 걸쳐서 국고를 살찌워 놓았는데, 명성황후와 광무황제가 나라를 다스리며 1년도 되지 않아 모두 탕진하고 매관매직을 하며 탐관오리가 온 나라에 깔리게 되며 국가 문란을 재촉하였었다.[55] 최근의 대통령들이 박정희 시대의 한강의 기적을 망치는 데에도 결코 긴 시간이 소요되지 않았다. 김영삼의 국가부도와 김대중의 가계부도로 국가가 짧은 기간에 속절없이 표류한 것은 정치인의 부패가 얼마나 무서운가를 정확히 말해주는 것이다.

열째로 임금님이 되려면 능력이 닿는 대로 국민들에게 도움이 되는 일을 해야 한다. 국민들에게 다가가 아픔을 달래주고 상처를 치료해주는 넓은 마음을 가져야지만 국민들은 저절로 고개를 숙이게 되는 것이다. 동남아시아의 태국 임금님은 이런 사례에 있어서 대표적 인물이다. 임금님이 국민들의 아픔과 고통을 함께 하겠다는 자세는 국민들의 존경을 받는 지름길이다. 국민들에게 철저히 봉사하려는 희생정신과 언제라도 변함이 없는 진실된 사명감을 갖고 있어야 국민들은 굳건하게 임금님을 믿게 되는 것이다.

그런데 이상의 열 가지를 모두 완벽하게 갖추기는 누구라도 쉽지 않다. 그리고 요즘 전주이씨대동종약원을 비롯한 곳곳의 관심이 있는 많은 사람들이, 영광의 황통을 되살릴 바람직한 인물이 누구일 것인가에 대해서 계속하여 거론하고 있기에, 본 기준을 제시하며 화두를 던진 것인데 꼭 이 기준만을 충족할 것도 없다. 최선의 답은 최선의 노력으로 찾는 과정에서 만들어짐을 유의해야 한다.

그리고 임금님이 되실 분은 능력도 중요하지만 천운(天運)도 대단히 중요하다. 하늘의 뜻이 따르지 않는 사람은 언제라도 임금님이 될 수 없다는 점을 항상 유념해야 될 것이다. 여기에 제시한 기준을 향해 항상 몸가짐을 잘 다듬고 건실하게 살아온 인물은 확실히 나타날 것이며, 하늘의 뜻은 누군가 그를 찾아서 승리의 나팔을 불어줄 것이다.

---

55) Ibid., p.164 참조.

네 번째 주제

종묘대제부활사

- 천상열차분야지도(天象列次分野地圖)
- 종삼(鐘三)
- 종묘의 중요성
- 종묘제향 복원과정
- 숭의전(崇義殿)
- 공민왕 신당(神堂)
- 요동 정벌
- 릉제향 봉행부활
- 황기(皇氣)가 용솟음치는 국사당(國師堂)

천상열차분야지도(天象列次分野地圖)

경복궁에 있는 고궁박물관 안에는 조선 건국을 상징하는 아주 놀라운 국보가 보관되어져 있다. 그것은 바로 세계적으로 유명한 천문도로서, 그것의 존재는 정치사상사적으로 매우 중대한 의미를 가진다. 천상열차분야지도는 우리나라의 고유한 천문도 이름으로서,[1] 천상(天象)을 열차(列次)와 분야(分野)에 따라서 그린 것이라는 뜻이다.[2] 이것은 원래 1960년대 초까지만 해도 창경궁의 명정전(明政殿) 뒤뜰에 방치되어 있었을 정도로 그 중요성을 몰랐던 국보이다. 그리하여 행락객들이 그 위에 앉아서 도시락을 먹거나 어린이들의 놀이판이 되기도 하는 기막힌 상태에 있었다.

그러나 이 석각천문도는 꾸랑(Courant)과 루퍼스(Rufus)가 일찍이 1910년 무렵에 논문으로 발표하여 세계의 학계에 소개가 되었을 정도이다. 다만 국내에서는 그것이 사실상 알려져 있지 않았으며 그 중요성도 몰라서 방치되어 있었던 것이다. 이것을 세계에 최초로 알린 사람은 꾸랑(Courant)이었으며 루퍼스(Rufus)가 두 편의 논문을 써서 최초의 연구자가 되었다.

이 천문도의 석판은 높이가 210.8cm, 폭은 122.5cm, 두께는 11.8cm이다. 제작연대로는 중국의 소주(蘇州) 공자묘(孔子廟)에 있는 남송(南宋) 시대의 순우천문도(淳祐天文圖)가 1241년에 만들어졌으니까 세계에서 가장 오래된 것이다. 그러니까 천상열차분야지도는 조선 태조 4년(1395년)에 만들어졌으므로 세계에서 두 번째로 오래된 석각 천문도이다.[3] 그러나 우리의 천상열차분야지도는 남송시대의 것보다 약 150년 뒤에 만들어진 것

1) 1985년 8월에 천상열차분야지도는 혼천시계, 보루각, 자격루와 함께 과학문화재로는 최초로 국보 지정이 된 중요한 문화재이다.

2) 이용복, 조선의 석각천문도인 천상열차분야지도에 관하여, 한국황실학회, 황실학 논총 창간호, 1997. 3. 1, pp.1~19.

3) 천상열차분야지도에는 총합 1464개의 별이 새겨져 있다.

이지만, 실질적으로는 세계에서 제일 오래된 천문도로서 학술적 가치는 매우 드높다고 하겠다.

왜냐하면 천상열차분야지도는 고구려 때의 천문도 탁본을 바탕으로 만들었다고, 그 제작경위가 조선초의 대표적 학자인 권근이 쓴 글에 의해 돌판에 정확하게 새겨져 있다. 그러므로 고구려가 망한 668년 이전의 하늘을 바탕으로 만든 것이 되겠으니, 최소한 약 1300여 년 전의 하늘을 말해주는 세계적인 의미의 귀중한 천문도인 것이다.

그런데 천상열차분야지도에 대해서도, 그간 일각에서는 권근의 기록이 당시의 천문지식 수준으로는 의심스럽다거나, 조선태조의 개국의지를 강조하려고 한 정치적 의도의 과장된 기록일 것이라는 등의 일제침략 사관적 해석이 강했었다. 또 중국에서는 항상 외국을 오도해서 보는 시각을 가진 공산당 차원의 학설이 많아, 천상열차분야지도는 그 원본을 중국의 황제가 고구려에 하사했다는 등의 왜곡된 견해까지 있었다.[4] 이것은 영국학자 루퍼스도 같아서, 근거도 없이 당나라에서 보낸 천문도가 아닐까하는 견해를 밝히기도 했다.

그러나 이러한 견해들은 과학적인 객관적 연구가 아니라 주관적 판단에 크게 기초한 것이었다. 이것은 천상열차분야지도와 같은 놀라운 천문도가 어찌 조선초기에 만들어졌을 것이며, 더구나 그것도 고구려의 것을 토대로 한 원초적인 우리민족의 위대한 천문도일 수 있을까하는 오도된 의구심에 토대를 둔 견해였었다.

그렇지만 이것을 우리의 고천문학자가 확실하게 검증한 바에 의하면 권근의 말 그대로 아주 정확히 우리민족이 조선초기에 만든 것임이 밝혀졌다. 천상열차분야지도는 별들이 지구의 자전축에 따라서 25800년을 주기로 하늘에서 원을 그리면서 돌아간다는 세차운동(歲次運動)을 분석하

4) 최근에 돌출된 중국의 동북공정식의 역사왜곡 사고방식은, 중국인들이 항상 그래왔던 것임을 본 사례에서도 뚜렷이 알 수 있다.

여 검증해본 결과, 대부분의 별들은 고구려 시대(1세기경)의 별자리 그대로였고 중앙부분만은 조선초기의 것으로 수정된 것이었다. 그리고 관측지점도 고구려 시대의 별자리는 고구려의 강역인 북위 39도에서 40도였으며, 중앙부에 있는 조선초기 별자리는 정확하게 서울의 위도인 북위 38도였다. 더구나 천상열차분야지도는 별들의 밝기까지도 독자적으로 우리민족이 관측한 매우 정교한 것으로서, 우리민족의 천문학 수준이 세계 최고수준이었음을 증명하고 있다. 천상열차분야지도는 너무나도 권근의 얘기 그대로 만들어진 정확한 것이었고, 세계에서 가장 오래된 놀라운 천문도임이 확실해진 것이다.[5]

그러나 천상열차분야지도는 조선시대의 지식인이라면 누구나 필수적으로 가져야 했던 천문지식을 총집약해 놓은 천문학사에서만 최고수준의 세계적 유물만은 아니다. 이것은 정치사적으로도 대단히 중요한 의미를 갖는 것으로서, 왜 이것이 조선초 태조 4년에 만들어졌는가를 생각하면 그 중요성은 가히 짐작이 되고도 남을 것이다.

첫째로 이것이 태조가 조선조를 개창하고는 즉시 만들었다는 점이 중요하게 지적되어야 하겠다. 이것은 바로 새로운 황실이 열렸음을 만천하에 알리는 구실을 했던 것이다. 당시에는 새로 나라를 세워서 새로운 황조(皇朝)가 개창됨을 천문도를 새로 만들어 배포함에서 결정지었으니, 천상열차분야지도는 여러 장으로 그 탁본이 만들어져 전국에 배포가 되었고 온 나라가 새로운 시대를 정식으로 인정하게 되었던 것이다.

둘째로 이것은 조선시대가 새로 개창됨이 하늘의 뜻에 따른 것임을 온누리에 선포하는 중차대한 정치성을 띤 국가사업이었음을 말하는 것이다.[6] 하늘의 뜻에 순응한다는 역사적 의미를 기정사실화하는 사업인 만큼, 개국(開國)의 제1사업에 해당하는 것이었다고 생각이 된다. 특히 이러한

5) 박창범, 하늘에 새긴 우리역사(서울 : 김영사, 2003), pp.109~120.

6) 이용복, 우리 별자리 여행(서울 : 대교출판, 2004), p.10,50.

관점에서 보았을 때, 남송의 순우천문도는 그 가치가 천상열차분야지도에 크게 뒤지는 것이다. 왜냐하면 천상열차분야지도는 조선조 개국시에 만든 최고 정통성을 갖는 것인데 비해서, 순우천문도는 송나라가 금나라에 쫓겨서 남쪽으로 밀려 간 뒤에도 114년이나 지나서 만든 것이니까 정치사적 가치가 그리 크다고 볼 수는 없으며 사실상 복제본일 가능성도 있다.

셋째로 이것은 고구려 천문도를 토대로 만들었다는 점에서 세계 최고성을 갖고 있을 뿐만 아니라, 우리민족의 정치사상적 자주성을 강하게 갖는 것이다. 우리민족은 이미 고구려 시대에 벌써 천하의 중심을 차지하고 있는 가장 '가운데 나라'가 우리라는 생각을 확고히 갖고 있었다. 그것은 우주는 둥글고 우주의 중심에 지구가 있으며, 그 가운데 중심점에 바로 고구려가 있다는 사상인 것이다. 고구려(高句麗)나 고려(高麗)는 바로 가우자리, 가우리로 읽히는 것으로서[7] '가운데 자리'의 음차글이다.[8] 우리민족은 최소한 2000여 년 전부터 가우리 천하중심 사상을 갖고 있었으며, 그것을 바탕으로 만든 고구려 천문도가 천상열차분야지도의 토대가 되었음은 언제라도 자랑할 일이다.

넷째로 이것은 특히 정치사상적 중요성이 돋보이는 것이다. 그 까닭은 천상열차분야지도가 고구려의 대통(大統)을 그대로 이었기 때문이다. 천상열차분야지도는 고구려의 천문도를 바탕으로 했는데, 고구려는 나라가 망할 때에 평양성에 보관되어 있던 천문도를 대동강 물에 던져 버렸다고 한다. 그것은 천문도를 빼앗기면 나라가 영원히 망하는 것이고, 하늘의 뜻인 천명(天命)을 상실하게 된다는 것을 의미하기 때문이다. 고구려는 절대로 천명을 잃을 수 없다고 보아 천문도를 대동강에 빠뜨린 것인데, 그 탁

7) 안천, 만주는 우리땅이다 : 거시국토통일론(서울 : 인간사랑, 1994) 참조.

8) 중국이 그의 국호를 중국(中國)으로 쓴 것은 최근이며, 그것은 긴 세월 사이에 이웃의 우리민족을 흉내내며 쓰다가 최근에 완전히 자기 것인 듯 참칭하여 훔쳐 쓰는 것이라고 할 수 있다. 우리민족은 온 세계에 알려진 것이, 가운데 나라인 Korea인데, 중국은 진나라인 China인 점에서도, 중국은 그 국호를 우리에게서 슬그머니 훔쳐간 것이 분명하다.

본을 보관하고 있던 농부에 의해서 천상열차분야지도가 만들어졌음은 조선시대가 고조선, 고구려를 잇는 대통이 뚜렷이 확립된 나라임을 뜻하는 것이다. 이것은 그러므로 요즘 고구려 역사를 자기들의 역사라고 공산독재정권에 의해 역사날조를 하는 이웃 중국의 무도함을 꾸짖는 위대한 증거물이라고 하겠다. 이토록 중요한 사료들이 널려 있어도 온 세계가 보는 가운데 동북공정 역사침략을 하는 나라는 최악의 독재 공산정권이 아니면 불가능한 일이 아닐까 생각이 된다. 더군다나 천상열차분야지도에 비하여 중국에는 순우천문도가 남아 있는 점으로 볼 때에 중국은 하늘의 뜻에 따르는 정통성이 매우 낮은 나라이며, 중국사의 역사적 정통성이나 정당성은 고구려의 위대한 독자성에 비해 크게 떨어짐을 증명하는 것이다.[9]

다섯째로 이것은 천상열차분야지도가 우리민족의 모든 역사적 정통성을 잇는 것으로서, 고구려를 뛰어 넘어서 고조선 단군시대까지의 모든 역사를 관통시킨 정통성을 이어 받아서 조선시대가 개창되었음을 뜻하는 것이다. 왜냐하면 고구려의 천문도는 일본의 기또라 고분이나 세계문화유산인 고구려 고분의 여러 천문도는 물론이고, 세계 최고의 수준인 전국의 고인돌 천문도의 전통이 축적되어서 독자적인 고구려 천문도가 만들어졌을 것이기 때문이다.[10]

여섯째로 이것이 현재까지 확실하게 남아 있다는 것은 무엇을 뜻하는가? 천상열차분야지도는 조선시대가 아직도 천명(天命)을 잃지 않았음을 뜻하는 것이다. 당나라의 침략을 받아서도 결코 그것을 적에게 빼앗기지 않고 대동강물에 던진 고구려정신은 천명을 철저히 지키려는 국가의지였

9) 사실상 중국은 예로부터 선비족, 거란족, 만주(여진)족, 몽골족에 의해 너무도 긴 시간에 걸친 식민지배를 받아서, 그 아픈 역사를 빼면 중국사가 존재할 수도 없는 창피한 역사를 갖고 있다. 그 열등감의 발로로 동북공정 역사침략의 잔꾀를 생각해 낸 것이 분명하다.

10) 박창범, op. cit., pp.78~108, pp.124~136.
우리민족은 천문도는 물론이고 태양흑점과 오로라의 관측기록까지도 세계 최고의 수준이었다.

다. 천문도는 바로 국가존립과 일치하는 정치사상적 위상을 가졌기 때문이다. 그러므로 천상열차분야지도는 바로 단군 이래로의 천명이 이 나라에 그대로 살아있고, 조선시대는 분명하게 부활되고 임금님이 다시 모셔져야 함을 뜻하는 것이다.

일곱째로 이것의 중요성을 전혀 모르고 방치한 침략일본의 무지성을 깊게 생각해 보아야 하겠는데, 일본은 정말 정치사상적 뿌리가 약한 나라이며, 수많은 문화재를 약탈해 갔으면서도 이렇게 중요한 것을 모르는 수준이니 세계사에 남을 침략국으로 전락했다고 생각이 된다. 이러한 귀중유물의 가치를 모르니까 침략일본은 패전하며 물러갈 것이 하늘의 뜻에 이미 정해진 것이었고, 우리의 나랏님과 나라는 하늘의 뜻에 따라서 당연하게 꾸준히 모셔져야 함을 뜻하는 것이다.

우리 민족의 영원한 자존심! 찬란히 빛나는 천상열차분야지도의 영광이여! 길이길이 우리의 미래를 비춰주는 세계 최고의 등대불이여! 그 드높고 위대한 모습이 항상 고맙고 고마울 뿐이다. 우리민족을 영원히 이끌어주는 천명(天命)에 감동하며, 하해(河海)와 같은 성은(聖恩)이 망극함에 몸둘 바를 모를 뿐이다.

종삼(鐘三)

종삼은 서울시의 가장 중심부에 있는 종로 3가를 일컫는 나쁜 의미의 속칭(俗稱)이다. 이제는 그렇지 않지만 예전의 자유당 무렵부터 한 동안은 악의 꽃을 상징하는 곳이었다. 왜냐하면 종로 3가에 서울에서 가장 큰 사창가가 있었고, 그것을 줄여서 부른 말이 종삼이었기 때문이다. 당시 종삼은 서울시의 어둠의 상징이었고 가장 지저분한 곳의 상징이었으며 죄악의 상징이었다.

그런데 그 종삼의 중심부는 바로 종묘(宗廟) 앞이었다. 요즘에는 그 곳이 많이 변했지만, 서울 올림픽(1988년)을 앞두고서 종묘 앞 정화사업을 하기 전에는 최악의 우범지대가 바로 그곳이었다. 자유당 당시는 서울시의 크기가 작아서 사실상 중심권은 강북에 한정되었고, 아직 강남지역은 개발되어 있지 않았을 때였다. 서울시의 크기라야 강북지역도 현재의 반 정도 크기도 되지 않을 때의 종묘는 서울의 중심부에 있어서도 가장 중심부이고 인구가 밀집된 지역인데, 그 곳이 악의 핵심지였다는 것은 요즘의 젊은 사람들이 거의 이해하기 어려운 일일 것이다.

종묘 앞이 언제부터 최악의 우범지대가 되었는가? 그것은 매우 중요한 사항이 되겠는데, 종묘 앞이 종삼이 되는 출발점이 바로 황실탄압이 가속화되는 시기와 일치하기 때문이다. 생각건대 무도한 침략자 일본조차도 종묘제향을 처음에는 도와주며 지내게 했고, 시간이 흐르면서도 우리측의 눈치를 보면서 어떤 형태로든 거행하도록 허가해 왔다. 그러다가 대동아전쟁 말기인 패전 직전에만 극심한 물자부족과 연합군의 공습우려 등에 의해서 일시중단이 되었을 정도였다. 그러니까 종묘 앞이 우범지대화되면서 사창가 종삼으로 전락하는 때는 이승만의 집권부터였음을 알 수 있다.

이승만은 생각하면 대한황실로 볼 때에는 상상도 못할 최악의 인물이 분명하다. 감히 침략일본도 손을 대지 못했던 종묘요, 계속 모시게 했던 종묘제향을 막은 최초의 무뢰배 대통령이 바로 이승만이었기 때문이다. 이승만이 종묘를 폐쇄하고서 아무도 들어가지 못하게 철통같이 지킨 것은 매우 중요한 정치적 의미가 있는 것임에도, 그간 그것은 누구도 거론함이 없이 오늘날까지 그냥 덮어져 왔다. 이승만의 종묘 폐쇄에 의해서 6·25전쟁 이후에 갈 곳 없는 사람들이 판자집을 짓고 종묘 앞에 모여 살게 되었고, 거기가 점차 종삼 사창가로 변해 나갈 결정적 계기를 만들어준 것이었다. 서울시 역사 연구에 평생을 바친 박경룡 박사의 얘기를 들어 보자.[11]

「종묘 앞에는 한옥촌이 존재하고 있었습니다. 그 집들은 왜정시대에 집장사들이 지어서 판 것이 대부분이었습니다. 서울시에 있는 매우 큰 한옥들은 조선시대 이래로의 오래 된 기와집이었지만, 적지 않은 숫자의 한옥들은 왜정시대에 집장사들이 지어서 판 것입니다.

그런데 종묘 앞의 한옥촌이 6·25전쟁을 겪으면서 폭격을 맞고 부서지는 과정을 거치면서 판자집이 생기는 등의 변화를 겪게 되었습니다. 그러다가 6·25전쟁이 끝나고 수복이 될 무렵부터 종묘 앞은 커다란 사창가로 변모해 나가게 됩니다.」

그러니까 종묘 앞은 결정적으로 종묘가 이승만 시대에 폐쇄되는 상황에서, 6·25전쟁으로 곳곳이 폐허가 된 것이 겹치며 최악의 사창가 우범지대로 전락하는 것이다. 그것은 침략일본도 성역화는 못할지언정 집장사가 집을 지어 파는 일반적 상황으로는 방치한 것을, 이승만의 귀국부터 종묘가 폐쇄되며 그 앞이 점차 우범지대로 변했으며 6·25전쟁 이후에 악명높은 종삼으로 확고히 자리를 잡게 되었음을 뜻하는 것이다.

이승만은 왜 종묘를 철저히 폐쇄했는가? 그것은 이승만의 정치심서나 정치적인 입장을 설명해 줄 매우 중요한 사항이 되겠는데, 이승만은 본인이 그렇게 해야 될 입장에 처해 있었기에 그런 무도한 종묘탄압책을 시행했다고 생각이 된다.

우선 생각할 것은 다른 것도 아니고, 이승만이 종묘 제향조차도 올리지 못하게 했다는 것으로서, 이는 이승만이 본인 스스로가 정통 황족이 아님을 증명한 것이다. 이승만의 혈통적 뿌리가 웬만큼만 확실해도 종묘의 제향은 우선적으로 솔선해서 모시자고 했을 것이 분명하다. 그런데 그것을 적극적으로 막았다는 것은 본인이 전혀 정통 혈통과는 관계가 없음을 자인한 것 같이 된다. 경우에 따라서는 본인이 전주이씨인 것조차를 부정한

11) 박경룡 면담, 2004. 12. 1.

심리가 내재된 것인지도 모른다.

다음으로 이승만은 뼈에 사무치게 황실을 적대시하는 의식이 잠재되어 있는 인물임을 분명하게 보여준 것이 된다. 이승만은 신분상으로도 매우 낮은 계급에 속해 있어서, 조선시대의 정통성을 결코 인정하고 싶지 않은 위치에 놓여져 있던 인물이 확실하다고 생각이 된다. 최소한의 위상을 갖고 있는 사람이라고 해도 종묘제향만은 꼭 모셔야 한다고 우선적으로 말했을 것이다. 그러나 그것을 철저하게 막아서 못하게 했다면, 이승만의 정치심서는 최하층 성향을 갖고 있었음을 뚜렷하게 보여주는 것이다.

더구나 이승만은 종묘 앞이 우범지대화되면서 종삼 사창가로 변하게 되는 것을 결코 모르고 있지는 않았을 것이다. 종묘 앞을 전국에서 가장 큰 사창가로 만들었다는 것은 종묘를 능멸하고 모독하려는 생각이 확실할 때에만 가능한 것이다. 정상적인 정치지도자라면 거꾸로 종묘 앞이 사창가일 경우에 당장 정화정책을 썼을 것인데, 이승만은 종묘모독을 주도한 것에서 의도적인 내면적 이유가 분명히 있었다고 보아야 한다. 그렇게 되니까 사람들은 점차 종묘를 우습게 알기 시작하게 되었고, 종묘는 나날이 일반인들의 뇌리에 그 위상을 낮게 강등시켜 각인되며 시간이 흘렀다. 그 후유증은 극심한 것으로서, 종묘 앞은 세월이 많이 흐른 오늘날에까지도 술주정꾼이 난무하고 쓰레기가 넘쳐나며 온갖 난장판의 모습이 잔존하고 있다. 옛날 최악의 사창가였던 시절의 분위기가 그대로 잔존하고 있는 것이다. 현재도 눈 뜨고 보기 어려운 추잡한 모습이 매일같이 이어지고 있다.

그리하여 현대정치사상 가장 기막힌 선거공약으로서 그 앞에 야외음악당을 만든다는 통탄할 발상을 내세운 국회의원이[12] 탄생되는 지경에까지 이르렀었던 것이다. 종묘를 얼마나 우습게 아는 식견이며, 얼마나 책을 읽지 않아 지적 판단력이 마비되었으며, 역사의식이 얼마나 낮고 무디냐 하

12) 동아일보, 1996. 3. 17 참조.

최악의 선거공약의 산물, 종묘앞 종로국악정

는 것을 적나라하게 보여주는 기막힌 일이 벌어진 것이다. 민족사 최고의 전통을 가진 국가사당 앞에 야외음악당을 만들겠다는 놀라운 선거공약의 토대는 이승만이 만든 종묘 사창가 정책의 심각한 후유증임이 분명하다.

이승만의 황실탄압에 대해서는 역사의 참모습을 아는 사람은 누구라도 개탄을 하지 않을 수가 없다.[13] 전주이씨대동종약원의 이택우 거창분원장의 분노를 들어 보자.[14]

「이승만 박사는 큰 잘못을 했다. 나는 나라가 잘못된 것에 대해서 남을 탓하기 전에 이박사 먼저 탓한다.

이승만 박사는 일제패망 후에 영왕을 모셔 오고 내각제로 나라를

---

13) 이승만의 황실탄압 심리는 다음 자료를 보면 상세히 나와 있다.
안천, 일월오악도 제1권(서울: 교육과학사, 1998), pp.209-280 참조.

14) 이택우 면담, 71세, 2004년 12월 19일 경상남도 거창 자택.

인평대군계 종손 이해영(작고)과 이성주

운영하게 했어야 했다. 그러면 6 · 25전쟁이 나지 않았을 지도 모른다. 이박사가 잘못해놓고 나니까, 정치가 지금까지 계속하여 잘못되고 있다.」

그리고 인평대군계 종손 이성주의 얘기를 들어 보면, 왜 그토록 이승만이 황실을 탄압했는가 실마리가 분명히 밝혀진다.[15)]

「이승만이 가장 증오한 집단이 황족입니다. 황실과는 아예 상극이었습니다. 그리고 가장 철저하게 전주이씨를 박대하였고 사실상 박해를 가했습니다. 이승만은 전주이씨 개념이 없는 사람입니다. 예전에 돌아가신 아버님(이해영)께서 항상 지적하셨듯이, 혈통을 믿을 수

15) 이성주 면담, 지하철 7호선 사가정역 옆 팡세다방, 2005. 2. 13.

> 없는 사람이 이승만입니다. 만약에 조금이라도 그것이 있었다면 전주이씨의 힘을 결집했을 것인데, 이승만은 오히려 결집을 회피하고 전주이씨를 짓밟았습니다.[16]」

종묘를 철저히 차단해놓고 그 앞이 종삼 사창가가 되니까, 아무리 종묘를 차단했다고는 하더라도 문 앞에라도 가고 싶던 일반인들은 그 후 종묘 앞에를 차마 갈 수 없게 되었다. 예전 이시영 부통령과 같은 분의 일화를 보면, 창덕궁 앞이나 종묘 앞에서는 꼭 모자를 벗고서 절을 올리고 지나갔다고 한다. 많은 사람들은 당시에 그런 품격있는 심서를 갖고 있었다. 생각건대 그런 분위기가 지배하고 있음을 이승만은 직간접적 보고를 통해서 소상하게 알고 있었을 것이다. 그리고 그 차단책을 생각하라고 지시하지는 않았을까? 종삼 사창가는 혹시 이승만의 지시에 따른 이승만의 정책으로 나온 사실상의 공창정책은 아닐까? 종묘 앞이 최악의 우범지대로서 종삼 사창가가 된 뒤에는 사람들이 사창가에다 대고 절할 수는 없게 되었고, 종묘와는 눈물을 머금고 멀어지게 되었기 때문이다.[17]

훗날 88서울 올림픽을 위한 준비사업으로 서울에 대한 도시개혁을 하면서 과감하게 손을 대기 전까지, 종묘 앞은 사상 최악의 장소였다. 아마도 한 나라의 종묘 앞이 그런 수모를 당한 사례는, 이승만의 종묘탄압 정책이 있던 우리나라 이외에 또 다른 나라에 다시 있기는 어렵고 어려운 일일 것이다.

종묘 앞은 이승만이 4·19 혁명의 철퇴를 맞고 물러나고서, 즉각 2년 뒤(1962년)의 윤태일 시장 때에 광장시설 결정이 내려졌다. 당시의 종묘 앞

16) 황현의 매천야록을 보면 대원군은 안동김씨의 위협에 직면하여, 노비들까지 풀어주며 전주이씨로 편입시키는 장면이 나온다. 대원군은 계속 힘을 결집시키고 국력을 키우는 데 전심전력을 다했었다. 이승만과는 완전히 대조적인 모습을 보인다.

17) 이러한 참상이 이해가 가지 않는 사람들은 만약 서울 동작동의 국립묘지 앞이 최악의 사창가가 되었다면 어떨 것인가하고 가정해 보면 될 것이다. 종묘는 조선시대의 최고 국립묘지였으니까 비교가 될 것이다.

은 누가 보아도 창피하여 고개를 들 수 없고, 누가 생각해도 바로 고쳐야 할 서울의 핵심 중심부였다. 박대통령이 집권하고서 이승만 시대의 어두움을 걷어 내고자 취한 과감한 결정사항의 하나였다. 그러나 국민 전체가 절망적 기아선상에서 6·25전쟁의 폐허 위에 놓여있던 나라에서 쉽게 그에 대한 사업 추진이 되지는 못하였고, 시설결정 이후에 다시 20년이 지난 때(1983년)의 3월 30일에야 광장사업 인가가 났다.

빽빽히 들어선 무허가 건물이나 시설물을 헐어내며 광장조성 및 정화사업을 함은 쉽게 되는 것이 아니었다. 88올림픽을 앞둔 때(1984년)부터 2년간 과감한 철거작업을 시작하여, 그 다음 해(1985년) 10월 30일에야 광장조성 사업이 겨우 끝나게 되었다. 88올림픽을 앞두고 우선적으로 세워진 종묘에 대한 새로운 정책에 의해서, 서울시의 당면 주요사업으로 종삼 사창가를 철폐하는 조치가 없었다면 지금도 어둠의 상태 그대로일 것이다. 더구나 종묘 앞은 차량 하나나 겨우 통과할 수 있을 수준으로 좁은 길에다 양 옆에는 아무렇게나 지어 올린 우후죽순식 잡다한 건물이 난립된 최악의 모습을 갖고 있을 것이다.

여기서 재삼 생각건대 2년간에 걸친 철거작업을 시행한 대통령이 역사상 가장 강력한 추진력을 발휘했던 전두환 대통령이었음은 무엇을 말하는가? 수십 년간 굳어진 종삼 사창가의 사창가 수호를 위한 거센 저항이 얼마나 심각했으면, 계획 설립 후 20여년 후에야 실천되면서 철거작업에 2년이나 걸렸나를 생각하며 종묘 앞 수난사를 사려깊게 되새겨야 할 것이다.

그런데 훗날 세월이 지나면서 종묘 앞은 종묘공원 비슷하게 만들어지면서 오늘에 이르렀다. 그리하여 이상재 선생 동상을 비롯한 동상들이 세워져있고, 이명박 국회의원에 의한 종로국악정이 만들어져 있기도 하다. 이상재 선생 동상은 정말 존엄한 종묘 앞에 있기에는 어울리지 않는다. 흡사 이상재 선생이 종묘 정문에 군림하는 무엄한 인물로 오해되거나, 때로는 종묘 앞의 수위 정도로 오해될 지도 모른다. 훌륭한 분의 동상을 종묘 앞에 세워서 오히려 그 분을 모독할 수도 있다. 동상을 세워도 세울 곳에 세워야지, 아무데나 세운다고 다 좋은 것은 아니다.

어떻든 종묘 앞은 오늘날에도 종묘 앞답지 않다.[18] 지금도 눈뜨고 제대로 볼 수 없을 정도로 고성방가 술타령에 바둑 장기 오락장이 되어 있다. 술주정꾼이 여기저기 쓰러져 잠자고 있으며, 최악의 추악한 모습이 곳곳에서 눈에 나타난다. 종묘 앞을 종묘 앞답게 만들기는 그렇게 어려운 일이며, 이승만 탄압의 후유증은 이토록 오래 잔존되는 것인가? 서글픈 마음이 뜻있는 사람들의 종묘를 향한 발길을 항상 무겁게 하고 있다. 종묘 앞이 과감하게 재탄생되려면 아직도 멀고 먼 길을 가야 할 것 같다.

종묘의 중요성

종묘는 천상열차분야지도와 쌍벽을 이룰 만큼 의미가 크고, 중요한 위상을 갖는 존재이다. 일반인들은 통상적으로 종묘가 세계문화유산으로 지정된 바에 대해서 그것의 본 뜻을 쉽게 이해하지 못한다. 도대체 종묘가 어떤 의미를 갖는 것이길래 그토록 중요하며, 더군다나 세계문화유산으로 유네스코에서 공인하고 있는가에 대해서 정확한 이유를 알지 못한다.

종묘가 중요한 까닭은 가장 우선적으로 희소성(稀少性) 때문이다.[19] 종묘는 모든 나라에 다 남아 있는 것일 것이라고 생각을 해 보는 것이 일반적인 생각일 텐데, 종묘는 그렇게 많이 남아 있지 않다. 일단 우리나라에 대해서만 생각을 해 보아도, 옛적부터 여러 왕조가 명멸하면서 탄생과 소

---

18) 특히 1989년 10월 14일에 결정이 되어 1991년 12월 24일에 준공된 종묘 앞 지하 주차장 설치는, 이 시대에 다시금 종묘를 모독한 지극히 잘못된 결정이다.

19) 종묘는 그 위치부터가 서울의 최고 중심부를 말한다. 조선시대의 도성도(都城圖)에는 풍수지리상의 핵심지인 정 중앙에 종묘를 위치시켰다.
이태진, 고종시대의 재조명(서울; 태학사, 2000), p.318 참조.

황실의 제1성역 종묘

멸을 계속했으면 여러 개의 종묘가 남아 있을 것이라고 막연하게 생각해 볼 수 있을 것이다. 그러나 우리나라에는 유일하게 서울시에 있는 종묘 밖에 없다. 거기에는 중대한 정치적 이유가 있기 때문이다. 종묘는 새로운 왕조가 들어서면 옛 왕조의 종묘를 뜯어내는 것이 원칙이었기 때문이다. 이호창 선생의 얘기를 들어 보자.[20]

「왕조가 바뀌면 전에 있던 왕조 종묘의 지붕부터 뜯어내 대들보를 들어내는 것이 옛 관례였습니다. 예전의 고구려, 백제, 신라, 고려 때의 종묘가 사라진 까닭은 바로 그 때문입니다. 종묘는 그렇기 때문에 다른 나라에도 별로 그 원형이 남아 있지 않습니다.

종묘제향은 국왕이 직접 친행(親行) 하는 국가사업이었습니다. 원칙적으로 국왕이 직접 모시고, 그렇지 못할 경우에는 세자 혹은 왕제

20) 이호창 면담, 2004. 5. 28, 서울교육대학교 필자 연구실.

(王弟)가 나서는 것이었지, 신하에게 맡기지도 않았습니다. 항상 국왕이 종묘제향을 모신 것은 국가의 정통성을 유지하는 핵심 행사였기 때문입니다.」

종묘제향이 현재 세계문화유산으로 등록된 까닭은 매우 희소성이 높은 데다가, 신기하게도 그 원형이 확실하게 남은 나라가 바로 우리나라이기 때문이다. 그런데 특히 여기서 잊을 수 없는 정치사적 중요성을 갖는 사실이 있다. 그것은 새로운 왕조가 들어서면 당연하게 뜯어내는 종묘 지붕이 우리나라에는 생생히 살아 있다는 것이다. 옛부터 동양 사회에서 임금님은 천명(天命)을 받아 나라를 세웠다. 백성들의 인심이 몰리는 곳에 천명을 내리고, 그것을 처음 받은 사람이 개국시조로서의 태조가 된다. 종묘는 개국시조인 태조를 모신 사당이므로 태묘(太廟)라고도 불린다. 이곳은 나라의 천명과 그 명을 받은 초월적 존재자인 태조의 혼령이 머물고 있는 거룩하고 거룩한 땅이다. 그러므로 종묘는 국가권력의 정통성을 상징하는 것으로서 국가와 운명을 같이 하였다. 따라서 나라를 새로 세운 혁명의 군주는 기존 왕조의 종묘를 없애고 새로이 건설하였다.[21] 그러므로 현재 우리나라 종묘의 건물 원형이 생생하게 살아 있다는 것은 대단히 중대한 의미를 갖는다.

첫째로 그것은 대한황실이 죽지 않았다는 것을 말한다. 우리의 나라와 나라님이 생생하게 살아 계심을 뜻하는 것이다. 현재 천상열차분야지도가 그대로 현존하고 있으며, 종묘가 생생히 살아서 종묘제향이 세계문화유산으로 등재되었음은 우리의 황실이 그대로 살아있음을 확고하게 증명하는 것이라고 보는 것이 전통 정치사상이다. 다시금 이호창 선생의 애기를 들어서 이를 강조하여 확인해 보자.

21) 신명호, 궁중문화, op.cit., p.237.

「전통사회에서는 황통이 바뀌면 가차없이 종묘를 없앴는데, 그것이 우리는 그대로 남아 있습니다. 그러므로 그것은 황통이 끊기지 않았다는 것을 뜻하며, 당연히 임금님을 다시 모시는 것이 순리입니다.」

둘째로 침략일본도 그의 선배나라인 우리나라를 강점하고서는 쉽게 종묘를 헐지 못했음을 뜻한다. 침략일본은 전라북도 전주시에 있는 경기전을 훼손하여 중앙초등학교를 만들되 핵심부는 못 건드렸다.[22] 그리고서 제1정궁인 경복궁의 대부분을 헐었고,[23] 원구단은 조선호텔로, 온양별궁은 온양관광호텔로, 경희궁은 경성중학교로, 창경궁은 동물원으로 만드는 등의 온갖 흉악한 만행을 저질렀으나 감히 종묘의 대들보를 뜯어내지는 못했다. 아니 전혀 손을 대지 못했고 종묘제향까지 모시도록 할 수밖에 없었다. 수많은 독립군들의 항쟁과 거족적 민중항거인 3·1운동 등을 보면서 최후의 악행은 감히 저지르지 못하고 시간을 끌다가 패망하여 물러간 때문이라고 생각이 된다.

종묘제향 복원과정

이승만 시대에 있어서 종묘는 절대로 문조차도 열수 없는 철저하게 출입이 금지된 곳이었다. 온통 먼지 투성이였고 종묘 앞은 종삼 사창가가 되

22) 그런데 경기전을 훼손한 시기가 매우 중요하다. 침략일본은 1907년에 조선 최고의 성지인 경기전 땅에 중앙초등학교를 짓는다. 그것은 1905년에 을사늑약을 맺고는 즉각 황실발상지를 짓밟은 것으로서, 세월이 가면 모든 황실유적을 완전히 없애려는 것이었을 것이다.

23) 침략일본은 제1정궁인 경복궁을 헐어서 팔았는데, 모두 사천여 칸(間)의 궁궐을 한 칸에 15원부터 27원까지 값을 정했다. 그러니 왜놈과 매국노를 합해서 80여 명의 원매자가 나왔는데, 3분의 1은 왜놈 북정청삼랑(北井靑三郞)에게 팔았다. 다 팔리면 훗날 경복궁에 대공원을 만들 계획이었다.
황현, op.cit., p.440.

어서 최악의 우범지대로 전락되어 있었으나, 종묘는 누구도 감히 들어가서 먼지 한 번을 털어 낼 수 없었다.

이렇게 종묘를 탄압한 것은 이승만이 스스로의 정치적 입지를 강화하기 위해서였음은 두 말할 필요가 없는 일이다. 이승만은 본인의 정권유지를 위해서도 종묘탄압을 했고, 본인의 정치적 야심을 채우기 위해서도 종묘는 사라져야 할 것이었다. 아니 이승만은 본인의 정권유지가 아니라, 본인이 임금님이 되려는 의지가 매우 강한 사람이었다. 다음 신문기사를 쓴 김승웅 기자는 이승만이 정신건강상 결함이 있다고까지 쓰고 있다.[24)]

「대권病이 만연해 있는 한국의 정치문화에서는 지도자들이 정신적 질환에 감염됐을 확률이 높다. 문제는 본인들이 罹患을 한사코 부인하는데다 누구도 그 병을 진단하거나 통보해 줄 용기가 없기 때문이다. 2명의 군출신 질환은 '한탕주의'였다. 그 시대와 배경을 공유했던 우리 모두가 함께 앓아온 惡疾인 만큼 그 둘만을 징치한다는 것이 내게는 아직까지 우습다. 유사 질환인 '무사안일'에 감염됐던 또 한 분은 퇴임이 한참 지난 아직까지 차도의 기미가 없으니 안타깝다.

15년전 故 이승만대통령의 비서겸 고문이었던 올리버 박사를 서울메디컬센터에서 인터뷰했을 때 그가 들려준 토막 評傳은 결코 유쾌한 것이 아니었다. '민주주의의 신봉자였음엔 틀림없으나 다른 한편 자신을 늘 李씨王家를 계승할 인물로 여긴 분이었다.」

그리고 다시 김승웅 기자를 직접 만나서 들은 바는, 이승만의 2중적 의식구조를 분명히 지적하고 있다.

「올리버 박사의 견해에 의하면, 이승만 대통령은 기독교적 사상과 황실의 혈통사상을 동시에 갖고 정치를 한 인물이라고 한다. 그것은

24) 김승웅, 대통령의 진단서, 문화일보 1996. 7. 25.

평생의 주요한 기간 내내 삶을 같이 한 사람의 종합적 인물평가가 되겠는데, 서양 민주주의 사상과 전통 사상의 모순된 의식이 이승만 대통령의 정치를 2중구조로 지배했음을 뜻한다고 보겠다.」[25)]

이런 측면에서 볼 때에 이승만은 항상 임금님 지위를 빼앗으려는 역적 심서를 갖고서 정치를 했다고 보아야 옳다. 앞에서도 지적했듯이 신왕조가 들어서면 옛 왕조의 종묘지붕을 뜯어내는 것이 옛 정치관례였다면, 이승만은 종묘의 지붕을 뜯어내기 직전의 역적적인 정치심서로 종묘탄압을 자행했다고 봄이 옳다. 아니 뜯어내고는 싶었는데 감히 그러지는 못하고 저절로 황폐화되어 무너지기를 바랐는지도 모른다. 더군다나 그 악랄한 침략일본도 건드리지 못한 종묘제향이었는데, 특히 이승만에 의해서 철저히 종묘탄압이 진행되었다고 함은 이승만이 침략일본보다 더 가혹했다는 것을 뜻한다.

인평대군계 종손 이성주의 분노에 찬 얘기를 들어보면, 이승만의 황실탄압 횡포가 어느 수준인가 이해가 될 것이다.[26)]

「애초에 이승만은 황족들에게서 궁궐과 주택을 빼앗으면서, 그 명칭을 이화재(李花財)관리국이라고 지은 관청을 급히 만들어 관리하게 하였습니다. 왜 이화재라고 이름을 붙였는가 하면, 황실에서 강제로 빼앗은 재산이니까 그렇기도 했고, 저희 황실의 상징이 이화(李花)이기 때문에 그랬다고도 생각이 됩니다. 이승만은 그래서 자기가 사는 집의 이름도 이화장(李花莊)이라고 짓지 않았습니까?

그런데 그것이 나중에 이름이 점차적으로 바뀌면서 문화재관리국이 되고, 최근에는 문화재청이 되는 것입니다. 황족들의 재산을 모두 빼앗으면서, 그것이 점차 황족들에게 멀어지는 것을 반영하는 것입니

25) 김승웅 면담, 2005. 3. 24, 서울 서초동 다향식당.
26) 이성주 면담, 지하철 7호선 사가정역앞 팡세다방, 2005. 2. 13.

종묘대제의 초헌관을 쓴 인평대군계 종손 이성주

다. 이승만이 저희 집도 빼앗았으니, 저는 지금도 필동 1번지의 그 유명한 한옥을 꼭 되찾는 것이 소원입니다. 제가 동대문 밖의 작은 집에서 가난하게 살면서도 이승만의 만행은 결코 잊지 않고 있습니다.

이승만은 이화재관리국을 통해 황실재산을 운영하고, 그 운영에서 나오는 돈으로 황족들에게 생활비를 준다고 했습니다. 그런데 이승만이 저희 집의 그 큰집을 뺏고서 3번을 생활비라고 푼돈을 주고는 완전히 빼앗았습니다. 저희 어머님께서는 지금도 생활비로 3번을 탄 것을 말씀하시며, 서운한 말씀을 하십니다. 그 이후 우리는 계속 어렵게 살며 오늘에 이르렀습니다. 이승만 독재시대의 비리는 지금이라도 확실히 고쳐져야만 합니다.

이승만은 이화재관리국을 통해서 수많은 문화재를 개인선물로 미군이나 미국 손님들에게 주었습니다. 미국에 의해 대통령이 된 바에 대한 사례겠지요. 심지어는 창덕궁에만 있는 희귀한 백철죽도 미군에게 선물로 주었습니다.

당시 아버님 친구분이 이화재관리국에 근무하면서, 저희 부친에게도 이화재관리국 사무를 보라고 권유를 했다고 합니다. 제 아버님 친구의 말이 잠깐만 근무하면 떼부자가 된다며 권유를 했으나, 아버님이 거절을 하셨답니다. 당시 이화재관리국을 통해 이승만 집단도 엄청난 이권을 거둬들였고, 직원들 부패도 심해 직원들의 횡령도 많았기에 떼부자가 된다고 한 것이지요. 그런데 5.16혁명이 나서 그것을 조사하려니까, 방화를 해서 모든 서류를 불태우고 말았지 않습니까?」

다시 이호창 선생의 얘기를 다시 들어 보자.

「나라를 다시 찾은 직후(1946년)에, 경상도에서 유림 수백명이 올라와서 조선왕조의 복원을 단호하게 요구하였습니다. 당시는 워낙 교통사정이 좋지 않은 때라서, 서울에를 오려면 최소한 10일 이상을 걸어서 오던 대단히 어려운 때였습니다. 그리고 여관시설도 별로 없었기에 숙박할 친척집 정도라도 있어야 서울에 오는 힘든 때에, 수백명이 몰려서 왔다는 것은 대단히 큰 사건이었습니다.

당시는 아직도 조선시대 그대로인 상소(上疏) 형태로 그들의 의사표시를 했고, 대표자가 이승만 박사를 직접 만난 것으로 압니다. 다만 이승만 박사는 분명히 거절을 했습니다. 이것은 경상도만이 아니고 전라도에서도 올라 왔고, 여러 지방에서 계속 서울로 올라 왔으니, 전국에서 왔다가 간 사람들의 숫자를 모두 합하면 수천 명이 다녀갔다고 생각이 됩니다.

정부가 수립되던 무렵(1948년)에, 나는 중앙청[27] 앞에서 심각한 장면을 목격한 것도 기억이 됩니다. 당시 중앙청에는 우리정부가 UN의 승인을 받은 것을 경축하여 '빛나는 UN승인'이라는 큰 현수막이 길이로 걸려 있는 때였습니다. 당시는 겨울철로서 갓 쓰고 두루마기를 입

---

27) 조선총독부 건물을 그대로 쓰던 것으로서, 현재는 헐리고 경복궁으로 재건축되었다.

은 사람들 약 30여명이 추운 날씨에도 불구하고 우왕좌왕 서성대면서, 임금님을 모시고 왕조가 다시 복원되어야 한다며 눈물을 글썽이고 있는 놀라운 장면을 목격했습니다. 그리고 이승만 박사가 서양물을 먹어서 이렇다고 분노하며 격렬하게 투덜대는 소리도 들렸습니다.

그리고 효자동의 경무대[28] 입구에서 수십 명이 엎드려 있는 것도 보았습니다. 당시는 조선시대의 흐름을 그대로 잇는 전통적인 형태의 상소를 하는 때로서, 많은 상소가 이승만 박사에게 전달된 것으로 압니다. 그들은 대표를 경무대에 보내고서, 울며 한탄하며 시(詩)를 읊는 등의 전통적인 시위행동을 했습니다. 당시는 요즘과 같은 형태의 외치고 떠드는 데모를 하는 때가 아니니까 그렇게 했는데, 요즘 형태라면 매우 거대하고 격렬한 데모였다고 생각이 됩니다.」

종묘에 대한 탄압정책이 끝나는 것은 이승만이 물러나지 않고는 불가능한 것이었다. 이승만이 물러나고 박대통령이 집권한 뒤에 황실에 대한 호의적인 정책이 나오는 흐름 속에서, 서서히 종묘제향의 부활 분위기가 태동되기 시작하였다. 특히 융희황제의 마지막 황후인 윤황후께서 돌아가셔서 윤황후의 제사(因山 : 인산)를 11일장으로 모시게 되었을 때에, 종묘제향 부활의 여론이 점차 비등하기 시작하였다. 윤황후께서 돌아가시면서 영왕(英王)을 전주이씨대동종약원의 명예총재로 모시는 등의 체제도 정비되기 시작하였다.

이리하여 최초의 종묘제향을 모시게 된 것이 윤황후의 3년상 제사를 모실 때였다. 당시 국가적으로 가난한데다가 제대로 준비할 여건이 갖춰지지도 않은 때였고, 최소한 30년 가까이의 긴 시간 동안이나 단절되었던 종묘제향을 제대로 모실 수 있는 인적자원도 갖춰지지 않은 때였다. 최초의 종묘제향(1969년)에 참여했던 이호창 선생의 증언은 대단히 중요하다. 이

28) 경무대는 오늘날에 청와대로 이름이 바뀌어졌다.

살아있는 종묘의 역사 이호창 선생

호창 선생은 아주 어린 나이인 11세부터 종사에 참여하여 예전에 일제강점 시대의 마지막 제향에도 직접 참여했던 희귀한 인물이며, 종묘제향이 복원됨에는 선두에서 헌신했던 '살아있는 종묘역사'와도 같은 인물인 만큼 그의 얘기는 매우 중요한 역사성을 갖는다.

「당시 윤황후 폐하의 3년상을 맞아서 윤황후의 부태묘(신위)를 모실 때에, 동시에 부태묘를 모시며 종묘대제를 처음으로 부활하여 봉양하였습니다. 부태묘란 윤황후가 과거에 돌아가신 옛 어른들께 인사를 올리는 고유제를 지내는 것입니다.

윤황후께서는 2월에 승하하셨습니다.[29] 그러니까 돌아가신 후에

29) 승하(昇遐)는 우리민족이 만든 용어이다. 황제나라에서는 붕어(崩御), 제후나라에서는 훙거(薨去)라고 쓰므로 대한제국 이후는 승하가 아니라 붕어라고 써야 옳다. 승하는 붕

부태묘를 모시는 기간이 약 3년 3개월이 소요되었습니다. 왜냐하면 만 3년 후에 담사를 모시고서, 부태묘가 약 3개월간 소요되므로 5월이 됩니다. 그러므로 그 해(1969년) 5월에 최초의 종묘제향이 부활되어 모셔진 것입니다.

미국땅에서의 황실문화 전도사 이호창 선생

최초의 종묘제향은 태조 고황제로부터 시작하여 하루 종일 걸려서 모셨습니다. 사실상 훗날 말하길 물만 떠 놓고서 지냈다고 말할 정도로 간소하게 모신 것입니다. 약간의 준비물을 갖추고서 약 150명 정도의 사람들이 모여서 긴급히 종묘제례를 모셨으니, 부활되었다는 생각보다는 30년 가까이 끊긴 제향을 오랜만에 다시 모셨다는 상징성이 더 큰 행사였습니다.

최초의 간략한 종묘제향에 준비했던 것을 역사적 자료로 밝혀 놓으면 다음과 같습니다. 먼저 포를 약간 준비했으니, 같은 것에다 조금씩 새 것을 얹으면서 지냈습니다. 제주(祭酒)는 청주를 준비했는데 도합 10병도 되지 않는 것을 새끼줄로 2병씩 묶어서 몇 명이 나누어 들고 종묘에 들어갔었습니다. 쌀은 같은 것을 계속하여 하루 종일 바꿔 놓으며 사용할 수밖에 없었습니다. 다만 축문은 따로 준비함이 당연한 것이었고, 향도 각각 따로 썼습니다. 이것이 모든 준비물 전체였으니, 냉수 떠놓고서 제향을 모셨다고 훗날 말하는 것입니다.

당시는 제3대 이세정 이사장이 종약원을 맡아 볼 때입니다. 그 분은 종약원 발전의 발판을 만든 분이라고 할 만큼 열심히 일을 했습니다. 특히 기억나는 분으로는 이장훈씨와 이봉훈 씨가 가장 종묘제례

어와 홍거의 중간 용어이기 때문이다.

부활에 열성을 쏟았던 분이십니다. 이봉훈 씨는 이홍구 총리의 부친으로서 항상 부이사장만 했던 분이신데, 매우 과묵하고 점잖은 분으로서 종묘제례 부활을 위해 헌신적으로 큰 일을 한 분이십니다.

그러나 이러한 냉수 떠놓고 모시는 수준의 것도 제대로 모셔지지 않고 걸르고는 했습니다. 가난하던 시절이었고 제반 여건도 갖춰지지 않았기에 1회 제향 후 서너 번을 다시 모셨으나, 사실상 간략히 모시는 것조차도 봉행하지 못하며 건너뛰고는 했습니다. 그러다가 6년 후(1975년)의 5월 9일에 종묘제례가 무형문화재 56호로 등록되면서, 종묘제례가 확실히 복원되는 계기가 되었습니다. 그리하여 이 해에 봉행위원회가 구성되었습니다. 그 때에 조경단 대제와 건원릉 기신제의 봉행위원회도 함께 구성되었으니 매우 중요한 일이 시작된 때입니다.

이렇게 국가적 공인을 받게 되면서 종묘대제는 정부의 지원도 받게 되었습니다. 그리고 제향을 점차 예전의 원래 격식대로 거의 완전하게 복원하게 되었습니다.[30] 세계적으로 이렇게 완벽한 형태의 종묘대제가 생생하게 살아있는 것은 유례가 없습니다. 그리하여 다시 무형문화재로 공인된 지 20년(1995년)이 되는 해의 12월 9일에 종묘제례가 유네스코 세계문화유산으로 등록이 된 것입니다. 그리고는 다시 2년 후(1997년)에 훈민정음과 조선왕조실록이 유네스코 세계기록유산으로 등록되었습니다. 그리고 그 해 말에 다시 창덕궁과 수원 화성이 유네스코 세계문화유산으로 등록이 되었으니, 조선왕조 문화의 종합적인 세계적 공인이 이뤄진 것입니다.

생각하면 대동아전쟁 때부터 물자부족으로 종묘제례를 지내지 못하였습니다. 그러다가 이승만 박사가 귀국한 뒤에는 종묘에 출입조차도 못하며 긴 시간을 보낸 것을 회고하면 감개가 무량합니다. 최초의 종묘제례가 부활되던 무렵에는 보름씩 밤을 새우면서 분담해서 일을 했었는데, 요즘에는 많은 사람들이 함께 모시는 것이 매우 인상적

---

30) 현재의 종묘제례는 조선시대의 전례를 참작하여 현대시대에 재현시킨 형태로 운영되고 있다.
이은표, 종묘대제(서울:원백문화사, 1993) 참조.

입니다. 특히 항상 잊지 못하는 것은 이승만 박사 때에 종묘에 먼지도 털지 못해서 한탄하던 일입니다. 당시 앉으면 하던 말이 종묘에 먼지라도 털었으면 좋겠다는 기막힌 한탄이었습니다. 이세정 이사장과 함께 여럿이 모여 앉아서 한탄하던 모습을 되돌아 생각해 보면서, 현재의 모습을 보면 정말 눈물이 날 정도로 감격스럽습니다.」

숭의전(崇義殿)

숭의전은 경기도 연천군 미산면 아미리 7번지에 있다. 임진강이 굽이쳐서 흘러가는 매우 아름답고 빼어난 곳에 위치하여, 그 어떤 곳보다도 경치가 뛰어난 문화유적이다.[31] 휴전선에 가까운 곳에 위치해 있고 제1땅굴이 멀지 않은 곳에 위치해 있다. 뿐만 아니라 김신조를 비롯한 이북의 무장공비가 비무장지대 철조망을 뚫고서 침투한 곳과도 그리 멀리 떨어지지 않은 곳이니까, 일반인들에게 널리 알려지지 않아서 그렇지 대단히 절묘한 경관을 자랑하는 중요한 유적지이다. 특히 휴전선 지역에 있는 만큼 거의 오염이 되지 않은 깨끗한 환경 속에 청정 자연미를 자랑하는 곳이다.

인근 가까운 곳에는 먼 옛날부터 유명한 전략요충지인 고구려 시대의 호로고루성 유적이 있다. 이 곳은 임진강에서 배를 타지 않고 건너는 최초의 여울목으로서, 머나먼 옛날 고구려 때부터 대단히 중요한 전략지역이었다. 또한 역사를 더 거슬러 올라가면 아주 먼 옛날 선사시대에도 이 곳은 대단히 중요한 곳이었다고 생각이 되는데, 약 30년 전(1978년) 4월에는 이 곳에 놀러 왔던 미군 병사 Greg Bowen이 150만 년전 무렵부터 나타나는 아슐리언 주먹도끼를 발견하면서 널리 알려지며, 세계 고고학의 역사를 바꿔 놓은 세계적인 전곡리 유적이 바로 근처에 있다. 이 아슐리언 석기는 당시

31) 문화재 지정번호로서는 사적 제223호이다.

까지 유럽과 아프리카에 비해 동아시아가 구석기시대에는 정체된 문화권이었다는 모비우스 학설을 완전히 뒤집어 동아시아의 자존심을 세운 대단히 유명한 유물이며, 전곡리를 세계적으로 유명한 유적지로 만든 것이다.

숭의전은 생각건대 주변의 뜻깊고 다양하게 분포된 유적지 가운데에 있어서도 가장 백미(白眉)에 해당하는 경치가 수려한 존재로서, 휴전선 근처에 있기에 정말 깨끗하게 보존된 유적지이다. 그런데 숭의전이 깨끗하게 보존되고 있다는 것은 대단히 중요한 정치적 의미를 지니는 것이다.

숭의전은 조선시대에 세운 것으로서, 고려 태조(왕건)를 비롯한 혜종, 정종, 광종, 경종, 성종, 목종, 현종의 여덟 임금님을 모신 곳이다. 숭의전의 유래는 조선 태조(이성계) 때(1397년)에 고려 태조의 전각을 세워 모셔드렸고, 다시 정종 임금님 원년(1399년)에 일곱 임금님을 합해 여덟 임금님을 모신 사당이다. 특히 문종 때에는 이 사당을 숭의전이라 이름을 짓고, 고려시대를 대표하는 태조, 현종, 문종, 원종의 네 임금님 위패와[32] 고려를 위한 최대의 충신인 16공신을 함께 제사 지냈으며, 사당의 관리도 왕건 임금님의 후손에게 맡겼다.

숭의전은 일반적으로 알려져 있길 조선 태조가 고려 태조에 대해 사죄하는 의미에서 지었다는 것으로서, 두 황실의 권력관계를 대립적 시각에서 보는 입장이 내면적 기초를 이루고 있다. 이에 대해 연천군의 역사를 안내하는 송대진 관광해설자회장의 얘기는 다음과 같다.

> 「역사서에 의하면 예전에 조선 태조(이성계)가 잠을 자다가 꿈을 꾸었는데, 고려 태조(왕건)가 나타나서 정변을 일으킨 바에 대해 꾸지람을 하는 것이었습니다. 이에 조선 태조는 반성을 하며 선정을 베풀겠다는 뜻에서, 앙암사 절터에 사당을 세운 데에서 숭의전이 유래되

32) 여덟 임금님을 네 임금님으로 축소한 것은, 조선 태조의 조상을 추존하여 모신 분이 네 분이라 균형을 맞추기 위해서 그랬다고 한다.

었습니다.」

그러나 이러한 얘기가 전해지는 바는 그간 전해오는 일반적인 얘기를 종합한 것으로서, 모두가 고려와 조선의 두 황실의 관계를 역성혁명(易姓革命)을 강조하는 입장에서 말하는 것이라고 생각이 된다.[33] 우리의 조선시대사는 침략일본의 역사오염에 의해 수많은 내용이 부정적인 시각으로 쓰여졌다. 그리하여 우리들은 그 오염된 역사인식에 찌들대로 찌들어진 오도된 시각을 많은 경우에 무비판적으로 수용하면서 덧없이 살아간다.

특히 우리가 유의할 것은 그간 조선시대와 고려시대의 황실관계는 전반적으로 역성혁명만을 강조했다는 점이다. 그리고 고려시대는 가급적 통일신라나 태봉국과 전혀 갈등이 없이 권력을 이은 것으로 역사서술을 해 놓았다. 이렇게 두 황실을 뚜렷하게 의도적으로 대비시키는 역사서술을 했으니, 이러한 역사서술의 자세는 침략일본의 의도가 분명히 전제된 것이라고 생각이 된다.

숭의전은 그러나 단순한 역성혁명적 시각에 의해 조선 태조(이성계)의 잘못을 강조하는 것이 아니다. 그것은 보다 큰 의미의 정치경륜을 강조하는 유적이 되어야 하겠다. 숭의전 건립에 대한 역사서인 숭의전사(崇義殿史)의 주요내용을 살펴보자.

① 속언에 전하기를 고려가 망할 무렵에 태조(왕건)의 사당에 있는 신주(神主)를 석선(石船)에 실었는데, 석선이 강물을 거슬러 올라가서 아미석벽(峨嵋石壁) 아래에 머물렀는고로 사당을 이곳에 세웠다함. 하늘이 명랑하고 강물이 맑으면 지금 물밑에 석선이 보이는 것 같다

33) 그런데 여기서 유의할 것으로서, 역성혁명의 원래의 뜻은 덕망있는 사람이 폭군을 폐위시키고 새 왕조를 세우는 것을 말했다. 그러나 우리나라에서는 침략일본의 잘못된 교육에 따라 역성혁명을 찬탈과 같은 뜻으로 역선전했었다. 그리하여 우리나라에서 역성혁명은 원래의 좋은말이 나쁜말과 같게 바뀌었다.

조선시대와 고려시대를 잇는 중요한 사적지 숭의전

고 이른다. (麻田郡誌)

② 태조(왕건)께서 궁예한테 벼슬하고 있을 적에 송악군으로부터 철원까지 왕래하시다가 문득 마전군(麻田郡) 앙암사(仰巖寺)에 쉬면서 놀제 그 산수의 경치가 빼어남을 사랑하시었더니, 왕위에 오르게 되자 원찰(願刹)을 정한 관계로 개국 초기에 이로 인하여 그곳에 사당을 세웠다. 속언에 전하기를 바야흐로 사당을 세우려 할 때에 태조께서 여러 번 절의 스님들에게 꿈에 나타났으므로 스님들이 다 이상하게 여겨 급히 불상과 절에 있던 기구와 물품을 옮기고, 겨우 마치자마자 문득 풍우가 크게 일어나 절집이 강물 가운데로 거두어 들어갔으므로 그 터에 사당을 세웠다. (麻田郡誌)

③ 조선 태조(이성계) 원년(1392년)에 예조판서가 아뢰되, 고려시대 혜종과 원종 및 충렬왕이 다 백성에게 공이 컸으니 청컨대 마전(麻田)의 태조(왕건) 사당에 함께 모시게 하시고, 또 아뢰되 고려 성종은

중국의 제도를 수입하여 문물을 일으켰으니 백성이 그 은혜를 받았고, 문종은 언행을 조심하여 선왕(先王)이 이룬 것을 지키어 세상을 태평성세로 만들었으니 백성이 그 생업을 편안하게 하였고 공민왕은 두 번이나 홍건적을 멸하여 나라를 지키고 원나라와 화친하여 나라를 편안케 하였으므로 다 우리나라에 큰 공이 있었으니 청컨대 태조(왕건) 사당에 함께 모시시오 하니 태조(이성계)께서 그 말을 따라 시행하다. (문헌비고)

④ 문종 때에 고려 태조(왕건)를 위하여 숭의전을 마전현에 짓고 사람을 시켜 왕씨 후손을 찾았으나 여의치 못하다가 왕순례(王循禮)라는 자가 있어 성명을 바꿔서 제(齊)씨가 되어 있었다. 밭을 갈다가 이웃 사람과 밭의 경계를 다투었더니, 이웃 사람이 왕(王)씨라고 고하였으므로 문종이 곧 명하여 천민 복장을 벗기고 관복을 입혀 3품(三品)의 자리에 임명하고 숭의전의 부사(副使)로 삼아 태조(왕건)의 제사를 주관케 하였으니, 우(虞)나라가 앞 왕조의 아들 단주(丹朱)를 손님 대접한 것과 주(周)나라가 앞 왕조의 손자인 미자(微子)를 손님 대접한 것과 같다고 하였다. (해동야언)

⑤ 명종 4년(1549년) 10월 지경연사(知經筵事) 임권(任權)이 아뢰기를, 옛날 우리나라가 3국으로 나뉘어 있을 때에 고려 태조가 나라를 통합하여 백성들이 소생할 수 있었으니 그 공로는 큰 것입니다. 숭의전이 지금 마전군에 있는데도 전혀 돌보지 않고 있으니 유사(有司)를 시켜서 수리하게 하소서 하였다. (조선실록)

⑥ 선조 9년(1566년)에 예조에 명하여 의장(儀仗)을 갖추어 고려 태조의 화상(畵像)을 숭의전에 옮기어 모시게 하였다. 처음에 고려 태조의 화상이 경북 풍기의 용천사(龍泉寺)에 있었는데, 이 때에 와서 옮겨 모셨다. (문헌비고)

⑦ 임진년 왜란으로 가는 곳마다 공사(公私)의 청사(廳舍)가 다 불타서

재가 되었으나 숭의전 만은 우뚝하게 홀로 보존되었으니 원근(遠近)의 전설이 다 고려 태조의 신통한 힘에 의함이라 하였다. (조선실록)

⑧ 선조 38년(1650년)에 경기감사 이정구가 숭의전을 중수(重修)한 뒤에 아뢰되, 향축(香祝)을 보내어 제사하기를 청하였으므로 고려 태조의 후손인 왕곤을 숭의전감으로 삼았다. (문헌비고)

조선 태조의 숭의전 건립은 조선시대를 이끄는 정신적 기둥이 되는 것이며, 정치사상적으로 매우 중요한 위상을 갖는다. 그것을 그간 부정적으로 설명한 것은 침략 일본에 오염된 것이며, 적극적이고 긍정적인 역사해석이 있어야 옳다.

숭의전은 조선시대가 고려시대를 예우하며, 정치적으로 원만하게 승계한 정치체(政治体)임을 강조하는 것이다. 우리가 잘 알고 있듯이 일본인들은 조선시대의 역사를 친일사관(親日史觀)에 맞춰서 조선 태조가 역성혁명을 했다는 것을 과잉으로 강조하였다. 태조(이성계)와 태종(이방원)을 가급적 헐뜯으며 모함하는 역사를 서술했다. 그리하여 조선시대는 원천적으로 나쁘다는 근거로 역성혁명을 귀가 아프게 악선전하며 일본의 침략을 합리화했다.

그리하여 많은 사람들은 맹목적으로 조선 태조가 나쁘다고만 생각을 했다. 왜 침략일본이 조선 태조를 나쁘게 강조하는 역사를 만들었나에 대한 깊은 생각도 없이, 무비판적으로 그에 따라 생각을 해왔다. 그런데 숭의전은 일본인의 억지 역사서술을 정면으로 부정하면서, 조선시대가 고려시대를 정중히 예우했음을 증명하는 유적지이다. 앞의 숭의전사 글들을 읽어볼 때에 조선시대가 고려태조를 받들고 예우함이 꾸준히 계속되고 있었음을 읽을 수 있다. 정치적으로 과거를 짓밟으려고만 했던 것이 아님에도 그간 역성혁명적인 시각으로만 두 시대의 관계인식을 했음은 왜 그랬을까?

우리들은 통상 말하길 친일사관이라는 용어를 깊은 생각이 없이 사용

한다. 그렇기에 갖는 부작용으로 일본인들의 친일사관에 의한 역사서술이 제대로 된 실체로 존재하는 줄로 착각을 한다. 그러나 사실상 일본인들은 친일사관에 의한 정식역사를 가르친 것이 아니다. 한국사회과교육연구학회 원로인 구연무 교장선생님의 애기를 들어 보자.[34)]

「일반인들은 생각하길 친일사관(親日史觀)이란 말을 들으면서, 왜정시대에 침략일본이 우리의 역사를 가르치되 일본인들의 입맛에 맞는 흐름인 친일사관으로 가르쳤다고 생각을 한다. 그러나 그것은 착각이다.

나는 왜정시대에 정식 사범교육을 받으면서 우리역사를 정식으로 배운 것이 전혀 없다. 항상 일본인들의 입장에서 가르치는 일본사를 배웠을 뿐이다. 당시의 학생들은 우리 역사를 배운 바가 없다. 강제로 일본인이 되라며 일본사를 배웠다.

그렇다면 친일사관이란 무엇인가? 그것은 일본사를 가르치면서 이따금 예를 들어서 한국이 나쁘다는 것을 강조하는 사례를 들면서 애기한 것이다. 그러한 단편적인 애기를 들은 것을 총칭하여 훗날 친일사관이라고 말하는 것이다. 그렇기에 일반인들은 착각하길 요즘과 같은 우리의 역사를 가르치되 일본의 입장에서 가르친 것인줄 아는데, 그것이 아니라 우리역사는 가르친 적이 없다. 오로지 일본사를 가르치며 예를 들어 한국인을 비방하는 역사사례를 말한 것을 배웠는데, 그것들을 총칭하여 오늘날 친일사관이라고 하는 것이다.

그러한 사례로서 내가 잊을 수 없는 것이 하나 있다. 그것은 예컨대 침략일본은 당시 교실에서 포은 정몽주 선생을 거의 신격화시킬 정도로 강조하여 가르쳤다. 이것은 아마도 당시의 일본정부가 국가적 교육시책으로서 의도적으로 강조한 것이라고 생각이 된다.

당시 침략일본은 전국의 모든 교실에서 정몽주 선생을 작심하고 영웅으로 만들었다. 그리고는 그를 선죽교에서 죽게 만든 태조(이성

34) 구연무 면담, 2002. 12. 20, 서울교육대학교 필자연구실.

계)나 태종(이방원) 임금님을 극도로 비방하면서 조선시대는 이렇게 나쁜 짓을 하며 역성혁명으로 탄생된 나쁜 왕조이므로, 일본이 점령하여 바로 잡는 것이 매우 정당하다는 침략 합리화 선전교육에 정몽주 선생을 철저히 이용하였다. 이것은 일본인들이 정몽주 선생을 위해서 그런 것이 아니다. 단지 조선 태조나 태종을 욕되게 하기 위한 악의적인 교육이었다. 아마도 이런 것들을 훗날 친일사관이라고 말하는 것이라고 하겠는데, 엄밀히 말하면 친일사관은 존재하는 것이 아니었고 침략선동교육이 있었을 뿐이다.」

「생각건대 이런 교육을 실시하려면 응당 정몽주 선생이 돌아가신 까닭을 상세히 설명해야만 된다.[35] 그렇게 되면 태조(이성계)나 태종(이방원)은 나쁜 무리에 해당하고, 일종의 역적에 해당한다는 설명을 진행할 수밖에 없게 된다. 그러면 일본은 그렇게 잘못 출현한 조선정부를 타도한 정의의 사도가 되는 간교한 흐름의 설명을 자연스럽게 진행하는 것이다. 그리고 조선시대는 정몽주 같은 충신을 죽인 자들이 이끄는 역적 도당의 잘못된 존재가 되도록 악선전을 하는 교육이었다.」

침략 일본의 정략적 교육은 그러나 일본패퇴 이후에도 그대로 이어졌다. 그리하여 자유당 때의 학생들이 배우는 국어교과서에 태종 임금님과 정몽주 선생의 시조까지 나오면서, 정몽주 신격화 교육은 계속적으로 생생히 살아 있었다. 다음의 시조는 흡사 우리나라 시조의 간판과도 같이 학교에서 가르쳐진 시조인데, 침략일본 역사교육의 간교한 내면을 모르는 사람들, 아니 침략일본의 시대에 정면으로 길러진 교육편수관들에 의해서 사실상 아주 적극적으로 가르쳐진 것이다.

이런들 어떠하리 저런들 어떠하리

---

35) 구연무 2차 면담, 2004. 8. 3, 서울시 서초구 서초동 해청식당.

만수산 드렁칡이 얽혀진들 어떠하리
우리도 이같이 얽혀져 천년만년 살고지고

(이방원)

이몸이 죽고죽어 일백번 고쳐죽어
백골이 진토되어 넋이라도 있고없고
임향한 일편단심이야 가실줄이 있으랴

(정몽주)

자유당 때의 시대에는 중학교 입학시험도 있는 때였다. 그러니까 당시의 초등학교를 다닌 사람들은 위의 시조를 암기하는 것은 당연했다. 그리고 부지불식간에 정몽주 신격화 의식은 온 국민의 뇌리를 강렬하게 지배했다. 그러니 잠재적으로 조선시대를 깔보고, 태조와 태종을 나쁘게 보는 의식이 강하게 나타남은 당연한 것이었다. 더구나 교과서에서는 태종을 꼭 이방원이라고 썼던 것도 유의해 보아야 한다. 이방원이라고 동네 아이들 부르듯이 마구 이름을 불러서 우습게 낮춰 부르는 교육이 언제 시작된 것인가는 빤한 것인데, 그것이 자유당 시대의 교과서에도 확실히 살아 있는 것이다.

우리들은 요즘 이순신 장군을 최고의 존경하는 인물로 보는 사람이 많다. 그것은 특히 박정희 대통령 이후의 교육정책으로 나타난 것이다. 박정희 대통령은 침략일본 시대의 사범교육을 받았던 만큼, 정몽주 신격화 교육의 속뜻을 꿰뚫어 보고서 이순신 장군을 부각시키는 국가정책을 세웠다고 생각이 된다. 그리하여 광화문 네거리에는 현재 이순신 장군의 동상이 서 있다. 그러나 아직도 침략일본이 있었다면 이순신 장군은 결코 큰 인물로 부각될 수가 없었다.[36] 안중근의사는 강도, 윤봉길 의사는 흉악범,

36) 더구나 이순신 장군은 일본을 무참히 격파한 위대한 장군이니 결코 부각시켰을 리가 없고, 애써 동상을 세운다면 정몽주 선생의 동상이 세워졌을 것이다.

홍범도 장군은 폭도두목이라고 불렀으니 이순신장군은 결코 부각될 수 없었다. 그렇지만 그 시대에 최대한 부각시킨 정몽주 선생은 지극히 정략적인 것이 분명했다.

생각하면 우리의 학교교실에서는 그간 정몽주 선생을 너무 과잉으로 강조하는 흐름이 강하게 이어져 왔다. 그런데 정몽주 선생은 생각하면 고려말기의 훌륭한 여러 인물 가운데 한 분일 뿐이다. 그럼에도 유독 정몽주 선생만 강조한 침략교육의 악의적 저의를 그 동안 우리들은 예리하게 간파한 경우가 거의 없다. 그리고 우리들은 지금까지 친일사관이라고 하면 무언가 분명한 실체가 있는 듯이 말해 왔다. 그러나 엄밀히 생각하면 친일사관은 궁극적으로 존재한 것이 아니었다. 일본인들이 친일사관에 입각한 우리역사라도 가르쳤다면 착한 일본이라고 하겠다. 침략일본은 당시 일본사를 가르치면서 우리역사는 욕하고 비방하는 데만 부분적으로 악용하는 교육을 했지, 정확히 말하면 친일사관이라고 말할 것도 없었다. 다만 그런 악의적 사례들을 모아서 훗날 친일사관이라고 부를 뿐인 것이다.

그러한 측면에서 우리들은 왕건 임금님과 경순왕, 마의태자를 서술한 역사도 세심하게 속을 뜯어서 이해해야만 옳다. 생각하면 왕건 임금님도 태봉국의 궁예를 몰아내며 쿠데타를 일으켜 정권을 잡았다. 그리고 요즘 새롭게 서서히 밝혀지는 역사로서 신라와의 관계도 평화적 정권승계가 아니라는 것이 서서히 밝혀지고 있다. 당시 신라의 왕자들이 강원도 인제를 비롯한 여러 곳에서 격렬하게 게릴라전을 펴며 항거하다가 만주땅으로 밀려 올라 갔으며,[37] 그후 만주땅에 건립된 금(金)나라는 신라의 왕자들이 힘을 길러서 건립한 김(金)씨 나라라는 얘기 등은 깊게 고려되어야 할 것이라고 생각이 된다.

결코 1천년 사직이 무너지면서 마의태자와 경순왕 같은 허약한 못난이

---

37) 박성수, 단군문화기행(서울: 서원, 2000)., pp.69~78 참조.

만 있는 것이 아니었다. 아주 용맹한 왕자들이 있었고 그들이 여진족을 규합하여 금나라를 세웠으며, 그들의 후예가 다시 훗날에 만주족의 후금(後金)인 청(淸)나라를 세웠다는 것이다. 그러한 점을 생각한다면 왕건 임금님만을 무조건 두둔한 일방적인 역사해석을 강조한 사관이 어디서 나왔나를 잘 유의해야 할 것이다. 그리고 조선 태조(이성계)와 태종(이방원)이 일방적으로 역성혁명을 했다고, 나쁜 방향으로만 강조하는 악의적 역사서술이 어디서 시작되어 나타난 것인가를 잘 유의해서 살펴 보아야 옳을 것이다.

숭의전은 조선 황실이 고려 황실에 의(義)를 확실하게 받들어 숭(崇)한다는 뜻이다. 그러니까 조선개국이 일방적으로 권력을 뺏는 역성혁명을 한 것이 아니라는 뚜렷한 증거이다. 조선시대 개창의 역사는 공식적으로 태조(이성계)가 고려조로부터 평화적 선양(禪讓)을 받았음을 확실히 강조하고 있다.[38] 결코 역성혁명이 아닌데도 침략일본이 주도한 역사에서는 그간 역성혁명으로만 강조해 왔다.

당시 이성계 장군의 정치사적 의미는 대단한 것이었다. 만약 이성계 장군이 아니었다면 나라가 망국에 이르지는 않았을 것인가 등은 생각함이 없이, 침략일본의 역사우롱에 무비판적으로 부화뇌동한 역사해석의 흐름은 고쳐져야 옳다. 숭의전은 이성계 장군이 무능한 고려왕조에 의해서 평화적인 선위(禪位)에 의해 황통을 인수하였고, 조선조를 개창한 뒤에도 고려조의 훌륭했던 임금님들과 훌륭한 충신들을 드높게 받들어서 역사계승의 의지를 뚜렷하게 밝힌 유적이다.

숭의전은 그러한 측면에서 보았을 때에, 예전에 고려조가 고구려를 계승했음을 분명히 밝혔으며, 다시 고구려는 다물(多勿)정신을 천명하면서 고조선을 승계한 것을 강조한 모든 것을 완전하게 이었음을 뜻하는 매우 의미있는 유적지이다. 그러므로 숭의전은 조선의 건국이 단군 이래의 기

38) 애초에 역성혁명의 의지는 정도전에서 나왔고, 태조는 그런 생각이 없었다고 한다. 한영우, op.cit., p.41, 48, 51.

나긴 정통성을 잇는 매우 역사성이 높은 것임을 만천하에 선포한 것이라고 하겠다.

요컨대 천상열차분야지도와 종묘가 완전하게 존재함은 조선시대가 생생하게 살아있다는 것을 강조하는 것이고, 임금님을 다시 모셔야 한다는 당위성을 확고하게 밝히는 바임을 유의해야 하겠다. 특히 경기도 연천땅에 숭의전이 생생하게 살아 있다는 것은 단군 이래로 이어진 제대로 된 민족사를 뚜렷하고 확실하게 잇고, 정통성을 가진 나랏님을 분명하게 새로 모시라는 것을 강조하고 강조하는 것임을 유의해야 되겠다.

티없이 맑은 임진강 물결이 굽이쳐 흐르는 곳! 거기에 있어서도 가장 아름답고 빼어난 절경지에 선 역사계승의 유적지 숭의전! 그 곳이 청정유적지로 뚜렷하게 건재함은 우리의 미래가 건강하고 밝음을 웅변하는 것이다. 자랑스런 나랏님을 모신 위대한 나라가 머지 않았음을 강조하는 것이다.

공민왕 신당(神堂)

서울에 있는 종묘 안에는 일반인들이 생각할 때에 쉽게 수긍이 되지 않을 의외의 유적이 존재한다. 그것은 종묘에 들어가서 금방 오른쪽 편으로 위치해 있는 것으로서, 종묘에 공민왕의 신당(사당)이 세워져 있음을 말하는 것이다.

사람들은 일반적으로 생각하길 종묘는 조선시대의 황실 조상을 모신 국립묘지(황실사당)라고 봄이 틀림없다. 그런데 느닷없이 그곳에 고려시대의 공민왕 사당이 세워져 있음에 내심으로 의아하게 생각을 하고, 때로는 놀라운 심정을 갖게 될 수도 있다. 더군다나 고려시대 임금님 가운데에서 공민왕만이 유일하게 모셔져 있음도 흥미로운 일이다.

공민왕은 고려의 31대 왕이었는데, 27대 충숙왕(忠肅王)의 둘째 아들로

공민왕 신당

태어났다. 그는 강릉대군(江陵大君)에 봉군되었는데, 충혜왕(忠惠王) 복위 2년(1341년)에 원나라에 가서 원나라 위왕(魏王)의 딸인 노국대장공주(魯國大長公主)를 비(부인)로 맞고서 원나라의 뜻에 따라 충정왕(忠定王)을 폐하고 임금님이 되었다.

공민왕은 매우 정치감각이 높고 영리한 임금님이었다고 생각된다. 그는 임금님이 되자 몽골의 부마국(駙馬國)이 되어 사실상 몽골의 원격지배를 받던 시대에 종지부를 찍고서, 항몽독립(抗蒙獨立)의 자주노선을 성공시킨 뛰어난 지도자였다.

원나라가 허약해지는 때에 임금님이 된 그는, 임금님이 되던 공민왕 원년(1352년)에 즉시 몽골의 강요에 의해 시행하던 몽골식 복장인 호복(胡服)에 몽골식 머리인 변발(辮髮)을 하는 등의 몽골풍을 폐지시켜 버렸다.

그리고는 공민왕 5년(1356년)에 몽골의 연호와 관제를 폐하고 원래의 고려시대 고유의 제도를 회복하였다. 또한 내정간섭을 행하던 원나라의 관청을 없앴고, 백년간이나 원나라에 의해 강제로 설치되어 있던 쌍성총관부(雙城摠管府)를[39] 폐지하고 원나라에 강점되어 있던 옛 국토를 되찾았다. 그리고 원나라 황실과 인척관계가 되어 권세를 자랑하던 기철(奇轍) 일파를 내쫓아 버렸다. 이리하여 고려는 몽골의 원격지배 체제를 벗어난 확실한 독립국이 되었다.

조선 태조(이성계)는 왜 지엄한 성역인 종묘에다 유일하게 고려의 공민왕 사당을 지었을까? 그 까닭은 첫째로 태조가 공민왕을 대단히 존경했다는 것을 말한다고 생각된다. 태조는 공민왕이 그간 몽골의 침략을 받아서 굴욕적으로 사위(부마)국가가 되어 있던 나라를 원래의 당당한 고려로 되돌려 놓는 위업을 이루었다. 그리고는 잃었던 옛땅을 회복하고 국위를 떨치는 훌륭한 임금님이셨음에 그를 대단히 존경했다고 하겠다.

둘째로 태조는 공민왕의 발탁에 의해서 본인이 일세를 풍미하는 장군이요 정치가가 될 수 있었음에 따른 정치적 보은행위를 했다고 해석된다. 사실상 이성계 장군의 가문은 공민왕의 발탁이 있기 전에는 한낱 함경도 변방의 촌뜨기 호족에 불과했었다. 그러나 태조의 부친인 이자춘(李子春)이 쌍성총관부를 몽골군에서 탈환함에 결정적인 공로를 세웠다. 이자춘은 공민왕 4년(1355년)에 천호(千戶) 수준으로 함경도의 영흥지방에서 활약하고 있었는데, 고려 조정에 협력하며 소부윤(少府尹)이란 벼슬을 받았다. 그러다가 공민왕이 쌍성총관부를 되찾는 고토회복 전쟁을 할 때에 내부에서 호응하며 몽골군을 내쫓아 큰 공로를 세우고, 고려 조정에서 크게 인정을 받으며 함경도 지역을 다스리는 만호(萬戶) 병마사(兵馬使)가 되었다. 이성계 장군은 그의 부친이 함경도를 다스리는 실력자가 됨에서 크게

39) 고려 때의 화주(和州)로서 오늘날의 함경도 영흥에 두었던 몽골의 강제점령 관청이었다. 고종 45년(1258년)에 매국노 조휘와 탁청이 동북면 병마사를 죽이고 화주 이북의 땅을 몽골에 바치면서 항복하며 생긴 관청이다. 몽골은 매국노 조휘와 탁청을 관리로 임명하였고, 거의 100년간 빼앗긴 땅이 되었다. 그런데 공민왕은 유인우를 동북면 병마사로 임명하여 이 지역을 공략하고 잃어버린 고토(古土)를 다시 찾게 되었다.

경북 순흥땅의 옛 흥주도호부 현판의 공민왕 친필

정치적 토대를 쌓게 되었으되, 특히 공민왕 19년(1370년)에 몽골군이 요동의 중심지 요양에 있던 동녕부에서 고려를 넘보려 하자 이성계 장군이 동북면원수(東北面元帥)가 되어 대승리를 거둠으로 거대한 실력자가 되게 되었다.[40] 태조는 공민왕이 아니었으면 본인과 본인의 가문이 전혀 영광의 가문이 될 수 없었다는 점을 생각하며, 철저하게 의리를 지키고 보답하려는 마음가짐을 갖고 있어서 독특하게 공민왕 사당이 생겼다고 하겠다.

셋째로 태조가 종묘에 공민왕 사당을 세운 가장 깊은 뜻은 숭의전과 연결시킨 해석이 있어야 되겠다. 태조는 본인의 조선시대 개창이 공식적으로는 숭의전을 잇는 것이며, 개인적 관계로는 공민왕 사당을 잇는다는 생

40) 동녕부는 매국노 최탄이 반란을 일으켜 평안도 땅을 몽골에 넘겨줘 만들어졌다. 그러나 서경에 있던 동녕부는 고려의 끈질긴 요청으로 당시에는 요동땅에 옮겨져 있었다.

각을 가졌다고 해석된다. 따라서 공민왕 사당은 숭의전과 동일체가 되는 것이다. 특히 공민왕 사당이 종묘 경내의 맨 앞에 있다는 것은, 공민왕 사당이 연결고리가 되어 숭의전과 종묘가 단 하나의 동일체임을 뜻하는 것이라고 해석을 해야 옳다고 본다. 태조께서 종묘 앞에 공민왕 사당을 세운 것은 매우 드높은 정치적 뜻이 있었다고 생각이 된다.

넷째로 태조는 공민왕을 본인의 정치적 스승으로 모시며 최고의 사표(師表)로 삼았다고 생각이 된다. 사실상 태조 이성계 장군의 정치적 성장과정은 공민왕과 매우 흡사하다. 태조는 공민왕이 침략몽골에 항거하여 국권을 반석 위에 올려 놓았듯이, 무인반란과 몽골침략에 덧붙여 황건적 및 왜구에 의해 풍전등화 같이 된 고려의 허약한 국권을 되살린 위업을 쌓고 나라를 안정화시켰다. 그리고 쌍성총관부, 동녕부를 정벌하며 전통적인 고려의 북진 고토회복정책(北進 古土恢復政策)을 되살린 공민왕이나, 아들인 태종과 손자 세종 임금님을 시켜 4군 6진을 개척한 태조나 북진정책의 외교정책이 똑 같았다.[41] 태조가 공민왕을 가장 존경한 측면이 북진정책이 아니었을까 생각되기도 하며, 우리나라는 사실상 당시의 공민왕과 태조가 아니었으면 현재 매우 작은 땅덩이의 나라이거나, 나라가 사라졌을지도 모른다고 할 수도 있다. 그러므로 공민왕과 태조의 공로는 지대한 것인데, 그 토대를 놓은 임금님이 공민왕이고 공민왕이 태조를 발탁해 키웠으니 태조가 공민왕을 닮지 않을 수는 없었으리라고 생각된다. 그리고 공민왕이 국가기틀을 확고히 다진 것과 태조, 태종, 세종에 의해 조선왕조가 황금기를 맞은 것도 비슷하다. 그리고 말년에 가정적 아픔을 겪으며 불우한 노년을 보내는 것도 비슷하니 태조가 공민왕을 보는 눈은 매우

41) 태조, 태종, 세종은 사실상 동시대에 살았던 인물로서, 많은 시간을 겹쳐서 같은 시대에 살았고 3인의 임금님은 사실상 동일체로 보아도 되겠다. 이 3인은 우리나라의 오늘을 만든 최고의 위인이며, 공민왕이 없었다면 3인을 중심으로 만든 우리민족의 황금역사는 탄생되기 어려운 것이었다.

남다른 데가 있었음이 분명하다.

다섯째로 공민왕은 태조의 정치인맥 혹은 정치세력을 만들어준 임금님이란 점도 적지 않이 작용했을 것이다. 태조 이성계 장군이 등장하기 이전의 고려시대는 무인시대와 몽골침략이 이어지는 격동의 시대였다. 그렇지만 당시는 최충헌 가문의 후예와 친원파 세력이 주도권을 쥐고 있던 때였다. 따라서 그들의 아성을 뚫고 들어가기는 쉽지 않은 때이기도 했다. 이러한 어둠의 시대를 무너뜨리는 과감한 지도력을 갖고서 공민왕이 신진세력을 대거 등용했기에 태조 이성계 장군의 시대가 열린 것이다. 조선시대의 개국공신들은 혈통상 측실(첩)과 연관된 소외층 혹은 정치적 제약을 받던 인사들이 결집되어 혁명을 일으킨 사람들로서[42] 그들이 공민왕 시대에 두각을 나타낸 것은 공민왕 신당이 서게 된 핵심 이유의 하나일 수 있다. 공민왕이 아니면 과감하게 그들을 등용하지 않았을 것이란 생각과 출신에 관계없이 능력위주로 사람을 키워준 공민왕에 대한 집단적 의리가 합해져 공민왕을 받드는 마음이 싹텄다고도 생각이 된다.

요동 정벌(만주땅 민족발상지 회복작전)

조선시대의 개국에 있어서 꼭 거론해야 할 것의 하나는, 조선을 연 혁명세력들이 만주땅 고토회복에 대한 강렬한 집착심을 갖고 있었다는 점이다. 당시는 아직 만주라는 땅이름도 나오기 전이라서, 그것을 요동정벌이라고 쓰고 있는데, 이것은 틀림없는 고려의 개국이념과 일치하는 것이다.

고려는 나라를 세우면서 고구려의 옛땅을 다시 찾는 것을 국시(國是)로 하였다. 그런데 고구려도 삼국사기 초두(初頭)에 나오되, 국가이념의 최고

42) 한영우, 정도전(서울:지식산업사, 2000), pp.25~26.

자리에 다물(多勿)정신을 천명하면서[43] 고조선의 옛 땅을 되찾는 것을 국정운영의 기본으로 하였었다. 이것은 무엇을 말하는가?

조선시대가 개창되면서 요동정벌 의지를 분명히 밝힌 것은, 조선시대가 고조선부터 시작하여 고구려를 이으며, 다시 고려를 이어서 단군 이래의 민족적 정통성을 확고히 한 정치체임을 분명히 한 것이다. 이것은 천상열차분야지도, 숭의전, 공민왕 신당의 구체적 물증에 비견할 사상적 증거에 해당하는 것이다.

조선 초기는 우리 민족의 역사에 있어서 가장 활력이 넘치고 뜻이 가상스럽고 매서웠던 때였다고 하겠다. 당시 조선을 세운 혁명주체들은 역사상 유례없는 큰 기개와 힘찬 실천력을 갖고 나라를 열었다고 생각이 된다. 그렇기에 광개토태왕 이후 가장 국운을 활발히 키웠던 때가 만들어졌던 것이다.

당시 조선초기의 힘찬 활력이 없었다면, 그후 이 나라는 지구상에서 사라지고 말았을지도 모른다. 조선초기는 광개토태왕 시기와 함께 우리민족의 역사에 있어서 쌍벽을 이루는 두 개의 찬란한 시기이다. 긴 역사에 있어서 광개토태왕과 세종대왕이 부동의 위인으로 부각되는 것은 언제라도 변하기 어려울 것이다. 공민왕의 위대한 개혁에 동참했던 혁명세력들이 공민왕의 좌절에 낙담하면서, 태조 이성계 장군을 중심으로 재기함이 없었다면 요즘 동북아의 무법자 같이 동북공정 역사침략을 하는 한족(漢族)들의 만행을 볼 때에 제대로 역사를 지탱하기도 어려웠으리란 생각까지 든다.

한족(漢族)들이 최근(1949년) 중공정권이 서면서부터 얼결에 만주땅이 굴러 들어 오니까, 그것을 영원히 자기땅으로 굳히려는 얕은 생각에 고구려사 날조작업을 강행하며 세계의 눈을 집중시키고 있는데,[44] 그들의 땅

---

43) 다물(多勿)이란 '되물리다'의 음차 이두글로서 '고토회복'을 뜻하는 고구려 시대 말이다.

44) 만주땅은 고조선, 고구려, 발해 이후에 거란족, 여진(만주)족, 몽골족들이 있던 곳이다. 최근까지 만주족의 청나라가 차지하고 있다가 일제침략을 거쳐 중공땅이 된 것이다.

은 북쪽으로의 한계가 장성(長城)까지 이다.[45] 거기까지가 자기들의 영역이라고 애써 힘들여 장성을 쌓아 놓고서 무슨 변명이 필요한가? 온 세계에 장성을 관광지로 자랑하며 그것이 대단하다고 말하기 전에, 만주땅에 욕심을 부리려면 장성을 왜 쌓았는가를 온 세계에 정확하게 밝혀야 한다.

조선개국의 핵심세력인 태조(이성계)와 정도전은 요동정벌의 의지를 확고히 갖고 있었다. 특히 정도전[46]과 태종(이방원)은 문무를 겸비한 탁월한 전략가들로서 새로운 시대를 만든 쌍두마차였다. 둘 사이의 권력경쟁에서 정도전이 제거되고 태종은 그의 뜻을 세종 임금님 때의 4군 6진 개척으로 현실화시킨다. 세종 시대의 평안도, 함경도 개척은 민족사에 있어서 대단히 높게 평가할 위업이다. 그러나 그것은 세종 임금님 개인만의 업적이 아니라, 조선시대를 개창한 혁명세력의 확고한 의지에 의한 것이었다.

당시의 혁명세력들이 항상 갖고 있던 강력한 의지! 요동 정벌! 그것은 단군 이래의 민족발상지를 생각하는 매서운 다물정신(多勿精神)의 의지가 표출된 것이다. 만주땅이 우리땅이라고 말을 꺼내는 것조차도 겁을 먹는 소인배들이 훗날 조선의 정권을 쥐면서 국운을 어둡게 만들었는데, 조선시대를 개창한 세력들은 하늘을 나는 드높은 꿈과 기개를 가진 사람들이었다. 세종 임금님이 항상 주장하던 다음의 말은 고구려가 무너지고 700년이 지난 때의 일이다. 우리는 그러나 세종 임금님이 돌아가시고 600년이 지난 지금에 있어서 그 위대한 뜻을 얼마나 알고 있을까? 다음 말씀의 의미를 제대로 아는 사람이 얼마나 될까?

「조상의 옛 땅을 촌토(寸土)라도 양보할 수 없다.[47]」

얄타회담에서 만주땅을 중공에 넘긴 것은 국제적 실책이 분명하다.

45) 만리장성은 잘못된 이름이다. 중공 측의 공식용어도 장성이다. 전혀 만리가 아니기 때문이다.

46) 한영우, 정도전(서울 : 지식산업사, 2000), pp.56-57.

47) 안천, 만주는 우리땅이다(서울 : 인간사랑, 1994), p.313.

릉제향 봉행부활

릉제향 봉행은 종묘대제에 비하면 역사성이 차순위에 해당한다. 그러나 종묘대제가 대단히 중요한 것이란 것이지, 릉제향을 모시는 것도 결코 소홀하게 할 일만은 아니다. 그렇지만 릉제향은 종묘대제보다도 일찍 복원이 되었다. 그 까닭은 수많은 후손들이 그 뿌리인, 임금님을 모시는 행사를 갖는 것은 당연스럽고도 매우 자연스러운 일이기 때문이었다.

그러나 많은 후손들은 종묘대제를 우선적으로 모셔야 한다는 생각이 지극했지만, 이승만 시대의 무서운 공포분위기 속에서 감히 종묘대제를 지낼 수가 없었기 때문에 릉제향 복원이 종묘대제보다 먼저 이뤄지기 시작을 했다고 하겠다. 이호창 선생의 증언은 다음과 같다.

「태조 임금님의 건원릉 봉행이 최초로 모셔진 제향입니다. 6·25전쟁이 끝난 뒤로서 서울을 다시 공산군에게서 되찾아 수복한 이후였으니, 포로교환이 있는 등 전후 뒤처리를 하는 어수선한 때(1957년 음력 5월 2일)에 최초로 기신제를 봉행했습니다.

그리고 다시 얼마 지나서(약 1958년 경) 태종 임금님 제향을 모셨고, 다음 해에 세종 임금님 제향을 모셨습니다. 그리고는 네 번째로 성종 임금님의 선릉 제향, 다섯 번째로 중종 임금님의 정릉 제향(약 1960년 경)이 모셔졌습니다. 성종과 중종 임금님이 다른 임금님보다 먼저 모셔진 까닭은 자손들이 상대적으로 많기 때문에 그 자손들이 서둘러 제향을 모셨기 때문입니다. 이 다섯 임금님이 최초로 제향이 모셔진 분들이었고, 당시는 정부와는 관련이 전혀 없었고 자손들이 제향을 복원한 것입니다.

당시 중종 임금님 제향에서 최초로 초헌관을 쓴 사람이 바로 저 입니다. 그 사진을 지금도 소중하게 보관하고 있는데, 제가 초헌관을 한 까닭은 지금도 모르겠습니다. 당시 참석자들 중에는 노인분들이 많았는데, 제가 초헌관을 맡은 것은 제가 릉제향 부활을 솔선해서 열성적으로 선도한 덕분이 아닐까 생각이 듭니다. 당시는 동지달 보름날로써 매우 추웠었는데, 그것은 지금도 잊지 못할 추억입니다. 릉제향은 그 이후 시간이 지나면서 더디지만 꾸준히 복원해 나갔고, 긴 시간 속에 오늘날과 같이 체계가 잡히게 되었습니다.」

황실탄압과 종묘탄압이 가혹하게 이어지는 자유당 정권 때에, 다섯 임금님의 릉제향이 복원되어 봉행되었다는 것은 어떤 의미를 갖는 것인가? 그것은 대단히 정치사적 의미가 큰 것이었는데, 종묘가 탄압을 받아서 폐쇄를 당한 어둠의 시대에 있어서도, 태조, 태종, 세종의 위대한 조선 건국의 3걸 영웅을 상징적으로 모심에 의해서 이승만의 탄압에 정면으로 항거한 제향의거라고 생각이 되기 때문이다. 당시는 이승만의 가혹한 종묘탄압 시기였음에도 불구하고 태조, 태종, 세종의 릉제향을 합심하여 복원한 것은, 사실상의 종묘대제를 봉행한 것과 같은 행위였기 때문이다.

그리고 계속하여 모셔진 여러 릉제향 봉행은 종묘대제와 일치되는 흐름을 갖는 것으로서, 여러 릉제향이 복원된 것은 종묘대제가 실질적으로 살아난 것을 뜻하는 것이다. 그것은 종묘대제가 총론적으로 조선시대의 부활을 뜻하는 위대한 선언이라면, 여러 릉제향의 부활은 각론적이고 실질적인 의미에서의 명실상부한 조선황실의 부활을 선언하는 행위라고 하겠다.

생각건대 종묘대제가 세계문화유산으로 온 세계에서 인정할 만큼 생생하게 살아있고, 여러 릉제향이 확실하게 모셔짐은 나랏님의 영광스런 재탄생을 위한 모든 준비가 갖춰진 것임을 뜻하는 것이다. 침략일본과 이승만 탄압에 의해서 해체된 우리의 황실은 임금님을 모실 준비를 완전히 끝냈다는 것과 의미가 같은 것이다.

그런데 이렇게 모든 것이 갖춰지는 상황에서, 릉제향 봉행의 마지막 상징적 행위는 영왕 전하를 종묘에 모시는 것이었다. 마지막 황태자이신 영왕을 모시면, 종묘제향 봉행은 일단 현재로서의 완전한 틀을 갖추는 것이 되겠기 때문이다. 이에 대해서 이호창 선생은 다음과 같이 말한다.

「박정희 대통령은 우리 황실에 대해서 정말로 많은 배려를 해 주셨습니다. 항상 고마운 생각이 듭니다. 자유당 시대에 이승만에게 쫓겨나서 정릉 산골에 사시던 융희(순종) 임금님의 마지막 황후이신 윤비 마마에 대한 얘기가 신문에 난 것을 보고서, 박대통령이 알아서 직접 지시하여 낙선재로 모셔 예우를 해 드렸습니다.

윤황후께서 정릉으로 쫓겨나시게 된 것은, 6·25전쟁 중에 윤황후가 부산으로 피난을 가셨을 때에 비롯되었습니다. 당시 영국대사가 부산으로 부임하여 이승만 대통령을 만난 뒤에 윤황후를 찾아 갔습니다. 그러니까 영국 대사를 따라서 다른 나라의 대사들도 우루루 다 따라가게 되었습니다. 이 소식을 이승만 박사가 전해 듣고서, 서울로 다시 환도한 뒤에 모든 것을 빼앗는 계기가 된 것입니다.

윤황후는 영어, 일본어, 독일어의 3개 국어가 능통한 분이셨습니다. 낙선재에만 계셔서 외국어를 못 하시는 줄 아는데, 실제로는 개인교사를 상궁 옷을 입혀 들어오게 하여 계속 공부를 하셨습니다. 이승만 박사는 여러 가지로 위협을 느꼈겠지요. 윤황후는 정릉에 가서 고생을 하시다가 박정희 대통령의 도움으로 낙선재에 다시 가서 노후를 보내시게 된 것입니다.

그리고 국내로 다시 되돌아오지 못하고 계시던 영왕 부처는, 유달영 교수가 선두에서 발의하며 박정희 대통령에게 건의를 하여 귀국이 이루어진 것입니다. 그리하여 영왕은 귀국 후에 긴 병상생활을 하다 돌아가시게 되었는데, 영왕이 돌아가신 뒤에 위패를 모실 걱정을 다 같이 하게 되었습니다.

그래서 영왕은 종묘에 있는 공민왕 사당과 같이 따로 짓는 수밖에 없다고 생각을 하며 문화재관리국에 공문을 보냈습니다. 그랬더니 박대통령이 그 공문을 보고서, 어디 현재의 종묘에 모실 칸이 없나 알아보라는 지시를 하셨답니다. 그 소식을 전해 듣고서 우리들은 모두 박수를 치면서 쾌재를 불렀습니다. 그 까닭은 당시 종묘에는 맨 끝의 칸이 비어있는 것을 알고 있었기 때문입니다.

다만 윤황후께서 돌아가시고 3년상 때에 급히 최초의 종묘제향을 모신 다음 해에 영왕께서 돌아가시니, 자유당 때부터의 종묘탄압 분위기 등을 생각하며 감히 기존의 종묘에 모실 생각을 못했는데, 박대통령이 알아서 그런 지시를 하니까 난제가 저절로 해결이 된 것입니다. 그 날은 마치 큰 잔치가 벌어진 분위기였습니다.」

영왕 전하를 종묘의 마지막 칸에 모셨다는 것은 무엇을 의미한다고 보아야 할까? 그에 대해서는 다양한 생각을 해 볼 수가 있는데, 우선적으로 왜 한 칸만이 남아 있었을까 하는 생각을 해 보면서, 그것이 조선 황실에서 숙명적으로 역사를 내다보며 그렇게 된 것이 아닐까 하는 체념론적 담론을 하는 사람들의 얘기가 있는 것을 들은 적이 있다.

그러나 그것은 너무나 소극적이고 숙명적인 해석에 불과하다고 생각을 한다. 왜냐하면 종묘를 지을 때에 그 칸 수 만큼 지은 것을, 그 칸 수 만큼 황실이 이어지라고 지었다고 생각함은 천부당만부당한 역적적 사고에 불과하기 때문이다. 종묘는 당시 필요한 만큼의 칸을 짓고서, 나중에 필요하면 항상 증축한다는 생각을 갖고서 짓는 것이었기 때문이다.

다만 마지막 한 칸이 공교롭게도 남아 있는 곳에, 끝으로 영왕 전하의 위패를 모시게 되니까 패배주의적 숙명론에 젖은 일부 몰지각한 인사들이 그런 한심한 객담을 늘어 놓을 수가 있겠기 때문이다. 그렇지만 종묘는 현재대로 하여 제향을 모시는 것이 앞으로 계속되어야 하되, 새로 임금님이 모셔지면 그 임금님부터는 새로운 중흥시대의 상징으로서 새로운 종묘를 크게 지으며 우리의 역사는 무궁하게 이어지는 것이다. 종묘의 건축이 독립변수가 아니라 새로 임금님을 모시는 것이 중요한 것이며, 종묘의 건축은 임금님 모시기의 종속변수에 불과한 것으로서 임금님만 계속적으로 모셔지면 종묘 증축은 언제라도 가능한 것이며 전혀 힘든 일이 아니기 때문이다.48)

그런데 종묘에 영왕을 모시면서 미처 생각하지 못한 것이 있다. 그것은 인질상태로 평생을 고생스럽게 살다가 돌아가신 영왕을 예전의 관례에 의하면 추존해서 모셔야 하는 것인데, 시대가 바뀌어서 그 생각을 못하고 황태자로서 그대로 모셨다는 점을 말하는 것이다. 이를 이호창 선생은 매우 아쉽게 생각하고 있다.

>「영왕 전하는 황태자 신분으로 종묘에 모시는 것이 옳지 않습니다. 시대가 아무리 변했다고는 하더라도 영왕 전하는 임금님으로 추존해서 모셔야 한다고 봅니다. 그러나 이 문제를 아무리 주변에서 만나는 사람마다 얘기를 해도 대다수가 반응이 없습니다. 역사의식이 무뎌져서 그렇다고 생각이 되는데 퍽 아쉬운 일입니다.」

그러나 여기서 보다 깊게 유의할 사항이 있다. 영왕 전하를 종묘에 모신 행위에 따른 파생적 상황에 대해서 깊은 생각이 없었다는 얘기가 꼭 따라야만 되겠다. 왜냐하면 영왕은 추존절차가 없이 일단 모셨다고 하더라도, 공식적으로 인정한 황태자였기에 종묘에 모신다고 하더라도 꼭 문제가 될 수는 없다고 생각이 된다. 물론 일각에서는 이승만 탄압시대의 일방적 선전에 세뇌되어 영왕을 비방하는 측도 있지만, 어린 나이에 인질로 잡혀가서 사실상의 연금상태에 있던 영왕을 비방하는 것은 결코 바람직한 일이 아닐 것이다.

---

48) 그리고 영왕의 직계 자손이 끊긴 바에 대해서도 큰 걱정을 할 까닭이 없다. 어차피 조선시대 황통은 정조 임금님 이후에 계자(系子)가 많이 나왔으며, 영왕의 직계손이 끊긴 바는 조선시대의 전통을 따르면 된다.
유시원, 풍운의 한말 역사산책(서울:한국문원, 1996) 부록, 황실근친가계도 참조.

영왕의 정치의식을 살펴볼 수 있는 좋은 자료가 있다. 이승만 시대의 영왕 비방풍조에 의해 영왕의 의식이 잘못된 줄 아는데, 영왕의 부무관으로서 영왕을 동경에서 모셨던 안병범 대위의 일대기를 잠깐 옮겨 보자. 영왕은 인질로 잡혀 있으되 이승만 시대의 비방과 같이 국가의식이 잘못된 것이 아니었다. 이 자료를 보면 인질상태로 잡혀 있던 영왕의 정치의식이 제대로 이해될 것이다.[49]

「봄이 가고, 무덥기만 했던 여름도 가고 늦가을도 서서히 밀려나고 있던 이 해(1929년) 11월 3일. 전라남도 광주에서 학생운동이 일어났다. 기미 독립만세 운동 이후 꼭 10년 만에 일어난 학생들의 항일운동이었다.

이 학생운동의 발단은 광주고보 학생과 광주중학의 일본인 학생 간의 사소한 충돌이 마침내 항일운동으로 확대된 것이다. 3·1 운동으로 혼이 났던 일제는 매우 당황하는 기색을 보였으며, 일본의 모든 신문들도 이 사건의 발단과 진전상황을 연일 대서특필 했고, 일본의 일부 고위층에서는 심상치 않은 반응까지 보이고 있었다.

광주에서 학생운동이 일어났다는 첫 기사가 게재된 신문을 읽은 이왕 전하는 안병범 대위를 조용히 불러 앉혔다.

"자네, 이 신문기사를 읽어 봤나?"

이왕 전하는 펴 들고 있던 신문을 안병범 대위 앞으로 내놓으면서 물었다.

"예, 읽어 봤습니다."

"우리 한민족이 절대 이대로 죽을 수가 없지. 우리는 흔히 우리 민족의 특질을 은근과 끈기라는 말로 표현해 오고 있는 것을 자네도 알고 있나?"

"예, 알고 있습니다."

49) 육군본부, 의장 안병범, 1989, pp.118~128.

"우리 민족은 5천 년이란 역사를 이어 내려오는 동안 어려운 시련도 많이 겪었지만 끝내 멸하지 않고 싸워 이겨서 나라를 지켜 왔지. 이를 잘 알고 있는 세계인은 우리를 일컬어 끈기 있는 민족이라고 평가하고 있는데, 일본은 이것을 모르고 있어."

"그렇습니다. 전하."

"그렇기 때문에 일본인들은 총칼로 탄압하고 학살만 하면 결국 우리 민족이 굴복하여 영원히 자기들의 지배를 받을 것으로만 생각하고 있는데, 이건 계산착오지."

"그렇습니다. 기미년의 3·1운동과 6·10만세운동도 우리 민족은 절대 멸하지 않는다는 항일의 끈기를 보여준 운동이었고, 학생들도 이번에 그러한 끈기를 일본인들에게 보여 준 것이라고 하겠습니다."

안병범 대위는 서두르지 않고 신중한 모습으로 말했다.

그러자 이왕 전하는 어떤 결연한 의지를 나타내는 듯한 웃음을 지으면서 입을 열었다.

"상해에 있는 우리 임시정부에선 지금 어떤 활동을 하고 있는지 자넨 소식을 좀 알고 있는가?"

"예. 아직은 별다른 활동을 못하고 있는 것으로 알고 있습니다만, 그러나 만주에 있는 독립군의 항일투쟁은 계속되고 있는 것으로 알고 있습니다."

"김좌진 장군의 청산리전투와 같은 대첩이 자주 있어야만 우리 민족의 기백이 위축되지 않을 것인데 ……"

이왕 전하는 그렇게 걱정하고는 심정이 착잡해지는지 두 눈을 감았다. 잠시 시간이 흘러간 후, 이왕 전하는 감고 있던 눈을 뜨면서 다시 입을 열었다.

"뭐니뭐니해도 자네들이 빨리 현해탄을 건너가서 조국을 위해 일할 수 있는 날이 돌아와야 할 것인데, 그날이 언제쯤이나 될는지 궁금하기가 짝이 없군."

"……………"

상대방에서 아무 말이 없자 이왕 전하는 다시 말문을 열었다.

"홍사익 군이 자네와 육사 동기인가?"

"그렇습니다. 전하."

갑자기 이왕 전하의 입에서 홍사익의 이름이 나오자 안병범은 눈을 번쩍 뜨고 이왕 전하의 얼굴을 바라보았다.

"지금 그 사람은 어디서 근무하고 있나?"

"예, 얼마 전에 야마시따 대좌가 지휘하는 3연대에서 대대장 근무를 마치고 지금은 지바 육군보병학교에서 교관생활을 하고 있습니다."

"그런 유능한 장교들이 빨리 조국으로 돌아가서 일을 할 때가 되어야 할 것인데……"

이왕 전하가 홍사익을 알게 된 것은 육군대학에서 그와 함께 공부를 했기 때문이었다.

"좌우간, 홍사익 군은 일본군의 고위층에서도 이름을 모르는 사람이 없을 정도로 유명한 사람이지. 지금까지 숱한 한국 사람들이 육사를 나왔지만 우리 한국사람으로 육군대학을 나온 사람은 그 사람뿐이니까……"

이왕 전하는 계속 홍사익을 칭찬했고 그는 칭찬을 받을만 했다. 당시 육군대학은 육사를 졸업한 위관 장교들에게만 입학자격을 부여하고 있었으나, 극히 한정된 인원만을 선발했기 때문에 입학은 하늘의 별따기였다. 따라서 육군대학을 졸업한 장교들은 군인으로서 대성하는 것은 물론 장관(將官)이 되는 것도 어려운 일은 아니었다.

홍사익은 1920년에 한국인 장교로서는 처음으로 육군대학 입학시험에 합격했다. 그는 학과를 중심으로 한 1차 고사와 멘탈 테스트인 2차 고사도 무난히 통과했던 것이다. 이때 이왕 전하도 합격했으나 홍사익의 경우와는 전혀 다른 정책적인 합격이었던 것이다.

그런데 당시 홍사익이 당당하게 시험을 보아 육군대학에 합격했으나 소위 '반도출신'이라는 핸디캡 때문에 그의 입학허가를 둘러싸고 약간의 논란이 있었던 것이다. 즉 육군성의 인사국장인 다나까 육군대신에게 '반도출신 장교가 육군대학 시험에 합격했는데 어떻게 하면 좋겠는가?'고 문의하자 다나까 대신은 '일본제국의 육군대학에 조선인 한사람쯤의 입학은 상관없다'고 하면서 입학을 허가했던 것이다. 그러니 홍사익은 자연히 유명해질 수밖에 없지 않는가.

안병범 대위는 이왕 전하가 자기와 동기생이자 가까운 친구를 칭찬해 주니 기분이 좋았다.

"이보게 안 대위?"

"예. 전하."

"앞으로 광주 학생운동이 어떻게 진전이 될 것인지는 아무도 예측하지 못할 일이지만, 그러나 주시하고 있다가 자주 나에게 보고를 좀 해주게."

"알았습니다. 전하."

안병범 대위는 전하의 집무실에서 물러 나왔다.

이즈음, 오랫동안 전하의 부무관으로 근무해 왔던 김응선 대좌가 한국으로 돌아가고 없었기 때문에 이왕 전하는 무슨 일이 있을 때나, 집무실에서 갑갑할 때에는 안병범 대위를 불러서 의논도 했고, 말벗을 삼기도 했다. 그래서 부무관인 안병범 대위는 이를 대단히 영광스럽게 생각했으며, 그 반면에 언제 전하가 부를지 몰라 멋대로 자리를 뜰 수조차 없었다. 이것이 김응선 대좌가 돌아간 후부터 그의 생활이었다.

1932년의 새해를 맞았다. 안병범 대위가 이왕 전하의 부무관으로 근무하기 시작한 지 4년째가 되는 해이기도 했다. 그러나 새해 벽두부터 일본인들의 간담을 써늘하게 만든 사건이 발생했다.

1929년 11월 3일 일어났던 광주 학생운동이 전국의 학교로 파급되어 다음 해 3월에는 전국에서 무려 1백 94교, 5만 4천여 명이 항일대열에 참가했으며 이번에도 역시 일제는 무자비한 총칼의 탄압으로 항일학생의 기세를 꺾고 말았다. 그러나 이로부터 2년이 지난 1932년 1월 8일, 모든 일본인들이 새해의 축제 기분에서 채 깨어나지 못하고 있던 이날, 일본 천황이 살고 있는 성역인 궁성(宮城)에서 상상할 수도 없는 굉장한 사건이 일어났다.

중국 상해에서 건너온 한인 애국단원 이봉창(李奉昌)이 일본 천황을 폭사시키기 위해, 만주국 황제와 함께 열병식에 참석차 사꾸라다문을 지나가는 일본 천황에게 수류탄을 투척했으나 거리 관계로 뜻을 이루지 못한 사건이 발생했던 것이다. 이러한 한국인의 의거사건이 있었다는 것이 보도가 되자 일본 전국이 술렁댔다.

아까사까의 왕저에서 조용히 쉬고 있다가 이 소식을 접한 이왕 전하는 표면적으로는 나타내지 않았으나 마음속으로는 기쁨을 감추지 못했다.

며칠 후, 이왕 전하는 안병범 대위를 집무실로 불렀다.

"이봉창은 상해 임시정부에 있는 김구 선생의 밀명을 받고 건너 온 사람이라면서?"

"그렇습니다. 전하."

"역시 우리 민족이 죽지 않았다는 것을 일본 사람들에게 보여 준 증표야. 이번 의거사건은……"

이왕 전하는 더 이상 아무 말도 하지 않고 의자에 앉았다. 이 사건의 파문이 일본 국내에서 서서히 가라 앉아 가고 있던 4월 29일, 이번에는 중국 상해의 홍구공원에서 있은 일본 천황의 생일 경축식전에 역시 한인 애국단원 윤봉길(尹奉吉)의 폭탄 투척으로 일본 거류민단장 가와바다가 즉사하고, 일본군의 시라가와 대장은 병원으로 후송되어 죽었으며, 주중 일본공사 시게미쓰와 일본군 제9사단장 우에다 등은 한쪽 다리를 잃었다.

안병범 대위는 외출에서 돌아온 이왕 전하에게 이 사실을 급히 보고했다. 이왕 전하는 금시초문인 듯 눈을 크게 뜨고 안병범 대위를 쳐다보았다.

"아니 그게 사실인가?"

"그렇습니다. 신문에는 아직 보도가 되지 않았지만, 방금 전에 있은 3시 라디오 뉴스에 방송되었습니다. 전하."

"그러니까 내가 모르구 있었군."

이왕 전하는 두세 번 고개를 끄덕이고 나서 안병범 대위를 다시 쳐다보았다.

“이번엔 성공적이었나?”

“그렇습니다. 전하.”

안병범 대위는 라디오에서 들은 대로 사망자와 중상자들의 이름을 알렸다.

“우리 한국인이 그야말로 장한 일을 했군.”

이왕 전하는 그렇게 말하고는 크게 웃었다. 안병범 대위는 지금까지 이왕 전하를 모셔 오면서 그렇게 활짝 웃는 모습은 처음 보았다.

“정월 초에는 동경에서 이봉창의사가 거사를 했고, 그로부터 3개월 만에 상해에서 또다시 의거가 일어났는데, 이젠 일본의 위정자들도 우리 한국에 대한 생각을 달리 할 때가 됐어. 그렇게 하지 않고선 우리 애국 동포의 손에 의해서 천황을 비롯한 일본 고관들의 목숨이 제대로 남아나질 못할 것이야. 어디 그 뿐인가. 국제적으로도 큰 망신을 당하는 거지.”

그렇게 말한 이왕 전하는 목이 마른 듯 탁상 위의 컵을 들어 물을 마시고는 다시 말을 계속했다.

“일본 사람들이 임진왜란 때에도 우리 한국을 침략했다가 패배를 당한 교훈이 있는 데도, 그 교훈을 망각하고 또 우리 한국에다 손을 댔으니 자고로 교훈을 무시하는 민족이나 국가는 망하게 돼있고 또 전쟁을 좋아하는 국가는 전쟁으로 망하게 돼 있어. 이러한 역사적인 사실(史實)로 볼 때, 일본이 우리나라에서 물러 갈 날도 머지 않았어.”

이왕 전하는 자주 입 언저리를 손으로 매만지면서 차근차근이 말했다. 안병범 대위는 처음으로 이왕 전하가 어리석은 일본의 대한침략정책(對韓侵略政策)을 노골적으로 비판하는 말을 들었다.

이왕 전하는 평시 왕저에서는 일본의 대한정책에 대해 일언반구의 말도 하지 않았다. 그것은 왕저에 황족녀(皇族女)이자 부인인 나시모토노미야 마사코(梨本宮方子)가 있고, 처가에서 나와 있는 일본인들이 마치 첩자처럼 도사리고 있었기 때문이었다. 그 대신 집무실에 나오면 시국에 관해서 자신의 소신을 곧잘 피력했다.

그리고 안병범 대위도 이 해에 들어 이왕 전하가 여러 번 기뻐하는 모습을 보았다.

윤봉길 의사의 의거가 있은 5개월 후인 동년 9월 19일, 이청천(지대형), 고봉림(高鳳林)이 지휘하는 한국독립단(韓國獨立團)의 한중연합군(韓中聯合軍)이 합장선(哈長線)의 쌍성보(雙城堡)를 점령하여 일본군에게 많은 피해를 준 제1차 쌍성보전투의 전과를 보고했을 때와, 동년 11월 7일 한중연합군이 다시 쌍성보를 점령하여 일본군 1개 중대를 섬멸한 제2차 쌍성보전투의 전과를 보고했을 때 이왕 전하는 무척 기뻐했었다.

그리고 1933년으로 들어서서 한중연합토일군(韓中聯合討日軍)이 4월 15일, 사도하자(四道河子)에서 일만연합군(日滿聯合軍)의 1개 사단 병력을 대파한 사도하자 전투의 전과, 7월 3일 노송령(老松嶺) 방면의 한중연합토일군이 이동중인 일군의 나남부대를 대전자령(大甸子嶺)에서 공격하여 전멸시킨 대전자전투의 전과, 그리고 사도하자 방면의 한중연합토일군이 동경성(東京城) 내에 주둔하고 있던 1개 여단 병력의 일만연합군을 격파하고 동경성을 점령한 동경성 전투의 전과를 보고 받고 무척 기뻐했었다.

이후, 이왕 전하는 만주 일대에서의 독립군 활동에 관해서 커다란 관심을 가지기 시작했으며, 때에 따라선 안병범 대위에게

"안 대위, 오늘은 만주에서 아무런 소식이 없었나?"

하고 묻기까지 했다.

또 한 해가 지난 1934년 4월, 조선총독부에서 소위 농지령(農地令)이라는 것을 공포한지 며칠 후, 안병범 대위는 함경북도 나남(羅南)에 주둔하고 있던 보병 제73연대로 전속명을 받았다. 이것은 그가 이왕 전하의 부무관으로 보직된 지 만 5년만의 인사명령이었다.

지난 5년은 안병범 대위가 열성을 다해 이왕 전하를 모셨던 보람찬 세월이었다. 그런데 막상 전출명령을 받고 보니 이왕 전하께 쏟은 정 때문인지는 몰라도 떠나고 싶은 마음이 들지 않았다. 막연한 일이긴 했으나 끝까지 이왕 전하를 모시고 있다가 광복된 조국으로 환국하고

싶은 마음이었다. 그러나 군복을 입고 있는 군인으로서 명령을 거역할 순 없었다. 그래서 안병범 대위는 망설이고 있다가 이 사실을 이왕 전하에게 보고했다.

"내 곁을 떠나게 됐다구?"

이왕 전하는 전속명령이 내려 왔다는 안병범 대위의 보고를 받는 순간 입가에 가는 경련까지 일으켰다.

"죄송합니다. 전하."

"그동안 나의 부무관으로서 성실하게 보좌를 해주었는데, 내 곁을 떠나다니…… 내 한 쪽 팔을 잃은 것 같은 기분이 드는군."

"그동안 좀 더 열과 성을 다해서 보좌해 드리지 못한 것을 죄송하게 생각합니다. 전하."

"아냐, 나는 안 대위와 함께 있는 동안 아주 흡족했고 마음이 든든했었는데…… 하기야 회자정리(會者定離)라는 말도 있듯이 어쩔 수 없는 일이군. 그러나 내가 힘이 있는 사람이라면 자네의 명령을 취소시킬 수 있을 텐데 정말 미안하군."

안병범 대위는 이왕 전하의 말을 듣자 마음 아팠다.

"이제 군 당국에서도 전하를 모실만큼 모셨으니까 떠나가라는 것 같습니다."

"하긴 그래. 안 대위가 이 곳에 온 지도 5년이 실하게 됐지?"

"그렇습니다. 햇수로는 6년이 됩니다."

"짧은 세월은 아니지. 여하간 사람이란 만나기는 쉬워도 헤어지기란 어려운 일이네만, 안 대위가 딴 곳으로 전출되는 것이 아니라 우리 조국 땅으로 가서 근무한다니까 마음은 한결 놓이는군."

"예, 저도 다행으로 생각하고 있습니다."

"안 대위의 앞날에 무운이 있길 빌겠네."

이왕 전하는 앉아 있던 의자에서 일어나 안병범 대위의 손을 잡았다.

"감사합니다. 전하"

안병범 대위는 이왕 전하의 손을 잡은 채 연방 허리를 굽혔다.

"떠나기 전에 집에서 우리 식사라두 함께 나누세."

"그렇게 하겠습니다. 전하."

이날 집으로 돌아 온 안병범 대위는 나남에 있는 부대로 전속을 가게 되었다는 소식을 가족들에게 알려주니 아내와 큰아들 광호는 고국으로 돌아가게 되었다고 기뻐했다.

이삿짐들을 챙겨서 미리 탁송한 안병범 대위 부부는 출발 전날, 이왕 전하의 초청을 받아 저녁 식사를 함께 나누게 되었다.

이 자리에서 이왕 전하는 안병범 대위에게

"자네나 나는 한국인일세. 그러니까 어디를 가든지 한국인으로서의 긍지를 가지고 당당한 자세로 근무해 주길 바라겠네."

하고 당부했다.

"예, 깊이 명심하겠습니다. 전하."

"그리고 동경에 올 기회가 주어지면 날 잊지 말고 꼭 찾아 주게."

이렇게 말하는 이왕 전하의 모습이 안병범 대위의 눈에는 전에 없이 쓸쓸하게 보였다.

고종 34년(1897년) 10월 20일, 경운궁에서 태어난 영왕 이 은 전하는 국난의 소용돌이 속에서 성장, 10세 되던 해인 1907년 8월에 황태자로 책봉이 되었으나 이해 12월 5일, 황태자를 인질로 삼으려는 일본측의 강요에 따라 유학이란 명목의 인질로 도일(渡日), 한이 서린 나날을 보내다가 급기야는 1920년 4월 28일, 일본의 정략에 의해 한 때 일본의 동궁(소화천황)과 혼담설이 있기까지 했던 황족녀 나시모토노미야 마사코와 뜻없는 정략결혼을 했던 것이다.

이러한 비운 속에서 제대로 할 말조차 하지 못하면서 30년 가까운 세월을 이국 땅에서 고독하게 지내오고 있는 한국의 마지막 황태자 이왕 전하.

이제 5년여 동안이나 함께 지내온 안병범 대위를 떠나 보내는 그는 다시 외로움을 씹지 않을 수 없었을 것이다. 그러한 이왕 전하의 모습을 본 안병범 대위의 마음도 조선민족의 한 사람으로서 괴롭고 황송스럽기만 했다.」

이상의 글을 보건대 영왕의 애국심은 확고한 것이었다. 그를 비방하는 일각의 목소리는 결코 옳은 것이 아님을 알 수 있겠다. 따라서 영왕을 종묘에 모시는 것은 아주 정당한 일이 분명하다. 그런데 영왕을 종묘에 모심에 의해서 훗날 방자비의 위패까지 종묘에 함께 모시게 되었다는 점은 두고두고 잘못한 일이 되는 것이다. 계속된 지탄의 대상이 되는 정말 잘못된 일이다. 계속 강조하는 바이지만 방자여사는 침략일본이 대한황실을 끊으려고 보낸 침략첨병으로서, 앞의 인용글에서 보듯이 남편인 영왕조차도 부인인 방자여사를 믿지 못하고 항상 경계 했을 정도임을 유의해야만 되겠다.

분명하게 말하되, 우리가 국권을 되찾는 순간에 방자비는 즉각 폐비를 시켰어야 하며, 아들인 이구 황손도 황손이 아닌 적손(敵孫)이므로 당연하게 폐척시켰어야 옳은 것이다. 그럼에도 우리는 그간 방자여사와 이구 황손을 끔찍하게 위했으며, 나아가 방자여사가 종묘에 모셔져 있다는 사실은 지금이라도 분명하게 고쳐져야 할 일이다.

침략일본의 황실탄압은 본서의 시리즈를 통해서 상세하게 증명된 바이지만, 이해원 여사의 얘기를 여기서 참고로 더 들어보자.50)

「대한제국 황족의 씨를 말리려고 일본은 작정을 했습니다. 광무황제와 명성황후에 이어 융희황제까지 암살하였으며, 일본 황족과의 정략결혼으로 혈통적 침략까지 서슴지 않았습니다. 정략결혼의 피해를 면한 유일한 인물로 오빠인 운현궁의 이우 황손만이 있었는데, 운현궁 오빠도 침략일본이 죽음으로 몰아갔습니다.

운현궁의 주인으로서 유일하게 일제의 동화정책에 반대한 이우 황손이지만, 일제가 패망하기 직전의 광기어린 침략 정책 때문에 민중과 황손들에게도 시련의 연속이었습니다. 태평양전쟁이 발발하자, 일제는 조선의 수많은 청년과 아녀자들을 속칭, '황군'의 일원으로 전쟁

50) 대한뉴스, 통권 93호, 2004.7, pp.83-84.

참여를 강요했습니다. 황실의 구성원들도 예외는 아니었습니다. 이우 황손도 일본의 관동군으로 배속되어 중국 태원지방으로 발령을 받았습니다.

이때, 이우 황손은 집안의 모든 식구들을 운현궁에 모았습니다. 그날은 정말 비장감이 감돌았습니다. 갑자기 운현 오빠가 식구들을 모두 불러 모은 후 중대한 발표를 한다고 하길래 궁에 들어 갔었습니다. 그랬더니 갑자기 권총을 빼어 드시고는 자신이 관동군으로 배속되어 태원에서 일본군의 첨병이 되어 전쟁을 벌여야 하지만, 이것은 곧 자기 자신에게 사형선고를 내리는 것과 같다고 하시면서 일제에 의해 치욕을 당하느니 내 손으로 처와 두 아들을 모두 죽이고 가겠다며 총을 쏘려고 했습니다.

식구들은 모두 그 상황에서 눈물을 흘리면서 말렸지요. 저는 지금도 그 당시의 일들이 생생하게 눈 앞에 어른거립니다. 운현 오빠가 처한 상황이 얼마나 절박하였는지 여실히 보여 줍니다. 그리고 운현 오빠는 태원에서 다시 히로시마로 발령을 받은 그날 바로 원자폭탄으로 희생을 당하는 불운을 맞게 됩니다.

광복을 맞이하자 식구들은 뿔뿔이 흩어지고 정부에서도 외면하여 황손들은 말 그대로 길거리에 내팽개쳐졌습니다. 또한 이승만 정부의 압력으로 제대로 된 생활을 영위할 수 없는 상황이 되었습니다.」

방자여사는 지금이라도 영혼이혼을 시켜서 폐출시키고, 이구 황손도 그 적통성을 박탈하는 절차를 분명히 밟아야 할 것이다. 그리고 영왕은 늦었지만 추존절차를 밟아서 모셔야만 격조있게 모시는 것이 될 것이다. 침략일본의 침략상처는 언제라도 꼭 고쳐져야만 한다. 침략일본의 가혹한 침략만행을 속속들이 알고 있는 종묘는 지금도 역사의 어둠 속에서 통곡하고 있다.

그런데 여기서 유의할 일이 있다. 방자여사는 못된 일본천황에 의해서 희생양으로 바쳐진 인물의 측면도 있음이다. 따라서 방자여사는 법적으로는 폐출시키되, 인간적으로는 넓게 용서하는 아량도 있어야 우리민족이 큰 민족이 되리라는 생각이 든다. 방자여사의 최후의 측근비서였던 김상렬 노인이 증언하는 바에 의하면,[51] 방자여사가 우리황실을 분열, 와해, 해체시키는 사명을 띠고 영왕에게 정략결혼을 당했으나, 늙어서는 개인적으로 일본의 잘못을 도맡아 반성한 측면도 있다는 생각이 있기 때문이다.

「방자비 전하의 유언장은 제가 보관하고 있습니다. 그 내용은 한마디로 남편인 영왕전하의 남기신 뜻을 꼭 이을 수 있게 해달라는 것이었습니다.

유언장은 당시 전두환 대통령에게 보내는 형태였는데, 외형상으로는 기념사업을 해달라는 것이었고, 내면적 진짜 뜻은 황실을 복원시켜 달라는 것이었지요.

그러나 그 유언장은 지금도 제가 갖고 있고 전두환 대통령에게 보내지 않았습니다. 아무리 생각해도, 당시로서 전두환 대통령에게 황실복원 얘기를 해보아야 가능성이 없어 보였기 때문입니다.」

「그런데 제가 꼭 하나 밝힐 것이 있는데, 전두환은 초기에 입헌군주제에 대한 생각을 가졌던 사람입니다.[52] 당시 전주이씨대동조약원의 이재형 이사장과 저만 알고서 극비로 전두환과 입헌군주제에 대한 합의를 했었는데 당시는 이재형 이사장이 국회의장으로 있을 때였습니다. 그런데 점차 전두환에게 입헌군주제를 반대하도록 하는 주변인물이 나타났고, 전두환도 권력에 욕심이 생겨서 본인이 대통령이 된 것입니다. 당시 이재형씨가 탈당한 이유도 그 때문입니다.」[53]

---

51) 김상렬 면담, 1994. 11. 24, 필자 연구실.
52) 김상렬 면담, 1997. 7. 25, 교보문고 커피숍.
53) 안천, 일월오악도 1권(서울:교육과학사, 2000), pp.282-334 참조.

황기(皇氣)가 용솟음치는 국사당(國師堂)

서울시의 지하철 3호선 독립문역에서 내려 2번 출구로 나오면 선바위로 올라가는 팻말이 보인다. 예전 조선개국 시기부터 선바위는 역사서에 오르내릴 정도로 유명하여, 많은 사람들이 인왕산 남서쪽 능선 중턱에 있는 선바위[54]에 대해서는 잘 알고 있다.

그런데 독립문역에서 내려 반대편 출구로 나가면, 물론 독립문역에 내렸으니 유명한 독립문이 있고 독립관이 있으며 서대문형무소 역사관이 있다. 서대문 형무소 역사관은 수많은 독립운동가들의 애국혼이 깃든 한국판 아우슈비츠 감옥으로서[55], 국내 관광객은 물론이고 많은 외국 관광객이 연이어 찾아오는 곳이니까 거기에 대해서는 상세한 설명이 필요가 없을 것이다. 그리고 독립문이나 독립관에 대해서도 긴 얘기를 할 필요가 없이 많은 사람들이 잘 알고 있는 역사유적이다.

따라서 여기서는 선바위가 상세히 얘기되어야 하겠고, 그 지역이 어떤 의미를 갖는가를 살펴보아야 되겠는데 이는 황실역사에 있어서 매우 중요하기 때문이다. 선바위는 인왕산 중턱에 있는 아주 신묘하게 생긴 바위이다. 흡사 사람 모습을 띠고 있는 듯도 하고, 우뚝 선 상태로 서울을 굽어보는 수호신 같기도 한 특이한 바위이다.

그러므로 아주 신비하게 생긴 모습으로 인해서, 머나먼 옛적부터 사람들의 숭배의 대상이 되었고 영험스럽고 경외로운 존재로서 모셔져 온 듯하다. 그러나 선바위가 역사서에 처음 등장하기는 조선이 건국될 무렵이다. 당시에도 많은 사람들이 신비하게 생긴 선바위를 많이 찾은 것이 확실

---

54) 선바위는 똑바로 서 있는 바위라는 의미로 붙여진 이름이라고 하겠는데, 이 곳 사람들은 석불각이라고도 부른다.

55) 안천, 신흥무관학교(서울:교육과학사, 1997) 참조.

선바위

한 것은, 무학대사와 정도전이 선바위를 한양 성내에 두느냐 밖에 두느냐로 논쟁을 했다는 데에서 분명히 확인할 수 있다. 역사서에는 정도전의 주장이 채택되어 선바위가 성벽을 쌓는 밖에 놓여지게 되었다고 쓰여 있다.

그러나 이 곳이 황실역사에서 매우 중요한 곳이 되는 것은, 선바위 바로 아래에 국사당이 옮겨져 오게 되었기 때문이다. 국사당은 원래(1925년 전까지)는 남산의 팔각정 자리에 있었던 것이다. 그런데 침략일본이 국토를 강점 유린하고 있을 때에, 그 곳에다 그들의 신궁(神宮)을 세운다고 국사당을 현재의 장소에다 강제로 이전시킨 것이다.[56]

그러므로 남산 꼭대기에는 우리의 신당(神堂)인 국사당이 있다가, 일본의 신궁에 밀려나게 되었으며, 다시 침략일본이 물러나고 난 뒤에는 신궁을 헐고 오늘의 팔각정이 세워지게 되었던 것이다. 국력이 약해지고 외세

56) 중구문화원, 남산의 역사와 문화, 서울특별시 중구향토사 제3집, 1998, pp.162-164.

국사당

의 침략을 받으면 사람만이 아니라 신(神)까지도 침략을 받게 되는 것이며, 그 민족이 믿는 종교도 바뀌어지게 되는 비통한 사례를 여기서 보게 된다.

국사당은 조선의 태조(太祖)와 여러 신장(神將)을 모시는 국가 제일의 신당(神堂)이었다. 조선 태조 4년(1395년)에 남산을 목멱대왕(木覓大王)으로 봉(奉)하였기 때문에, 국사당을 조선시대에는 목멱신사(木覓神祠)라고도 불렀다.[57] 서울의 남쪽에 위치한 남산에 있어서도 최정상에 세운 만큼 서울을 상징하는 위치이고, 태조와 여러 신장을 모신 황실의 핵심 상징물에 해당하는 것이다. 그렇게 중요한 나라의 상징건물을 침략자들이 그대로 둘 리가 없었으니, 바로 그 자리에 그들의 신궁을 세우면서 국사당은 현재의 선바위 바로 아래에 옮기게 되었던 것이다.[58]

57) 목멱이란 옛 고어 발음으로서, 예전에는 남산을 마(麻) 메(언덕)로 불렀기 때문에, 마메를 비슷한 소리의 한자로 써서 목멱이라 한 것이다. 일종의 이두식 음차 이름인 것이다.
58) 허영섭, 조선총독부(서울: 한울출판사, 1996), p.252.

국사당은 현재 행정구역상으로 서울시 종로구 무악동 산2-12번지에 소재한 것으로 되어 있다. 중요민속자료 28호로 지정이 되어 있으며, 그 내부에 소장된 여러 무신도(巫神圖)는 중요민속자료 17호로 지정이 되어 있다. 현재 이곳에서는 무당들이 내림굿, 재수굿, 지노귀굿(오구굿, 씻김굿) 등을 하고 있다.

생각건대 국사당의 위상은 요즘 우리들의 사회의식이나 정치의식을 그대로 반영하고 있다고 하겠다. 첫째로 중요민속자료로 국사당을 격하시켜 지정하고 있음을 지적할 수 있다. 침략일본에 밀려나서 인왕산 중턱으로 내쫓긴 뒤에, 조선태조 임금님의 국사당이 백안시당하며 격하되다 보니까 한낱 민속자료로 지정이 된 것이다. 거기다 중요하다는 수식어를 붙인 것이 쑥스럽기도 할 정도이다. 국사당은 사실상 국가 제일의 사당인 종묘와 맞먹는 위상을 갖는 건물일 것임에도 불구하고, 심각하게 그 위상이 격하되어 있다. 요즘의 우리 사회에서는 실제로 국보수준에 해당할 대단한 존재이건만, 국사당의 존재 자체를 망각하고 있다고도 생각이 된다. 침략일본이 원하는 그대로의 비참한 위상으로 전락이 되고 만 것이다.[59)]

둘째로 그 내부에 있는 여러 무신도가 중요민속자료 17호로 지정이 되고 나서, 핵심인 국사당 건물은 나중에 28호로 지정이 된 것에서 우리의 현시대 정치문화의식이 자명하게 드러난다. 이것은 국사당 내부에 있는 무신도가 민속학의 입장에서나 학술성을 인정받아 중요민속자료로 지정이 된 것이지, 더 크게 정치사회학적 시각으로는 전혀 의미성을 인정받지 못하고 있음을 말하는 증거이다. 특히 핵심인 국사당 건물이 나중에 지정되는 것도 민속학의 입장에서 나중에 학술성을 인정받은 것이지, 그 이상의 다른 생각은 없었다는 것을 말한다고 하겠다.

셋째로 국사당의 원래의 의미도 매우 훼손이 되었다고 생각이 된다. 국

---

59) 정운현, 서울시내 일제유산답사기(서울: 한울출판사, 1995), p.95.

사당은 조선태조가 옛부터의 전통적인 민족신앙을 바탕으로 세운 것이다. 그러므로 침략일본이 강제로 옮기긴 했지만, 바로 위에 선바위가 존재하고 있음은 사실상 전통신앙의 상승 강화 효과가 나타나고 있다고도 생각된다. 그렇지만 현재로는 사실상 방치상태에 있다 보니까, 우리의 고유한 토착 신앙유적은 망각 속에서 잠을 자고 있을 수밖에 없게 된 것이다.[60)]

그런데 오늘날의 선바위와 국사당 지역은 세월이 지나면서 매우 흥미로운 지역으로 변모가 되었다. 그 곳은 현재 우리나라의 어디에서도 찾아볼 수가 없는 유일한 특이지역으로 바뀌어져 있다. 제대로 참모습을 알고 보면 하나의 보물단지로 변해 버린 곳이다.

국사당 지역은 오늘날 우리나라의 어디에도 없는 종교수직분포의 특수지역이 되어 있다. 학술적으로 다양한 연구가 되면서 크게 주목받을 지역이 되어 있으며, 관광지로서도 아주 독특한 지역이 되어 있다. 요즈음에는 어떻게 알고서 찾아오는지 외국 관광객들이 심심치 않게 찾아오는 곳이 되었다. 현대 우리나라의 많은 사람들은 자기 고유의 문화를 망각하고 사랑하지 않으며 때로는 멸시하는 경우까지도 있는데, 문화재를 보는 제대로 된 안목을 가진 외국인들의 발길이 끊기지 않고 이어지고 있다는 것은 매우 재미있는 일이다.[61)]

행정당국에서 전혀 관광지로서 관심을 갖지 않는 듯한 상황이고, 사실상 무당들이 굿이나 하는 곳이라고 방치하거나 규제하기에만 신경을 쓰는 곳이 이 곳인데, 외국인들이 계속 찾아오는 까닭은 무엇일까? 외국인들은 우리땅에 와서 고유한 우리 문화를 찾아보길 원하는 것이지, 외국에서

---

60) 그래서 종로구에서 세운 안내판도, 독립문역에는 선바위를 안내하는 것으로 되어 있다. 국사당은 침략일본의 의도 그대로 완전히 잊혀진 존재가 되었음을 뜻한다.

61) 심지어는 주한 외국인 학교 교사가 학생들을 직접 인솔하고 와서 현장 토론 학습을 실시하는 모습도 볼 수 있다.

도 볼 수 있는 것을 보려는 것이 아니다. 외국인들이 이 곳을 연속해서 찾아오는 까닭은, 이 곳에 원초적인 우리의 고유한 종교가 남아 있음을 알기 때문이다. 관광의 진짜 보물이 있음을 알고 찾아오는 것이며, 이곳이 꼭 찾아볼 알짜 관광지임을 알고서 찾아오는 것이다. 그렇기에 전혀 홍보를 않고 있지만, 자기들의 입소문으로 계속 찾아오는 것이다.

이 곳은 앞으로 우리땅의 유명한 관광지로 계속 변모해 나가리라고 본다. 그 까닭은 바로 이곳은 우리땅에 유일하게 존재하는 종교수직분포지역이기 때문이다. 이곳에는 첫째로 맨 꼭대기에는 머나먼 옛적부터 우리 민족의 전통적 고유신앙 유적인 선바위가 존재한다.[62] 그리고 두 번째로 선바위 바로 아래에 조선 태조가 세운 국사당이 존재하고 있으니, 이는 옛부터의 고유 전통종교를 조선초에 태조가 공인한 유적인 것이다. 다시 세 번째로 국사당 아래로는 여러 절과 암자가 밀집되어 있다. 그런데 이들은 결코 순수한 불교의 맥을 잇는 것이 아니라고 생각이 된다. 이들은 우리민족의 고유한 옛부터의 토착 종교와 불교가 결합된 것으로서, 고대시대의 종교에서 불교가 접목되며 다양하게 변화되어 나가는 것을 보여주는 것이다.

이 지역에 밀집해 있는 관음암, 기원정사, 관음전, 녹야원, 보덕암, 본원정사, 서래암, 성불암, 송림사, 미타정사, 염불암, 용해사, 천안사, 약사암, 서래암, 선암정사는 서로 간에 약간씩 차이가 있고 개성이 존재한다. 이들은 옛부터의 전통을 나름대로 끌어안고서 현대 시대까지의 불교를 폭넓게 포용하고서 다닥다닥 붙어 있다. 그리고 기도드리는 기도방도 존재한다.

그리고서는 네 번째로 가장 현대화된 형태인 인왕사(仁王寺)가 이토록 많은 절과 암자들을 따뜻하게 감싸며 종교촌을 형성하고 있는 것이다. 인왕사의 일주문이 입구의 가파른 언덕에 있으며, 인왕사의 대웅전, 관음전, 종탑이 나름대로의 자태를 뽐내고 있음에 깊은 흥미를 자아냄은 물론이

62) 그리고 바로 위에는 산신각, 칠성각이 존재하고 여러 기도터가 산재해 있다.

고, 속사정을 아는 외국 관광객이 계속 찾아오게 되어 있는 것이다. 여기서 인왕사는 오늘날의 불교가 갖는 모습을 크게 보이면서 또 하나의 종교적 징검다리가 되고 있다.

다시 다섯 번째로 그 아래로 내려오면 쭉 지하철역으로 내려오는 길에도 여러 유사종교의 모습이 이어진다. 천지신명 약사암, 명문도사, 신과 철학이 만나는 태극당철학관 등 간판들도 재미가 있다. 그리고 약사도사, 부적도사라는 간판을 걸고서 신점, 병점을 보는 점집이 있는데 부적을 도매로 판다는 간판을 내걸기도 했다. 그러니까 그 곳에 있는 동네의 구멍가게들까지도 다른 지역의 가게와는 다르다. 가게에 진열된 것들은 작은 부처, 쌀, 양초, 과일, 약주 등 다양한 공양물들이 전시되어 있을 것은 당연하다. 그러니까 가게조차도 사실상 종교적인 삶의 일부를 반영한다.

그리고는 여섯 번째로 맨 아래쪽에 서양에서 온 종교가 있다. 무악성결교회가 산을 내려온 맨 아래쪽에 있는데, 이것이 이곳 종교수직분포의 가

치솟는 황기를 느끼며 도를 닦는 사람들

장 아래에 있으며 가장 현대시대에 우리땅에 수입된 종교임을 말해준다.

그리고 일곱 번째로는 독립문역이 있는 넓은 큰 길로 나와서 여기저기 폭넓게 퍼진 여러 현대식 종교기관을 만나게 된다. 그러므로 이 지역은 맨 위쪽의 선바위, 국사당부터 시작하여 선사시대부터 현대시대까지의 모든 종교가 수직적으로 모여 있는 종교학, 사회학, 정치문화적으로 특이지역이 되는 것이며, 이렇게 하여 우리나라에 유일한 7단계 종교 스펙트럼 지역이 완성되는 것이다.

그런데 이 재미있고 특이한 관광지에 꿈틀대는 놀라운 것이 있다. 물론 그것은 눈에 보이지 않는 것이다. 냄새도 없고 소리도 없다. 그러나 대단히 놀라운 일이 있다. 그것은 바로 이 특이한 땅에서 힘차게 용틀임치며 꿈틀대는 놀라운 힘이다.

그 힘은 말로 쉽게 표현할 수도 없다. 그 힘은 저 깊은 지구 가운데 속에서부터 강력하게 용솟음치며 나오는 것일 수도 있다. 그리고 그 힘은 머나먼 우주에서 몰려오는 신비한 힘일 수도 있다. 우리의 온 몸을 억세게 아우르며, 온 마음을 당차게 하나로 묶어주는 거대하고 엄숙한 힘이다.

그래서 이 곳에서는 바른 자세로 흡사 바윗덩이와 같이 앉아서 도(道)를 닦는 사람들을 쉽게 볼 수 있다. 그리고는 시간을 뛰어넘어 거대한 역사와 대화를 나누고, 공간을 훌쩍 건너뛰어 우주의 심연 속을 훨훨 날아다니는 사람들을 곳곳에서 볼 수 있다. 눈앞에는 서울 시내의 빌딩 숲이 눈부시게 펼쳐지고, 날이 맑은 날에는 멀리 한강이 굽이쳐 흐르는 모습이 눈에 들어 올듯하다. 정말로 도사들이 찾아올 거룩한 땅이 분명하다.

그런데! 이렇게 힘차게 솟아오르는 무서운 힘의 본질은 무엇인가? 그것은 선바위와 국사당의 존재를 생각해야만 바른 답이 나온다. 선바위가 무엇인가? 바로 그것은 태조 이성계 장군과 무학대사가 머나먼 옛부터의 겨레혼을 생각하며 웅지를 나누던 성스러운 터전이다. 그리고 국사당은 무엇인가? 그것은 바로 태조 임금님께서 이 나라의 끝없는 발전을 생각하며 세우신 국가 기도터이다. 그러므로 이 땅에서 힘차게 용솟음쳐 오르는 힘의 본질은 바로 임금님을 모시려는 힘찬 황기(皇氣)가 분명하다.

요즘 국사당 주변에는 많은 사람들이 성스러운 마음으로 모여들고 있다. 심지어 온 세계 사람들도 관광객이 되어 계속 찾아오고 있다. 그 많은 힘이 축적되면서 세월 따라 신기하게 종교수직분포를 이룬 거룩한 땅에 나날이 황기가 넘치기 때문이다. 나날이 힘차게 넘쳐흐르는 황기! 우리의 임금님을 다시 모셔서 바른 나라를 만들라는 우주의 함성이 국사당을 둘러싸고 우렁차게 울려 퍼지고 있다.

어서 임금님을 다시 모시자! 힘찬 발걸음으로 부강한 나라를 다시 만들자! 새로운 역사를 여는 우렁찬 함성이 들리지 않는가?

다섯 번째 주제

대한황실개혁운동

- 종친부와 돈령부
- 황실개혁
- 종약원의 탄생
- 이승만 파동

종친부와 돈령부

전주이씨대동종약원은 대한황실복원운동사에 있어서 매우 중요한 위상을 갖는다. 종약원에서 말하는 바에 의하면, 지구상에 존재하는 전주이씨 가족은 약 400만 명이라고 한다. 그 많은 숫자의 사람들이 조직화된 실체가 바로 종약원이다. 원래 전주이씨대동종약원은 조선시대에는 존재하지 않았던 조직이다. 조선시대에는 크게 종친부(宗親府)와 돈령부(敦寧府)가 있었고, 종약원은 존재하지 않았다.

종친부는 조선시대에 있어서 종실(宗室)의 모든 사무를 보던 곳이었다. 역대 국왕의 계보와 초상화를 보관하고, 국왕과 왕비의 의복을 관리하며, 황실의 여러 계열을 감독하던 관청에 해당하는 곳이었다. 세종 15년(1433년)에 제군부(諸君府)를 고친 이름으로서, 광무황제 원년(1864년)에 종부시(宗簿寺)를 합하여 그 사무를 인계하여 받았고, 광무황제 31년(1894년)에 종정부(宗正府)로 개편하였다.[1)]

현재 그 건물은 옛 경기고등학교 운동장인, 정독도서관 앞뜰에 옮겨져 있다. 원래는 경복궁 바로 옆의 국군통합병원 터에 있던 것을 도시계획으로 인해서 옮긴 것이다.

돈령부는 종친부에 끼지 못하는, 황실의 가까운 친척 사이의 친목을 도모하기 위한 사무를 다루던 관청이다. 태종 14년(1414년)에 설치되었는데 광무황제 31년(1894년)에 종정부에 편입되었다. 그 관청이 있던 옛터는 현재 창덕궁이 가까이 있는, 서울시 종로구 인사동 근처의 종로오피스텔이 있는 곳이다.[2)]

---

1) 이홍직, 국사대사전(서울:지문각, 1968), p. 1450.
2) 바로 앞에 종로세무서가 있고, 약간 뒤쪽에 최초의 초등학교인 교동초등학교가 있으며, 그 바로 뒤에 운현궁이 위치해 있다.

옛 종친부 건물

종친부와 돈령부를 설치한 까닭은, 무엇보다도 정치적 이유가 가장 컸었다고 생각이 된다. 오늘날에 있어서도 권력을 쥔 대통령의 친인척이나 측근 인물의 부패가 중요한 정치문제가 되고는 하는데, 조선시대에 있어서는 왕자의 난을 개국초기부터 겪으면서, 황실 측근에 대한 관리문제가 매우 중요하게 대두되었던 것이다. 오늘날에 있어서도 대통령의 주변이 깨끗했고 권력의 관리가 비교적 엄격했던 박정희 시대에 있어서는 6·25전쟁의 폐허 위에 한강의 기적을 이루는 역사적 위업을 달성했으나, 김영삼 시대는 단 5년 사이에 아들 하나가 국권을 흔들며 권력관리를 제대로 못하면서 IMF 국치로 국가를 빚더미에 올려 놓았다. 그리고 김대중 시대는 가족 전체와 최측근들이 총체적으로 직간접적 부패의 핵심부에 있으면서 천문학적 가계빚과 수없는 파산상태를 만들었으니 권력핵심부의 깨끗한 관리는 언제나 중요한 일이다. 특히 한강의 기적을 이룬 세계적 성공사례의 나라를 망치는 데에는, 김영삼과 김대중이 정권을 쥔 짧은 10년 밖에

종친부 조례 표지

걸리지 않았으니, 밑빠진 독이 된 권력의 부패가 얼마나 무서운 것인가를 잘 말해준다.

생각건대 조선시대에 있었던 종친부(종정부)와 돈령부는 성공한 정책이었다고 생각이 된다. 일찍이 왕자의 난을 겪으며 황족관리를 제대로 한 것은, 조선시대가 500 여년이란 긴 정치체로 이어지는 기간에 있어서 조선초기를 제외하고는 황족들이 권력과는 거의 무관했음에서 잘 알 수 있다. 그런데 이것은 조선시대 중후기에 가서는 오히려 병폐로 나타났다. 예컨대 안동김씨 세도정치 등이 나타나며, 황족들이 허수아비 신세로 전락하여 세도가의 눈치를 보면서 숨죽이며 지내는 비참한 상태가 만들어지며, 임금님 권력의 쇠퇴를 가져오고 급기야는 일본침략의 비극을 맞게 되는 것이다.

그렇다면 권력의 핵심부는 권위가 분명히 살아 있으되, 깨끗한 권력체가 되게 하는 건전한 권력관리 기능이 항상 중요한 것이라고 생각이 된다. 요즘 대한황실복원운동이 일어나는 데에 있어서도 이러한 점은 항상 유의되어야 한다. 그간 10여년에 걸쳐서 많은 노력과 수고를 바치면서 대한황실의 명예가 되살아나기 시작하니까, 일부 지각없는 소수의 황족들이 곳곳에서 생각없이 자행하는 언행은 깊게 성찰되어야 옳다. 대다수의 황족들이 황실의 명예회복을 위해서 겸손하게 은인자중하며 협조하고 있고, 본인이 바칠 수 있는 여러 역량을 헌신적으로 제공하고 있음을 생각할 때에, 일부 지각없는 소수 황족들의 잘못된 행태는 분명히 고쳐져야 할 것이고 자숙하는 모습이 나타나야 할 것이다. 많은 국민들은 건전하게 재기하는 황실을 생각하며 박수를 치는 것이지, 황족답지 않은 부패한 소수 황족들에게도 무조건 박수를 치는 것이 아니다.

아무 일도 하지 않고서 뒷짐지고 있다가 밥상이 차려질 듯 하니까 밥상을 자기가 받아 먹으려는 몰지각한 황족, 건전하게 노력하고 협조하기 보다는 비방과 모함에나 열성인 기막힌 황족, 많은 국민들에게 모범적인 생활을 본보이기 보다는 지탄받는 행동을 하는 황족, 건실하게 노력하지 않아서 사회발전에 도움이 되지 못하는 황족들이 있다면 그들은 이 시대에 결코 황족이라고 얘기할 수 없다. 황족들이 황족다워야 황실의 명예를 찾을 수 있다.

황실의 명예회복은 황족들을 잘 먹고 잘 살게 하려는 것이 결코 아니다. 민족의 자존심을 살리고 역사의 부끄러움을 씻어내어 떳떳하고 자랑스런 나라를 만들며, 침략일본이 만든 침략후유증을 씻어내어 당당한 나라를 만들기 위해서 황실의 명예회복운동이 일어나고 있음을 항상 유의해야만 한다. 황족은 황족다워야 황족이다. 그렇지 않은 경우에는 역사의 죄인에 불과하다. 그리고 역사의 죄인은 옛 역사에만 있는 것이 아니다. 지금도 역사에 죄를 지으면서 본인을 황족이라고 말하는 부끄러운 경우도 있다. 황족들은 황실 명예회복운동에 있어서 협조자, 봉사자, 희생자라야지, 결코 사욕에 눈이 멀어 이익을 탐하고 자리를 다툼하는 사실상의 방해자가 되지 말아야 한다.[3)]

황실개혁

모든 조직은 항상 개혁되어야 한다. 고인 물은 썩는 것이 당연한 것이고,

3) 황족을 확대해석하면 전주이씨대동종약원도 여기서 지적하는 사항에서 예외는 아니다. 전주이씨대동종약원도 황실가문 다운 안목과 품격을 갖추도록 항상 노력해야 옳다.

흐르는 물만이 항상 새로운 물일 수 있다. 마찬가지로 사람들의 조직도 흐르는 물과 같이 청신한 상태를 만들려면 새롭게 변해야만 한다. 우리의 황실도 인간의 조직인 만큼 언제나 새롭게 태어나 신선한 모습을 보여줘야 한다. 모든 조직이 그러해야 하듯이 황실도 바람직하게 꾸준히 개혁되어야 한다. 이 시대는 무조건 황실을 따르라고 국민에게 일방적으로 강요할 수 없다. 썩은 황실이 민족사를 이끌 수 없다는 점은 언제나 분명하다.

황실은 전통적 정치체제에 있어서는 권력의 원천이었다. 그러므로 황실은 최고 권력으로서의 국권을 창출하는 모태(母胎)의 구실을 했다. 그런데 황실은 전통적 정치체제에 있어서 두 가지의 고유한 특징이 있다. 그 하나는 혈통성(血統性)이다. 혈통에 의해서 권력이 창출되는 권력의 모태가 황실이다. 이것은 오늘날에 있어서도 황실의 실체를 말하는 매우 중요한 기준이 된다. 옛부터의 확실한 혈통에 의해서 황실의 적통성(嫡統性)을 판별함은 오늘날에 있어서도 변함없는 기준이다.

다음으로 황실은 혈통을 중시하되 나름대로의 전통적인 정치흐름에 의해서 결정되는 조직이다. 그 정치흐름은 오랜 세월에 의해 만들어진 관습법적 관례이다. 예전에는 태조 고황제 이래로 꾸준히 황통이 이어져서 내려오다 보니까, 나름대로 뚜렷한 계열성을 갖고서 황통이 이어졌다. 그래서 그것을 결정함은 사실상 관습법화(慣習法化)된 관례에 따라서 결정이 되어졌다고 하겠다.

따라서 조선시대 역대 임금님들의 황통 계열성은, 많은 경우에 크게 벗어날 수 없는 원칙 내에서 계속적으로 이어지며 황실의 실체를 역사적으로 만들었다. 물론 정치적 변혁이 있었기도 했고 우여곡절이 있었기도 했으나, 커다란 원칙이 분명히 세워져서 내려왔다. 여기서 커다란 원칙이란 무엇보다도 혈통이었고, 그것을 합리화하는 수준이 각각의 상황에 따라 역사적으로 얼마나 납득할만한가 하는 데에서 황실의 실체가 만들어졌다.

그런데 조선시대에 있어서는 황실이 살아있는 생동하는 실체로서의 황실이었다. 그러므로 살아서 움직이는 황실인 만큼 스스로 자기개혁(自己改革)을 하면서 역사가 이뤄져 내려왔다. 우리는 조선정치사(朝鮮政治史)를 보면서 다양한 정치적 결단과 변혁을 살필 수 있는데, 그것은 바로 살아서 생동하는 황실이 꾸준히 자기개혁을 실시하게 된 흐름을 말하는 것이다.

그리고 조선시대사에 있어서도, 황실의 구성원인 황족이라고 해서 무조건 방자하게 군림하는 자세를 갖거나 국민의 지탄을 받는 경우에는, 가차없이 도태되었던 것을 많이 보아 왔다. 자기개혁은 황실이란 집단은 물론이고, 황족 개인에 있어서도 항상 요구되는 것이었다. 썩은 인물이거나 욕먹는 인물 혹은 나태한 인물로서 황족이라고 말하는 경우는 바로 죄인이 되는 지름길이었다. 황실이나 황족에 있어서는 항상 자기관리를 철저히 하고 소금을 가까이 하여 부패방지를 제도화함이 필수적으로 요망되었다.

그러나 침략일본에 의해 우리의 황실이 무참히 상처를 입은 뒤에 있어서는, 황실이 점차 자기개혁의 능력을 상실하며 세월이 흘렀다. 특히 침략일본이 물러가고 자유당시대의 탄압으로 황통말살의 비참한 지경에 이르게 되자, 황실은 살아있는 실체로서의 자기개혁을 말하기는커녕 사실상 죽은 황실의 한심한 모습으로 현대시대를 보냈다. 그렇다면 현대시대에 있어서의 황실이 가질 자기개혁력은 어떤 것이어야 할 것인가?

첫째로 황실의 존재결정력(存在決定力)을 가져야 할 것이다. 그간 황실의 존재를 말할 때에 흘러간 과거의 혈통만을 말하며, 그것이 바로 황실의 존재를 결정하는 최고의 결정기준인 듯이 말하는 경우가 많았다. 그러나 그것은 평화시대에나 맞는 것이지, 황실이 사실상 죽어있는 때에 흘러간 옛 영광을 말하는 것은 무의미한 것이 분명하다. 따라서 오늘날에는 황실이 그 존재를 확실히 알릴 수 있는 방안을 갖췄을 경우에만 황실이 존재하는 것이다. 자기집 안방에 들어 앉아서 스스로 옛날 애기를 하는 것은 황실이 아니다. 황실은 이 시대에 그 존재를 분명히 말할 표현력 혹은 실천력을 갖춰야만 황실이다.

둘째로 황실의 의미결정력(意味決定力)을 가져야 살아있는 황실이 될 것이다. 그것은 황실이 살아있다고 말할 수 있으려면, 황실이 그 스스로 존재할 필요가 있다고 자기를 계발시킬 수 있어야 함을 뜻한다. 우리민족 모두가 황실의 존재에 대해서 의미를 부여할 수 있고, 황실이 존재하고 있음이 절실하게 필요한 일이라고 생각을 할 수 있게 만들어 주어야만 된다는 뜻이다.

셋째로 황실의 가치결정력(價値決定力)을 가져야만이 이 시대에 있어서 황실이 존재할 이유가 되는 것이다. 황실이 무언가 의미있는 일을 하여서 우리사회에 도움이 되고, 존재함에 의해서 보람을 창출한다는 믿음을 국민들의 가슴 속에 뿌리내려 주어야 할 것이다. 그래야만 이 시대에 있어서도 우리사회에 꼭 황실이 존재해야 되겠고, 그것은 매우 가치있는 일이라는 신뢰의 토대가 만들어지는 것이다. 우리사회를 위한 긍정적 가치창출의 힘을 갖춰야만 우리의 황실은 존재할 당위성이 높아지는 것이다.

지난 현대정치사에 있어서 사실상 죽은 황실에 불과했던 우리의 황실이, 다시금 되살아나려는 몸부림을 쳐온 세월이 10여 년 이상을 흘렀다. 그리하여 나름대로 적지 않은 사람들이 황실의 재기 가능성을 생각하는 때가 되었다. 그러한 때에 있어서 우리의 황실은 단호한 자기개혁의 의지를 갖는 것이 절실하다. 황실개혁의 결단력을 갖추고서 민족사를 이끄는 밝은 횃불을 들어 올릴 때에만, 우리의 황실이 역사의 주체자로 다시 등장하게 될 것이다. 또한 황실의 구성원인 황족에 있어서도 황족다운 품격과 능력은 물론이고, 황족으로서 역사발전에 기여할 수 있는 실천력을 갖도록 노력해야만 되겠다.

종약원의 탄생

전주이씨대동종약원은 융희황제 4년(1911년)에 전주이씨종약소(全州李氏宗約所)라는 이름으로 탄생하는 것이 원초적인 모습이다. 동광(東光)이라는 회지를 발간하였으며, 모든 씨족들의 친목을 도모함이 가장 큰 목적이었다. 당시 융희황제께서는 어진(御眞:초상화)과 나무판에 새긴 어필(御筆)을 하사하였는데, 아쉽게도 6·25전쟁 때에 분실되고 말았다.

그런데 여기서 주목할 것이 있다. 그것은 전주이씨종약소가 탄생된 시점이니, 바로 경술국치 직후에 전주이씨종약소가 탄생된다는 그 탄생시기가 매우 중요한 것이다. 왜 종약소가 경술국치 직후에 탄생되었는가의 이유는, 바로 그것이 국권이 쇠약해지는 것을 뜻하는 것이다. 현재의 우리나라에는 거의 모든 씨족이 종친회(宗親會)나 화수회(花樹會)라는 이름의 씨족조직을 경쟁적으로 갖고 있다. 그런데 이 씨족조직들은 거의 모두가 경술국치를 겪으며, 나라가 존망지추의 어둠 속을 헤맬 때에 탄생이 되는 것이다.

이렇게 여러 씨족들의 화수회, 종친회가 탄생됨은 우리민족의 시야가 나날이 좁아지는 것을 뜻한다. 거대한 민족체를 생각하는 것이 아니라, 겨우 우리 씨족이나 잘났다고 하는 마음이 더 강조되는 것이니까, 애국심이 얕아지고 씨족애가 살아나는 것을 뜻하는 것이다. 물론 씨족을 사랑하는 것을 나쁘다고 말할 것이야 없겠지만, 씨족애가 커지면서 애국심이 약해진 것이 문제이다.

동광 잡지의 표지

우리민족은 경술국치 이후에 많은 사람들이 애국애족보다는 씨족사랑의 좁은 인간으로 서서히 변해 나갔다. 이러한 좋지 못한 흐름이 경술국치를 맞으며 어두운 국운 속에 저절로 그렇게 된 것이냐, 아니면 침략일본의 교묘한 책략이었느냐는 현재로서 쉽게 판단이 가지 않는다. 다만 우리민족이 점차 속좁은 민족으로 변질되고 있었다는 것은 분명하다.

이러한 어두운 흐름을 대변하는 대표적인 존재가 소위 세덕가(世德歌)이다.[4] 세덕가는 자기 가문이나 잘났다고 집안자랑을 늘어놓는 노래이다. 세덕가는 대부분이 침략일본의 총칼 아래서 어두운 시대에 태어나는 것이니, 경술국치 이후 우리민족의 민족애가 사라지고 내 씨족이나 잘났다고 씨족자랑하는 노래에 탐닉하며 조잡하게 살아가기 시작했음을 뜻하는 것이다. 요즘 여러 가문에는 당시에 나타난 세덕가가 존재하고 있는데, 그것은 경술국치의 어두운 시대에 민족이 아니라 내 집안이나 잘났다고 노래한 것으로서 부끄러움의 상징이라고 보면 된다.

다음으로 씨족들의 화수회, 종친회가 나타난 것은 우리의 민족이 여러 가지로 분열되는 모습의 하나가 된다. 요즘도 일부 몰지각한 정치인들이나 씨족회는 주요한 선거철이 되면 씨족조직을 들춰내어 국민분열을 조장하는데 그것은 결코 좋은 모습이 아니다. 이 나라의 선거는 많은 경우에 참된 정치지도자를 뽑지 못하는 경우가 적지 않은데, 그러한 나쁜 흐름에 화수회, 종친회가 적지 않은 영향을 끼치고 있다. 이러한 나쁜 흐름에 요즘 전주이씨대동종약원도 때때로 한 몫을 끼는데 그것은 결코 바람직한 일이 아니다. 전주이씨대동종약원은 당당한 역사의 흐름에 동참하는 뜻 깊고 의로운 조직이어야지, 소위 황실가문이라면서도 큰 역사는 모르고 작은 이익을 탐하는 부끄러운 조직이 되지는 말아야 될 것이다.

오늘날의 전주이씨대동종약원은 6·25전쟁이 끝난 뒤(1956년)에 탄생되

4) 김인구, 세덕가계 가사에 관한 연구, 단국대학교 대학원 석사학위 논문, 1979.

었다. 예전의 종약소 자리를 정부에서 불하받아 출발이 되면서 오늘에 이르렀다. 그런데 전주이씨대동종약원은 종약소를 이은 만큼 종약소의 문제점도 갖고 있고, 종친부(종정부)가 사라진 만큼 종친부의 기능도 이어야 한다는 어정쩡하고 묘한 위상을 갖고 있다.

이승만 파동

전주이씨대동종약원은 탄생된 뒤에 정말 좋은 일을 많이 했다. 전주이씨대동종약원이 탄생되어 이룩한 역사적 위업은 크게 몇 가지로 나뉜다.

그것은 첫째로 종묘대제 부활의 견인차가 된 점을 크게 칭찬해야 될 것이다. 종묘대제는 현재 세계문화유산으로 유네스코에 등재되어, 세계적으로 인정을 받는 수준에까지 올라가 있다. 이는 생각건대 종약원의 헌신적 노력이 없이는 불가능한 것이다. 더군다나 자유당 때의 이승만이 자행한 종묘탄압의 고통을 극복하고 종묘대제를 세계적인 문화유산으로까지 승격되게 한 노력은 언제라도 칭송을 받을 일이다.

둘째로 조선시대의 최고 자랑거리인 한글과 조선황실 실록이 유네스코 세계기록유산으로 등록되게 함에 큰 기여를 하였다. 이는 세계기록유산으로 빛을 보도록 몸바쳐 도운 종약원의 영광스런 노력의 산출물로 나왔다고 해도 틀리지 않다.

셋째로 버려져 방치되어 있던 상태의 조선시대 임금님 릉에 대한 제향을 완전하게 복원시켜서, 우리민족이 역사가 풍부하고 역사애가 넘치는 민족이 되게 함에 결정적인 기여를 하였다.

물론 이 외에도 많은 일을 했지만 종약원에서 한 역사에 남을 업적은 바로 위의 세 가지이다. 이러한 빛나는 업적을 이룬 바는 전주이씨대동종약원이 황실가문으로서의 소임을 다한 것이며, 어느 누구에게나 떳떳하게 자랑할 수 있는 일이다. 그렇지만 종약원은 앞에서도 지적했듯이 선거철에 흙탕물 튀기는 선거판에 연루되어 세인의 눈총을 받는 경우도 있었고, 때로는 정당치 못할 수도 있는 일에 연루되기도 한 적이 있었다.

예컨대 내가 직접 겪은 일로서, 약 10년 전에 나의 저서 '황실은 살아있다'가 출간된 때의 일은 결코 종약원이 황실가문 답지 않은 것이었다.[5] 당시 책이 출간된 뒤에 얼마간 시간이 흐르고 나서, 종약원의 문화이사를 맡고 있는 연세대학교 이석호 교수를 만났더니 다음과 같은 말을 했다.[6]

> 「안교수님의 저서를 아주 잘 읽었습니다. 전혀 알려지지 않았던 새로운 역사를 대거 발굴하여 주변사람들도 놀라움 속에 재미있게 읽었다고 말들을 합니다. 나도 많은 것을 새로 배웠고, 안교수께 고맙게 생각을 합니다.
>
> 그런데 안교수님의 책의 한 부분은 고쳐 주었으면 합니다. 바로 이승만 박사에 대한 것인데, 종약원 사람들 중에서 그 내용을 갖고 말하는 사람이 여럿이 있습니다. 그 부분만 삭제를 해주면 안교수님의 책은 우리 전주이씨대동종약원 차원에서 후원하여 100만부는 팔아드릴 책인데, 그 부분을 빼고서 새로 출간을 합시다.
>
> 안교수님의 책은 우리 국민들이 모두 다 읽어야할 책이고, 우리 전주이씨 황실가문은 특히 모두 읽어야할 내용입니다. 비참한 황실을 자랑스런 황실로 바꾼 책이 최초로 안교수님에 의해 출간이 되어 대단히 고맙게 생각을 합니다. 일본인들이 너무 우리역사를 왜곡시켜 놓아서 그간 황실이 얼마나 피해를 보았습니까?」

그러나 나는 이석호 교수의 얘기를 듣고서 조용히 웃고 앉아 있을 수밖에 없었다. 누구나 정상적인 학자라면 이미 출간된 책의 내용을 상황에 따

---

5) '황실은 살아있다'는 훗날 일월오악도 4권으로 개정판이 출간되었다.
6) 이석호 교수 면담, 1994.8, 연세대학교 교수 연구실.

라서 바꿀 수 없다는 것을, 같은 대학교수인 이석호 교수도 잘 알면서 해주는 얘기로 받아들일 수밖에 없었다. 시류에 따라서 학자의 글이 이리저리 바뀐다면, 누가 학자들의 글을 크게 신뢰할 것인가? 이석호 교수는 크게 학문적 업적이 있는 노교수로서, 종약원의 분위기를 나름대로 알려주는 것이었다고 생각이 된다.

그런데 바로 그 얼마 뒤에 종약원에서 나에게 특사를 직접 보냈다. 여기서 특사란 말을 썼는데, 그것은 종약원에서 회의를 열고서 대표로 뽑아 보냈기에 그런 말을 써도 되리라고 본다. 특사로 온 사람은 당시 종약원 사업을 적극적으로 보살피던 이해문 청년이사였다. 종약원에서는 워낙 노인분들이 많아서 청년이사라지만 이미 환갑은 된 나이인데, 매우 역동적으로 일을 잘했던 분이라 특사로 보내졌던 것이다. 그리고 나하고는 황실연구를 하는 과정에서 몇 번을 만났고, 그리하여 나름대로의 친분도 형성되어 있는 사이였다. 그렇지만 이해문 청년이사의 얘기는 나로서는 매우 곤혹스러운 것이었다.[7)]

> 「안교수님의 저서 내용을 갖고서, 종약원에서 심각한 회의를 했습니다. 저로서도 매우 난감한 입장인데, 제가 안교수님을 잘 안다고 하여 직접 만나서 책 내용을 수정해 달라는 종약원의 의견을 전달하러 온 것입니다.
>
> 물론 종약원의 한 쪽에서는 안교수님의 책은 100만부는 팔아드려야 할 고마운 책이라고 하는데, 다른 편에서는 책에 담긴 이승만 박사 부분을 두고 말을 많이 합니다. 어떻게라도 그 부분을 꼭 빼주셨으면 합니다.
>
> 저희 황실가문에 대한 고마운 책을 써 주셨는데, 물론 고맙다는 인사도 드리지만 일각의 불만을 잠재워야하니 꼭 배려를 바랍니다.」

7) 이해문 청년이사 면담, 1994.9, 서울교육대학교 근처 식당.

창덕궁 후원 옥류천

이해문 청년이사의 간곡한 얘기를 들으면서 나는 정말 난감한 입장이었다. 다른 일 같으면 꼭 들어드렸어야 할 점잖은 분이고, 그 후 얼마 뒤에 성균관 유도회장을 역임했었을 정도로 사회적 위상도 갖고 있는 분에게 어떻게 하여 거절할지를 몰라 매우 곤란하게 대화를 나눌 수밖에 없었다. 그렇지만 학자의 입장에서 책 내용의 본질은 바꿀 수 없다고 확실히 말씀드릴 수밖에 없었고, 다만 이렇게 특사로 직접 오신 입장을 생각하여 바꿀 수 있는 범위에서 단어나 자귀는 수정해 드리겠다고 위무하여 정중히 되돌아가시게 할 수밖에 없었다.

그 후 종약원 인사를 통해서 전해들은 바에 의하면, 나의 책에 쓰인 이승만 박사 내용에 대해 종약원 차원에서 심도있는 대책회의를 했었다고 한다. 종약원 내에서는 워낙 중대한 문제라 종약원의 이사장을 비롯한 핵심간부 전원이 특별히 하루를 택하여 격론을 벌였다고 한다. 더군다나 회의를 연 장소는 당시 아무도 들어갈 수 없는 창덕궁 후원(금원)의 깊은 곳에 있는 옥류천 근처로서[8], 외부인사가 전혀 발을 못 붙일 장소에서 사실상 삼엄한 분위기로 비밀리에 진행했다고 한다.

그리하여 나의 책에 담긴 이승만을 역적이라고 한 것에 대해 격렬한 토론이 있었던 듯하다. 그런데 한 쪽에서 격렬히 성토를 하자 다른 쪽에서는 말하길, 그렇다면 안교수가 쓴 내용에 있어서 틀린 사실을 쓴 것이 있느냐는 반론이 계속 나왔다고 한다. 사실을 사실대로 정확히 쓴 것을 갖고 토론을 하니 쉽게 결론이 날 수가 없었다. 따라서 그 비밀회의의 결론은 안교수의 책에 대해서 종약원은 중립적으로 조용히 입을 다물고 있자는 것으로 끝맺음이 되었다는 것이다. 전주이씨 황실가문에서는 누구나 꼭 읽어야할 필독서라는 견해와, 안교수를 성토하는 견해의 중립점에서 타협을 맺고 끝난 것이었다.

그러나 이 때에 종약원에서 벌인 이승만 파동은 결코 파동이 될 수 없는 것이었어야 한다. 왜냐하면 이승만 파동은 종약원이 황실가문의 입장에 섰었다면 전혀 일어날 수 없는 것이었기 때문이다. 이승만은 역사 속의 인물로서 학자들의 객관적 평가를 받는 입장에 있다. 앞으로도 종약원은 올바른 방향을 잡는 기준이 황실가문답게 나갈 것이냐, 씨족이기주의에 집착할 것이냐를 명쾌히 살피는 가운데 민족사를 밝히는 선구자가 되어야 할 것이다.

이승만 파동은 종약원에서 황실가문파와 씨족이기주의파가 부딪치며 일어난 것이다. 이것은 앞으로도 종약원이 어떤 길을 걸어야 하느냐의 주요 준거 사례가 될 것이다. 전주이씨대동종약원은 전국의 어떤 씨족집단보다도 역사의식이 확고하고 황실의식이 뚜렷해야 존경받는 황실가문이 될 것이다.

그리고 또 한 가지! 종약원이 황실가문으로 확고한 위상을 가지려면 항

8) 이 곳은 2004년부터 일반인에게 제한적으로 공개가 되고 있다.

상 당당한 운영을 해야만 되겠다. 영광의 역사를 개창시키는 종약원이라면 투철한 황실역사의식에 곁들여, 깨끗한 종약원이 되어야 할 것이다. 그간 종약원을 운영함에 있어서 많은 사람들이 헌신적으로 봉사를 했으나, 그렇지 않았던 예외사례도 있었기에 그것만은 꼭 짚고 넘어가야 할 일이라 생각된다. 황실가문의 종사(宗事)를 빌미로 삼아서 혹시 사리사욕을 채우는 바는 없는가 항상 유의되어야 할 것이다. 이호창 선생의 지적을 들어보자.

「종약원 일을 맡은 사람들은 사명감과 함께 청렴해야 합니다. 전주이씨대동종약원은 예전으로 말하면 나라님을 배출한 곳이고, 나라의 기둥 구실을 하는 집단입니다. 그러니까 예전의 왕조시대에는 종친에 대한 관리가 항상 엄격했습니다.

그런데 듣자하니 종약원 업무를 오래 보았던 어떤 사람이, 은퇴하고서 골동품상을 열었을 정도의 인물이 있다니 개탄스럽습니다.

그 사람에게 나도 아끼는 물건을 주었어요. 돌아가신 비전하(방자여사)를 직접 모시고 찾아 와서는 제가 아끼는 물건을 아주 좋다고 만져보고 과도하게 칭찬을 한 뒤에, 시간이 얼마간 지난 훗날에는 혼자 나타나 그 물건을 비전하가 꼭 갖고 싶다고 한다기에 주었습니다. 계속 몇 번을 강조해 말하니, 주지 않을 수가 있습니까?

그런데 훗날 알고보니 그것은 비전하께 간 것이 아니었고, 그 자가 착복을 했습니다. 제가 매우 아끼던 것이었는데, 지금도 서운한 생각이 듭니다. 제 주변에서도 그렇게 물건을 뺏겼다고 분노하는 얘기를 여럿 들었습니다. 얼마나 착복을 했으면 골동품상을 노년에 열 수 있겠습니까?」

여섯번째 주제

이문용 황녀 신원운동

- 신원운동
- 어린 시절
- 학창 시절
- 결혼생활
- 간첩 누명
- 여성 동맹 위원장
- 최후의 고통
- 출옥 이후
- 박정희 대통령의 호의

신원운동

신원(伸寃)이란 가슴에 맺힌 원한을 풀어버리는 것을 뜻한다. 그러므로 신원이란 말을 쓸 정도의 상황은 사실상 그렇게 많을 수가 없다. 가슴 속에 응어리가 질 정도로 맺히고 맺힌 최악의 원한이 있을 때에 쓰는 것에 적절한 단어가 신원이기 때문이다. 그런데 여기서 말하는 이문용(李文鎔) 황녀의 생애는 정말 가시밭길이었다.

앞에서 대한황실을 복원하려는 흐름 속에 전혜원, 이석, 이초남 황손에 대해 살펴 보았고, 종묘대제 부활의 역사를 얘기했다. 그렇다면 그러한 황실복원사에 있어서 결코 눈을 감고 그냥 지나칠 수 없는 매우 중대한 사안의 하나가 바로 이문용 황녀에 대한 것이다. 그런데 이문용 황녀의 생애는 그 어느 곳에서도 찾아보기가 어려운 기구한 삶에 해당하고, 황실복원의 과정에 있어서 언젠가라도 꼭 신원운동이 필요한 일생이었다고 하겠다.

이문용 황녀의 생애는 그렇기에 소설가 유주현에 의해서 약 30년 전에 장편 소설로 이미 출간이 되었을 정도로 생생한 드라마이다.[1] 소설가가 아무리 창작을 한다고 해도 쉽게 상상해 낼 수 없을 정도의 소설이었기에, 춘원 이광수가 두 번이나 이문용 황녀에게 자기가 소설로 쓸 수 있게 해달라고 간청을 했었을 정도로 소설같은 생애이다.

여기서 일단 소설가 유주현의 장편 소설을 주요한 사료로 보아서 간략하게 점검을 하고서, 이문용 황녀에 대한 신원운동을 말해 보기로 한다. 다만 여기서 사전에 말할 것은 소설가 유주현의 소설을 얼마나 사료로서 역사적인 신뢰를 할 수 있을 것인가에 대한 것이 논의될 수가 있겠는데, 그것은 큰 문제는 없으리라고 본다. 왜냐하면 소설은 일단 소설이라고 보

1) 유주현, 황녀(동화출판공사, 1975) 상 중 하권.

고서 살펴보면 되겠기 때문이다.

어린 시절

이문용 황녀는 광무(고종)황제의 첫 번째 딸로 태어났다. 광무황제는 아드님이 세 분 계시고 따님이 한 분 계시는 것이 지금까지 공식적으로 알려진 역사이다. 광무황제의 아드님은 명성황후에게서 낳은 첫 아들 융희(순종)황제, 그리고 두 번째로 장귀인에게서 낳은 의왕(義王)이 있고, 세 번째로 엄귀비에게서 낳은 영왕(英王)이 있다. 그리고 따님으로는 양귀인과의 사이에서 낳은 덕혜옹주가 있다. 그런데 지금까지 공식적으로 알려진 따님인 덕혜옹주 외에 숨겨진 따님인 이문용 황녀가 있는 것이다. 이문용 황녀는 영왕과 덕혜옹주 중간에 태어났다. 그러니까 첫 딸인데 비밀리에 숨겨서 길렀기 때문에 덕혜옹주가 외동딸이 된 것이 공식적인 역사이다.

이문용 황녀는 경자년(1900년)에 서울 계동에 있는 민가(民家)에서 태어났다. 그녀의 부친은 광무황제이고, 모친은 45세 되는 중년의 염상궁(廉尙宮)이다. 그런데 염상궁이 광무황제의 성총(聖寵)을 입어 이문용 황녀를 잉태했으나, 당시는 영왕을 낳은 엄귀비의 위세가 너무 커서 후궁이 되지 못하고 조용히 궁 밖으로 밀려나 아기를 낳을 수밖에 없었다고 한다.[2] 그때는 영왕이 3세가 되는 때였다.

이문용 황녀의 출생은 민영익 대감이 깊게 관여되어 도움을 준 듯 하고, 염상궁은 출산 후 3일 만에 대궐에서 보낸 사약을 마시고 세상을 떠났다고 알려져 있다. 그런데 여기서 이문용 황녀라고 하는 말은 엄밀히 말하면

---

2) 상궁이나 나인 등의 정식궁녀들은 기본적으로 왕이나 세자 등 주인의 여자로 간주되는 신분이었다.
신명호, 궁궐의 꽃 궁녀(서울:시공사, 2004), p.259.

공식적 용어는 아니라고 하겠다. 황녀(皇女)라는 말은 유주현 작가의 소설 제목으로 나오면서 쓰여진 것이지 공식적인 용어가 아니다. 이문용 황녀는 엄밀히 말하면 옹주가 맞다. 황실에서는 황후가 낳은 딸은 공주가 되고, 황후가 아닌 다른 여인이 낳은 딸은 옹주라고 부르기 때문이다.[3] 그런데 이문용 황녀는 공식적으로 옹주라고 정해진 바가 없다. 그래서 유주현의 소설도 제목을 황녀라고 썼으니, 황녀는 소설가가 어쩔 수 없이 궁여지책으로 쓴 것이다. 그러므로 이제부터는 여기서도 궁여지책으로 문용옹주라고 쓰기로 한다.

문용옹주를 극비리에 낳아서 숨길 수밖에 없게 된 까닭은, 애초에는 황실 내에서의 역학관계로 말미암은 것이라고 하겠다. 막강한 권력을 쥔 엄귀비의 견제를 받게 될 상황으로 인해서 극비리에 숨겨져 키워야 문용옹주의 안전을 보장할 수 있음은 물론이었고, 황실 내의 평온을 유지하기 위해서도 그런 비밀 책을 쓸 수밖에 없었다고 생각이 된다. 그런데 시간이 흘러 침략일본에 강점을 당한 뒤에는 더욱 극비리에 존재를 숨길 수밖에 없었다고 하겠다. 그것은 대한황실의 오염 단절을 꾀하는 침략일본의 독수에 의해서 모든 황실 자녀들은 일본인과 강제결혼을 하도록 하는 무서운 때에 있어서, 문용옹주의 존재가 알려지면 덕혜옹주와 같이 어린 나이에 억지로 일본에 끌려가 일본인과 강제결혼을 당하고 비극적 삶을 살아야 되었기에, 그것을 어떻게라도 막아야 했었기 때문이었다.

문용옹주를 갓난 젖먹이 때에 멀리 시골로 내려 보내는 일을 한 사람은 이재곤 대감과 궁궐에서 나온 임상궁이었다. 이재곤은 광무황제의 사촌이었고 그에 의해서 문용옹주의 이름은 정해지는데, 그 이름은 아마도 광무황제가 지어준 것일 가능성이 높고 용(鎔)은 광무황제의 바로 아래 항렬이다. 광무황제의 사촌이 이름까지 지어서 임상궁과 비밀리에 시골로 보

3) 김용숙, 조선조 궁중풍속 연구(서울:일지사, 1987), p.415.

냈다는 것은, 광무황제의 뜻에 따라서 그대로 시행한 것이라고 볼 수 있다. 항렬까지 용(鎔)으로 맞춘 이름에다 가장 믿는 측근인 사촌과 임상궁을 시켰기 때문이다.

그런데 이렇게 극비리에 준비하여 시골로 보냈는데, 문제는 아기를 안겨 보내는 유모에게서부터 발생한다. 세상에 있기 어려운 몹쓸 여인을 택해서 보낸 결과가 된 것이다. 문용옹주를 시골로 데려가게 한 사람은 민영익 대감이 신뢰하는 하인 손씨였는데, 그가 그 무렵에 부인을 잃어 젊은 과부 하나를 붙여서 짝을 지어 보낸 것이 화근이 된 것이다. 그 과부 유모는 당시 아들 하나를 낳아서 젖이 충분했는데, 아기가 잘못되어 죽은 뒤에 혼자 사는 중이라 급히 하인에게 짝을 지워서 부부로 만들어 시골로 보낸 것이다. 그리하여 천안까지는 가마를 태워 보내고, 그 이후는 비밀을 지키기 위해 하인 부부가 안고서 걸으며 가게 하였다. 목적지는 경북 김천 동부면의 방앗골이란 곳으로서 전답을 충분히 사서 농사를 지으면서 살 돈을 들려 보낸 것이다.

그런데 몹쓸 요부인 유모가 이웃집의 사내와 눈이 맞아 바람이 나서 놀라운 범죄를 저지르는 것이다. 유모는 이웃집 남자와 바람을 피우다가 어느날 남편에게 들키게 되니, 얼마 후에 남편을 몰래 죽게 만들었다. 그리고는 집과 모든 전답을 팔아서 이웃집 사내가 이사 간 김천 시내로 찾아가 첩살이를 하다 쫓겨나 자기도 비참하게 죽었다. 그렇게 되니 어린 문용옹주는 방앗골의 산골마을에서 고아 거지가 되어 처참하게 살아갈 수밖에 없었다. 들판에서 아무 것이나 뜯어 먹고 버린 음식도 주워 먹는 등 먹는 것은 물론이고, 옷도 거지같은 낡은 옷 하나로 버티며 아무 곳에서나 쓰러져 자는 아이가 방앗골에 숨겨진 옹주였다. 굶는 때가 많았고, 상가집이나 생기면 찾아가 배불리 먹는 비극의 신세였다. 사람이 아니라 들판에 버려진 짐승과 같이 되어 개구리나 메뚜기도 잡아 먹고 밭에 있는 풋고추, 호박, 가지 등을 몰래 따 먹으며 야생동물과 같이 살았다.

학창 시절

들판에 버려진 아이로서의 야생동물과도 같은 생활을 하던 문용옹주는 아홉 살 생일을 맞으며 서울로 보내진다. 비참한 옹주님의 모습을 비밀리에 탐지한 임상궁이 직접 내려와서 문용옹주를 서울로 데려 갔으니, 서울 원동(苑洞)의 민가에서 임상궁을 이모라고 부르며 살아가게 된다. 사실상 이 때부터 임상궁과 함께 산 약 8년간이 문용옹주의 생애에 있어서는 가장 행복한 때에 해당한다고 하겠다. 평생에 걸쳐서 행복을 모르고 살았으나, 학창 시절인 이 때 만은 나름대로 행복의 의미를 알고 살았다고 하겠다.

12일 만에 서울까지의 여정을 끝내고, 서울 죽동궁 민영익 대감 댁의 뒷방에서 일단 숨어 지내며 임상궁이 한글과 천자문 등을 가르쳤다. 그리고 민영익 대감 댁에 있은 지 사흘 되던 날에 양사골 대감이라는 이재곤 부부가 찾아와 울음을 터뜨리며 얘기를 해 줬다.

> 「네 아버님은 태황제 어른이시다. 나는 그 어른의 사촌이구. 너는 일본에 가 계시는 영왕과 이복동기야.」

그리고 얼마 후에 창경궁 남쪽 돌담 용마루가 빤히 보이는 원골(苑洞) 집으로 이사를 갔다. 집안은 작지만 잘 꾸며져 있었고, 침모(針母)와 동자치(食母) 및 조전비(侍女)랑 여자 다섯이 사는 집이 되었다.

문용옹주는 열 살 때에 재동학교에 입학하였으니, 방앗골에서 온 뒤에 곧 학교에 들어간 것이고 열 네 살에 초등학교를 졸업하게 된다. 그리고 곧 이어 엄귀비가 세운 진명학교에 진학을 했으니 오늘날의 진명여자고등학교에 해당한다. 문용옹주는 생애에 있어서 특히 진명학교에 다닌 때를 가장 행복한 때로 기억하고 있다.

그런데 진명학교 학생 때인 17세 나이(1916년 2월 20일)에 고균 김옥균의 당숙이 되는 김한규 댁의 장남 김희진에게 시집을 가면서 인생은 다시금 가혹한 가시밭길을 가게 된다. 당시 신랑은 신부보다 세 살 아래로서 14세였다. 그리고는 진명학교의 학업은 계속되었다. 남편은 양정고보를 다녔다. 그리고는 3년 뒤(1919년)에 남편은 일본으로 유학을 떠나게 되었다.

남편이 유학을 떠난 직후에 아버지 광무황제가 별안간 돌아가셨다. 이에 민심은 흉흉해지고 동경에서는 일본 유학생 600여명이 독립선언을 하는 등 큰 사건들이 터지고, 국내외에서는 3·1만세항쟁의 거센 활화산이 폭발했다. 그 무렵에 문용옹주는 차츰 헛구역질을 하는 등 태기(胎氣)가 나타나기 시작하였다.

결혼생활

나라 안팎이 3·1만세운동의 격동 속에 시끄러운 여름날(7월 16일)에 유학을 갔던 남편이 방학을 맞아서 귀국을 했다. 그리고는 남편이 시누이랑 함께 셋이서 한강 노들나루(노량진)로 뱃놀이를 가자고 해서 나갔다. 그런데 남편은 한강변에서 맥주 세 병을 사 갖고 와서는, 비극적 상태에 있는 나라 걱정을 하면서 그것을 거의 혼자 다 마셨다. 그리고는 수영을 한다고 물로 들어가서는 쭉 헤엄쳐 나가 익사를 한 것이다. 제대로 된 결혼생활도 거의 못하고서는 홀몸이 되고 말았다.

그리고는 가을이 되어(10월 29일) 아들을 낳았다. 그리하여 아기 엄마가 된 상태에서 진명학교의 학업은 계속되었다. 아기는 전통적인 가풍에 따라서 시부모의 손에서 거의 길러졌다. 그런데 다음해 9월 초이튿날 밤에 다시금 비극이 엄습해 왔으니, 열 달된 아들이 폐렴으로 숨을 거두고 말았다.

고통 속에 살아가고 있는 문용옹주에게는 그러나 계속되는 신변문제가 있었다. 그것은 이지용과 김형규의 괴롭힘이었다. 먼저 이지용(李址鎔)은 대원군의 형인 흥인군 이최응의 손자로서 희대의 몹쓸 인물이었다. 김형규는 시아버지와 형제간인데, 시아버지 김한규가 양자를 와서 재산이 그 쪽으로 상속이 되었다고 끊임없이 행패를 부리는 자였다. 이지용과 김형규는 노름판, 마약, 주색잡기에 몰입하여 돈이 궁하면 와서 행패를 부렸는데, 특히 문용옹주의 비밀을 일본경찰에 알린다는 협박을 끊임없이 계속하며 돈을 뜯어갔다.

이렇게 되니 시아버지 김한규는 문용옹주를 비밀리에 상해로 망명을 시켰다. 문용옹주는 상해에서 이광수, 조봉암 등을 만났다. 이광수는 훗날 문용옹주의 비밀을 알고서 소설을 쓰겠다고 두 번씩이나 찾아오게 되는데, 이 때에 이광수는 상해에서 처음으로 문용옹주를 만났다. 다만 이광수가 문용옹주에 대한 소설을 남기지 못한 것은 침략일본의 공포 속에 숨어 지내는 문용옹주가 거절했었기 때문이었다. 그런데 상해 망명생활은 시어머니의 위독 소식을 받고 끝내며 귀국을 하게 된다.

그 무렵 시아버지는 김형규의 행패에 견디다 못해 전 재산을 팔아서 철원으로 이사를 간다. 그것이 훗날 문용옹주의 삶에 큰 멍에가 된다. 그런데 철원으로 이사를 가서 석 달 만에 시어머니가 돌아가셨다. 문용옹주는 시어머니가 남긴 6남매와 시아버지가 소실(첩)들에게서 낳은 6남매를 합해 12남매를 기르는 책임을 지게 된다. 그런 중책을 맡기고 시아버지도 3년 후에 세상을 떴다. 시숙 김형규는 끊임없이 재산을 뜯어가려고 행패를 부렸다.

간첩 누명

고통에 고통만이 이어지는 시집생활이 계속되었다. 그러다가 어느날 근처의 절로 가서 머리를 깎고 비구니가 되었다. 어린 시절 방앗골에서부터의 긴 고통과 외로움이 계속 축적되면서 모든 것을 잊고 스님이 된 것이다. 그러나 얼마 후에 그 소식을 알고서 시동생과 시누이 전원이 절로 달려와 붙들고 우는 바람에 집으로 다시 되돌아 올 수밖에 없었다.

그런데 어린 시동생과 시누이들을 기르면서 세월을 보내는데, 다시금 가혹한 시련이 닥친다. 시아버지가 일찍 유학을 보냈던 큰 시동생 김철진이 중국과 스웨덴을 거쳐서 귀국을 했는데, 독립운동을 하는 아나키스트(Anarchist)가 되어 돌아온 것이다.[4] 문용옹주는 이제 시동생 김철진이 경찰에 쫓기는 신세가 되면서 보다 큰 시련을 맞는다. 이 무렵에 이광수가 철원에 찾아와 소설을 쓰겠다고 간청한다.

그 후 쫓기던 시동생은 도망다니고 숨어지내다가 할 수 없이 자수를 했고, 보도연맹(輔導聯盟)이란 단체에 강제로 편입되었다. 이는 총독부에서 만든 단체로서 항일운동을 하다가 잡혀 전향한 사람들의 선도단체라는 성격의 조직이다. 이 무렵 미군의 B29 폭격기에 의해 두 번이나 철원이 아수라장으로 변하는 상황이 벌어졌다. 이렇게 되자 철원의 재산을 처분하여 서울로 이사를 오는 결정을 내리도록 되었다. 그런데 이 무렵에 이광수는 다시금 찾아와 간청을 하였다. 그리고는 침략일본의 패전으로 8·15 조국탈환의 날을 맞게 된다.

시동생 김철진은 이즈음에는 집안살림의 주인노릇을 하면서, 문용옹주에게 서울에다 집을 한 채 사서 이사를 하게 하였다. 다른 동생들은 철원의 재산이 모두 팔리면 데리고 온다고 하고는 고생을 많이 한 문용옹주만 우선 명륜동에 마련한 집에 이사를 가도록 한 것이다. 그런데 별안간 비극의 38선이 막힌 것이다. 그러나 시동생 김철진은 서울에 여섯 번이나 몰래 나타나 금붙이와 패물을 생활비로 전해 주고는 철원으로 갔다. 금괴도 세

4) 아나키즘은 무정부주의로 번역을 하는데, 그 일반적인 번역은 틀린 것이다. 아나키즘은 인간이 만든 정치제도와 종교제도는 인간을 고통 속에 몰아넣는 잘못된 제도라는 입장에서 초이상(超理想) 사회를 만들자는 것이지 단순히 무정부주의로 번역되는 것이 아니다.

덩어리나 갖다 주었다.

그런데 서너 해를 조용히 지낸 어느날(1949년) 봄에 네 명의 수사관이 들이닥쳐 수갑을 채우고 잡아가는 것이었다. 빨갱이 간첩이라는 것이다. 시동생 김철진이 간첩이고 문용옹주는 거물간첩이라고 몰아치는 것이며, 시동생이 생활비로 갖다 준 금괴 3덩이는 활동 공작자금이라는 것이었다.

여성 동맹 위원장

문용옹주가 거물 여간첩인가? 시동생 김철진 간첩에 포섭된 여성 간첩 두목으로 몰려 가혹한 심문을 받는 문용옹주는 수사관들에게 본인의 결백을 밝히는 변명을 아무리 해도 곧이 듣지를 않았다. 문용옹주에 대한 고통스런 심문은 계속적으로 이어지며 유치장에서 석 달이나 갇혀 지내야 했다.

문용옹주는 당시 수사관들에게 연행되면서 민덕연이라는 이름으로 잡혀 갔다. 문용옹주는 그 나이가 되도록 민적(民籍)이라는 것이 없었다. 조선시대에 호패제도가 있다가 일본침략 이후에 요즘의 호적제도인 민적제도가 생겼으나 문용옹주는 민적에 올라 있질 않았다. 낳으신 아버지인 광무황제를 아버지로 밝힐 수도 없고, 낳은 어머님이 염상궁인지 임상궁인지도 잘 몰랐고, 계속 숨어 지내는 입장에서 민적을 올리지 못하고 살았다.

혼인을 한 뒤에도 개인적인 상황이 난감하니까 혼인신고를 못하고 차일피일 시간을 끌다가, 별안간 남편이 죽게 되니까 혼인신고도 못해서 법적으로는 처녀였고 미혼상태였다. 법적으로는 아들을 낳은 적도 없는 것으로 살아 왔다. 그러니까 법적으로는 모든 것이 없는 것이었고, 이 세상에 존재하는 사람도 아니었다. 그러니까 수사관들에게는 더욱 의심이 크게 갔을 것이고, 진짜 거물 여간첩이기에 모든 것을 둘러 대면서 거짓말을 하는 것으로 오해를 증폭시켰을 수도 있다.

문용옹주는 그렇다면 왜 본인의 옹주 신분을 밝히지 않았을까? 그것은 아마도 당시 소문이 퍼지길 일본에 인질상태로 억류되어 있던 영왕이 귀국하여 대통령이 된다는 얘기가 퍼져 있었기 때문일 것이다.[5] 만약에 본인의 신분이 언론에 나면서 영왕의 바로 아래 동생이 간첩이라는 소문이 퍼지면 오빠에게 본의 아닌 피해를 주게 되리라고 보았기 때문일까? 어떻든 문용옹주는 계속 본인을 민덕연이란 가명으로 대면서, 단순히 본인은 빨갱이 여간첩이 아니라고 주장을 펴며 시간을 끌었다고 생각이 된다. 문용옹주에 대한 어떤 공식적 기록이 없는 상황에서 별안간 여간첩으로 몰리며 잡혀 갔기에, 민덕연이라고 말해도 누구나 그렇게 아는 상황은 거꾸로 생각하면 문용옹주가 계속 오해를 받게도 되어 있었다. 다만 아무리 조사를 해도 간첩혐의가 뚜렷하지 않은 50대 초로의 할머니 나이의 여인이기에 일단 풀려나올 수 있었다.

그런데 액운은 계속해서 꼬리를 물고 이어지는 것인가? 별안간 6·25전쟁이 터지면서 문용옹주는 다시 가혹한 길을 가게 된다. 6·25전쟁이 터지고서 닷새 만이니 서울이 인민군에 점령되어 공산치하가 된 다음날이 되는 6월 30일 밤에, 동네 여자 대 여섯 명이 집으로 달려와서 문용옹주를 공산당 지도자로 추대한다는 것이다. 그들은 문용옹주가 공산주의를 위해서 일하다가 잡혀가 엄청난 고생을 했으니, 그 마을의 여성동맹 지도자로 추대를 한다는 것이었다.

최후의 고통

문용옹주는 그 여인들에게 사실상 강제로 끌려 나갔다. 아무리 본인은

---

5) 유주현, op.cit. , 중권 p.298 참조.

공산주의도 모르고 아무 한 일도 없다면서 사양을 하고 변명을 해도, 막무가내로 끌고 가서는 여성동맹위원회 사무실에 가서 강제로 의자에 앉히는 것이었다. 그리하여 이유도 없이 의자에 10분간을 억류당하듯이 앉았다가 온 것이 여성동맹위원장으로 벼락출세를 한 모든 것이었다. 문용옹주는 이렇게 되니 더 이상 서울에 머물 수가 없어서, 이튿날 새벽으로 간단히 짐을 꾸려 갖고 피난길에 올랐다.

문용옹주는 국군과 인민군의 전투가 벌어지는 곳곳을 이리 피하고 저리 숨으며 온갖 고생을 하는 가운데 부산을 향해 계속 걸었다. 그리하여 8월 중순 쯤에 부산에 도착하였으니 약 두 달 반에 걸친 강행군을 한 것이다. 그리고는 용두산 근처 움막촌에서 삯바느질을 하며 피난생활을 이어간다. 그리하여 휴전회담이 될 무렵까지 부산 피난생활이 이어진다.

그런데 많은 사람들이 휴전이 된다며 서울로 떠날 때에, 본인도 부산에서의 삶을 청산하고 서울을 찾아 온 것이 문용옹주의 생애에 있어서 최후의 고통을 안기는 출발점이 된다. 서울 명륜동의 옛집을 찾아가니 다른 사람이 살면서 본인의 집이 되었다는 것이다. 그리고 나가지 않으면 빨갱이 여성동맹위원장으로 신고를 하겠다고 협박하는 것이다. 그리고 길에서 만난 동네 아줌마도 여성동맹위원장으로 신고를 하겠다는 눈치라 놀라서 도망을 갈 수밖에 없었다.

그리하여 문용옹주는 광주리 하나를 들고서 장사를 하며 시골길, 들판, 산골짜기를 헤매며 숨어 사는 떠돌이 생활을 시작한다. 누구에게 하소연을 해도 믿어줄 사람도 없고, 갈 곳도 없으니까 50대의 할머니는 다시금 자연 속에 버려진 야생의 삶을 살게 된다. 갓난아기의 나이를 겨우 넘긴 뒤부터 아홉 살 때에 서울로 오기 전까지 이어졌던 방앗골에서의 버려진 삶을 50대의 나이에 강원도 산 속에서 재연하게 된 것이다. 철원에 살았던 것이 잠재의식에 남아서, 명륜동에서 정처없이 떠나 의정부를 거치며 북쪽으로 걸어 나가 대부분의 시간을 강원도의 대자연 속에서 지냈다. 어린 아기 때의 야성적 생활의 경험이 있었고, 기나긴 고통의 삶이 있었기에 다시금 야성의 여인이 된 것을 이겨낼 수 있었던가? 때로는 날감자, 풋고추, 가지, 오이를 그냥 먹어 가면서, 예전 방앗골에서와 같이 해지고 낡은 옷에 머리도 엉망이었으니 흡사 정신병자의 모습이었는지 모른다. 이렇게 하여 환갑이 다 되는 나이까지 강원도를 걷고 달리며 야성의 시간을 보냈다.

그러다가 어느 산골집에서 예전에 철원에서 살 때에 데리고 있던 하인 맹서방을 만났는데, 그 맹서방이 수사기관에 일러서 잡혀가는 신세가 되었다. 10분간을 억지로 출세했던 여생동맹위원장의 업보는 가혹하게 문용옹주의 삶을 옥죄어 왔다.

잡혀간 문용옹주는 모든 것이 괴롭고 고통스러웠으며, 어떤 희망도 없는 삶이었기에 완전히 자포자기한 상태로 수사관 앞에 떠는 자세로 세워졌다. 졸지에 거물 공산당 지도자가 된 문용옹주는, 자기가 확실한 빨갱이라고 자청해서 자백을 하면서 감옥에 살게 해달라고 하는 입장이 되었다. 모든 것에 지쳤고 모든 것을 체념한 사람으로서, 그저 역사의 소용돌이에 휘말려 들며 스스로 고통을 찾아가는 것이었다.

문용옹주에게는 10년형이 선고되었다. 거물 여성동맹위원장이었지만 할머니라 사형을 면했는가? 알아서 본인이 죄가 있다고 죄를 스스로 말하는 할머니의 삶은 전주 교도소에서의 마지막 고통으로 이어진다. 10년간! 문용옹주는 감옥에서 흡사 구도자와 같은 세월을 보낸다. 너무나 모범적이라 모범수로 표창도 받았다. 그러나 문용옹주에게는 절대로 감형이 없었다. 거물 빨갱이 여성동맹위원장에게는 감형의 혜택이 없었던 것이다. 문용옹주가 감옥에 있는 사이에 4·19혁명이 있었고, 5·16혁명도 일어났다. 이러한 전환기에는 많은 죄수들이 감형되고 특사로 풀려났으나, 문용옹주에게는 절대로 은혜가 베풀어지지 않았다.

그렇게 감옥에서 살아가며 10년형을 다 채울 무렵에, 어느날 너무도 심각하게 몸이 아파 죽을지도 모른다는 생각까지 들었다. 그리하여 문용옹주는 마지막으로 죽을 것 같은 상황에서 간수에게 본인이 광무황제의 숨겨진 딸이요 옹주라고 실토를 하며 본모습이 알려지게 된다. 그러나 운명은 너무도 가혹하여 당시의 감옥에서는 문용옹주의 얘기를 믿어주는 사람이 없을 정도였다. 그리하여 10년형을 정확히 채우고서 출옥을 하게 된다. 여기까지가 소설 황녀의 요약된 내용이다. 그러나 문용옹주는 미결수 때의 2년을 합해 12년의 감옥생활을 끝내고 나와서 갈 곳이 없었다. 차라리 감옥에서 여생을 보내게 해달라고 간청도 했으나, 법에 따라 감옥에서 내보내졌다.

출옥 이후

문용옹주의 경건한 감옥생활이 끝나고 출옥한 뒤에, 그녀가 전라북도 이리시에서 셋방에 살고 있고[6] 캐나다 여자선교사가 돕는다는 얘기가 알려진 것이 출옥 뒤에도 한참 시간이 흘러서였다. 그런데 소설 황녀의 내용을 지금까지 요약해 살펴 본 것과, 큰 줄거리야 모두 맞겠지만 사실과 부합되지 않는 바도 있는 듯 하다. 소설가에게 지난 세월을 구술해 준 것은 문용옹주 자신이었겠지만, 경우에 따라서는 문용옹주의 기억이 부정확한 것도 있을 수 있고 소설가가 어쩔 수 없는 입장에서 바꿔 쓸 수밖에 없는 내용도 있었을 것이고 잘못 전달을 받아서 나온 오류도 있을 수 있겠다. 일단 이호창 선생의 얘기를 들어보자.

> 「신문에 난 이문용 옹주에 대한 기사내용을 듣고 운현궁의 노락당 할머니를 뵈러 갔습니다. 그래서 노락당에게 이문용 옹주가 임상궁의 딸입니까 하고 여쭈웠습니다. 그랬더니 노락당은 네가 어찌 알고

6) 이리시는 훗날 익산시로 고쳐졌다.

이문용 옹주

서 묻느냐며 놀라시는 것이었습니다. 그래서 신문기사를 말씀드렸더니, 그게 그저 살아 있구나, 그런 일이 있었지, 내가 새색시 때에 들었다고 말씀을 하시는 것이었습니다.

당시 임상궁이 잉태한 것을 엄귀비가 알고서는 똑똑한 아들을 낳을까 우려하며 일을 꾸몄답니다. 그래서 임상궁이 자는 방에 구둘을 뚫고서 밤나무 장작을 때게 하였답니다. 밤나무 장작의 개스를 맡으면, 사람이 간질을 앓는 환자와도 같이 발작증세를 보인답니다. 엄귀비는 임상궁을 그렇게 만들어서, 거품을 물고 눈동자가 이상하게 되어 경련을 일으키는 모습을 광무황제에게 보여 드렸답니다. 임상궁이 간질병 환자라고 일러 바친 것입니다. 당시의 법도로는 간질병을 앓으면 궁궐에서 내보내게 되었답니다.[7] 그렇게 하여 궁궐에서 내쫓아 보냈는데 나중에 딸을 낳은 것입니다.

그런데 딸을 낳은 것이 알려지면, 그 후에는 다시 일본인들이 일본으로 잡아갈 테니까 계속 시골에 숨겨서 기른 것이었지요. 몰래 김옥균 선생의 당질에게 시집을 보냈는데 과부가 되었고 낳은 자식도 죽게 되니 장례를 치른 후에 상해로 보냈습니다. 일본인들에게 알려지는 것이 항상 두려웠기 때문 입니다. 그 후에 귀국을 하여 가회동에 살았다가 일본패망과 광복을 맞게 되었습니다.

그 후 38선이 갈리게 되었는데, 시동생이 원산에 있는 땅을 팔아 온 것이 화근이 되었습니다. 시동생은 땅을 판 이북돈을 갖고 왔으니, 이

7) 궁녀들이 중병에 걸리면 대궐 밖으로 나가서 치료해야 했다. 혹시 다른 사람들에게 전염을 시킬까 염려해서 였다. 궁녀들은 완쾌되기까지 상당한 기간을 궁궐 밖에서 머물렀다. 신명호, op.cit., pp. 261-262.

곳에서 쓸 수가 없었습니다. 그래서 다시 이북으로 넘어가 금덩이로 바꿔 한 도시락을 갖다 주고 이북으로 갔는데 그 후는 못 나왔습니다. 이문용 옹주는 그 금을 팔아서 생활을 했는데, 그 금을 산 사람이 경찰에 신고를 하여 잡혀 간 것입니다. 그 금덩이에 이북 표시가 되어 있어서 보름간 경찰에 잡혀 심문을 당했습니다.

그리고 나중에 6·25전쟁이 끝나고 나서 강원도 횡성의 산소에를 갔습니다. 갔더니 예전에 보성전문학교 교육까지 시켜준 묘지기 아들이 신문에 수배된 기사를 보고서 알고 있다가 신고를 하여 구속이 되었습니다. 재판을 받는 중에 광무황제나 친정 얘기를 했으면 되는데, 전혀 언급을 않고 있으니 뒤에 큰 간첩 조직망이 있으리라고 오해를 받아 긴 기간을 전주교도소에서 수형생활을 한 것입니다.

당시 정보기관에서는 이문용 옹주가 명쾌한 얘기를 않으니, 배후에 거대한 간첩조직이 있는 줄 알고는 유인책도 썼습니다. 교도소에서 죄수로 수형생활을 하는 중인데도 취직을 시켜준다고 하고는, 중앙정보부[8] 요인 집에서 집을 보는 일을 시켰습니다. 그것은 혹시 간첩조직이 찾아 올 것이라는 생각에, 항상 근처에 두 명의 수사관이 몰래 숨어서 망을 보며 지키는 형태로 이루어졌습니다. 그런데 이문용 옹주가 어느날 걸레질을 하다가 지쳐 쓰러져 버렸고, 쓰러진 옹주에게 심문을 하며 경찰이 이것저것을 물으니 내가 광무황제의 딸이라고 그 때에야 겨우 말을 한 것입니다.

그러나 당시는 누구도 믿지를 않았고, 일단 글씨를 써보라니까 궁체 글씨를 너무나 달필로 잘 써서 놀랐습니다. 그리고 학력을 물으니 진명학교 1회 졸업생이라고 하여 계속 심문을 받게 된 것입니다. 진명학교는 당시 대감님 딸 정도만 다니는 사실상의 황립 학교였다고 합니다. 그리하여 이어서 여러 가지로 다양하게 조사를 해보니 틀림없는 옹주라고 결론을 내리게 되었습니다.

---

8) 당시는 중앙정보부였다가 훗날 국가안전기획부를 거쳐 국가정보원이라고 명칭이 바뀌었다.

그 후 이환의 씨가 나서서 정부측에 지원을 요청하게 되었고, 나중에는 정부에서도 전주시에 있는 경기전 재실에서 노후를 보내시게 해 드렸던 것입니다.」

그렇다면 소설 황녀와 결정적으로 다른 부분은 두 가지가 된다. 하나는 엄귀비가[9] 확실하게 음모를 꾸며서 임상궁을 몰아낸 것이 소설에서는 약간 얼버무려져 있는 것이고, 또 하나는 특히 38선으로 남북분단이 된 뒤부터의 여러 내용들이 상당히 소설과 다른 것이 지적되어야 하겠다.

문용옹주가 비밀리에 시골에 보내져서 살 수밖에 없었던 것이 엄귀비에 의한 음모였음을 소설에다 명쾌하게 밝히기는 쉽지 않았을 것이다.[10] 그런데 거기서부터 출발된 비극이 침략일본에 의해 강제로 일본땅에 끌려가지 않으려는 발버둥을 통해, 더욱 비극적인 삶을 산 것은 나름대로 소설에 상세히 나와 있다. 그런데 38선 분단 이후의 얘기는 문용옹주가 중앙정보부에 끌려가면서 노출이 되기 때문에 상당한 부분이 소설에서는 은폐되고 왜곡되어 있다고 생각이 된다.

문용옹주의 생애는 그러나 중앙정보부가 아니었으면 세상에 결코 알려지지 않고 사라진 역사가 되었을지도 모른다. 문용옹주는 6·25전쟁이 끝나고 잡혀서, 감옥에서 4·19혁명과 5·16혁명을 거치고 제3공화국 초기에 출옥된다. 그런데 출옥되는 것이 바로 중앙정보부가 창설된 초기였기 때문에, 중앙정보부에서는 당시 감옥에 잡혀서 수형생활을 하고 있는 죄수들에 대해서 면밀한 재조사를 하는 일이 생긴 것이다. 중앙정보부가 창설되지

9) 엄귀비는 당시 영왕을 낳은 데다가, 아관파천을 성사시킨 공로로 황실에서 결정적인 권한을 행사하고 있었다고 한다.

10) 광무황제는 명성황후가 시해되고 단지 5일 만에 엄귀비를 궁궐로 불러 들여 임금이 양심도 없다고 장안 백성들이 한탄했다고 한다. 엄귀비는 생김새가 명성황후와 비슷하며 권모술수도 비슷했는데, 임금의 총애를 독차지하고 정사에 간여하여 뇌물을 받으며 거침없기가 명성황후 때와 같았다고 한다.
황현, op.cit., pp.232-233.

않았다면 문용옹주는 평범하게 조용히 수형생활을 마치고 감옥에서 나와서는 말없이 노후를 보내다 사라졌을 가능성도 크다.

그러나 중앙정보부에서는 서류상으로는 거물급 간첩으로서 여성동맹위원장이었다는 비밀의 여인이며, 민덕연이라는 가명을 쓰고 있는 석연치 않은 여인에 대해서 특별히 주의하는 가운데 재조사 작업을 벌였다. 그 과정에서 문용옹주의 실체가 드러나며 문용옹주가 확실하게 광무황제의 딸이란 것이 확인됐던 것이다.

전해지는 얘기에 의하면 문용옹주는 조사과정에서 심각하게 고문을 많이 당했다고 한다. 그리하여 손가락 사이의 뼈마디가 나중에도 그대로 보이는 곳이 있을 정도로 심한 고문 흔적이 남아 있었다고 한다. 고문을 많이 당해서 새로운 살이 훗날 전혀 돋아나지 않고 뼈가 보이는 그대로가 되어버린 것이었다. 그러나 문용옹주는 이렇게 극심한 고문과 조사에 있어서도 본인이 옹주란 얘기를 절대로 말하지 않았고, 그저 어쩔 수 없이 여성동맹위원장이 되었을 뿐임을 계속적으로 얘기하니 중앙정보부에서는 끊임없이 거짓말을 하는 거물간첩으로 주목했던 듯하다. 그러다가 종국적으로 쓰러지며 기진맥진한 가운데 본인이 문용옹주라고 밝히게 되고, 문용옹주가 말한 모든 곳을 다 확인하니 옹주가 확실하다는 결론을 내리며 석방을 했다고 하겠다.

문용옹주는 중앙정보부의 창설초기에 있어서 거물간첩 죄수 재조사 과정에서 우연히 찾아낸 옹주이며, 광무황제의 숨겨진 첫 딸로서 무고한 죄없는 죄수임이 드러나게 된 것이다. 훗날 당시에 조사를 했던 책임자가 문용옹주를 찾아와 수없이 사죄를 했다고 한다. 그리고는 본인이 조사한 내용을 바탕으로 유주현 작가에게 모든 것을 알리며 소설 황녀로 탄생이 되게 되었다고 하겠다. 그러나 문용옹주가 중앙정보부에 의해 옹주로서 밝혀지는 과정을 소설에서는 전혀 찾아볼 수 없다.

그러면 다시 문용옹주를 만난 이초남 황손의 애기를 들어보자.[11]

「제가 38세 무렵일 것입니다. 전주이씨대동종약원에 갔더니 전주의 경기전을 찾아가 보라는 얘기를 했습니다. 거기에 이문용 옹주가 계시는데, 할머님이 되시는 분이시니 찾아가 보라고 하는 것이었습니다.

그리하여 처음으로 경기전을 찾아가 인사를 올리고 제 사연을 말씀드리니까, 네 아버지(이우 황손)가 일본으로 가기 전에 약혼을 했지, 그 여자가 문화유씨였지라고 얘기하시면서, 나도 많은 고생을 했는데 네가 큰 고생을 했구나 하며 여러 얘기를 해 주셨습니다. 그리고는 면용(광무제 6촌) 할아버지를 찾아가라고 했습니다.

그런데 얼마 후 제가 면용 할아버지를 찾아가기도 전에, 면용 할아버지가 제가 근무하는 대한적십자사로 직접 찾아 오셨습니다. 이문용 옹주께서 얘기를 하여 찾아오신 것입니다. 면용 할아버지는 여러 가지 얘기를 하셨는데, 본인이 융희(순종) 황제를 만난 얘기 등을 하면서 그 분이 커피를 좋아 하셨는데 누군가 커피에 독약을 넣어서, 후유증으로 눈이 극심한 근시가 되고 생식불능의 고자가 되었다는 등의 말씀을 하셨습니다.

면용 할아버지는 저에게 어려서부터 운현궁을 드나든 호창이를 만나게 해주지, 그러면 운현궁에 대한 많은 것을 알게 될 것이야 하고 얘기를 했습니다. 또 면용 할아버지는 말하길 곤이(이명길 황손) 이름을 들어 봤어? 하고 물으셨습니다. 예 많이 들었습니다 하고 말씀드렸더니, 곤이가 살아 있지, 고주망태야, 곤이가 너를 찾으며 일본에 그대로 있는지 우리나라에 왔는지 알고 싶다고 아주 궁금해 했다고 했습니다.

그리고는 다음날로 즉각 곤이 숙부에게서 전화가 왔습니다. 그래서 아침 10시경에 소공동의 코롱빌딩 옆 다방으로 나가 면용 할아버지, 곤이 숙부랑 저를 포함하여 3인이 만났습니다. 거기서 제가 인사를 드리며 저는 시나가와에서 태어났습니다라고 하니까, 즉시 곤이 숙부는 눈물을 글썽이면서 네 모자(母子)를 거기서 봤다. 네 어머니는 어디 계시냐고 물어서 돌아가셨다고 말씀을 드렸습니다. 그리고는

11) 이초남 황손 면담, 2004.6.29, 서울교육대학교 필자연구실.

제가 부친께서 의부에게 제 모자를 부탁했고 그리하여 경남 고성에서 살았다고 말씀드리니까, 거기까지는 이미 형님(이우 황손)인 네 아버지에게 다 들었다고 하시는 것이었습니다.[12] 곤이 숙부랑 우리들 셋은 남대문 시장의 닭곰탕집으로 장소를 옮겨서 점심을 먹으며 얘기를 나눴는데, 그 후에 이 곳은 항상 만나는 단골집이 되었습니다.

저는 운전을 그 무렵에 배웠습니다. 그것은 곤이 숙부가 운전을 잘하여, 저에게 운전을 가르쳐주겠다고 하셔서 배운 것입니다. 곤이 숙부는 말하길, 예전에 내가 광무황제의 어차를 운전하고 다녔고,[13] 또 궁궐에 있는 지프차도 운전하고 다녀서 내가 운전을 아주 잘 한다고 얘기하셨습니다. 예전에 곤이 숙부가 차를 타고 종로거리를 달리면 많은 사람들이 모여서서 구경을 했다고 합니다. 저는 그러니까 우리나라 최고의 황실 정통 운전기술을 전수받은 것이 되었습니다.

그후 호창 대부님을 만났습니다. 그 어른은 이미 돌아가신 운현궁 노락당 할머니 얘기를 꺼내며, 돌아가신 노락당이 손을 이렇게 이렇게 저으면서, 자네가 이렇게 생겼다는 흉내까지 내며 자네를 찾았는데 이제야 나타났구나 하며 아쉬워 했습니다. 노락당은 생전에 계속하여 저를 기다리면서, 저를 데려 오라고 신신당부를 하셨답니다. 그 후 운현궁의 집사를 만나니까, 그 집사가 말하길 돌아가신 노락당이 계속하여 저를 찾았다는 얘기는 다시 확인을 해 주었습니다.」

그러나 여기까지의 얘기는 이초남 황손이 본인의 얘기를 한 것이 되었다. 본인이 이문용 옹주를 만난 사연을 말하려니까, 본인의 얘기가 앞서 나오게 되어야 하는 때문이라고 하겠다. 이초남 황손에게서 들은 것에서

12) 앞의 제3장에 나오는 이호창 선생의 증언은 그러므로 본 내용보다 앞선 시기에 있었던 것을 말하는 것이 되겠다. 즉 여기서는 38세 무렵이고 제3장의 내용은 10대 후반의 청소년기가 되는 것이다.

13) 현재 창덕궁에 전시되어 있고, 미국에도 없는 것으로서 세계에서 가장 오래 된 옛 자동차이다. 미국에서는 옛 초창기 형태의 차가 모두 없어져서, 창덕궁에 있는 차를 높은 가격으로 사서 가져가고 싶다고 했으나 우리나라에서 팔지 않았다.

매우 중요한 얘기는 다음과 같다. 이 얘기는 이문용 옹주만이 알 정도로 대단히 중요한 얘기이다.

「광무황제의 생신을 제대로 정확히 아는 유일한 사람이 이문용 옹주입니다. 그것은 이문용 옹주가 임상궁에게서 들어 똑바로 아는 것입니다. 임상궁은 아관파천 때에 엄귀비와 함께 광무황제를 모신 측근 상궁입니다. 광무황제는 엄귀비에게서 영왕을 낳고서, 몇 년간 시간이 흘러 임상궁에게서 이문용 옹주를 낳았기에 임상궁은 황실의 핵심비밀을 많이 알고 있었습니다.

그리고 광무황제의 수결(手決 : signature)[14]의 의미도 이문용 옹주가 정확하게 알고 계셔서 저에게 말씀해 주셨습니다. 그러나 그것의 의미는 일단은 비밀로 해 주십시오. 안교수만 알고 계시고 공표를 말아 주십시오. 그 까닭은 일본인들이 우리의 나라를 침략하면서 우리 황제 폐하의 수결을 위조하여 문서를 만들었다는데, 아무리 비슷하게 위조를 해도 그 수결의 숨겨진 뜻은 일본인들이 모를 것입니다. 훗날 역사적 쟁점으로 수결문제가 떠오를 때에 일본인들이 그 뜻은 결코 모를 것입니다. 그러니까 꼭 비밀로 해주셔야 합니다.

이문용 옹주는 지금까지 살아계시다면 궁중수예의 인간문화재가 확실합니다. 제가 황실의 근친인 이현향 여사께서 궁중수예에 조예가 깊어 인간문화재를 만들어 드렸는데, 이문용 옹주는 이현향 여사가 감히 좇아갈 수도 없을 정도의 수준입니다. 이리 교도소에서 출감하여 셋집에 살고 계실 때에 이문용 옹주는 궁중복식 형태의 자수놓기나 바느질 등으로 돈을 벌어서 사셨답니다. 제가 경기전을 매우 많이 갔는데, 이문용 옹주가 놓은 궁중자수는 대단한 수준입니다. 아마도 임상궁이 바로 궁중에서 궁중수예를 다룬 분이었고, 임상궁에게서 배운 것

14) 수결을 우리들은 서양문화로 알고 있다. 그러나 우리민족도 옛부터 수결문화가 있었다. 도장 대신에 자기의 성명이나 직함 다음에 쓰는 일정한 자형(字形)을 수결로 하는 것은 옛부터 조상들이 쓰던 것이었는데, 수례(手例) 혹은 수압(手押)이라고도 불렸다.

이니까 우리나라 최고의 정통 황실수예일 것입니다.

이문용 옹주는 궁중에서만 먹는 최고의 술을 만드는 비법도 알고 계셨습니다. 그 비법은 호창 대부께서 유일하게 전수를 받았습니다. 현재 미국 텍사스에 계시는 호창 대부님 댁에서 미국의 유명인사들이 그 술을 많이 맛보았답니다.

들리는 얘기로는 호창 대부님의 황실술을 마셔보지 못한 사람은 별로 유명한 사람이 아니라고 할 정도로 미국에서는 그 술이 유명하답니다. 황실 비법의 궁중주조법으로 만든 술에는 두 가지가 있답니다. 하나는 어주(御酒)라고 하여 찹쌀로 빚는데, 이것은 황제폐하만이 드실 수 있답니다. 그리고 궁주(宮酒)라는 것이 있는데, 이것은 쌀로 빚는 것으로서 대신들에게 주는 것이랍니다. 어주나 궁주는 궁궐에서만 빚는 특별한 방법으로 만드는 것으로서, 통상 임금님이 하사하는 어주라고 하는 것도 실제로는 궁주라고 보아야 하고 진짜 어주와는 다른 술이랍니다.

진짜 어주는 약간의 흥분제가 들어 있는 듯하며, 종묘대제에서 초헌관이 드리는 술에 해당한답니다. 종묘대제에 있어서 초헌관, 아헌관, 종헌관이 드리는 술은 모두 다른데, 초헌관이 드리는 술은 어주 혹은 울창주(鬱鬯酒)라고 합니다.[15)」

이 얘기들은 매우 중요한 사안들이다. 임상궁이 광무황제를 매우 가까운 거리에서 모신 최측근 상궁이었던 만큼, 궁중문화의 핵심이 전해졌을 것이 확실하기 때문이다. 이초남 황손의 증언을 계속 들어보자.

「몇 년 후(1987년)에 이문용 옹주께서 돌아가셨습니다. 그 때까지

---

15) 울창주는 검은색 기장을 사용하여 만든 창주(鬯酒)에다가 울금초(鬱金草)를 섞어서 만든다. 울금초는 난초와 비슷한 향기가 나는 풀인데, 제사에 앞서서 이 풀을 다져 세 발 달린 솥에 넣고 달이다가 제사 때에 이것을 창주에 섞는다.
신명호, 궁중문화, op.cit., p.250.

이문용 옹주의 빈소

수없이 전주에를 갔었는데, 별안간 돌아가시니 어머님께서 돌아가실 때와 같은 심정이었습니다. 제가 가면 칫솔, 수건, 치약을 항상 새 것으로 깨끗이 준비해 주셨으니, 흡사 1회용과 같이 저에게는 항상 새 것을 준비해서 쓰게 해주셨습니다. 그리고 제가 잠이 들어도 늦도록 옆에 앉아서 자는 모습을 지켜 보시고는 했는데, 돌아가시니 너무나 허전합니다.

옹주께서 돌아가실 때까지 경기전에 함께 사신 분은, 진명여고 동기되시는 친구였습니다. 동아일보 기자였다가 퇴직하셨다는데, 남편이 납북되고 혼자 사셔서 함께 사신 것입니다. 당시 경기전에는 전주시 촉탁 공무원 1명, 식모 1명이 있었는데 전주시에서 인건비를 부담해 주셨고, 경기전 관리도 물론 전주시에서 했습니다. 할머님께는 생활보조금으로 전주시에서 30만원이 매달 나왔고, 전라북도에서 20만원이 나왔던 것으로 압니다. 매달 시 부녀과장과 도 부녀과장이 직접 갖고 왔습니다.

어느날 저에게 별안간 연락을 주셨습니다. 전주로 달려 갔더니, 할머님께서 유언장을 써서 밀봉한 봉투를 저한테 주시며 당부를 하셨습니다. 집에 가져가서 잘 보관하고 있다가 내가 죽거던 뜯어 보라고 하시는 것이었습니다. 며칠 전에 넘어지시는 사고가 나서, 오래 못 사실 것이란 생각이 들어 유언장을 쓰셨답니다. 자손도 없으시니 걱정이 되어서 미리 준비를 하신 것이라고 하겠습니다.

나중에 할머님께서 돌아가시고 유언장을 뜯어보니, 당시 넘어지고 곧 쓰신 듯 약간 떨리는 글씨체였습니다. 할머님께서는 저에게 유언장을 주시고는 그 이후에 글씨를 못 쓰셨으니까, 그 유언장이 마지막 글씨가 되겠지요. 낙관, 도장이 찍힌 유언장은 현재 제가 보관하고 있습니다.

유언의 내용은 할머님을 의정부의 석림사로 모셔 달라는 것이었고, 유품도 그 곳에 기증해 달라는 것이었습니다. 석림사에는 유보각(柳寶覺) 비구니께서 계시는데, 그 스님은 임상궁의 손녀 상좌스님이 되십니다. 임상궁은 해인사의 스님이 되셨고,[16] 임상궁의 상좌스님이 의정부의 석림사를 맡았는데, 그 상좌스님의 상좌가 바로 유보각 스님이셨습니다. 그러니까 이문용 옹주는 본인을 낳은 어머님인 임상궁의 손녀 상좌스님에게로 간 것이고, 바로 어머님이신 임상궁에게로 간 것이나 마찬가지입니다.」

전주시와 전라북도는 정말 황실발상지다운 참된 마음으로, 우리 황실의 마지막 옹주님을 정성껏 모셨음이 분명하다. 황실 발상지인 경기전에서 최후의 옹주께서 마지막 삶을 사셨다는 것도 그렇고, 여러 가지 사항을 종합해 볼 때에 전라북도와 전주시가 합심하여 최선을 다해 옹주의 삶을 뒷받침했음이 뚜렷이 나타나기 때문이다.

---

16) 조선시대의 궁녀는 출궁하기 전에는 주인을 위해서 충성을 다하고, 출궁한 이후에는 여승이 되어 죽을 때까지 정절을 지키는 것이 최고의 덕목이었다.
신명호, op.cit.,204.

이문용 옹주 영결식장

그런데 이초남 황손의 증언에서는 이문용 옹주가 왜 그렇게 큰 고초를 겪으며 살았는가 하는 것의 이유가 확실히 나온다. 소설 황녀에도 나오지 않는 것으로서, 그 이유는 바로 항일전쟁이었음이 분명하다. 임상궁을 잘 길러서 평생을 잘 살 수 있을 만한 집으로 고르고 골라 시집을 보냈는데도 고생을 그토록 한 이유는 간단했다.

「이문용 옹주의 시댁 집안이 산산조각이 나는 핵심이유는 옹주님의 시아버지 김한규가 독립전쟁에 관여했기 때문입니다. 의왕이 만주땅으로 망명을 가실 때에, 함께 망명을 떠나셨다가 잡혀 온 분이 시아버지이니 그 집이 제대로 있었겠습니까? 의왕의 부인인 덕인당의 친정집과 함께, 의왕의 망명을 돕고 독립전쟁에 관여하다가 두 집안이 모두 풍비박산이 되는 것입니다.」

이문용 옹주 영결식의 조문객

이해원 여사는 덕인당의 친정집에 대해서도 확실하게 증언을 하며, 김한규의 항일전쟁 참여를 보충하는 말을 하고 있다.

「현재 친일명단에 의왕의 장인이 되는 김사준 선생의 이름이 등재되어 있는데, 그 분은 경술국치 직후 일제가 강제로 남작의 작위를 주었습니다. 그러나 독립운동에 계속 가담하면서 작위를 삭탈 당하고, 신한혁명당 사건으로 징역형을 받는 등 고초를 겪었습니다. 단순히 작위를 받은 것만으로 친일파가 되는 것은 옳지 않습니다.[17]」

17) 대한뉴스, 93호, 2004.7, p.83.

박정희 대통령의 호의

문용옹주를 찾아와서 수없이 사죄를 한 조사책임자는 훗날 국회의원에까지 선출이 되었다고 한다. 물론 문용옹주와 관련된 일에 의해 출세하게 된 것은 아니었겠지만, 안보문제나 대간첩 문제를 담당하는 여러 가지 일을 열심히 하여 출세하게 되었다고 생각해 볼 수 있겠다.

다만 본인이 일을 하다 잘못하여 실수한 바에 대해서 수없이 찾아와 사죄를 한 데에서, 그의 본심과 인간됨을 추정해 볼 수 있겠다. 그리고 당시 문용옹주가 비밀 속에서 옹주로 밝혀지며 사회적으로 어떤 분위기가 만들어졌는가를 짐작해 볼 수 있으리라 생각이 된다.

당시 박정희 대통령에게도 문용옹주에 대한 사항은 상세하게 보고가 되었었다고 생각이 되는데, 박정희 대통령은 문용옹주의 삶에 아주 큰 관심을 표하고, 이환의 기자가 찾아가 문용옹주를 경기전에서 사실 수 있게 해 달라고 했을 때에 쾌히 승락을 하였다고 한다. 이호창 선생의 애기를 들어보자.

> 「박대통령은 대통령령으로 이문용 옹주에게 경기전에 단독 호적을 만들어 드리라고 명령을 했습니다. 그 분의 호적을 따로 해드리라는 특별 명령을 내린 것입니다.」

이문용 옹주 운구행렬

현대정치사상 최고지도자로서 대한황실에 대해 직접적인 예우를 하고 성심껏 도움을 준 유일한 인물인 박정희 대통령이, 문용옹주의 애기를 전해 듣고서 가만히 있었을 리가 없다. 호적도 없고 많은 것이 비밀에 싸여 있던 문용옹주였기에, 법률적으로는 가공의 인물이었던 문용옹주임을 유의하고 법률적 복권(複權)을 시켜드린 것이었다. 그런데 이는 대단히 중요한 의미를 갖는 것이다.

첫째로 이것은 문용옹주에게 법률적으로 존재하지 않았던 인물을 현존하는 인물로 바꿔 준, 법률적 복권을 시켜드린 행위였다. 침략일본의 압제 속에서 더러운 호적을 만들 수 없다고 호적을 만들지 않고 망명을 떠났던 신채호 선생의 호적이, 훗날 아들의 호적에 편입이 된 것은 유명한 얘기다. 훗날 아들이 호적에다 아버지를 올리려니 아버지는 사망자였고, 그대로 두면 신채호 선생은 가공의 인물이고 아들은 사생아가 되니까 계속 고민을 하다가 할 수 없이 아들의 호적에 입적시켜서 아들이 아버지를 낳은 상상 밖의 호적이 되었다. 그러나 이것도 박대통령 때라서 가능했던 것이며, 특별배려였다.[18] 마찬가지로 문용옹주와 같은 가공의 인물에게 호적이 만들어지는 것은 매우 어려운 일이었는데, 박대통령의 특별배려로 법률적 복권이 된 것이다.

둘째로 당시 왜 경기전에다 호적을 만들어 드렸는가는 매우 중요한 의미를 갖는다. 생각건대 박정희 대통령이니까 경기전에 호적을 만들 정도의 생각을 했다고 헤아려 볼 수 있겠다. 이것이 왜 의미가 큰가는 풍남제를 생각해보면 이해가 될 것이다. 전라북도 전주시에서는 그간 문화축제로서 풍남제가 열려 왔다. 그러나 이것은 생각하면 매우 부끄러운 일이다. 왜냐하면 전주시에 경기전이라는 최고의 보물사적이 존재함에도 불구하고 전주시에 있는 풍남문에서 전주를 상징하는 축제의 명칭을 가져왔다는 것은 무언가 모자라도 많이 모자랐다고 생각이 된다.[19] 그러나 박정희

18) 물론 이것도 박정희 대통령 때라 가능했던 일이었으니, 이승만에게 상해 임시정부에서 정면으로 대들었던 외골 독립투사 신채호는 이승만 대통령 시대에 호적을 만들 수도 없는 상태였다.

이문용 옹주 하관식

대통령은 문용옹주의 호적지로서 전주라는 도시를 생각했고, 거기에서도 경기전을 생각했다는 것은 역사의 의미를 제대로 정확히 알고서 바르게 결정한 것이라고 하겠다.

셋째로 그렇지만 아쉬운 바가 있음을 금할 수 없다. 생각하건대 당시 경기전에 호적을 만들어 드리는 수준을 넘어서 문용옹주의 신분적 복권까지 이루어졌어야 옳다. 물론 박대통령의 시대에는 거의 완전하게 무너져 사라진 상태와 같은 대한 황실의 상황을 생각할 때에, 옹주로 신분적 복권까지 시켜드릴 만큼 생각이 미치기는 대단히 어려운 바가 있었다. 그리고 이승만 시대의 혹독한 황실탄압 이후의 분위기를 생각할 때에, 경기전에

19) 전주시의 풍남제는 경기전 축제 등으로 명칭이 바뀌어야 한다. 전주를 나타내는 하나의 성문을 상징으로 내세울 것인가, 황실발상지로서의 영광된 땅을 전주시의 자랑으로 내세울 것인가를 분명히 헤아려야 옳다. 영광의 경기전 터에 세워진 일개 성문을 전주의 상징으로 한 것은 제대로 된 생각이 전혀 없이 결정된 것이 분명하다.

호적을 만드는 결정조차도 대단히 어렵고 외로운 결정일 가능성이 크다. 그렇지만 박대통령 만큼 황실에 호의적인 대통령이 있었을 때에, 어느 정도라도 역사의식이 정립된 사람들이 주변에 존재했었더라면, 결코 박대통령은 경기전에 호적을 만들어 드리는 수준에서 엉거주춤한 결정을 내리지만은 않았으리라는 생각을 해본다.

당시 박대통령이 얼마나 문용옹주에게 깊은 관심을 보였는가를 말해주는 주요한 징표가 있다. 그것은 박대통령의 맏딸인 박근혜가 젊은 여인으로서 이문용 옹주에게 대했던 데에서 아주 잘 드러난다. 이호창 선생의 증언은 다음과 같다.

「박대통령께서 돌아가시고 난 뒤였습니다. 박대통령의 맏딸 박근혜양이 이문용 옹주를 만나자고 하며 연락이 왔습니다. 그래서 아현동에 있는 새마음 한방병원에 찾아가서 약 1시간 30분 동안을 만났습니다. 제가 두루 연락을 하여 운현궁의 이진완, 그리고 이면용 등 황실 근친 10여명이 서울역 그릴에서 일단 모였습니다. 이문용 옹주는 제가 직접 전주로 가서 모시고 왔습니다.

당시 박근혜 양은 한의사를 대동하고 나왔는데, 그 곳에서는 박근혜 양을 총재라고 불렀던 것으로 기억을 합니다. 박근혜 양은 이문용 옹주의 손을 잡고 울면서, 진작 알았더라면 저희 부모님들과 함께 도와 드렸을 텐데 그렇지 못했다면서 계속 눈물을 흘렸습니다. 박근혜 양은 제가 천애고아입니다, 꼭 옹주님과 같은 신세입니다라고 말하면서, 음식은 어떻게 잡수십니까? 치아는 제대로 관리하십니까? 춥게 주무시지는 않습니까? 등의 여러 질문을 했는데 이문용 옹주의 건강에 무척 신경을 쓰는 얘기를 했습니다.

박근혜 양은 흰색에 가까운 원피스 옷을 입고 나왔는데, 키는 육영수 여사를 닮아 여자로서는 작지 않은 느낌을 받았습니다. 요즘 한나라당 대표로서 TV에 나오는 것을 보면 약간 마른 듯한 얼굴인데, 당시는 얼굴이 막 피어오르던 나이라 예쁜 얼굴이었고 살결이 화사하게 밝고 복된 얼굴이었습니다. 박근혜 양은 당시에도 말을 아주 조리있게 잘 한다는 생각이 들었는데, 요즘 TV 방송에서 보니 변함없이 말을 잘 한다는 생각이 들었습니다. 이문용 옹주는 박근혜 양이 치료약이나 보약은 항상 보내드리겠다고 하는 얘기를 듣고서 화기애애한 분위기 속에 전주로 가셨습니다.

이문용 옹주에게 진심으로 잘 해주신 분이 또 있는데, 현재 아현동에 있는 종근당 제약주식회사 이종근 회장이 참 잘해 주셨습니다. 새마음한방병원이 있던 곳의 바로 건너편에 있어서 저도 가본 적이 있습니다. 이문용 옹주가 서울에 오시면 회사건물에를 들리시게 하고는, 꼭 정문 앞에 나와서 정중히 지키고 섰다가 모시고 사무실로 올라가서 말씀을 나누시던 것이 생각납니다. 이종근 회장은 비서를 시켜서 매달 돈을 내려 보내며 불쌍하고 외로운 옹주의 노후를 정성껏 위로해 드렸습니다.」

그리고 당시의 박정희 대통령이 갖고 있던 정치의식을 읽을 수 있는 좋은 증언이 있다. 다음은 전주이씨대동종약원 종로분원의 이행득 선생의 얘기로서, 박정희 대통령이 입헌군주제를 마음에 두고 있었음을 감지할 수 있는 좋은 증언이라고 생각이 된다.

다음 증언에 나오는 이장 황손은 운현궁 이우 황손의 친아들로서, 박대통령이 매우 돈독한 마음가짐으로 대우했음을 알 수 있다. 훗날 박대통령은 이장 황손이 미국에서 사고로 사라진 뒤에, 이따금 청와대로 여러 황손들을 불러다가 식사를 하면서 혼잣말로 말하길 '적격자'가 없다는 말을 독백처럼 여러 번 되뇌였다고 한다. 이것은 박대통령이 스페인의 프랑코 총통과 같이 임금님을 다시 모시려는 확고한 마음을 갖고 있었음을 뚜렷이 증명하고 있다고 생각이 된다.[20] 그리고 박대통령은 마땅한 황손 후보를 꾸준히 찾고 있었다고 생각이 든다.

---

20) 이행득(大英) 면담, 2003.8.19, 서울 평창동 칼국수집.

「5·16혁명이 나고 얼마 후의 무렵에, 제가 공군소위로 근무할 때 입니다. 제가 대전에 있는 공군기술교육단에서 훈련병 구대장을 맡고 있을 때입니다. 당시는 군사혁명이 난 뒤로서 병역의무의 이행이 국가적으로 중요하게 부각되던 시기였습니다. 그 전까지 병역기피가 흔하며 자유당시대의 부패가 만연했는데, 도하 각 일간지에 황손도 군대에 입대한다는 기사가 모두 나며 병역의무의 중요성이 대대적으로 강조되는 사회 분위기였습니다.

그런데 당시 신문에까지 난 이장 황손이, 바로 제가 담당하고 있던 데로 배속이 되었습니다. 서울대학교 문리대학교 정치학과 4학년에 다니던 중이었는데, 공군에 입대하여 훈련병으로 온 것이지요. 당시 훈련병의 편지는 구대장이 꼭 검열을 하고 발송을 해야 되었는데, 사령부의 특명으로 이장 황손에게 오는 편지는 절대로 뜯지 말라는 것이었습니다.

제가 지금까지도 절대로 잊을 수가 없는 것인데, 매일 약간 큰 봉투로 해서 두툼한 편지가 빠짐없이 우송되어 왔습니다. 봉투에는 국가재건최고회의 의장 박정희라고 쓴 것이었는데 매일같이 빠짐없이 전달되어 왔습니다. 당시 제 구대에는 조교 두 명이 있었는데, 절대로 뜯지 말고 바로 이장 황손에게 전달해 주도록 하였습니다. 당시 훈련병들이 잘못하면 단체기합을 줄 수도 있었는데, 이장 황손 때문에 한 번도 기합을 주지 않았을 정도의 분위기였습니다.

당시 기술교육단장은 김성배 준장이었는데, 합동교육을 시키다 보면 사령관실에서 이장 후보생을 이따금 불렀고, 그 때는 즉시 보내 주었습니다. 이장 후보생은 얼굴이 하얗고 매우 특출하게 생겨, 후보생들 속에서 유난히 얼굴이 눈에 띌 정도였습니다. 이장 후보생은 겉보기로는 몸이 허약하고 머리가 몸집에 비해 큰 모습이었습니다. 걸을 때는 힘찬 발걸음이 아니라 약간 비실비실 하는 느낌이었습니다. 그렇지만 제가 주번사관일 때에 제 방에 불러다가 얘기를 하면 목소리가 우렁차고 반듯했습니다.

당시 봄철이 되어 화단정비를 할 때였습니다. 그래서 집에 가서 화초를 가져올 수 있는 후보생이 있으면, 잠시 휴가를 보내게 되었습니다. 그랬더니 이장 후보생이 자기도 보내 달라고 하여, 제가 운현궁을 직접 같이 갔습니다. 함께 운현궁에 도착하여 박찬주 여사를 직접 만났고, 점심도 얻어 먹고 왔습니다. 운현궁에는 상궁들이 일을 하고 있었으며 아주 황송한 분위기였는데, 제 발에서 냄새가 고약하게 많이 나서 좌불안석으로 앉아 있다가 왔습니다. 이장 후보생은 3일 휴가 후에 매우 많은 꽃을 갖고와 화단정비에 큰 도움을 주었습니다.

한 번은 제가 주번사관일 때에, 이장 황손을 만나려는 마음으로 취침점호를 실시했습니다. 그리고는 주번사관실에 이장 후보생을 데려와 네 족보를 그려 보라며 큰 종이를 주었습니다. 그러자 이장 황손은 대원군부터 시작하여 상세하게 가계도를 그리는 것이었습니다. 저는 처음에는 이장 후보생의 실체를 잘 몰랐는데, 점차 그의 신분을 알게 되고 궁금하여 물어 본 것인데, 서슴없이 족보를 그리면서 설명하는 것이었습니다. 그래서 운현궁의 황손임을 확실히 알게 된 것이지요. 당시 박정희 대통령이 계속 두툼한 편지를 보낸 것은 이장 황손과 많은 것을 상의했다는 것을 뜻합니다. 저는 박정희 대통령이 입헌군주제를 많이 염두에 두었다고 생각이 됩니다.

이장 후보생은 가정교육을 법도 있게 제대로 배워 항상 바른 자세였으며 품격 있고 바른 언사를 썼습니다. 그러므로 고귀한 느낌이 드는 이장 황손이 있으니까, 2개월간 구대 전체가 매우 특별한 분위기로 이어졌습니다. 그러니까 절대로 기합을 넣을 수도 없었지요. 당시의 수료사진을 지금도 그대로 갖고 있습니다. 이장 황손은 공군 100기생으로 수료를 했습니다. 당시 99기까지는 미군 물자를 썼으나 혁명 후 분위기에 100기부터는 국산물자를 썼던 기억도 납니다.

이장 황손은 꼭 2개월(8주) 교육이 수료되어 떠나게 되었는데, 공군본부로 갔던 것으로 추정이 됩니다. 그런데 아쉽게도 그가 훗날 미국 유학을 가서 저녁에 산책을 하다가 피살이 되었다는 신문기사를 보았습니다. 흑인 혹은 KKK단에 의한 것으로 추정하며, 사고가 나서 죽었다는 얘기였던 것으로 기억이 됩니다.」

박정희 대통령의 정치의식을 대변하는 증언은 방자여사의 마지막 최측근 김상렬 노인에게서도 들을 수 있다. 박정희 대통령은 그의 마음속에 지극한 존황의식을 가진 인물임이 분명하다고 보인다.

「이구 황손이나 방자비 전하의 처우문제 등을 논의하려고 박정희 대통령과 육영수 여사를 만나서 대화를 나누며 황실복원의 얘기를 꺼냈었습니다. 당시 박대통령은 공식적인 논의는 하지 않았으나, 황실복원을 생각하는 분명한 자세를 보였습니다. 그리고는 마땅한 인간이 전혀 없어서 안타깝다고 답변을 했습니다. 그런데 박대통령은 옛부터의 역사가 일제침략으로 끊긴 것은 확실히 인정하지만, 임금님 복원은 내가 현실적으로 자신이 없다는 논조로 말을 끝맺었습니다. 뜻은 있으되 현실적으로 어려울 것 같다는 것이었죠.

육영수 여사는 생각이 아주 깊은 분이셨습니다. 방자비 전하에 대한 얘기로 만나니까, 나 같은 미천한 사람이 어찌 방자비 전하를 직접 만나 뵙겠습니까? 그리고는 대통령이라고 모든 것이 다 되는 것이 아니지만, 도울 일이 있으면 최선을 다 해드리겠다는 지극히 겸손한 분이셨습니다.」

일곱 번째 주제

존황사관(尊皇史觀) 재확립

- 김구의 손자입니다.
- 매국노
- 역적사관
- 김구의 아쉬움
- 존황사관(尊皇史觀)
- 4 · 19혁명 재해석
- 5 · 16혁명 재평가
- 공격문화 : 존황사관 상실 병리현상
- 독립기념관
- 황실학회

김구의 손자입니다

수많은 인파가 몰려다니는 서울시 지하철 2호선의 을지로 3가 역구내에서 상상 밖의 놀라운 일이 벌어졌다. 나는 김구의 손자라는 충격적인 주장을 쓴 피켓을 든 젊은 청년이 나타났다. 그리하여 무수한 사람들이 놀라운 장면을 목격했다. 그것을 본 많은 사람들은 믿어지지 않는다는 표정을 지으며 유심히 쳐다보고서 지나가거나, 정신이 나간 돌은 청년의 행태라고 생각을 하는 등의 다양한 표정을 보여주면서 지나쳐 갔다. 서울시청에서 근무하는 이명기 공무원의 얘기를 들어보자.

「몇 년 전의 일이지요. 지하철에서 많은 인파에 휩쓸려 내리는데 20대의 젊은 청년이 자기는 김구의 손자라는 내용을 쓴 피켓을 들고 서 있는 것입니다. 아주 앳된 젊은 남자 얼굴이었습니다. 그래서 제가 그 청년에게 다가가 직접 물어 보면서, 정말로 본인이 김구의 손자가 맞느냐고 했습니다. 그랬더니 그 청년은 말 상대가 되지 않는다는 듯한 야릇한 표정을 지으며 픽 웃고 마는 것이었습니다. 제가 질문을 하는 것조차 어처구니가 없다는 뜻과 같이 느껴졌습니다.」

그렇다면 도대체 그 청년은 누구일까? 이에 대해서는 여러 가지로 추측이 가능할 수가 있다. 그러나 가장 정확할 수 있는 추측은 그 청년은 바로 김구가 이봉창, 윤봉길 의거가 있은 뒤에 일본경찰을 피해서 도망을 다닐 때에 낳은 자식의 아들일 가능성이 가장 높다. 김구는 본인이 쓴 백범일지에서도 밝혔듯이, 중국의 가릉에서 뱃사공으로 위장하고 주보애라는 여인과 긴 기간을 배에서 숨어지내며 동거했었다.[1] 그리고는 귀국하면서

1) 이원모, 백범 일대기(서울:백범김구선생기념사업회, 1977), p.132.

그 여인을 그냥 중국에 남겨두고 왔으니까, 거기서 자식을 낳았을 것이다. 그리하여 중국 땅에 김구의 친손자가 있을 가능성은 충분히 존재한다.

그런데 김구의 손자인 조선족 청년이, 본인이 위대한 항일투사 김구의 손자라고 아무리 말해도 알아주는 사람이 없었다. 그가 이 땅에 와서 본인을 알릴 수 있는 방법은 그것 밖에는 없다고 생각을 했으니까, 그런 극단적인 일이 벌어진 것이 분명하다. 본인이 분명하게 주장한 것이 이 땅에서 순탄하게 받아들여졌다면, 그 청년은 결코 그런 돌출 행동을 했을 리가 없다.

침략일본의 가혹한 총칼을 피해서 망명을 떠났던 많은 사람들에게는, 이러한 일이 있었을 개연성은 적지 않다. 그렇지만 그들의 위대한 혈통을 증명하는 일이 쉽지 않은 경우가 많을 것이다. 매국노의 매국행위를 규명하기가 쉽지 않듯이, 항일애국자에 관한 업적도 공정하게 평가를 받기가 쉽지 않기에 김구의 손자와 같은 일이 벌어지는 것이다. 그러나 보훈업무를 담당하는 기관이나 관련인사들에 있어서는, 신중하게 그 청년에 대한 조사를 하고 응분의 예우나 조치를 취해 주어야 마땅한 일이 아니었을까?

그 청년은 김구의 손자이면서, 동시에 김구를 위해서 모든 것을 바친 중국여인 주보애의 손자이기도 할 것이다. 중국여인 주보애는 침략일본과 싸우는 김구를 위해서 뱃사공 아내로 위장하고 헌신적 봉사를 했었다. 생각하면 주보애는 우리민족을 위한 훌륭한 항일애국자였다. 그러나 어떤 무형의 명예를 누린 것도 없고, 어떤 실체적 대우를 받은 것도 없었다. 그리고는 김구의 애를 낳아서 혼자 모든 것을 감당하며 가난한 살림 속에 어렵게 키운 것이다. 언젠가는 누군가 알아줄 것이라는 생각을 하며 아들에게 말을 하기도 했을 것이다. 그렇기에 그것이 받아들여지지 않음에 항의하는 손자의 시위가 있은 것이다. 김구 손자의 시위는 우리민족 전체에 대한 것이나 마찬가지로서, 우리민족 모두가 부끄럽게 알아야 할 일이다. 그 조선족 청년에게 민족 전체가 고개를 숙여 정중하게 사죄하는 마음을 가져야 옳다.

주보애 여인은 생각하면 엄청난 고생을 했을 것이다. 중국땅은 그간 많이 변하고 있지만, 계속하여 무서운 독재정치가 진행되는 공포의 땅이다. 특히 모택동의 공산학정이 있던 시절, 더군다나 홍위병이 날뛰던 시절에 있어서는, 공산계열의 독립운동가가 아니면 오히려 혹독한 고통을 받고 위해를 가하던 극도의 공포의 시기를 눈물로 숨죽이며 살았을 것이다. 그리고 아비없는 자식을 낳은 잘못된 여인으로 손가락질을 받기도 했을 것이다. 그리고 어렵게 살림을 꾸리며 연약한 여인의 홀몸으로 자식을 키웠을 것이다.

생각하면 그 조선족 청년은 너무나 착한 젊은이가 확실하다. 이 땅의 요즘 사람들은 많은 경우에 사소한 일을 갖고서 머리띠를 두르고 결사항쟁 피켓을 들고 극한행동을 하는 경우가 많다. 그리고 온 세계의 여러 나라 사람들이 머리를 흔들며 이해를 못할 정도로 때와 장소에 관계 없이 과격한 경우도 많다. 그 젊은이가 이 땅에서 컸다면 조용히 피켓만 들었을까? 그 젊은이에게 정말로 고개 숙여 충분히 사죄하며 겸손하게 살아야 할 사람들이 우리민족 모두가 아닐까?

매국노

우리사회에는 친일파(親日派)를 규탄하는 소리가 높다. 친일파라는 말은 아주 나쁜 사람을 뜻하는 용어로 되어 있다. 그리고 예전에 친일을 했다면 그 사람은 무조건 악한 사람으로 규정되고 만다. 그러나 친일파를 규정하는 일은 정말 생각이 깊고 신중하게 해야 한다.

그간 우리사회에서는 예전의 자유당 시대에 친일파를 처벌하려는 움직임이 있었다. 그러나 그 때는 집권자인 이승만부터가 친일파를 대거 등용하면서 친일파 처벌을 유야무야시켜 버렸고, 친일파들이 많은 경우에 득

세한 것이 우리의 현대사였다. 당시는 이승만이 정통 독립운동세력으로서의 자기 인맥이 별로 없으니까, 매국인맥을 다시 등용하며 정략적으로 역사청산 절차를 유야무야시킨 것이다.

그런데 60년이 지난 오늘날에 와서 다시 친일파를 처벌한다며, 친일파 인명사전을 만든다는 등의 활동을 하겠다고 입법을 하는 일이 벌어졌다. 생각하면 대단히 옳은 일을 너무 늦게서야 시행하는 것이 분명하며 만시지탄의 느낌도 짙다. 그러나 이런 일을 할 때에는, 국가차원에서 공정하게 모든 국민이 승복할 균형잡힌 기준에 의해서 시행을 해야 한다.

그러나 요즘 친일파 척결을 한다면서 그것을 공정한 일이라고 생각하지 않는 사람도 적지 않다. 왜냐? 그 속사정을 잘 아는 사람들이 보면, 그것은 특정집단에 의한 특정한 의도를 바탕으로 한 정략성이 높게 보일 수 있기 때문이다. 이런 일은 무조건 일방적으로 몰아가면 훗날 생각지도 못할 역사적 잘못을 저지를 경우가 발생할 수도 있다.

학문적으로 매국행위 청산을 연구함에도 시간이 많이 걸리고 학계의 쟁점도 심화될 것을, 단시간에 흑백으로 분리해내기가 매우 어려울 일이다. 생각하면 항일전쟁 시대에 적극적으로 독립운동에 참여한 사람을 제외하고는, 모두가 광범위한 친일묵인, 친일영합에다 적극적 친일까지에 포함된다. 그리고 겉으로 친일행세를 하며 독립운동을 한 사례도 적지 않고, 할 수 없이 일제침략에 끌려간 사람도 적지 않다.

특히 중요한 사안은 친일행위의 개념정의조차도 확실하게 되어 있지 않다는 점이다. 예컨대 이광수나 최남선은 항일애국의 찬란한 거목이고 긴 생애를 조국을 위해 바쳤으나 생애의 마지막에 지쳐 쓰러져서 일제에 마지못해 협력한 사람이다. 그러나 수많은 부끄럽고 비겁한 인맥의 사람들조차도 이광수, 최남선을 무자비하게 매도하는 것을 보면 안스럽고 서글픈 생각까지 든다. 이 나라에는 떳떳하게 이광수에게 돌을 던질 사람이 쉽지 않다. 사실상 이광수는 전체적 생애로 보아 존경할 부분이 훨씬 많은 분이다. 그럼에도 이광수에게 잔인하고 무자비하게 일방적으로 칼을 내미는 분위기는 어떻게 평가해야 옳은가? 이광수를 제물로 삼아서 자기들만 책임을 모면하려는 비겁한 행태가 분명하다. 차분하게 친일문제를 이성을 갖고 연구하며, 국가민족의 장래를 위해 역사적 정리를 제대로 하는 경건하고 지혜로운 자세를 갖는 것이 중요하다. 친일논쟁을 정략적으로 이용하여 위대한 애국자들을 사실상 모독하는 행위는 삼가야 옳다.

생각하면 친일파라는 말조차도 옳은 말이 아니다. 그 말조차도 제대로 찾아 쓰지 못하며 무슨 역사적 정리가 되겠는가? 일단 쓴다면 반민족행위자나 매국노라는 말이 옳다. 친일파라는 말을 계속 무비판적으로 쓰니까 생각지도 못한 문제가 생긴다. 그 첫번째 문제는 시대가 바뀐 오늘날에도 일본과는 잠재적 적대감을 항상 갖게 된다. 그러나 그것은 옳은 일이 아니다. 역사의 평가는 올바르게 분명히 해야 한다. 그러나 일본의 과거 잘못을 준엄하게 꾸짖되, 미래의 한일관계는 밝은 내일로 이끌어야 한다. 앞으로 100년 뒤에나, 1000년 뒤에도 끊임없이 친일파 타령을 계속할 것인가? 우리가 시(時)도 때도 없이 친일파 논쟁으로 세월을 보낼 때에, 이웃의 경쟁국들은 얼마나 즐겁게 쾌재를 부르고 춤을 추겠는가? 정말로 이성을 갖고 정신을 바로 한 자세가 절실히 요망된다. 깊이 생각해 볼 때에, 진정한 밝은 내일을 지향하는 현대사회의 새로운 친일파는 많이 만들어져야 한다. 우리는 일본말도 열심히 배우고, 일본인들에게 우리말을 열심히 공부하게 만들어야 한다. 일본에 한류(韓流) 열풍도 꾸준하게 만들고, 수많은 관광객이 끊임없이 찾고 또 찾아오게 만들며, 친한파도 많이 만들어야 한다. 그리고 일본과 다양한 교류활동을 하면서 친밀하게 동북아의 번영을 추구해야 옳다.

그리고 친일파라는 말을 잘못 쓰면 두 번째로 친불파, 친영파, 친로파의 잘못을 그냥 지나치게 됨을 지적해야 한다. 우리가 경술국치를 당해서 일본만을 탓하는데, 우리민족이 고통을 겪게 됨에 있어서 영국과 프랑스의

러시아 동방침략의 상징 블라디보스토크

잘못도 매우 큼을 유의해야 한다. 당시 영국이 일본을 그 앞잡이로 내세워 우리를 침략했고, 영국이 일본을 앞세운 진짜 침략주범임을 우리는 결코 잊어서는 안된다. 그러나 우리는 항상 최고의 주범인 영국은 덮어두고, 심지어 영국을 좋게 보는 경우도 있다. 그렇지만 영국은 우리민족은 물론이고 온 세계에서 너무도 많은 민족에게 고통을 준 최고의 전범국가이다. 그리고 프랑스가 영일동맹군에 밀려서 그렇지 프랑스가 우리를 잘못되게 만든 바도 매우 크다. 프랑스는 대원군의 철퇴를 맞고 쫓겨 가서도 꾸준히 우리민족을 파고들며 해로움을 안겨 준 나라이다. 그리고 러시아의 경우도 계속 동방을 침략하여 블라디보스토크란 도시이름이 동방을 점령하라는 뜻으로 붙이고 있을 정도이다.[2] 또한 잊지 말 것은 당시 러시아가 청나라에게서 강제로 빼어간 연해주의 드넓은 땅은 백두산 정계비를 다시 해

2) 블라디보스토크는 러시아에 이제라도 개명을 강력히 요구해야 한다.

석하면 정확히 우리 땅일 가능성이 높다. 당시 매국노는 친일파만 있는 것이 아니라 친로파, 친영파, 친불파도 마찬가지였음을 확실히 유의해야 할 것이다.

아울러 세 번째로 지적할 것은 친일파라는 경직된 말에 일방적으로 노예가 되니까, 이웃의 6·25전범 중공에는 무조건 면죄부를 주는 결과를 낳는다. 생각하면 항일전쟁 때의 일본보다 중공오랑캐의 6·25 침략은 우리민족에게 준 피해가 치명적인 것이었다. 인구의 3분의 1을 죽게 만들고 전국토를 초토화시키며 폐허를 만든 전쟁범죄를 생각할 때에 친일파보다 훨씬 더 나쁜 것이 친중파일 수 있는데 친일파 편중의식이 생긴 까닭은 무엇일까? 우리는 너무 역사의식의 편파현상이 강하다.

그러니까 현대사에 있어서 가장 큰 도움을 준 잊지 못할 동맹국인 미국의 따뜻한 마음도 모르고, 매우 어려울 때에 함께 싸운 타이완에의 의리도 짓밟았던 것이다. 국제사회를 제대로 살려면 이성을 회복해야 하고 정신을 차려야 한다.

그렇기에 요즘 우리가 친일파를 무조건 악의 대명사로 경직되게 쓰는 것은 잘못이다. 반민족행위자 혹은 매국행위자라고 말해야 옳지, 친일파를 무조건 일방적으로 악을 뜻하는 용어로 쓰면 큰 잘못을 범하게 되는 것이다. 그렇게 되면 역사해석의 균형감이 무너지게 됨을 확실히 유의해야 한다.[3)]

그리고 끝으로 확실하게 지적할 것으로서 매국노 규탄을 시류에 따라서 맹목적으로 하지 말라는 것이다. 일부 어용학자나 어용 언론매체를 앞

3) 이러한 사례는 조선초에 친원파와 친명파에서도 같았다. 당시에 서로 상대방의 입장에서는 각각 매국노였었다. 그리고 병자호란 무렵에 친명파와 친청파도 그 입장은 같았다. 그런데 세월이 지나면서 매국노의 해석은 계속 변화되며 역사가 정리되었음을 유의해야 한다. 현재도 친일파는 무조건 매국노라는 경직되고 고체화된 해석으로 일관하는 것은 아주 잘못된 학문자세이다. 생각하면 ~파라는 호칭을 쓰는 것부터가 국익에 전혀 도움이 되지 않는 것으로서, 지각없는 사람들이 국제의식 없이 쓴 것이 일방적으로 굳어진 용어라고 해석된다.

세워서 정략적으로 목청을 돋우기는 하지만, 실제의 삶이나 실천이 중요한 것이지 목소리 큰 것이 중요한 것은 아님을 꼭 유의해야 한다. 항상 말만 번지르르 하게 내놓고서 뒤로 피해 다닌 이승만이나, 기나긴 세월에 걸쳐서 무위도식하다가 이봉창, 윤봉길 의사를 내 보내고 자기는 도망을 다니다 살아서 돌아온 김구와 같은, 사실상의 비겁한 인물들이 내세우는 선전에 말려들지 말라는 것이다. 방자여사의 최측근 비서 김상렬 노인의 말은 매우 의미심장하다.[4)]

항일전쟁 제1의 영웅 안중근 의사

「박정희 대통령을 만났을 때에 박대통령이 허심탄회하게 한 말이 있습니다. 내가 권력을 잡아 보니까 광무(고종)황제의 심정이 이해가 간다는 것이었습니다. 많은 인물이 믿질 못할 사람들이며, 면종복배가 허다하다고 말했습니다.

훗날 이순자 여사를 만났을 때에, 그 무섭던 전두환 대통령의 부인이 대통령도 마음먹은 것의 반이 이루어지지 않는다고 하더군요. 박대통령의 한강의 기적은 뛰어난 영도력이 있었기에 가능했던 것입니다.

우리는 안중근 의사를 분명히 인식해야 합니다. 광무황제 옆에 안중근 의사와 같은 사람들이 다섯 명만 있었어도 국권탈취는 없었습니다. 안중근 의사는 당시의 상황을 철저히 연구했고, 정확히 상황판단을 마친 뒤에, 모든 거사명분을 확실히 정리하고 이등박문을 처단하였습니다. 생명을 깨끗이 내놓고 한 것입니다. 우리 주위에는 말만 많

---

4) 김상렬 면담, 1994. 12. 2, 필자 연구실.

앉지 안중근 의사와 같은 인물이 드뭅니다.

우리민족은 전체가 반성을 해야 합니다. 국민전체가 철저히 대들었다면 테라우찌가 전혀 강점지배를 할 수 없었고 일본국권이 들어올 수가 없었습니다. 광무황제의 신하 100명이 철저히 대들며 안중근 의사와 같이 단호하게 싸우다 죽었다면 침략을 못 했습니다. 사실상 당시의 우리민족 2000만이 모두 죄인입니다.」

임진왜란! 7년의 처참한 전쟁이 있었으나 위대한 이순신 장군이 있었기에 왜적을 격퇴하고 사실상의 승전국가가 되었다. 당시 이순신 장군의 살신성인이 없었다면 우리땅은 물론이고 이웃의 명나라(한족:漢族)도 폐허가 되었을 것이다. 우리민족과 한족들은 이순신 장군에게 두고두고 감사를 드려야 한다.

경술국치! 35년의 항일전쟁! 많은 고통이 있었으나 안중근 의사와 같은 여러 애국자들의 피땀으로 조국을 탈환하며 개선할 수가 있었다. 우리민족의 항일전쟁 혈전이 있었기에 이웃의 청나라는 크게 시간을 벌고 피해를 줄일 수가 있었다. 우리민족과 한족들은 안중근 의사에게 두고두고 감사를 드려야 한다.

임진왜란을 역전승시킨 세기의 명장 이순신

그리고 잔인무도한 침략자 일본은 유의할 것이 있다. 침략일본의 교훈(?)에 의해서 우리땅에는 언제라도 제2의 이순신, 안중근이 항상 준비되어 있다는 것을 알아야 한다. 새로운 이순신, 안중근은 헛된 선전으로 나오지는 않는다. 우리사회의 건전한 교육과 건강한 사회흐름에서 단호한 행동으로 출현될 것이다. 다시 일본의 악행(惡行)이 있다면 일본 천황과 침략

원흉을 처단할 새로운 이순신, 안중근은 확실하게 줄을 서서 대기하고 있다.

역적사관

친일파란 말을 잘못 쓰는 흐름이 왜 생겼을까? 그 까닭은 우리민족이 독립전쟁을 벌이면서, 독립전쟁의 전쟁철학이 제대로 되어있지 않았기에 그런 일이 생긴 것이다. 독립전쟁의 철학이 제대로 되어 있었다면, 친일파란 말 대신에 악(惡)의 대명사는 매국노나 반민족행위자 혹은 다른 이름이 있었어야 옳다. 그 다른 이름이 바로 정확한 표현이 되겠는데, 친일파는 바로 역적이라고 해야 옳다.

그러므로 독립전쟁의 철학이 제대로 되어 있지 않았기에 생긴 가장 잘못된 존재로는, 역적사관이 있음을 잊고 있는 것이다. 역적은 매국노보다도 더 나쁜 것인데, 그간 전혀 거론이 되지 않았다고 생각이 된다. 매국노도 처벌을 해야 하지만, 역적도 단호하게 역사적 단죄를 받아야만 한다. 그래야만 이 나라의 미래가 있고 역사의 정의가 수립된다.

항일 독립전쟁의 시대에 있어서 대표적인 역적의 하나는 논쟁할 필요없이 이승만이다. 그는 광무황제가 생존해 계실 때부터 이미 역적성향을 보이며 감옥에 간 인물이다. 이승만의 감옥행은 애국이 아니라 역적성향 때문이었다. 그러나 미국 선교사들의 도움으로 감옥에서 나오자, 그는 미국에 가서 조용히 박사학위 공부를 한다.[5] 그리고는 긴 인생의 대부분을 미국에서 독립외교를 한다면서 혼자 세월을 보내다가 귀국하여 임금님을 확실하게 짓밟고 정권을 쥔다. 우리의 현대정치사는 이승만이 임금님을

---

5) 생명을 걸고 항일애국을 한 것이 아니라 편안히 박사학위에만 진력했고, 귀국하여서는 선교를 하다가 출국한다.
안천, 일월오악도 1권(서울:교육과학사 ,1998), pp.209-279 참조.

짓밟으며 사실상의 구심점 공백국가, 권력 공황의 토대를 놓았기에 끊임없이 표류하며 오늘에 이르렀다. 이승만의 생애는 끊임없이 역적행위의 연속이었다. 이승만이 없었다면 우리나라는 현재 태국, 스페인, 네덜란드, 베르기에, 덴마크 등과 같이 임금님이 계신 품격 있는 나라일 가능성이 높다. 이승만은 독립전쟁에 있어서도 곳곳에서 힘겨루기로 주도권 경쟁이나 남발하며, 많은 경우에 독립전쟁의 사고뭉치로 구심점을 잃게 만들었으며, 현대정치사를 역적사관에 의해 방황하게 만든 대표적 인물이다.

그런데 이승만 못지 않게 역적사관의 책임을 질 인물이 김구이다. 김구는 애초에 전혀 인물도 되지 않는 존재였다. 상해로 망명하여 독립운동가들이 임시정부를 만든다고 할 때에, 그는 사실 맡을 직책이 없는 수준의 하찮은 인물이었기에 문지기를 자청했다고 생각되는 수준이다. 그러나 할 일도 없고 되는 일도 없었던 임시정부였기에 많은 사람들이 사라져 갔고, 사실상 가진 것은 없이 뚝심과 완력만 있는 김구가 남은 사람들을 규합하며 최후의 책임을 질 위치가 된 것이다. 김구는 상해임시정부에 대한 최후의 책임을 져야 할 인물이다.

상해임시정부는 3·1만세항쟁 당시에 만들어진 자의적 임시기구다. 당시 국민적 동의를 받은 바도 없으며, 독립전쟁의 애국인맥을 대표할 대표성을 띤 조직도 아니었다. 자기들끼리 모여 자기들끼리 만든 것이 상해임시정부다. 생각하건데 다만 겉보기의 이름만 좋게 지었다고 생각이 된다. 겉보기의 작명을 잘 해놓았다고 독립전쟁을 총괄한 조직인 듯이 일반인들이 오해를 할 수 있으나, 실제는 대표성을 가진 조직이 될 수 없었다.

그런데 특히 상해임시정부가 문제성을 갖는 것은, 당시 3·1만세항쟁이 국내에서는 광무(고종)황제가 독살 시해되어 전국민이 총궐기한 때임을 유의해야 제대로 이해가 되는 것이다. 더구나 당시는 마지막 임금님이신 융희(순종)황제가 엄연히 생존해 계셨다. 그러함에도 불구하고 나랏님이 독살 시해가 되어 온 겨레가 통곡하며 총궐기한 때에, 멀리 도망가서 사실상 임금님을 부정하고 독자적인 정권을 세워서 권력다툼이나 한 조직은 생각하면 결코 정당성이 없다. 상해임시정부는 당시 침략일본이 끊어 없애려고 한 우리황실을 짓밟으며, 침략일본과 공동보조를 취한 최악의 역적행위를 한 것을 잊고서 올바른 역사해석은 이루어지지 않는다. 나랏님을 부정하고 권력다툼을 한 소인배들의 권력조직을 전통적 개념으로는 역적집단이라고 하는 것이다. 여기서 오랫동안 방자여사의 비서 생활을 한 김상렬 노인의 애기를 다시 들어보자.[6)]

「상해임시정부는 사실상 사조직에 불과합니다. 그것이 헌법의 기본정신이 됨은 언어도단입니다. 역적행위를 한 집단이 우리나라의 정통성을 이을 수는 없습니다. 3·1 운동 때까지 광무황제를 물러나라고 한 우리민족은 하나도 없습니다. 광무황제의 국상에 맞춰 일어난 거족적 3·1 운동은 광무황제에 대한 철저한 충성심에서 비롯된 민족적 총궐기였습니다. 상해임시정부가 공화제를 택한 것은 용납못할 역적행위입니다. 거족적 3·1 운동 때에 일부 인사들이 만든 사설단체가 역적행위를 한 것을 절대로 인정할 수 없습니다. 3·1 운동 때에 2000만이 총궐기하여 일본과 싸우는데, 자기들은 사설 정권을 만들고 권력다툼만 한 것은 언어도단입니다.

3·1 운동은 임금님을 다시 모시고 내 나라를 다시 찾겠다는 결의대회입니다. 따라서 항일운동은 모두가 내 나라를 찾고 임금님을 찾자는 정신으로 이어진 것입니다. 독립운동의 모든 것은 당시가 대한제국이었으니까 대한제국을 되찾자는 것이었습니다.

현재도 대한제국은 살아있는 것이 분명합니다. 우리가 잊지 말 것은 한두 명의 역적이 국가를 망치는 것은 쉽다는 점입니다. 이승만이 현대시대에 대한제국을 증발시키고 뿌리없는 나라를 만든 것은 엄청난 잘못입니다. 8·15 광복은 자동적으로 대한제국이 부활된 것을 뜻합

6) 김상렬 면담, 1994. 11. 24 필자 연구실.

니다. 그간 대한제국을 없앤 법율행위를 한 적이 없습니다. 이완용, 송병준 등의 매국노의 재산을 찾는 것이 법원에서 승소한다는데, 대한제국을 찾고 황실을 찾는 것도 법원에서 재판을 하면 승소해야 합니다.」

당시에 상해에서는 임시정부가 아니라, 팔레스타인 게릴라 조직이나 하마스 또는 알 카에다와 같은 조직이 만들어졌어야 한다. 그렇기에 제대로 역사를 본다면 당시 김원봉이 이끄는 의열단과 같은 조직이 높은 정당성을 갖는 것이지, 나랏님의 비극적 국상 때에 역적성향의 임시정부를 세워서 권력다툼을 한 것은 결코 옳은 일이 아니다. 김구는 그러한 역적조직의 마지막 주도권을 쥔 인물인 만큼, 그에 대해서 정치적 책임을 질 위치가 분명하다.

김구의 아쉬움

김구는 나름대로는 자기 수준에서는 열심히 산 인물이라고 할 수 있다. 상해에 몰려들었던 사람들이 다 떠난 뒤에라도, 끝까지 남아서 나라를 다시 찾는다는 생각을 갖고서 이봉창, 윤봉길 의거를 이끌어낸 것은 일단 칭찬을 해주어야 한다. 김구가 열심히 살았음을 뜻하는 것이다.

그러나 김구는 거대한 정치철학을 가진 수준의 인물이 아니었다. 군대로 치면 용감한 중대장이나 대대장에 해당할 인물이 최고 사령관이 되었다는 표현이 결코 틀린 말은 아닐 수준의 인물이다. 그렇기에 김구에게 드높은 수준의 정치철학을 말하며 존황사관을 요구함은 무리한 것인지도 모른다.

김구는 그렇기에 그를 암살한 자유당 집단이 사실상 은인일지 모른다. 당시 암살을 당했기에 대단히 유명해졌지, 그는 그대로 있었다면 우직하게 버티다가 6·25전쟁시에 김일성에게 끌려가 곤욕을 치르며 인생의 끝을 비참하게 마무리지었을지 모른다. 그리고 4·19혁명 이후에 정권을 쥐고서는 장면 총리나 윤보선 대통령 같이 정치적 불운을 맞으며 허망하게 정치생활을 끝냈을지도 모른다.

그러나 더욱 더 그를 도운 것은, 그가 암살되지 않았다면 그의 낮은 정치경륜과 무식을 드러내며 세인의 웃음거리는 혹시 되지 않았을까 생각되기도 한다. 아니 안공근 암살 등의 추악하고 엄청난 범죄가 드러나 감옥에 들어 앉아 있을 가능성도 크다. 그의 모든 생애는 이봉창, 윤봉길 의거를 빼면 사실상 거론할 것이 없고, 그것은 그의 인간 수준을 말하는 것이기 때문이다. 긴 시간을 상해에서 한숨만 쉬고 세월을 보낸 사람이었기에 결코 철학을 말할 입장도 아니기 때문이다.

서울시 지하철 2호선의 을지로 3가역에서, 나는 김구의 손자입니다라는 피켓을 들고 서 있는 이 시대의 조선족 청년은 김구의 삶을 상징적으로 다시 보여주는 것이 분명하다. 김구의 모든 것을 그 청년은 생생하게 대변했다고 생각된다.[7)]

존황사관(尊皇史觀)

우리민족에게 있어서 임금님을 나라의 중심으로 모시는 존황사상은 단군 이래로 최근까지 이어져 왔다. 침략일본도 존황사상을 가진 나라였기에, 인질상태로나마 우리의 임금님을 사실상 그대로 두었다. 그러나 그 존엄한 나랏님 제도를 짓밟은 만고의 역적이 이승만이다. 이승만에 의해 단군 이래로 존재하던 존엄한 나랏님이 사라지고, 어른이 사라졌다. 그리고

7) 김구의 숨겨진 비밀의 추악한 생애를 명쾌히 이해하려면, 다음 서적을 참고하길 바란다. 안천, 일월오악도 제2권(서울: 교육과학사, 1999).

선배도 우스워지고, 위 아래도 없는 사실상의 상놈나라가 되었다.

최고의 민주주의를 한다는 영국을 보면 나랏님부터 시작하여 모든 어른이 다 존재한다. 역사와 전통이 생생하게 살아있는 나라가 영국이다. 역사와 전통을 짓밟고 나랏님도 어른도 선배도 없는 나라가 민주주의라고 착각하는, 천민 민주주의 국가가 된 이 나라를 바로잡는 길은 임금님을 다시 모시는 것에서 출발한다. 그리고 무너진 존황사관을 확실하게 재정립해야 한다. 지금까지 우리를 짓밟고 타락시킨 역적사관(逆賊史觀)의 굴레를 과감하게 걷어치우고서, 나랏님을 모신 품격있는 나라를 빨리 만들어야 할 것이다. 어른실종! 조속하게 잃어버린 어른을 다시 찾고 상놈나라를 탈피해야 한다. 그래야만 이 나라와 이 겨레의 꿈이 있고 내일이 있다.

존황사관을 확립하면 민족통일도 제대로 될 것이다. 이북은 공산국가라지만 밑바닥 정서는 단군이래의 존황정신적 토대가 그래도 잔존되어 있다. 그렇기에 임금님을 나랏님으로 모시면, 1국 2제 국가로서 나랏님을 모신 순간에 사실상 정치적 통일이 되는 것과 같다. 우리는 요즘 통일 조급증에 빠진 듯한 일각의 사람들을 보는 경우가 잦다. 그러나 통일은 그렇게 쉽게 되는 것이 아니다. 그러므로 임금님을 우리민족의 구심점으로 모시고서는 역사가 무르익도록 시간을 끄는 것이 필요하다. 6·25전쟁 같은 잘못을 저지르지 말며, 평화롭게 남북으로 나뉘어 살다보면 언젠가 저절로 통일이 되는 것이다.

언젠가 역사가 무르익으면, 익은 감이 저절로 나무에서 떨어지듯이 통일은 자연스럽게 될 것이다. 그러면 그 때에 물이 흐르듯이 순탄하게 우리민족이 하나가 되면 된다. 그리고 꼭 유의할 것은, 이북땅에는 어떻든 현재도 우리민족이 살고 있는데 통일 조급증을 보일 필요가 없다는 점이다. 사실상 두 제도로 나뉜 하나의 나라가 아닌가? 민족발상지인 만주땅을 중국이 동북공정 운운하며 영원히 자기땅으로 굳히려는 것이 문제지, 우리동포가 살고 있는 이북땅은 언젠가 당연히 통일이 될 것이므로 느긋하게 기다리는 자세가 필요하다. 역사는 꾸준히 무르익어 가기 때문이다.

다만 역사가 무르익기 전에, 나랏님이신 임금님을 모시면 정치적 통일은 일단 된다는 점을 유의해야 하겠다. 임금님이 민족통일의 구심점으로 존엄하게 존재하시면서, 이남은 임금님을 모신 독자적 자본주의 체제로 살고, 이북은 임금님을 모신 독자적 사회주의 체제로 살아서, 1국 2제로 통일을 하는 것도 매우 현명한 일임을 확실히 알아야 되겠다. 임금님을 모시는 순간에 자동적으로 통일이 되는 것을 분명하게 유의해야 되겠다. 존황사상을 정립하면 민족통일은 물론이고 많은 것이 저절로 해결될 것이다.

다시 김상렬 노인의 얘기를 더 들어보자.[8)]

「저는 순천김씨 김종서 장군의 후손으로 1925년생입니다. 다 늙어서 밝히지만 저는 8·15 직후에 미국정부 관리였습니다. 계속 입을 다물고 비밀로 해 온 일인데 다 늙어서 얘기를 합니다.

저는 대한제국이 소생함이 당연하다고 생각을 합니다. 그래서 미국정부의 관리이면서도 당시에(1947년경) 황실부활의 논문을 Restoration of Imperial Rule 이란 제목으로 썼었습니다. 물론 미국정부는 비군주제라 곤혹스러웠겠지만, 당시에 맥아더 장군의 법률고문은 긍정적인 반응을 보였습니다.

저는 법률고문을 만나서 미국이 일본강점을 소거시켰으니, 그렇게 되면 당연히 대한제국이 되는 것이라고 말했습니다. 일본강점이 끝나면 그 이후의 정치형태는 우리민족이 결정할 문제라고 말하니, 그도 옳다고 말했습니다. 우리에게는 엄연히 황태자가 존재한다고도 말했습니다.

그러나 그 당시에 일본에 가서 영왕을 만나 직접 얘기를 하니까, 영왕의 태도가 미온적이었습니다. 영왕은 말하길, '김군! 내가 타의에 의해서 이렇게 살아 왔는데 이제 무슨 얼굴로 내 자릴 찾겠는가? 차라

8) 김상렬 면담, 1994. 11. 24.

리 가만히 묻혀 있게 내버려 둬요'라고 답하는 것입니다. 그래서 더 말을 못하고 그냥 나왔습니다.

당시 이승만이 혹독하게 탄압을 할 때라 그렇게 말했겠지요. 귀국은커녕 살던 집도 내놓고 길에 나가 앉으라는 때가 아닙니까? 그러나 이승만의 황실재산 박탈은 권력이 있다고 마음대로 휘두른 것에 불과합니다. 황태자이신 영왕이 땅이나 재산을 스스로 내놓은 적이 없었고, 국민들이 동의한 적도 없었습니다. 이승만은 나라를 찾게 되니까, 자기가 그냥 차지한 것입니다.

우리의 헌법전문은 잘못된 것입니다. 이승만의 찬탈을 반영한 것입니다. 우리의 헌법에는 대한제국이 남아야 합니다. 박정희 대통령은 이렇게 말하면 그것을 잘 알아들었습니다. 박정희 대통령을 만나서 얘기하니까 '당신이 헌법학자냐'고 물었습니다. 그래서 '국민 입장에서 서로 얘기하는 것이다'라고 답하니, 흔쾌히 이해하는 태도였습니다. 그 분은 황통에 대한 일본의 교육을 받아서 쉽게 깨닫는 듯 했습니다. 박대통령은 즉각 말하길, '그것은 정말 생각해 볼 문제며, 좋은 생각이라고' 의사표명을 했습니다.」

4·19혁명 재해석

4·19혁명과 5·16혁명은 우리나라의 현대정치사를 근본적으로 바꾼 대변혁이었다. 그러나 반세기에 가까운 시간이 훌쩍 흘러가 버린 현재에 있어서도, 그에 대한 해석은 미완의 상태로 남아 있다고 생각이 된다. 현대정치사의 큰 분수령인 4·19혁명과 5·16혁명은 그간 잊혀졌던 존황사관의 입장에서 분명히 재해석 되어야 한다.

먼저 4·19혁명을 생각해보면 그것은 편파적 해석의 성향이 크게 이어져 왔다. 역사를 보려면 담백한 명경지수와 같은 자세로 해야 하는데, 그렇지 못한 상태로 사회현상을 보는 느낌이 크게 드는 것을 감출 수가 없다. 왜 그렇게 되었는가?

4·19혁명의 해석이 그간 편파성이 크게 나온 까닭은 특정 정파의 시각이 많이 작용한 때문이라는 생각이 든다. 그리고는 많은 일반인들은 사려 깊은 판단력이 없이 그에 휩쓸려 버렸기 때문에 그런 결과가 나왔다고 하겠다.

예리하게 4·19혁명을 분석하면, 4·19혁명은 당시의 이승만 정권에 대한 학생들의 순수한 봉기에 의해 일어난 것이었다. 당시의 이승만 정권은 썩은 정권이었고 무너질 정권이었다는 것은 이제 누구나 알고 있다. 그렇지만 자유당 시대의 성격은 그간 제대로 밝혀지지 않고 있었다. 그간 우리는 자유당 시대를 말할 때에 자유당 정권이 부패정권, 독재정권이었다는 것은 누구나 알고 있고, 그렇기에 4·19혁명의 철퇴를 맞았다는 것도 다 알고 있다.

그렇지만 이승만이 왜 그렇게 정권에 연연했고, 왜 그렇게 무법적으로 국권을 농락했는가의 핵심은 벗어나 있다. 그 까닭은 이승만이 내면적으로 본인이 임금님이 되려는 집요한 흐름 속에서 비롯된 것이었다. 그러나 그 핵심을 짚지 않고 자유당 시대를 평가하니까, 그 때는 부패정권에다 독재정권일 뿐인 것이다. 그렇지만 이승만 시대는 단군 이래로 이어진 임금님을 짓밟고 탄압하며 내면적으로 본인이 임금님이 되고자 했던 역적정권이었다.[9)]

그런데 자유당 시대의 역적성향을 무시하는 까닭은, 4·19혁명의 수혜를 입은 세력들이 그것을 무시하는 입장에 있었기 때문이다. 아니 엄밀하게 말하면 자유당 시대에서 크게 벗어나지 않는 인물들이 4·19혁명의 혜택을 입었기 때문이다.

4·19혁명에 의해 정권을 쥔 집단들은 어떤 성향을 가졌는가? 첫째로 그

9) 안천, 일월오악도 3권(서울:교육과학사, 2002), pp.288-412.

들은 사실상 정의로움이 크지 못한 사람들이 많았다. 학생들이 피흘리며 자유당 독재와 싸울 때에, 제2선에서 머물러 있었던 성향이 큰 것을 국민들은 잘 알고 있다. 그리고는 훗날 비겁하게 큰 소리를 치며 본인들이 공로자인 듯 정권을 잡은 것에 대해 변명하기가 쉽지 않다.

둘째로 그들은 자유당 정권의 원죄(原罪)에서 크게 자유롭지 못한 인물들이 많았다. 훗날 온갖 아름다운 미사여구를 내세우면서 현대정치사를 주름잡은 김영삼, 김대중이 애초에 자유당 정권에서 정치입문을 했다는 것은 무엇을 말하는가? 그런데 그들이 훗날의 정치적 주도권을 쥐었음은 내면적으로 자유당시대의 토대가 적지 않게 작용했음을 명확히 말하는 것이다.

그렇기에 4·19혁명의 평가는 그간 한쪽 눈을 감고 외눈박이로 평가한 편파적인 성향이 큰 것이었다. 이승만 시대에 몸담았던 사람들의 영향력이 크게 작용했기에, 본질을 벗어난 겉도는 해석이 나오게 된 것이다. 훗날 정권을 쥔 김영삼, 김대중이 박정희에 비해 뛰어난 업적도 없고, 가장 가혹한 독재시기인 이승만시대에 대해서는 확실하게 입을 다물고 있는 이유는 분명한 것이다. 박정희에 대한 일방적 비판을 계속했지만 이승만에 대해서는 거의 입을 다무는 까닭은, 자신들이 정치입문을 한 뿌리에 대해서는 의식적으로 입을 다물고 눈감아 주는 것이기 때문이다. 아니 김영삼, 김대중도 자유당 독재에 대해 나름대로의 책임이 얼마라도 있음을 알고 있기에 이승만을 비판할 수 없는 것이다. 엄밀하게 말해서 4·19혁명은 이승만을 쫓아내고 초록빛 동색의 그렇고 그런 인물을 새로운 주인으로 앉힌 것이 아니었을까?

4·19혁명은 미완의 혁명이라는 말을 많이 한다. 그렇다. 4·19혁명은 이승만 시대의 불의를 척결한다고 했으나, 이승만 시대를 대신할 정의의 집단이 봉기를 한 것이 아니고 학생들의 순수한 정의감에 의했던 것이다. 그리하여 결과적으로는 자유당 시대가 물러가고서 정의의 신시대가 온 것이

아니었고, 사실상 겉으로만 세상이 바뀐 결과를 낳았다. 사실상 같은 사람들이 또 다시 나타났고, 그 후 꾸준히 학생들을 그들의 정권획득이나 권력 유지를 위해 악용하며 현대정치사가 이어졌다. 그리하여 많은 학생들을 계속 본업에서 벗어나게 하고, 국가를 오도하며 세월이 적지 않이 흘러 왔다. 그러면서 국민들은 계속 속아 살아온 것이 분명하다.

김영삼, 김대중 이후에 우리사회에서는 정직하게 공부를 열심히 하는 학생이 퇴색되어 보이게 되었다. 그리고는 공부를 않으며 정치권에 줄을 대고 정치 앞잡이 노릇이나 하는 학생이 영웅같이 출세하는 잘못된 사회가 만들어 졌다. 한강의 기적을 만든 나라가 김영삼, 김대중이 집권한 10년 사이에 IMF국치를 맞으며 충격적인 국가부채, 천문학적 가계부채, 계속되는 불황, 실업자 홍수를 맞게 된 것은, 김영삼, 김대중이 젊은 학생들을 악용하면서 만든 당연한 귀결일 수 있다. 김영삼, 김대중은 조국을 위한 삶을 산 것이 아니라, 이승만을 그대로 닮아 그들의, 그들에 의한, 그들 정권을 위한 정권이기주의적인 삶을 살았기 때문일 것이다.

5·16혁명 재평가

4·19혁명은 앞으로 계속 연구되며 보완되고 재평가가 되어야 한다. 아직도 4·19혁명의 평가에서 자유롭지 못한 세력들이 정권을 완전하게 떠난 것이 아니다. 마찬가지로 5·16혁명도 세월이 흘러가며 분명하게 재평가 되어야만 한다. 4·19혁명 보다 1년이 늦게 일어난 5·16혁명도 결코 그간 정상적인 해석이 아니었다.

5·16혁명 평가는 그간 군사정권의 시대에 있어서는 군사정권에서 공식적으로 내세운 것에서 큰 변동이 없이 시간을 보냈다. 그것이 공식적인 해석이었고 다른 평가가 있기 어려웠다. 그러다가 군사정권이 무너지며 김

영삼, 김대중 시대에 새로운 평가가 나오되, 군사정권은 독재정권이었다는 것으로 평가가 정리된다.

생각건대 김영삼, 김대중 시대에 있어서, 군사정권의 시대를 단순히 독재정권이라고 비방하는 것 이상을 찾기는 어려울 것이다. 왜냐하면 김영삼, 김대중은 군사정권의 반사이익을 보며 정치적 성장을 한 인물이고, 사실상의 수혜자일 수 있기 때문이다. 김영삼, 김대중은 군사정권의 시대가 없었다면 평범한 정치인으로 세월을 보냈을 지도 모른다. 훗날 정권을 쥐고서 정치를 한 것을 보았을 때에 김영삼, 김대중은 박정희 시대의 반사이익이 없었다면 정권을 쥐지도 못했을 지도 모른다.

아니 이승만과 비슷한 말로를 맞았을 인물들이 분명하다는 생각이 들 정도이다. 정권을 쥐고서는 짧은 기간에 국민들을 도탄에 빠트리고서, 박정희 시대를 비방하는 정치연극으로 국민의 눈과 귀를 마비시켜 임기를 무난히 마친 것인지도 모른다. 그렇기에 김영삼, 김대중은 박정희가 은인일 수도 있다. 사실상 박정희가 멀리서 키워준 것에 가깝지 않을까? 그리고는 자기들의 정치에서 군사정권보다 나은 것을 찾기도 쉽지 않다. 그렇다면 5·16혁명은 어떻게 평가되어야 할까? 그간의 군사정권측과 김영삼, 김대중 측의 쌍방의 평가가 과연 얼마나 옳을까?

첫째로 4·19혁명이 미완의 혁명이었다면 5·16혁명은 4·19혁명의 미완성을 많이 보완했다고 생각이 된다. 아무리 김영삼, 김대중 측에서 5·16혁명을 부정하고 싶겠지만 역사는 쉬지 않고 흘러가는 것이다. 5·16혁명은 최소한 자유당 시대의 정치적 원죄에서는 보다 자유로운 사람들이 정권을 쥐게 되었고, 그렇기에 자유당 시대의 부정부패를 바로잡고 새시대를 만드는 데는 크게 기여를 했다고 보인다. 생각건대 5.16혁명은 확실히 역사발전에 공로가 있다. 사실상 공짜로 4.19혁명의 열매를 따서, 무능하게 정권을 잠시 쥐었던 당시의 민주당 정권을 몰아낸 것은 우리 민족의 장래를 위해 고마운 것이었다. 쿠데타를 칭찬할 것도 없지만 공로도 분명히 인정해야한다. 4·19혁명 뒤에 정권을 쥔 민주당이 얼마나 무능하고 무력했는가를 국민들은 다 알고 있다. 그들이 계속 정권을 쥐고 있었다면, 이 나라는 공산화되어 집단농장 생활을 하거나, 아직도 방글라데시나 인도네시아 같이 살지 않을까? 군사정부가 국가에 새로운 기풍을 불어 넣으며 경제부흥의 위업을 이룬 것은 자타가 인정하는 것이고, 그것은 5·16혁명의 결과로 나타난 것이 분명하다. 이 점에서 김영삼, 김대중은 사실상 5·16혁명을 비판할 자격이 없다.

둘째로 5·16혁명은 4·19혁명이 미처 못 이룬 자유당 시대의 역적성향에 대한 응징을 확실히 한 것이었다. 존황사관의 입장에서 보았을 때에 5·16혁명은 대단히 고마운 것이었다. 5·16혁명이 없었다면 임금님 의식은 완전히 끊겼을 것이고, 옛 역사를 잃은 민족이 되었을 것이다. 이승만이 짓밟고 끊은 황통에 대해서 숨통이라도 열어 주고, 대한황실에 대해 따뜻한 손길이라도 보내준 때는 박정희 시대였다. 생각건대 지난 현대정치사를 통찰해 볼 때에 박정희 시대가 없었다면 이 나라는 완전히 역사와 단절하고 아프리카의 신생국들 같이 되었을지도 모른다. 4·19혁명이 이승만의 역적시대를 일단 끊었으되 미완성으로 끝날 것을, 5·16혁명으로 법도 있는 시대의 가능성을 크게 열어 놓은 것이다. 우리는 그간 5·16혁명은 무조건 나쁜 듯한 선전을 일방적으로 들으며 살아오는데 익숙해져 있는데, 그토록 잔혹하고 부패했던 자유당 인맥이 5·16혁명을 어떻게 비판할 수 있는가? 5·16혁명은 이승만의 역적시대를 실질적으로 마감한 위대한 혁명이라는 말이 믿어지지 않는 국민을 누가 만들었는가? 요즈음 우리사회에 널리 되살아나는 조선황실 문화 재조명 열풍은 5·16혁명이 없었다면 그렇게 크게 일어나기가 쉽지 않았을지 모른다.

셋째로 독재논쟁에 대한 재평가가 이뤄져야 한다. 그간 현대정치사에 있어서 독재시대를 말하면 이승만 시대와 박정희 시대가 있었다고 할 수 있다. 물론 독재의 개념이 법을 무시하고 인권을 짓밟는 것이라면 다른 대통령 때에도 독재가 적지 않이 있었던 것도 사실이다. 그러나 독재와 함께 무능에 대한 논의도 곁들일 필요가 있는데, 무능한 시대였던 장면, 최규하, 노태우 시대를 생각할 때에 무조건 독재로 모는 것도 옳은 자세는 아닐 듯하다. 그런데 요즘 왜 독재자는 유독 박정희만 있은 듯이 몰아가는 것일까? 그 까닭은 정치적 뿌리로 볼 때에 자유당 독재시대와 크게 자유롭지 않은 인맥들에 의해 독재논쟁이 이끌어지기 때문이 아닐까 한다. 과거에 자유당 인맥에 의해 키워진 사람들이 자유당을 비방할 수는 없는 것이며 독재논쟁은 분명히 한계가 존재하는 것이다. 그래서 박정희만 욕하는 것이다.10)

현대정치사를 크게 세 시기로 대별해 볼 수 있다. 첫째로 이승만 시대로서 그 때는 부패정권, 독재정권, 역적정권이었다. 다시 박정희 시대는 독재정권이었다는 비판을 받지만 경제부흥, 존황입국의 업적이 있었다. 그리고 김영삼, 김대중 시대는 10년간의 짧은 시간에 국민들을 도탄 속에 몰아넣은 것을 볼 때에 무능정권, 부패정권의 평가를 면하기는 어려울 것이다.

그리고 이승만에 의해 잃어 버렸던 존황사관을 다시 찾아 현대정치사를 재평가할 때에, 긍정적 평가는 박정희 시대에 매겨 줄 수밖에 없다. 그간 우리가 애써 눈을 감고 있었는데, 4·19혁명과 5·16혁명은 존황사관의 입장에서 볼 때에 역적응징 혁명이었음을 확실히 유의해야 한다. 역사의 평가는 공정하고 담백해야 한다. 아무리 김영삼, 김대중 시대가 박정희 시대를 비방하며 독재시대라고 비방해도, 시대가 많이 흐르면 모든 것은 객관적으로 보이는 것이다.

김영삼, 김대중은 4·19혁명을 냉정하게 재평가하며 정치를 했어야 한다. 그런 단호한 자세로 정치를 했다면, 단지 10년 만에 국가를 수많은 기

10) 따라서 박정희 비방은 순수한 것이 아니라, 정략적인 선전이 되는 것이다.

업이 쓰러지고 팔려나가며 개인부도 실업자가 넘치는 기막힌 도탄지경에 빠트리는 잘못을 저지르지는 않았을 것이다. 그러나 자유당 시대에 입문하여 4·19혁명 시대를 엉거주춤 보내다가, 학생들의 피의 댓가는 본인들이 어부지리로 얻다 보니 단호한 정치적 자세가 나오지 않은 것이다.

김영삼, 김대중이 확고한 철학과 신념으로 4·19혁명의 선봉에 선 위대한 영웅이었다면 그 후 5·16혁명은 있었을 리가 없다. 그리고 이 나라는 아주 바른 길을 갔을지도 모른다. 그렇지만 김영삼, 김대중은 5·16혁명이 일어나게 한 데에 대해서 결코 자유로울 수 없다. 그러므로 김영삼, 김대중이 5·16혁명을 비판할 자격도 없다. 그들은 무능한 장면정권 책임론에서도 결코 자유롭지 않기 때문이다. 그러나 정치입문도 자유당 시대에 했고, 멀리서 관망하고 있다가 4·19혁명의 열매를 어부지리로 땄을 뿐이다. 그러니까 4·19혁명의 진정한 의미를 몰랐고, 훗날 정권을 쥐고서는 자유당 시대와 똑같은 결과를 만든 것이다.[11]

그리고는 끊임없이 학생들을 정치에나 악용하며 오늘에 이르렀는데, 학생들은 '공부하는 사람들'이지 정치인이 아니다. 학생들을 공부가 아닌 정치꾼이 되게 유도하고, 그들에 의해 이용된 인맥에 의해 나라를 계속 이끌게 하니까 나라가 나날이 허약해지는 것이다. 젊은 학생들이 열심히 공부할 때에 공부를 해야 그 나라의 미래가 있는데, 젊은 학생들에게 공부를 할 필요가 없게 만들면 어떻게 되겠는가? 학생들은 공부하고 직장인은 직장에서 땀 흘리며 온 국민이 맡은 바에 최선을 다해야 그 나라가 잘 되는 것은 삼척동자도 아는 일이다. 그러나 그것을 흔들어 놓은 것이 김영삼, 김대중 시대이고, 그러니까 그들 둘이 정권을 쥐자 국가를 단시간에 어둠

11) 베트남의 호치민이 확실한 신념, 단호한 실천력을 갖고 베트남 통일을 이뤘으며, 죽은 후에 너무도 청빈하고 깨끗한 삶에 의해 전국민의 전폭적 지지를 받는 것을 보면서 우리의 정치사와 비교하는 안목이 요망된다. 김영삼, 김대중이 호치민의 그릇에 반만큼이라도 비교할 만한 수준이라도 되면 우리 국민이 행복할 것이다. 차라리 박정희가 훨씬 나은데도 박정희만 비판하는 오늘의 현황은 김영삼, 김대중과 결코 무관하지 않다.

으로 이끈 것이다.

도대체 공부를 않고 일을 않으며 노력하지 않는 사람이 성공하고, 노력하는 사람을 바보로 만드는 나라가 얼마나 잘 되겠는가? 아무리 임금님이 안 계시고 어른이 없는 사실상의 상놈 나라가 되었다고, 순진한 학생들을 오도하며 정략적으로 악용함은 옳은 것이 아니다. 4·19혁명의 본질을 보지 않고, 4·19혁명 때와 같이 학생들을 이용해야겠다는 잔꾀나 배웠으니 10년 만에 국가부도와 국민부도를 만들고 나라를 도탄으로 이끈 것이다. 김영삼, 김대중은 4·19학생혁명에서 배울 것을 배웠어야 하는데 순진한 학생들을 악용하는 것만 배웠으니, 국가민족의 반만년을 내다볼 때에 너무도 아쉬운 일이 분명하다.

공격문화 : 존황사관 상실 병리현상

존황사관이 실종되고, 젊은 세대가 정치권에 악용되는 시절이 계속 축적되면서, 우리사회를 이끄는 힘은 맹목적이고 원색적인 공격문화가 주축을 이루게 되었다. 건전한 힘이 사라지고 폭력적 힘이 돋보이는 사회가 만들어 졌다. 이것은 4·19혁명의 본질적 의미를 망실한 제2선 인물들이 주도권을 쥐며 5·16혁명세력과 대립하면서 나타난 현상인 것이다. 오히려 군사정권 때는 건설문화가 있었으나, 군사정권이 물러가고 급격히 건설문화가 사라지며 나라가 붕괴한 까닭은 자명한 것이다. 건전한 흐름의 건설은 없고 폭력적 공격, 혹은 대안 없는 공격만이 난무했기 때문이다.

그러니까 자유당시대는 무능부패 역적문화, 박정희 시대는 건설문화와 야당의 공격문화 공존시대였다. 그런데 박정희 시대가 끝나고 김영삼, 김대중이 정권을 쥐자 건설 문화는 사라지고 맹목적 공격문화만 남았는데, 공격문화에 옛 자유당의 무능부패 역적성이 되살아나며 짧은 기간에 국민을 도탄으로 몰아간 것이다. 여기서 말하는 공격은 사실상 파괴를 말하는 것이니, 모든 것이 허망하게 파괴되면서 표류하게 된 때문이다.

김영삼, 김대중 진영에서는 본인들이 군사독재에 항거하는 정의의 세력이라고 강변을 했지만, 당시의 야당은 학생들의 피의 열매를 어부지리로 획득하면서 잠시 정권을 쥐었다가 1년 만에 군인들에게 다시 밀려났다. 그리고는 기나긴 정권획득을 위한 투쟁의 길을 간다. 그러나 김영삼, 김대중 진영은 수권능력은 기르지 않고 오로지 정권쟁취를 위한 원색적 공격문화를 만들며 싸우는 것으로 세월을 보냈다. 그 까닭은 무엇인가?

첫째로 김영삼, 김대중은 본인들이 자유당 정권 때에 장택상의 비서로 정치입문을 한 이후 경륜의 정치를 할 훈련과정이 없었다. 자유당의 전위대로 정치인생을 출발한 만큼 공격을 하되 건설하는 방볍을 배운 적이 없는 생애를 보냈다. 두 사람의 삶은 투쟁이란 단어로 간단히 설명되는 것일 뿐, 깊은 고뇌의 건설철학이 없었다. 김영삼, 김대중은 국가와 민족을 잘 살게 할 고민의 시간이 아니라, 오로지 밤낮으로 정권을 쥐겠다고 외골 생각만 하며 살아 왔다. 그래서 집권 후 무엇을 해야 할지를 모르고 엉거주춤 시간을 보내다 짧은 10년간에 국민들을 국가부도, 가계부도, 실업자 홍수의 도탄 속에 몰아넣은 것이다.

둘째로 4·19혁명의 선두에 설 수 없는 사람들이 4·19혁명의 수혜자가 되어 정치신념이나 정치철학이 만들어질 수 없었다. 4·19혁명의 얼마 전까지 자유당에 몸담았던 사람들이니, 혁명의 선두에 서기는커녕 4·19혁명의 진정한 의미조차 뼈저리게 체득할 수 없는 일이다. 5·16혁명세력을 공격하되 순진한 학생들이나 악용하는 것으로 많은 시간을 보냈으며, 군사정권이 지쳐 쓰러진 때에야 권력을 쥐고서 바른 정치가 되기는 어려웠을 것이다. 그간 우리나라 정치계에 폭력이 난무하며 주먹정치, 각목정치가 이어지고 사기협잡이 판을 이루는 곳은 어디였는가? 자유당의 잘못된 전통이 어디로 이어졌는가? 현대사에서 가장 부끄러운 영역이 정치판이었음은 도대체 누구의 책임인가? 원색적이고 단순한 공격전략 외의 다른 방법을 택했어야 했는데,[12] 본인들이 젊은 때에 자유당 학교에서 배운 바에서 크게 나아진 것이 없는 저수준의 원색적인 물리적 정치투쟁에 많은 힘을 쏟았다.

셋째로 본인들의 정치세력을 일하는 사람보다는 원색적으로 투쟁하는 사람들로만 채워가며 살아 왔다. 도대체 김영삼, 김대중 인맥에 조국애에 불타는 자세로 책임지고 일하는 사람이 얼마나 있었는가? 그렇기에 본인들 주변에는 투쟁은 잘하되 성실히 일하는 올바른 사람이 별로 없었으니, 정체되어 썩은 집단이 되게 되어 있었다. 그렇게 되니 대부분의 젊은이들이 공부보다는 허황된 생각에 빠지는 삶을 살게 만들었고, 국가가 도탄에 빠지게 된 것이다. 희망에 넘쳐 한강의 기적을 자랑하던 나라가, 요즘 단순간에 어둠에 싸여 경제파탄 위기를 겪으며 국가부도, 가계부도에 휘청거리며 청년실업자가 넘쳐나는 나라가 되었는데, 그 까닭은 긴 세월에 걸쳐 김영삼, 김대중 인맥에 의해 그렇게 되도록 만들어 온 것이다. 요즘 모든 곳에서 정직하고 성실하게 땀 흘리면 바보이고, 원색적 투쟁으로 남을 공격하고 이권탈취에나 탐닉하는 사람이 널려 있으니 젊은이들이 취업할 직장이 생길 수가 없고 실업자는 계속 늘어나게 되어 있는 것이다. 김영삼, 김대중은 평생을 본인들도 건설적 직업을 가져본 적이 거의 없고, 온 국민을 일하지 않게 만들었기에 국가가 어둠의 길로 접어든 것이다.

김영삼, 김대중 시대가 끝나고서 차분히 반성할 것이 있다. 왜 그토록 독재시대라고 하던 군사정부 때는 오히려 국민들을 배불리 먹이며, 6·25전

12) 김영삼, 김대중과는 전혀 다른 전략을 택했던 인도의 간디, 베트남의 호치민의 얘기는 좋은 참고 사례가 될 것이다. 간디나 호치민에 비하면 김영삼, 김대중은 정치철학이 너무나 미달했다. 서재필은 조국탈환 정국에서 정권을 쥔 이승만, 김구를 보며 찬란한 A급은 사라지고 항일전쟁에서 살아남은 B급이 정권을 쥐었다고 개탄을 했는데 B급 이승만 학교에서 큰 인맥이 나라를 망친 것이다.

쟁의 폐허 위에 한강의 기적을 만들고, 세계 10위권의 경제강국을 만들었는가? 그리고 거꾸로 입으로만 그럴듯하게 민주주의를 외치던 김영삼, 김대중 시대는 졸지에 공든 탑을 무너뜨리고 어둠의 시대를 만들었는가?

요컨대 4·19혁명의 진정한 뜻을 모르는 사람들이 겉으로만 4·19혁명을 이용하며 나라를 표류시켜 왔기 때문이다. 4·19혁명의 위선적 수혜자들이 모든 것을 망친 것이다. 차라리 독재를 했다고 욕먹는 5·16혁명 세력의 반만큼의 역사의식, 사명감이라도 있고, 반만큼이라도 깨끗하고 정의감이 있었다면 결코 나라가 도탄에 빠지진 않았을 것이다. 그렇지만 국민들은 지금도 기막힌 모습을 보고 있다. 국가를 망친 인맥들이 국가를 건설한 세력을 비방하며 교묘하게 책임을 전가하고 역사를 속이려는 것을 국민들은 계속 보고 있다.

판단력 낮은 일부 국민들을 기만하는 '정치선전주의'가 난무하면서, '정치실적주의'는 실종되고 말았다. 그리하여 왕왕 건전한 시민은 사라지고 특정한 시민단체라고 자기들끼리 알아서 간판을 내건 대표성이 모자라는 일부 단체나, 특정한 방향으로 많은 경우에 사람들을 오도하는 어용 언론매체나, 인터넷에 의한 선동정치가 팽배해 있다. 온 나라에 냉정한 눈의 실적평가는 사라지고, 허망한 헛선전만 꽉 차 있다. 그래서 우리나라의 정치를 분석할 때에는 제대로 된 이론틀을 만들기가 어렵다. 그래서 한국정치학이 존재하기 어렵다고 하던가? 혼돈과 어둠의 정치! 차라리 그것은 '정치 흙탕물 이론'으로나 해석이 될까? 온 국민을 흙탕물 속에 몰아넣어, 헛선전으로 정신을 잃게 만들면서 세월을 보내며 국민을 기만한 사람들! 얼마나 길게 역사를 속일 수 있을까?

독립기념관

충청남도 천안에는 우리민족의 역사적 상징건물인 독립기념관이 세워져 있다. 일본교과서 왜곡에 항의하며 많은 사람들의 성금을 모아서 전두환 대통령 때에 세워졌는데, 아주 훌륭한 좋은 일을 하면서도 그 의미를 제대로 정립시키지 못하고 추진된 면도 컸다고 생각이 된다. 침략일본이 물러가고 반세기가 흘러간 때에 독립기념관이 세워지면서도, 독립의 뜻조차도 제대로 정립시키지 못했다면 그것은 매우 부끄러운 일이 분명하다.

독립의 의미는 항일독립군이 무엇을 위해서 침략일본과 싸웠는가를 생각하면 쉽게 해답이 나온다. 당시의 독립군들은 자신의 모든 것을 바쳐서 침략일본과 싸웠다. 모든 재산을 바쳤고, 모든 생애를 바쳤으며, 마지막으로는 하나 뿐인 목숨까지도 바쳐가며 싸운 진정한 독립의지는 그 핵심이 무엇이었는가? 그 해답은 당시의 독립군으로 돌아가 보며 생각해야만 나온다. 오늘날의 편한 시대에 따뜻한 안방이나 폭신한 침대에 누워서 나오는 정답이 절대로 아니다.

애국정신이 타오르는 독립기념관의 불꽃조각

당시의 독립군들은 한 마디로 말해서 나라와 나랏님을 위해 항일 독립전쟁을 벌인 것이다. 그들은 망국을 인정하지 않았다. 침략자들과 매국노들은 우리나라가 35년을 망했다고 망언을 했으나, 독립군들은 망국을 인정하지 않았다. 독립군들에게 있어서 우리나라는 확실히 존재하고 있었으며 나랏님은 생생히 살아있는 것이었다.

그러므로 독립군들에게 있어서는, 강도 일본이 강점하고 분탕질하는 고통 속에 있던 나라이지만 정말로 사랑스러운 내 나라 내 땅이므로 도둑을 내쫓기 위해 모든 것을 바친 것이다. 그리고 독립군들은 침략자들에게 인질로 잡혀 계시는 황태자 영왕을 우리의 나랏님으로 확고하게 모시면서 변동없이 사랑을 바치며, 나랏님을 위해서 모든 것을 바친 것이다. 우리의 나랏님인 광무황제께서 돌아가신 때에 총궐기한 3・1만세항쟁이나, 융희황제께서 돌아가신 때의 6・10만세항쟁은 모두가 나랏님께 바치는 한마음 한뜻으로 뭉친 충성의 결의였다. 충군애국의 활화산이 바로 그 결의대회였다. 방자여사의 마지막 최측근 비서였던 김상렬 노인의 얘기는 매우 의미가 있다.[13]

「나는 안중근 의사를 가장 존경합니다. 첫째로 정면으로 자기 목숨을 내 놓고서 독립운동을 한 분은 그 분이 대표적 입니다. 이등박문을 처단하면 당장 자기가 죽을 것을 알면서 응징을 했습니다. 예컨대 김구 선생님도 본인은 하지 않고서 겉돌며 목숨을 걸 일에는 남을 시킨 것이었고, 이승만은 살살 피하면서 외교나 한다고 다닌 분에 불과하다고 생각을 하며, 안중근 의사에 비하면 상대가 되지 않습니다.

둘째로 독립의병을 이끌고 정면대결을 했던 그간의 삶이 대단히 훌륭합니다. 평생을 두고 애국과 항일투쟁을 함에 빗나간 적이 없습니다.

셋째로 그 분의 사상과 철학이 완벽합니다. 그 분의 재판기록, 서예작품, 논문, 서신 등의 모든 것을 종합할 때에 그 분은 완벽한 애국자입니다.

저는 일전에 독립기념관의 최창규 관장을 만나서, 독립기념관이 안중근, 최익현 선생님 등을 기리는 것은 백번 옳다고 말했습니다. 그런데 독립기념관의 설립정신이 아직 불분명하다고 확실히 말해 주었습

13) 김상렬 면담, 1995. 1. 18, 세종문화회관 커피숍.

니다. 독립기념관은 항일역사를 구현하는 곳입니다. 항일역사는 나라와 나랏님을 찾자는 것입니다. 그러니까 대한제국을 살리자는 존황입국정신을 기념하는 것이 독립기념관의 최고의 설립의지라고 분명히 말해 주었습니다. 항일전쟁 애국충정의 큰 뜻을 저버리면 독립기념관이 앞으로 방향을 잃고 표류하게 될 것이라고 확언을 해 주었습니다.」

독립기념관은 현대시대에 만들어졌지만 존황항일의 상징건물로 해석되어야 옳다. 항일전쟁에 몸 바친 위대한 충신들을 기리고 역적을 응징하는 건물이 되어야만 한다. 침략일본이 물러가고 이승만 시대의 탄압을 거쳐서 대한황실은 흘러간 역사적 존재와 같이 처참히 무너졌지만, 오늘날에도 역사해석은 올바로 되어야 한다. 나라와 나랏님을 위해서 모든 것을 바친 애국자들의 드높은 뜻을 올바로 기려야 할 것이다.

독립기념관은 그래서 역대 관장이 항상 위대한 항일전쟁 애국자의 정통 후손이었다. 불멸의 애국자 안중근 의사의 조카 안춘생(초대), 숭고한 외골 충신 최익현 열사의 손자 최창규(2대), 위대한 학자이며 항일투사 박은식 선생의 손자 박유철(3대), 찬란한 신화를 남긴 이남규 의병대장의 손자 이문원(4대)으로 이어지는 독립기념관장들은 바로 존황항일 애국의 자랑스런 상징인물들이다. 이 흐름은 꾸준히 이어가야 할 자랑스럽고 어여쁜 전통이다. 민족사 최고의 국난기의 하나였던, 어두운 때의 여러 충신들은 결코 우리가 저버리지 말아야 할 것이다.

그런데……? 그 전통이 하루아침에 무너졌다. 충격! 충격! 충격의 놀라운 일이 벌어진 것이다. 그 위대한 전통을 무너뜨린 만용은 누구에 의해 만들어졌는가? 무너진 전통을 조속히 되살릴 방안은 무엇인가?

독립기념관 관장이 위대한 애국인맥의 후손에서 별안간 바뀐 바는 이 시대의 성향을 정확히 말해준다. 과거사 정리라는 미명하에, 기존질서를 찬탈하고 파괴하는 것이 개혁이라고 강변하는 폭력성을 뚜렷이 보여주는 것이다.

무조건 기존질서를 공격하고 해체하는 파괴의 달인들일지라도 절대로 건드릴 수 없는 성역이 존재하고 있음을 모를 정도의 상태가 되니까 이성을 잃은 것이다. 그토록 매국노를 규탄한다며 최고의 이상주의적인 선전을 하면서, 애국의 최고 상징을 찬탈하는 행위를 보인 것은 그들이 선전하는 이상주의가 가면을 쓴 거짓이었음을 증명하는 것이 아니라고 변명할 방안이 없을 것이다.

황실학회

존황사관을 정립하고 대한황실의 위상을 확고히 함에는, 이론적 토대를 굳건하게 함이 매우 중요한 일이라 생각된다. 더군다나 무너져 사라지다시피 한 우리의 황실을 되살리려면, 그에 합당한 연구가 뒷받침되어야 함은 당연한 것이다. 따라서 그러한 취지에서 황실학회가 4329년(1996년) 1월 1일자로 창립이 되었다.

그렇지만 언뜻 생각하면 쉽게 되리라고 생각을 했던, 황실을 연구하는 학문으로서의 황실학(皇室學)에 대한 논문을 써 줄 사람이 쉽지 않았다. 대한황실을 살리는 데에 도움을 줄 이론이라면 폭넓게 모든 것을 받아들인다고 해놓고서 논문을 모아도, 논문이 제대로 모여지지 않아서 시간을 많이 흘려보냈다. 왜 그렇게 모여지지 않았을까?

첫째로 그것은 무너진 존황사관을 되살린다는 학문의식을 가진 사람이 쉽게 나타나지 않았기 때문이라고 하겠다. 우리의 황실이 무너지고 세월이 나름대로 많이 흐르다 보니까, 황실을 키운다거나 황실이 살아날 것이라고 생각할 사람들의 숫자가 그리 많지 않게 되어 버렸기 때문이라고 생각이 된다. 황실은 사라진 역사라고 보는 학자들이 많아졌기 때문인 것이다.

둘째로 황실을 살린다는 취지의 글을 싣는 것을 부담스럽게 생각하는 학자들도 있었다. 이 시대에 흘러간 황실을 연구한다는 것은 정신나간 사람들이나 하는 것이 아니냐는 생각을 갖는 듯한 반응을 보이는 사람들까지도 있다 보니까 논문이 모여지기가 쉽지 않았던 것이다.

셋째로 혹시 정치적 견제를 받지 않을까 우려하는 사람들도 있었다. 만약에 황실을 살리자는 사람들의 모임에 글을 싣고 나면 훗날에 피해를 입을지도 모른다고 하는 생각이 잠재된 사람은 선뜻 논문을 써주기가 쉽지 않았던 것이다.

어떻든 나의 강요와 설득이 계속되면서, 약간씩 동조자의 숫자를 늘리고 논문을 약간씩 수합할 수가 있었다. 그리하여 학회지의 명칭을 황실학논총(皇室學 論叢)이란 제호로 한 창간호가 나오게 되었다. 그리고 학술지의 제호는 저명한 서예가인 서울교육대학교 미술교육과의 한태상 서예교수에게 부탁하여 품격 있는 표지가 되게 하였다.

황실학논총 표지

그후 일단 학술지에 실릴 만큼의 논문 편수가 모아지자 학회장을 모시는 일을 하게 되었다. 학회장은 그러나 꼭 학자일 필요는 없다는 생각에서, 당시까지 황실복원모임의 지도적 위치에 있던 강용자 여사가 주선을 하여 무게 있는 언론인으로 선정을 하였다. 그러나 학술지가 인쇄되어 나오자마자 선정된 학회장에게 논문집을 보냈더니, 나름대로 본인의 이유를 대면서 학회장을 못하겠다는 연락이 왔다. 매우 난감한 상황이 벌어진 것이니, 할 수 없이 초대 학회장을 강용자 여사가 맡기로 변경조치를 취하였다.

강용자 여사는 경향신문사의 문화부장과 논설위원을 역임한 여성 언론인의 지도적 지위에 있는 분이다. 최은희 여기자상을 수상할 만큼 뛰어난 언론인이었는데, 언론계에서 은퇴한 뒤에는 소설가로 활약을 했다. 강용자 여사는 '연분홍 치마가 봄바람에', '왕조의 후예' 등 좋은 소설을 발표하였다. 특히 강용자 회장의 왕조의 후예는 무너진 대한황실을 소설로 재구성한 것으로서, 황실복원의 좋은 길잡이가 된 책이다.

여덟 번째 주제

사이버 황실 복원 운동

- 굳어버린 고질병
- 대통령의 위상 갈등
- 권력공황의 소용돌이
- 황도(皇都) 논쟁
- 대통령제냐? 내각제냐?
- 명예 임금님
- 여성 임금님
- 부락민 해방운동
- 신기한 젊은이들
- 기묘한 출발점

굳어버린 고질병

많은 경우에 사람들은 타성에 젖어서 산다. 도전하며 땀 흘리고 고통을 겪기 보다는, 그저 휩쓸려 따라가는 것이 편하기 때문이다. 그 사회가 흘러가는 물결에 따라서 덧없이 사는 것이 안전하다고 생각을 하면서, 그 물결을 따라서 살아간다. 그렇기에 인간이 세상을 살아가는 것은, 많은 경우에 스스로의 독자적인 뜻이 아니라 타인의 뜻에 따라서 살아간다. 경우에 따라서는 완전히 남의 인생을 살아주는 사람도 존재한다.

그리고 인간은 스스로 잘 판단을 하여 옳은 일을 한다고는 하지만, 실제로는 매우 커다란 숨겨진 힘에 의해서 조종당하며 사는 경우가 많다. 인간의 판단 자체가 아무리 현명하다고 하더라도, 많은 경우에 우물 안의 개구리인 경우도 많다. 그러나 인간은 우물 안의 개구리이면서도, 그것을 모르고 천하를 쥔 듯이 속아서 사는 경우가 비일비재 하다.

생각하면 오늘날의 우리들은 사회 전체의 흐름이 우리의 뜻대로 된 것이 별로 많지 않다. 우선적으로 생각할 것은 우리 사회를 움직이는 많은 변인들이 침략일본이 만들어 놓은 바에 따라서 오늘날까지 흘러 왔다. 자라나는 청소년들의 교육에서부터 시작하여, 너무도 많은 것이 침략일본이 교묘하게 침략적 시각으로 만들어 놓은 바에 따라서 그대로 움직여진다.

그리고는 침략일본이 물러간 뒤에, 깊은 가치판단이 없이 서구사회의 것을 직수입해 놓은 것도 많다. 우리의 삶에 강력하게 영향을 미치는 정치제도만 해도 그렇다. 침략일본이 물러간 뒤의 우리나라는 많은 흐름이 침략일본의 뜻에 따라 만들어진 사회요 사람들이었다. 그런데 거기에다 무조건 미국식 대통령제를 이식해 놓은 것이다. 그리고는 세월이 흘러서 어언 60년 가까운 시간이 흘렀다. 그리고 많은 것이 그대로 굳어져 버렸다.

그런데 특히 문제가 되는 것은 항상 정권을 잡으려는 정치인들이 사회

전체를 쥐고 흔들면서, 사람들의 혼을 마비시키며 판단력을 상실하게 만든다는 점이다. 그리고는 많은 사람들이 정치권에 직간접적 영향을 받으며 덧없이 빨려 들어가 버린다. 그렇기에 우리사회는 크고 작은 투표를 하고서 훗날 후회를 하는 경우가 많다. 아니 경우에 따라서는 땅을 치며 통곡하듯 후회를 하기도 한다. 그러나 우리들은 결과적으로 보면 많은 경우에 자기가 투표를 해서 찍어 놓고 후회하는 것이다.

현대시대에 들어서 벌써 환갑에 가까운 시간이 흘렀다. 그렇게 되고 나니까 우리사회는 생각하면 고질병에 가깝게 굳어버린 측면도 많다. 예컨대 그런 고질병에 있어서도 가장 심각한 고질병의 하나가 바로 정치제도가 아닐까 한다. 어느날 별안간 수입된 대통령제는, 생각하면 국민적 합의를 거친 것이 전혀 아니었다. 당시는 임금님을 모시려는 사람들이 아주 많았던 때였다. 그렇지만 사실상 이승만이란 개인에 의해서 대통령제가 독선적으로 직수입되며 오늘날까지 이어진 것에 가깝다.[1] 오랫동안 미국땅에서 살아온 한 사람이 정치적 주도권을 쥐게 되니까, 그 이후에도 계속 이어지며 고질병이 된 것이 대통령제이다.

그간 우리들은 역대 대통령에 있어서 만족해 본 사례가 거의 없다. 거의 모두 실패한 대통령만이 이어진다. 왜 그럴까?

첫째로 그 까닭은 대통령에 대한 기대상실감에서 비롯될 것이다. 우리는 여러 대통령에 대해서 정도 이상의 기대감을 갖고서 투표를 한다는 생각이 크게 든다. 심지어는 경우에 따라 그 대통령이 당선되면 지옥이 천국으로 바뀔 수 있다는 정도의 기대감을 갖고서 투표를 한다. 그러나 어떤 대통령도 인간에 불과한 것이고, 결코 천국은 지상에 만들어지지 않는 것이다. 김영삼 대통령이 집권했을 때에 군부독재를 종식시켰다며 천정을 찌를 듯하던 인기는, 어느날 IMF 국치를 맞으며 가장 최악의 대통령으로

1) 안천, 한국 민주화운동사(서울: 민족문화사, 1988), pp.71-95 참조.

전락하고 말았다. 다시 김대중 대통령은 자기가 IMF 위기를 해소한 대단한 대통령이라고 선전을 크게 했으나, 수많은 국가재산을 팔아넘기고 천문학적 가계빚을 유발하며 많은 국민을 도탄에 빠트린 대통령으로서, 가족전체와 최측근이 줄줄이 부패에 연루되어 극도로 썩은 정권이었음을 알고는 누구나 분노하면서 등을 돌렸다. 두 대통령에게서 하나같이 천국에서 지옥으로 떨어지는 경험을 한 것이다.

둘째로 그 까닭은 대통령에 대한 인식차에서 비롯될 것이다. 대통령제의 모국인 미국에서는 대통령을 인간으로 보는 것에 익숙한 듯하다. 그렇기에 탄핵 직전에까지 갔던 클린턴의 혼외정사를 대다수의 국민들이 눈감고 용서하며, 나라를 잘 다스려 풍요로운 경제를 만든 것으로서 만족하는 모습을 보인다. 그러나 우리들은 대통령에 대해서 전통적인 임금님의 인식을 내면에 갖고서, 겉으로만 서구식 대통령으로 보는 면이 크다고 생각이 된다. 따라서 대통령에게 너무 많은 것을 요구하며 완벽한 것을 바라는 느낌이 크다. 미국식으로 생각할 때에 클린턴과는 다른 입장이긴 하지만, 광주비극의 굴레를 쓴 전두환은 역사상 최고의 경제강국을 만든 위업에도 불구하고 최악의 범죄 대통령 취급으로 일관하는 흐름이 있다.

셋째로 그 까닭은 대통령에 대한 평가를 공정하게 하지 못함에서 비롯되기도 한다. 동티모르와 비슷하게 거의 모든 국민이 헐벗고 굶으며 사는 6·25전쟁의 폐허에다가 한강의 기적을 이룬 역사적 대통령인 박정희에 대해서, 일각에서는 무조건 쿠데타로 집권한 군부독재자라고 몰아쳐 끈질기게 매도한다. 그러나 가장 공격을 강하게 했던 김대중 대통령은 온 국민에게 선거공약으로 내각제를 약속하고 집권한 뒤에, 약속을 헌신짝 같이 버린 희대의 사기꾼 형태의 집권이면서도 박대통령의 쿠데타만 매도한다. 정권획득의 쿠데타가 더 옳은가 사기꾼이 더 옳은가는 쉽게 판단이 가지 않는데도 불구하고 한 쪽만 탓한다.[2] 그리고 극심한 가계부채와 부패에 의해서 사상 최악의 경제난을 만든 김대중을 보면서도 박대통령이 만든 한강의 기적은 인정해 주지 않는다. 편견에 사로잡힌 시각이 난무한 가운데 훌륭한 대통령이 나올 수는 없다. 헛 선전과 모략에 능한 자가 아니라 성실히 국리민복을 위해 일하는 대통령이 나오게 하려면, 국민들의 눈이 공정해야만 하고 수준높은 판단력이 갖춰져야만 한다.

대통령의 위상 갈등

우리나라의 대통령은 많은 경우에 본인의 참된 위상(位相)이 무엇인가를 제대로 깨닫지 못하고 혼돈 속에서 임기를 보내고 있다. 말로만 민주주의를 한다고 했지, 하나 같이 민주적이지 못한 대통령들뿐이라는 생각도 든다. 그리고는 강력한 리더십과 독재라는 개념도 구별을 하지 못하며 민주주의를 겉으로만 내세운다.

먼저 독재라는 말을 쓰되 기준이 없이 쓴다. 독재라면 민주적 절차를 거치지 않고서 정책결정을 내리는 것이라고 말할 수 있겠는데, 여러 대통령에 있어서 우열을 가리기 어려울 정도로 우리의 대통령들은 모두가 독재성이 강하다. 우리는 무조건 일각에서 외치는 대로 군부독재라는 말을 쓰는데, 비군부독재가 우리나라에서는 더 강했다. 이승만이 오죽 독재자였으면 4·19혁명의 철퇴를 맞았으며, 국회가 가결해도 끝까지 본인의 뜻대로만 계속 자기사람을 독선적으로 임명한 김대중이나 끊임없이 집단심리조작술에 의한 심리테러로 정권을 이끄는 노무현 시대를 말하면 독재는 비군부시대가 더 했다고 해야 옳다. 생각건대 현대사에 있어서 최고의 독재자는 이승만이었고, 다른 대통령들도 거의 다 우열을 가리기 쉽다고 보기는 어렵다.

2) 앞의 둘째 주제에서 보았듯이 자기들끼리의 정치권 내부에서는 내각제로의 약속이행에 대한 논의가 약간은 있었던 듯하다.

그리고 독재의 수단으로서 군부독재는 총칼로 독재를 했다고 말한다. 그러나 독재의 수단은 물리적인 총칼보다 다른 수단이 더 가혹한 것이다. 차라리 총칼로 위해를 가하는 것은 점잖은 것으로서, 끊임없이 상대의 약점을 찾아서 사회적으로 매장시키는 비열하고 가혹한 독재의 수단을 어느 시대에 가장 많이 썼는가를 유의해야만 한다.[3]

연이어 한강다리에서 떨어져 자살하는 사람이 속출하고, 한강다리 마다 경찰을 배치하지 않으면 안되었던 노무현시대는 무서운 독재가 아니라 차라리 공포정치의 시대라고 해야 옳다. 생각하면 군부시대 이후에도 많은 사람들이 비참하게 사라졌고, 굴지의 대우그룹, 신동아그룹이 사라졌으나 그렇게 사라진 것이 공정한 흐름이라고 믿지 않는 사람이 너무 많다. 그리고 어용 언론매체와 어용 친정부집단을 총동원하여 끊임없이 조작적 심리테러를 가하며, 국민을 사실상의 공포정치로 이끈 시대가 언제인가를 유의해 보아야 옳다. 군부독재를 가장 강하게 비판하는 그 시대는, 군부정치 시대를 몇 배 능가하는 심리적 공포정치의 시대로서, 국민들은 거의 모두 정치에 애써 눈을 감고 떨면서 살아가고 있음을 유의해야 한다.

그 공포정치는 국민들을 일종의 독선적 정치종교(政治宗教)의 교리에 옭아매면서, 주어진 교리에서 벗어나지 못하도록 사람들을 집단적 최면상태로 이끌고 간다. 최근 우리나라의 정치를 보면 많은 경우에 특정 정치종교의 광신도들을 보는 듯한 착각이 잦게 일어난다. 많은 사람들은 성실하게 정도(正道)를 걸으며 사는 방법을 상실하고, 집단 아노미 상태에서 이루어지는 정치조작술에 빨려 들어가 버리고 마는 것이다.

거기에 빨려 들지 않으면 인터넷 특공대와 어용 언론매체를 교묘하게 총동원하며, 공포에 떠는 비참한 개인을 만들어 버린다. 그래도 말을 듣지

---

3) 국가운영의 최후 보루라는 사법부조차도 눈치를 보며 재판을 하고 있는 시대는 어느 때인가?
조선일보, 2004. 8. 13 참조.

않으면 촛불을 든 시위대가 달려간다. 이렇게 무력화된 개인은 어쩔 수 없이 공포를 면하기 위해서, 눈을 감고 정치종교에 최면을 당해 주어야 한다. 일종의 대중독재의 체제가 무섭게 사회를 질타하고 있으며, 사회는 꾸준히 특정한 독재자나 독재집단에 의해 독선적으로 이끌려져 간다. 나찌 독일의 시대나 무쏘리니의 파시즘 시대와 오십보백보 차이의 비슷한 흐름이 강하게 이어지고 있다.[4]

우리들은 그간 민주주의도 독재도 제대로 구별하지 못하면서, 특정집단의 심리조작적 흐름에 의해 제 정신을 못 차리며 시간을 보낸 경우가 많다. 그렇기에 이 나라에서는 대통령에 대한 객관적 평가를 내릴 수가 없는 상태에 가깝다. 이제 현대정치사의 나이가 환갑에 육박을 했다면, 정치사회적 이성을 찾을만도 하건만 계속적으로 혼돈이 이어지고 있다. 왜 이런 어둠이 계속될까?

그 까닭은 우리나라 대통령의 위상갈등(位相葛藤)이 가장 큰 이유가 될 것이다. 우리의 대통령은 모든 국민이 대통령을 전통적인 임금님의 시각으로 보면서, 업무는 내각제의 총리대신이 하는 것을 해주길 바라기 때문에 일어나는 갈등인 것이다.

미국의 대통령제는 군주제와 인연을 완전하게 끊겠다는 단호한 입장정리하에서 나온 것이다. 전혀 임금님 성향이 없고 인간적인 대통령을 전제로 한다. 그러나 우리의 대통령제는 이승만이 맹목적으로 직수입해왔기에 대통령에 대한 입장정리가 없었다.

생각건대 내각제의 총리대신은 '일하는 정치인'이란 관점이 핵심이다. 확실하게 나라와 나랏님을 위해서 온 몸을 바쳐 일을 해야 되는 자리이다. 그러다가 일을 못하면 가차없이 물러나게 되어 있다. 그러므로 미국식 대통령제는 내각제 총리에게 확실하게 임기를 보장해 준 것이라고 봄이 옳

---

4) 임지현, 김용우 엮음, 대중독재 : 강제와 동의 사이에서(서울:책세상, 2004) 참조.

다. 그렇지만 우리의 대통령은 미국 대통령과 달라서 일이 기준이 아니라, 내면적으로 임금님 노릇을 하는 듯한 행태를 보이며 대통령의 임기를 보낸다. 임기가 보장되어 있으니까 그 기간에는 사실상 본인이 전통적인 임금님이 된 줄로 착각을 하기도 한다.

그러나 영국과 같은 입헌군주제에 있어서는 두 위상이 명쾌히 구별되어 있다. 군주는 군림하되 명예를 지키고, 총리대신은 확실하게 실권을 쥐고 온 몸에 흙을 묻히며 일을 하게 되어 있는 것이다. 총리가 군주의 명예를 노리거나 체면만 차리면 그는 총리가 아니다. 또 거꾸로 군주는 최고의 명예를 지키는 보루가 되어야지 세속의 낮은 이해관계에 말려들면 얼굴에 먹칠을 하게 된다.

그런데 우리의 대통령은 두 가지를 모두 추구하면서 되는 일이 없는 것이다. 팔을 걷어 붙이고 확실하게 일을 한 대통령은 그간 누구였는가? 일은 않고 남의 욕만 한 대통령은 누구였는가? 아무 일도 못하고 체면만 차린 대통령은 누구였는가?

생각하면 그간 거의 욕을 먹을 이유가 없었던 대통령인 윤보선, 최규하를 우리는 존경할 수 없다. 크게 내세울 업적도 없고 최악의 독재자였던 이승만은 논할 필요도 없다. 그리고 무능해서 얘기할 필요가 없는 노태우도 거론할 필요는 없다. 그렇다면 박정희, 전두환 시대와 같이 국민들은 잘 살도록 만들었으되 비방을 듣는 대통령과 김영삼, 김대중 시대와 같이 국민을 도탄에 빠트리고서도 군부시대 욕만 하는 대통령에 대한 사려깊은 판단력은 분명히 나와야 한다.

대통령에 대한 위상갈등 현상을 분명히 바로 잡고서, 대통령은 결코 임금님이 아니란 점을 유의하고 대통령을 보면 대통령에 대한 시각이 제대로 정립될 것이다. 그러한 입장에서 보았을 때에 인생을 걸고 조국과 국민을 위해 몸 바친 박정희가 가장 최고의 대통령이다. 그리고는 역설적인 얘기가 되겠지만, 광주비극의 굴레를 접어두고 말한다면 온 몸으로 일하고서 욕을 먹는 전두환이 다른 대통령보다는 차라리 나을지도 모른다. IMF 국치나 400만 가계파탄 상황은 광주비극의 몇 배가는 고통을 안겨 준 것은 아닐까 생각되기도 한다. 국민을 도탄에 빠트리고 무슨 다른 말이 필요한가?

대통령은 열심히 일해야 하는 자리이다. 그간 우리나라는 임금님이 사라지고 나니까, 일은 않고 임금님 행세를 참칭(僭稱)한 자들에 의해 나라가 계속 어려움을 겪어 왔다. 앞으로의 어떤 대통령도 욕을 먹을 각오를 하고 열심히 국가를 위해 일을 해야 한다. 대통령은 사실상 욕을 먹어야 되는 자리다. 욕먹을 각오를 하지 않고서,[5] 사실상의 임금님을 흉내낸다면 그는 역사의 죄를 짓게 되며 나쁜 대통령이 되는 것이다.

요컨대 그간에 계속된 현대정치사의 질곡 현상은 대통령의 위상갈등에서 비롯된 것인 만큼, 대통령은 앞으로 열심히 일하는 대통령으로 정착이 되게 해야 할 것이다. 그리고 조속히 침략일본이 없앤 임금님을 다시 모셔야만, 이 나라의 체통이 다시 서고 나라가 안정적으로 발전되게 될 것이다. 침략일본이 왜 임금님을 없앴는가를 명쾌히 헤아려 보아야 한다. 그들이 만든 잘못된 흐름에 의해 고통을 그토록 겪으면서도, 침략일본이 만들어 놓은 대로 살고 있다면 그것은 옳은 일이 아니다. 우리는 아직 항일독립전쟁을 완성짓지 못했다. 임금님을 다시 모셔야 완전한 원래대로의 제대로 된 독립국이 될 것이다.

권력공황의 소용돌이

대통령의 위상갈등 현상은 계속적으로 국정운영에 심각한 공백을 가져

5) 생각하면 박정희는 욕먹을 각오로 일을 한 대통령이고, 김영삼, 김대중은 남을 욕하면서 일을 기만한 대통령이다. 그렇기에 박정희는 퇴임 후에 욕과 한강의 기적을 남겼다면, 김영삼, 김대중은 기만과 국가파탄을 남겼다.

온다. 할 일을 열심히 해야 하는 총리대신과 명예를 철저히 지켜야 하는 임금님의 두 국정운영 기능에 혼동과 착각현상이 발생하면서, 나라의 일도 제대로 되지 않고 명예도 잘 지켜지지 않으며 공백이 오는 것이다. 그 공백은 흡사 흘러가는 여울물에 일어나는 물방울과도 같이 점차 큰 물방울을 낳게 되며 큰 소용돌이가 되고, 냇바닥에 깊은 웅덩이를 만들기도 하듯이 나라의 운영에 깊은 공백과 상처를 계속 만든다.

지난 시절의 대통령에 있어서 확실하게 열심히 나랏일을 한 대통령은, 군부독재의 시대라고 비난을 받는 박정희 대통령이다. 왜 박정희 대통령이 한강의 기적을 낳는 위업을 낳았을까?

첫째로 박정희는 자신이 쿠데타로 집권한 만큼, 그리하여 그 약점을 잘 알고 있는 만큼 명예는 일단 접어 두고서 작심하고 성실하게 일을 한 대통령이라고 생각이 된다.[6] 많은 경우에 겸손하고 언론에도 여간해서 잘 나타나지 않으며 일에만 빠져들어서 마음먹고 국가발전을 위해 몸 바쳤기에 민족중흥의 위업을 달성했다고 본다. 박정희는 본인이 약점이 있었기에 오히려 근면, 검소, 저축의 새마을정신을 실천하면서, 성실한 자세로 국가를 6·25전쟁의 폐허에서 기적같이 되살려낸 것이다.

둘째로 박정희는 자신이 약점이 있었기에 임금님을 참칭하려는 건방진 자세가 없었다. 오히려 본인을 별 볼 일 없는 인물이라고 겸손하게 낮춰 보았다고 생각이 된다. 박정희의 생애를 보면 지극히 소시민적이고 평범한 삶에 가까웠다. 박정희의 얼굴에서는 순박한 촌부의 가식 없는 진실이 있지, 꾸밈과 거짓이 없었다. 막걸리 잔을 들고 논두렁에서 농부들과 맛있게 술을 마실 수 있는 자세에서, 본인은 심정적으로 결코 임금님일 수가 없었다. 그리고는 작심하고 나라를 위해 일을 하여 성공하려는 입장에 충실했다.

---

6) 박정희는 또한 젊을 때에 일본군 청년장교였고, 국군에서는 초기에 좌익흐름에 동조했던 혐의도 받고 있다. 그렇기에 작심하고 조국에 헌신했으며, 반공전선에 확실히 매진했다고도 생각이 된다.

셋째로 박정희가 본인의 약점을 분명히 알고, 정확하게 본인의 위상과 본분을 깨닫고 있었다는 것은 정치 철학이 확실하게 정립되어 있었음을 뜻한다. 박정희는 현대사를 거쳐 간 대통령에 있어서 뚜렷한 철학을 갖고 정치를 했던 대표적인 인물이라고 하겠다.[7] 그것은 다른 대통령들이 자신의 위상을 망각하고 차례대로 나라를 고통 속으로 밀어 넣었는데, 박정희만이 유일하게 자신의 본분과 주어진 위상을 명쾌히 파악하고 나라를 살려 냈다는 점에서도 분명하게 증명된다.

넷째로 박정희는 전직 대통령에 있어서 유일하게 황실을 돕고 키워준 대통령이다. 그것은 박정희 스스로가 본인은 결코 심정적으로라도 임금님일 수 없다는 입장을 확실하게 보여준 것이라고 하겠다. 박정희는 전직 대통령에 있어서 거의 유일하게 본인이 위상갈등 현상을 벗어난 행태를 보였고, 사실상 대표적으로 성공한 대통령이 된 것이다. 그를 공격하며 욕하는 측이 아무리 비방을 해도, 욕하는 측은 박정희와 같은 역사적 위업을 내세울 것이 없기 때문이다.

그러나 전직대통령의 대다수는 박정희와 같이 확실하게 본인의 위상을 파악하지 못했다고 보인다. 그 중에 가장 위상파악을 못한 인물이 바로 이승만이었으니, 그는 임금님도 아니면서 많은 시간을 임금님 환상에 빠져서 보내다가 4·19혁명으로 비참하게 쫓겨나는 것이다. 이승만은 본인이 임금님을 참칭하려는 역적적 자세가 가장 노골적인 만큼, 종묘탄압, 황실탄압의 선봉에 섰고 마지막 윤황후를 정릉 산골짝에 쫓아내서 비참하게 살게 만들었다. 그리고 거의 내세울 업적이 없이 세월만 보냈다.

그런데 박정희, 전두환, 노태우의 군부출신 대통령 시대가 끝나서, 새로 시작된 민간출신 대통령 시대에 들어서 왜 나라가 급속히 어려움에 빠지게 되었을까를 심각히 생각해 보아야 되겠다. 그토록 군인정치의 시대를

7) 유순달, 박정희대통령의 통치철학(서울:크라운출판사, 2002).

매도하고 비방하며 본인들이 정권을 쥐면 지상천국이 올 것과 같이 휘황찬란한 선전을 해대던 김영삼, 김대중의 시대에, 왜 국가는 천국에서 지옥으로 떨어진 나라와 같이 수많은 어려움 속에 끝없이 위기상태로 내몰리게 되었는가는 심각히 연구되어야 할 것이다.

우리 국민들은 결코 김영삼, 김대중 시대의 10년간을 다시 생각하고 싶지 않다. 결코 다시 와서는 안 될 시대라고 수없이 되뇌이며 살고 있다. 덧없는 환상 속에서 김영삼, 김대중 시대를 보내고 어느날 꿈을 깨니, 세상은 기막힌 어둠의 시대가 되어 있을 때에야 속았다는 생각이 든 것이다. 어느날 별안간 낭떠러지로 추락하며 그것이 현실이 아니길 빌면서 땅을 친 사람이 한 두 사람인가? 왜 국민들은 그토록 허망하게 속았는가? 박정희 이후에 왜 우리는 제대로 일하는 대통령을 볼 수 없었나?

첫째로 그 어둠의 10년간에 있어서 김영삼, 김대중은 많은 흐름에서 사실상 임금님을 참칭한 흐름이 있었다. 더구나 김대중은 특히 임기 내내 노벨상 타기나 대북비밀외교로 국리민복보다는 허망한 뜬구름에 더 정신이 팔려서 시간을 보냈으니, 일보다는 헛될지도 모르는 명예에 매달리는 시간을 보냈다. 사실상 임금님 환상에 젖어서 거드름만 피웠지, 국민을 위해서 온 몸에 흙칠을 하며 땀 흘려 일하려는 진실된 자세가 아니었다. 김영삼, 김대중은 대통령이 일하는 자리라기보다는 이름을 내는 자리라고 허황된 생각을 하며, 내면적으로 임금님 착각현상이 크지 않았나 생각이 된다. 군인출신 대통령들은 약점이 있었기에 사실상 허명(虛名)의 노예가 되기보다는 일에 더 충실한 것과 뚜렷이 차이가 난다. 김영삼, 김대중은 헛된 이름에 더 마음이 쏠렸으니, 업적이 별로 없고 국내외로 빚더미에 싸인 도탄에 빠진 나라를 만든 것이다.

둘째로 김영삼, 김대중 시대는 가족부패가 극심했다. 김영삼은 둘째 아들이 국정의 중심을 잡고 뒤흔든 형태로 세월을 보냈다. 그러나 김대중은 본인의 부인과 자식들 모두가 직간접적으로 권력과 금력에 빠져 부패가족의 전형적인 모습을 보여줬다. 우리 역사상 이런 부패가족 대통령은 없었다. 김대중시대는 썩은 대통령 가족에다 대통령 주변 권력핵심의 조직적 부패까지 겹치면서, 국민전체가 거덜이 나는 가계빚 극대화시대를 낳았다.[8] 김영삼, 김대중은 나라살림과 가정살림을 구별치 못했으니, 잘못된 임금님 환상에 빠져 있었기 때문이라고 보인다. 모든 것이 국민의 것이라고 보는 입장이 되지 못하고, 모든 것을 내 마음대로 한다는 착각이 크게 지배한 때문이라고 생각이 된다.

셋째로 김영삼, 김대중은 입으로는 최고의 민주주의를 내세웠으나, 그것은 사실상 허망한 선전용이었을 가능성이 크다. 김영삼, 김대중은 이승만 시대에 이승만 학교 출신이라고 볼 인물들로서, 항일전쟁시대의 행적에 대해 시비가 있는 장택상의 비서로 똑같이 정치에 입문을 했다. 그리고는 이승만 시대의 흐름을 몸에 일찍이 익히고 정치를 해왔다. 둘이는 똑같이 민주주의를 합창하면서 군부정권을 공격하며 차례대로 집권을 했으나, 일찍이 몸에 밴 이승만 스승의 가르침을 잊지 않았다는 생각도 크게 든다. 이승만이 국가를 내 마음대로 좌지우지 했듯이, 김영삼, 김대중도 가족들까지 나서서 국정을 유감없이 농단한 것은 그 스승에 그 제자가 아닌가 한다. 그리고 이승만이 끊임없이 임금님 환상에서 살았듯이, 그 학교 출신인 김영삼, 김대중도 적지 않게 임금님 환상이 그들을 지배하며 대통령직의 위상갈등을 겪은 것이다. 그리하여 일을 하기 보다는 딴 생각에 한 눈이나 팔면서 많은 시간을 보냈다. 김영삼, 김대중은 입으로만 국민을 잘 살게 만든다고 했는데, 그것은 아무 필요가 없다. 박정희가 백배 낫다. 국민을

8) 김대중 정부는 재정경제부, 금융감독위원회, 규제개혁위원회 등의 정부 기구를 총동원하여 카드대출 현금서비스 한도의 폐지, 묻지마 길거리 카드 발급 등으로 가계부채 260조원, 약 400만 명의 신용불량자, 다수의 자살자를 만드는 최악의 가계파탄국가를 만들었다. 진실된 정책이 아니라 소득이 없는 청소년은 물론이고 심지어 사망자에게까지 카드를 남발하는 등 위선된 꼬임수로 나라를 이끈 업보는 엄청난 비극을 낳았다. 조선일보, 2004.7.13. 및 2004.7.17.

도탄에 빠뜨린 대통령들에게서 입으로만 나오는 미사여구가 무슨 필요가 있는가? 우리는 많은 경우에 지적 환상에 빠져서 정치현상을 잘못 파악하는 경우가 있다. 그렇게 지적 환상에 노예가 되어 있기에 현대사에 있어서 어떤 대통령이 진짜 우리에게 필요한 대통령인가를 오해하는 경우가 적지 않았다. 우리들은 우리의 눈을 멀게 하는 지적 환상의 노예상태를 훌훌 털어내고 정치를 올바로 보아야한다. 담백한 명경지수와 같은 마음으로 보면 제대로 된 대통령이 올바르게 보일 것이다.

박정희와 김영삼, 김대중의 삶에 있어서 허황된 임금님 착각현상의 정도를 알아낼 주요 징표가 있다. 서울교육대학교의 대학원장과 한국학교육연구원장을 지낸 원로학자로서, 항일독립전쟁사의 연구에 큰 업적을 남긴 이연복 교수님의 얘기를 들어 보자.

> 「박정희는 매우 겸손한 대통령이었습니다. 그것을 명예박사 학위라는 기준으로 볼 때에 박정희는 훌륭한 사람입니다. 박정희는 18년간이라는 긴 집권기간에 있어서, 주변의 사람들이 왜 명예박사가 되라는 권유를 하지 않았겠습니까? 본인이 원하기만 하면 수많은 명예박사 학위를 가질 수가 있었습니다. 그러나 단 한 번도 그런 허황된 유혹에 넘어가질 않았습니다. 요즘 우리 사회에는 제대로 공부도 않으면서 장식적인 박사학위를 갖고 학계를 부끄럽게 만드는 사례가 있는데, 그것은 결코 옳은 사회풍조가 아닙니다.
>
> 그렇지만 김영삼, 김대중은 각각 5년간의 집권을 한 인물로서 여러 개의 명예박사학위를 갖고 있음은[9] 유의해 볼 사안입니다[10].

---

9) ① 김영삼 대통령은 2004년 현재 인터넷에 공개된 신상자료에 의하면 명예박사학위가 9개이고, 김대중 대통령은 6개이다. 또 훈장을 타거나 상을 탄 것이 김영삼은 5개이고, 김대중은 15개로 되어 있다.
② 김대중 대통령의 노벨상 수상에 대해서 많은 국민들이 위상갈등 현상을 갖고 있다. 적지 않은 사람들이 흔쾌한 마음으로 인정하지 않음은, 물론 여러 변수가 있겠지만 대통령으로서의 위상과 현실 사이의 괴리감에서 증폭된다고 생각이 된다.

10) ① 김학준 교수의 명예박사학위 조사에 의하면 1999년 현재로서 김대중 대통령이 9개

대통령으로서 본직에 충실한다는 것은 쉬운 일이 아닙니다. 그러므로 대통령이란 큰 권력을 쥐고 있으면서도, 결코 허황된 유혹에 빠지지 않는 것은 존경할 일입니다. 박사학위는 공부하는 사람들이 갖는 것이고, 박사가 되면 열심히 학문에 열중해야 됩니다. 그리고 정치인은 박사학위가 필요한 것이 아니라, 국가와 국민을 위해 열심히 일하여 위대한 정치적 업적을 남기는 것이 중요한 것입니다. 마찬가지로 사업가는 사업에 충실하고, 체육인은 체육에 충실하며, 예술가는 예술로서 성공을 거두도록 해야 합니다.」

그렇다면 김영삼, 김대중에 이어서 집권한 노무현은 왜 역사상 초유의 탄핵소추까지 당하면서 최악의 정치추태를 보여 주었는가? 그것은 일찍이 김영삼, 김대중이 최악의 수렁을 만든 권력공황의 소용돌이에 빠져서 사실상 제 정신을 잃고 정치를 했기 때문이라고 보인다. 노무현의 탄핵소추는 김영삼, 김대중이 잘 커가는 나라를 별안간 추락시킨 토대 위에서 생긴 것으로서, 원죄는 무엇보다도 김영삼, 김대중에 있다고 하겠다.

김영삼이 단 5년의 짧은 집권시기에, 세계가 부러워할 정도로 잘 커나가는 나라를 추락시킨 죄는 천추에 씻기 어려울 것이다. 그리고 다시 김대중이 건실하게 국리민복을 위해 헌신함이 없이 임기를 보내, 김영삼이 국가를 빚더미에 올려 놓은 바에다 더하여, 극대화된 가계부채를 만들며 국민들의 절대다수를 빚더미에 올려 놓은 것은 어떤 변명으로도 만회가 불가능하다. 이렇게 계속된 추락현상이 이어지면서 국정은 공황상태에 가깝게 전락되었고, 그 소용돌이 속에 권력을 쥔 노무현은 그러나 전혀 현명

로 가장 많고, 김영삼 대통령은 8개, 이승만, 윤보선, 최규하, 노태우 대통령은 각기 2개씩이고, 전두환 대통령이 1개이다. 박사학위를 받지 않은 유일한 대통령이 박정희인데, 김학준 교수는 박정희의 엄격한 자기관리를 지적하고 있다.

② 참고로 김종필 총리는 11개를 받아 가장 숫자가 많으며, 3김씨는 모두 합해서 28개를 받았다.

김학준, 역대 대통령 총리의 박사학위, 신동아, 1999년 6월호.

한 인물이 못 되었다.

그런데 노무현은 김대중이 낙점을 하여 그 후계자로 점지되며 대통령이 된 김대중 학교의 수제자이다. 김대중은 그 수제자도 자기와 너무도 같은 인물을 뽑았다. 어쩌면 주변 전체가 곳곳이 부패한 것도 그렇고, 일보다는 쓸데없는 헛말이나 남발하면서 이름팔기에 급급하는 듯한 모습을 보이는 것도 그렇다. 아니 노무현은 김대중보다 더 할 정도로 일은 하지 않으며 집권시기의 많은 부분을 남을 비방하고 정치선전에나 빠져서 시간을 허송하고 있다.[11] 역사상 최초의 탄핵소추는 남을 탓하기 전에 노무현 스스로가 자초한 업보가 분명하다.

요즘 우리나라에는 허망한 정치상황이 극도에 달하여 헌번재판소가 최고의 어른 노릇을 하고 있다. 김영삼, 김대중 시대의 국가파탄을 거쳐 노무현 시대에 와서는, 극도로 국권의 공백현상이 생기니까 사소한 것까지도 포함하여 모든 것을 헌법재판소에 제소하여 결정을 내려 달라는 기막힌 상태가 되었다. 나라의 어른인 임금님을 잃은데다가, 김영삼, 김대중 시대의 국가권위 추락이 겹치니까 극도로 나라의 어른이 없는 무중력상태가 되었다. 거기다가 덧붙여 노무현 시대는 거의 모든 것에 방향을 잃은 듯이 나라가 움직여지고 있다.

헌법재판소가 최고의 어른과 같이 되었다는 것은 궁극적으로 국가가 구심점을 상실하고 말았다는 것이며, 정치적 무중력 공황상태에 빠졌음을 뜻한다. 임금님을 다시 모셔서 진정한 나라의 어른을 모시고 권위를 다시 찾아야 함을 갈구하는 절박한 상태에 다다랐음을 뜻한다고도 생각된다. 법은 사람으로 치면 뼈와 같은 것이다. 요즘 우리가 헌법재판소에 최고결정권을 내어준 것은 살은 없고 뼈만 있는 나라를 만든 것이니, 사실상 사람이 아니라 해골형 국가가 되었음을 뜻한다.

---

11) 노무현 시대는 집권기간의 많은 부분을 정적소탕, 정략적 야당탄압으로 보냈으며, 최악의 경제난 속에서도 일을 하는 모습이 별로 나타나지 않는다는 여론이다.

그런데 특히 여기서 유의할 사항은, 헌법재판소가 재판을 할 때의 기준인 헌법이 제대로 되어 있지 않을 경우를 우리의 헌법재판소는 전혀 생각하고 있지 않다는 점이다. 헌법재판소는 사실상 기존의 주어진 헌법이란 뼈대에만 상황을 대입하여 해석을 하는 기관이다. 그러므로 헌법 자체가 잘못 되었을 경우에는 더욱 악(惡)을 강조하고 재생산하는 잘못된 기구일 수 있다. 그렇기에 헌법재판소는 대통령의 위상 갈등 현상과 같은 원초적이고 궁극적인 것을 재판할 수가 없는 해골형 기관인 것이다. 헌법재판소는 잘못된 헌법이라도 그 해골만 갖고서 해석을 하므로, 여러 대통령들이 그토록 나라를 망쳐도 헌법에만 저촉되지 않으면 뒷짐지고 있는 기관이다. 사실상 헌법재판소는 컴퓨터와 비슷한 기구이니, 컴퓨터는 아무리 유능해도 입력된 대로만 움직이는 기구인데, 헌법재판소도 주어진 헌법대로만 경직되게 움직이는 기구이다. 그런 기관이 최고의 어른 노릇을 하는 나라가 되었음은 현대정치사가 극도의 막다른 골목에 다다랐음을 뜻하는 것이다.

요컨대 대통령의 위상갈등이 적었던 군부정치시대에, 권력의 정당성 논란은 컸어도 국민들이 잘 살게 되었던 까닭은, 대통령들이 스스로의 약점을 분명하게 자인하고 일하는 대통령이 되었기 때문이다. 그러나 권력의 정당성 논쟁에서 해방이 되었다며 무소불위의 권력을 방자하게 휘두르려는 이승만 학교의 스승과 제자들은, 대통령 위상갈등에 짓눌리며 일보다는 헛된 곳에 마음을 두고 시간을 보냈으며 국민을 도탄에 빠트린 것이며 정치공황을 만든 것이다.

일제침략자들이 물러가고 어언 60년의 세월이 흘렀다. 환갑의 나이에 해당하는 세월 동안에 끊임없이 이어진 독재와 부패! 왜 이토록 어둠의 악령이 우리 땅을 계속 짓눌러 왔는가? 그것은 일제침략자들이 만든 수렁에 빠져서 살아 왔기 때문이다. 그리고 우리의 나랏님이신 임금님을 잃었기 때문이다. 그래서 대통령들의 다수가 일은 않고서 착각에 빠져 시간을 보냈기 때문이다. 그리고 여러 대통령들이 겸손성을 잃고 방자한 자세로 임기를 허송했기 때문이다.

'대통령은 일하는 자리이다. 대통령은 임금님이 아니다. 대통령이 임금님 착각에 빠지면 국민은 도탄에 빠지게 된다. 대통령은 일을 하고 명예는 임금님에 의해서 지켜져야 나라가 안정되게 발전하게 된다.'

황도(皇都) 논쟁

헌법재판소가 생각하면 얼마나 허황되게 해골형 법조문에만 묶인 기관인가 하는 사례의 하나가, 바로 최근(2004년)에 있었던 수도(首都)이전 위헌판결이 아닐까 생각이 된다. 생각하면 끊임없이 싸움만 하고 야당공격이나 하는 투사 정치인들이 많이 포진하고 있다고 말해지는 노무현 정부에 있어서, 그래도 가장 바람직한 일을 한 것의 하나가 수도 이전 결정이었다고 볼 수 있다. 끈질긴 싸움으로 밤낮을 지새우면서도 어떻게 이런 건설적인 생각을 했을까 하고 칭찬해줘야 할 대표적인 정책결정이 분명하다.

왜냐하면 노무현 정부가 한 가장 바람직하고 건설적인 정책결정이 바로 수도 이전일 수 있는 것은, 포화상태로 수도권에만 모든 국가기능이 집중되어 고질병이 든 나라를 고치는 것은 당연히 박수칠 일이라고 보아야 하기 때문이다. 요즘 수도권에 있어서도 서울의 강남 8학군 지역에 국가적으로 바람직한 가치는 몽땅 집중화시켜 놓은 듯한 상황에서 나오는 역기능이 한 두 가지인가? 농촌은 나날이 황폐화되고 아기울음이 전혀 들리지 않는 곳이 속출하고 있지만, 강남지역의 초등학교는 1학년이 5학급이다가 6학년이 되면 10학급에서 15학급이 되는 경악할 현상은 무엇인가? 고교 평준화는 말만 평준화이지, 온 나라에 극도의 불평등을 만든 최악의 상태가 되었다. 집값이 계속 뛰어 오르며 전세값, 월세값까지 걷잡을 수

없이 급등하는 것을 어떻게 보아야 하나? 정상적인 방법으로는 수습이 불가능한 고질병 상태의 나라를 위한 위대한 결단이 수도 이전이다.

박정희는 현대 정치사에 있어서 대단히 굵은 발자취를 남긴 인물이다. 그가 남긴 발자취는 미래의 민족사에 있어서 곳곳에 깊은 영향을 미치고 있다. 그의 시대가 갖는 정치사적 의미는 그렇기에 매우 깊게 연구되어야 하나, 우리의 학계에서는 사실상 그렇질 못해온 면이 컸다. 그리하여 박정희대통령을 단순히 위대한 민족중흥을 이룬 인물로서 한마디로 칭송하거나, 쿠데타를 일으킨 독재자로서 한마디로 매도해 버리는 일이 다반사였다.

그러나 박정희시대는 그렇게 단순하게 규정지을 수 없게 현대의 민족사에 여러 방면으로 영향을 주고 있다. 예컨대 자연과학자들을 만나면 곳곳에서 박정희시대를 그리워하는 경우를 볼 수 있다. 특히 자연과학 연구에 심취한 학자들을 만나면 박정희시대가 가장 학문할 여건이 뛰어나게 주어졌던 시대였다고 말한다. 곳곳에 연구소를 만들고, 연구분위기를 북돋우며, 연구자금을 최대한 지원하려고 했다는 등의 얘기를 많이 듣는다. 아니 그리고 기능인을 우대하고 지원하여 세계 기능올림픽을 줄기차게 석권한 바는, 단지 기능인들의 문제라면서 쉽게 잊혀질 사소한 일이라며 요즘과 같이 덮어둘 것인가? 세계최강의 기술강국을 만들려던 꿈을 가볍게 볼 것인가? 아니다. 너무도 숭고하고 소중한 업적이다. 그러나 그것이 잊혀진 것이 오늘의 현실이다. 이러한 사례는 자연과학자 뿐만이 아니다. 체육인을 만나도 그렇고, 문화인을 만나도 그러하며, 기업인을 만나도 그런 경우가 많다. 아니 곳곳에서 박정희시대의 칭송을 듣는 경우가 흔히 발견된다.

그렇지만 박정희시대는 잘못된 경우도 적지않다. 예컨대 민족주체성을 강조한다면서도 단군기원을 버리고 서력기원을 택해서 민족혼의 기둥을 날려 버린 일이나, 서울을 개발하면서 전통문화에 대한 생각이 없이 과감하게 개발하여 무수한 문화재를 훼손, 산일시키고 도시발전을 족보없고 뿌리없는 볼성사나운 것으로 전락시킨 바는 많은 지탄을 받는 일이다. 백

제시대 이래의 1천년 이상 가는 역사적 고도를 온전하게 살리면서, 서울은 현대와 역사가 조화를 이루는 멋진 도시로 만들었어야 하는데 그것을 상실한 것이다.

물론 6・25전쟁의 폐허 위에서 동티모르 수준의 가난한 나라였으며, 오늘날과 같은 정도의 학문적 연구도 없어서, 범국민적으로 현재에 비하면 매우 미개명(未開明)된 상태에서 만들어진 시행착오일 수 있다. 생각하면 서울은 사실상 박정희 시대에 만들어진 그대로 살고 있다고 생각이 된다. 그 이후의 대통령들이라야 지하철과 한강다리를 더 늘린 정도라고 얘기할까? 박정희 시대에 서울의 기본틀이라도 확고히 잡은 공로가 있으나, 그 당시의 수준에서 만들어지고는 그 이후의 대통령들이 서울을 그대로 방치했기에 포화상태에 이르고 고질병을 앓고 있는 도시가 서울이다. 더군다나 이미 박정희 시대에 박정희 대통령도 훗날의 서울이 앓을 고질병을 생각하며 수도를 이전하려다가 중단되지 않았는가?

그토록 방치된 서울은 극도의 비만증세, 사회적 가치의 극단적 불균형, 황도(皇都) 철학의 빈곤, 전통과 현대의 부조화 등의 다양한 고질병을 앓고 있다. 그러면서 국가적인 모든 가치가 서울에 집중되어 있다 보니까 집값이 천정부지로 오르며, 국가경제에 치명적 암으로 자라고 있다. 박정희 대통령이 만들어준 옷을 입고서 옷투정이나 하는 듯한 많은 사람들이, 예전의 지극히 어려운 시대에 마련해 준 옷에만 묶여서 30여년을 살아 온 바에 대한 결단을 내려야 한다. 박정희 대통령은 서울의 기본틀을 만들어 놓은 고마운 분이다. 그러나 박대통령도 옮겨야 한다고 한 서울을 그대로 방치한 것은 큰 잘못이다.

그런데 야당은 처음에 무조건 반대를 하는 성향으로 일관했다. 생각하면 현재의 야당은 근본적으로 박정희 대통령이 만든 정당이 그 뿌리이다. 박대통령의 정당을 김영삼 대통령이 승계했다가 그 이후에 야당이 되었는데, 박정희 시대의 흐름을 이은 야당에서 오히려 반대를 하는 것은 사실상 이해가 되지 않는다. 반대할 것은 반대하되, 옳은 것은 박수를 치던가, 더 좋은 대안을 내놓아야지 야당이 무조건 반대를 한다면 정상적인 수권 능력을 갖지 않았다고 보아야 옳다. 그리고 예전 박대통령 때에 자기들이 하려던 일을 시간이 흘렀다고 아니라고 하는 정당이 누구에게 신뢰를 줄 것인가?[12]

더구나 헌법재판소는 관습헌법이란 논리를 써 가면서[13] 수도 이전이 위헌이라는 놀라운 결정을 내렸다. 교묘한 이론을 내세워 역사와 국민을 우롱한 것과 꼭 같다.[14] 그러나 헌법재판소는 근본적으로 위헌판결을 위헌적으로 내렸다고 생각을 한다. 왜냐하면 헌법재판소가 서울이 유구한 역사를 가진 우리나라의 수도이므로, 그것은 관습헌법에 따라야 하고 그 역사적인 수도를 그래서 옮길 수 없다는 결정을 내린 것은 결정적 잘못이다. 그것은 헌법재판소 판사들이 얼마나 식견이 좁고, 공부를 넓게 하지 않았으며, 사실상 편견에 사로 잡힌 잘못된 판결을 내렸나 하는 것을 뚜렷이 보여 준다. 그리고 이것은 헌법재판소가 얼마나 역사의식이 박약한 경직된 해골형 기구냐 하는 것을 명명백백히 보여 준다고 하겠다.

왜냐하면 헌법재판소는 관습헌법상 서울이 수도로서 변함없다고 생각을 했다면, 노무현 정부의 수도 이전이 옳다고 합헌 판결을 내렸어야 하는 것이다. 헌법재판소는 관습헌법상 서울이 유구한 수도라면, 서울에는 관습헌법에 따라 임금님이 계셔야 하는 것이며, 현재의 서울에 있는 국가 기능이 남쪽으로 옮겨가는 것은 당연히 옳다는 결정을 내렸어야 한다. 헌법재판소 재판관들은 그토록 관습헌법을 따른다면 침략일본 이후에 억지로

12) 야당은 그후 타협안을 수용하며 행정수도 이전에 합의를 했다. 일각의 격렬한 반대론자들이 있으나, 야당다운 성숙한 결정이라고 보아야 옳다.

13) 경향신문, 2004. 10.22.

14) 특히 헌법재판소가 기막힌 코미디 기관인 것은, 곧이어 나온 호주제 폐지 결정이다. 바로 앞의 수도이전은 관습헌법으로 위헌이라고 하고, 옛부터의 기나긴 관습헌법인 호주제는 전혀 관습이 아닌 서양에서 수입된 기계적 평등이론을 적용했다. 헌법재판관들이 하는 것을 보면 이성을 잃은 코미디언들의 행태를 보는 듯하다.

대한황실의 줄기세포인 인평대군계 종손 가족

끊긴 임금님 대신에 대통령만이 있는 것은 잘못이며, 원래의 나라 어른이신 임금님을 다시 모셔야 한다고 판결을 내렸어야 한다. 그리고 서울이 임금님이 계신 황도(皇都)로 거듭나면 대통령과 3부 기구가 모두 새로운 도시로 옮겨가도 아무 잘못이 없다는 것을 생각했어야만 했다.

인평대군계 종손 이성주의 얘기를 참고해 보자.[15)]

「저희 황실에는 아주 불가사의한 것이 있습니다. 황실에서는 이북의 공산진영으로 넘어간 사람이 하나도 없으니 신기한 일입니다. 모든 황족들이 정확하게 서울을 지키고 있고, 서울 밖이라도 경기(도)지역에 주로 살고 있습니다.」

15) 이성주 면담, 지하철 7호선 사가정역 옆 팡세다방, 2005. 2. 13.

그것은 아주 당연한 일이다. 서울은 황도(皇都)이기 때문이다. 의식적이든 무의식적이든 간에 황족들은 황도를 분명히 지킨 것이다. 일제침략을 당해서도 그랬고, 6.25 전쟁의 가혹한 전쟁상황에서도 황족들이 서울을 지키는 데에는 변동이 없었으니, 잠깐 피난을 갔더라도 정확히 황도로 되돌아 온 것이다. 요즘에 임금님이 계시지 않더라도 황족들이 황도를 지킨 것은 일종의 본능이요 황족생리 현상과도 같은 것이리라 생각이 된다. 황족들은 생각하면 공산주의가 싫어서 이북으로 가지 않았다기 보다는, 서울에 있어야 하니까 이북으로 가지 않았다고 보아야 한다. 원래부터 황실은 정치, 종교, 이념, 사상, 계층 등의 모든 면에서 위엄 있는 중립적 중추지위를 갖는 것이다. 특정 종교, 이념, 사상, 계층에 치우친 존재가 아니라 지엄하고 드높은 존재이기 때문이다.

서울은 영원한 황도로서 임금님이 계셔야 할 곳이다. 서울에 임금님이 계시면 남쪽은 신행정수도를 중심으로 움직이고, 이북의 김정일 정부도 평양에서 임금님께 정중히 따르는 1국 2제 입헌군주국이 되는 것이다. 그리고 1황도 2행정수도 체제가 되는 것이기도 하다. 그 거대한 국가철학적 시야가 없고, 거대한 역사의식이 없으니 헌법재판소 판사들이 사실상 죽은 판결을 내린 것이다. 헌법재판관들은 서울에는 임금님을 모신 황도를 만들고, 신행정수도 이전은 합헌이라는 결정을 내렸어야 살아있는 판결이었다. 그리하여 노무현 정부의 훌륭한 사업을 막고, 민족사의 흐름을 새롭게 거대한 차원으로 정상화시킬 절호의 기회를 놓친 것은 매우 아쉬운 일이다. 당시에 내려진 위헌판결은 민족사를 배반한 분명한 위헌이다. 그 위헌 판결의 위헌성을 아는 성숙된 나라가 빨리 와야 되겠다. 황도 서울에 조속히 임금님을 모셔야 되겠다. 병든 서울이 아니라, 영광스런 건강한 서울이 되어야만 되겠다.

헌법재판소가 그렇게 잘못된 판단을 내리니까, 그 이후의 일이 계속 꼬이며 잘못되고 있다. 한두 가지 잘못되는 것이 아님을 헌법재판소 재판관은 분명히 살피고 역사 앞에 사실상 사죄를 해야 옳다.[16] 그렇게 파생된 잘못에는 어떤 것이 있는가?

첫째로 노무현 정부가 신행정수도라는 형태로 어차피 수도이전을 하면서, 야당과 타협된 결정을 내리게 만들었다. 어차피 수도이전을 할 것인데도 순탄한 결정을 못 내리게 헌법이란 올가미를 엮어서, 전반적으로 기형화된 정책을 억지로 탄생시킨 것은 큰 잘못이다.

둘째로 행정부에서는 청와대, 통일부, 외교통상부, 국방부, 법무부, 행정자치부, 여성부만 서울에 남고, 나머지 부서는 모두 신행정수도로 옮기도록 결정이 난 것도 잘못된 것이다. 서울에는 임금님이 계시다면 오히려 청와대, 외교통상부, 국방부, 행정자치부가 신행정수도로 옮겨야 옳은 것이다. 서울은 차라리 경제수도의 기능을 그대로 갖고 있으면서, 동북아의 허브 도시가 되게 함이 옳은 것인데 거꾸로 되고 말았다.

셋째로 청와대에 대통령이 그대로 있으니까 계속하여 대통령이 임금님 착각증에 빠질 수가 있다. 대통령은 차라리 신행정수도에 옮겨가서 팔을 걷어붙이고서 열심히 일을 해야 된다. 그런데 대통령이 청와대에 그대로 있고 다른 부서는 멀리 가니까, 더욱 더 대통령의 임금님 착각증세가 강화될 수도 있다.

넷째로 외교통상부, 국방부, 행정자치부, 법무부, 여성부를 제외한 모든 부서를 대통령과 멀리 떨어져 있게 만들어서 나오는 비효율을 어떻게 감당하겠는가? 더욱 더 일을 않는 대통령의 길을 만들어주고 말았다는 생각이 들기도 한다. 대통령과 경제, 사회, 복지, 문화부서가 멀리 떨어져 있으

---

16) 그러나 실제로는 헌법재판관들의 잘못이 아니라, 궁극적으로는 정치를 잘못하여 정치 공황 상태를 만들고 탄핵소추 추태를 펴게까지 된 무중력 정치상태에 근본적 책임이 있다. 모든 것을 망쳐 놓고서 헌법재판관들에게 최종 판단을 맡기니 무슨 재주로 좋은 판결이 나오겠는가?

면, 대통령은 행정감각이 둔화되면서 민생을 멀리하게 될 것이 분명한데 그 대책은 어떻게 세울 것인가?

다섯째로 대법원과 함께 국회가 서울에 남고, 여러 부서가 신행정수도로 옮겨 가니까 국회의 행정부 견제 기능이 현저히 약화될 가능성도 있다. 현재도 국회가 일은 않고 소모성 정쟁에나 휘말리며 세월을 보낸다는 비판이 큰데, 앞으로는 더욱 더 일을 않는 대통령과 함께 일을 않는 국회가 강화되는 길을 가게 될까 우려된다.

여섯째로 외교부가 서울에 있으면 외국공관들도 당연히 서울에 남게 될 것이다. 그렇다면 민생부서가 반(反) 국제화의 길을 가게 된다. 산업과 사회, 복지가 생각지도 않게 사실상의 쇄국주의의 길을 가게 만들 수도 있다.

일곱째로 국방부는 차라리 신행정수도로 꼭 옮겨야 되는 것일 수도 있다. 왜냐하면 국방기능의 중추부가 계룡산 등의 신행정수도 근처에 있기 때문이다. 그리고 국방기능이 그간 너무나 곳곳에 분산되어 있었다는 생각이 들기도 한다.

여덟째로 현재도 외교통상부는 통상(通商)의 업무를 크게 맡고 있다. 그런데 통상의 업무를 맡은 외교통상부가 경제, 사회, 복지, 문화 등의 민생부서와 떨어져 있으면 수출은 물론이고 산업 전반에 유연성이 떨어질 수도 있다.

아홉째로 통일 이후를 대비하기가 어려울 수 있다. 일각의 수도이전 반대론자들은 서울이 통일 이후를 생각할 때에 현재의 위치에서 그대로 수도여야 한다고 한다. 그러나 그것은 하나만 알고 둘은 모르는 견해일 가능성이 높다. 현재도 서울이 포화상태인데 통일 이후에 이북 사람들까지 서울로 가세하면 서울은 폭발하고 말 것이다. 그리하여 독일이 통일 이후에 앓고 있는 후유증과 같은 위기가 극대화될 것이다. 그래서도 서울에는 임금님이 계시며 황도가 되고, 평양은 북쪽 수도(북경:北京)요 신행정수도는 남쪽 수도(남경:南京)가 되어야 통일 이후에도 균형있는 나라발전이 이루어지는 것이다.

열째로 결과적으로 수도가 둘로 쪼개지는 상태가 만들어지게 되었다. 지구상에는 희소하게 분단국이었다가 통일이 된 독일의 경우에 본과 베를린의 두 곳을 수도로 한 사례 등이 있으나, 수도가 둘로 갈라지는 것은 다양한 역기능을 낳게 될 수도 있겠다. 그리고 대통령과 국무총리가 서로 떨어져 있으므로 나타나는 문제점도 크고, 국무회의나 차관회의가 순발력 있고 유연하게 열리기 어려운 단점도 예견이 된다.

대통령제냐? 내각제냐?

현재 지구상의 선진 정치체는 크게 대통령제와 내각제로 나뉘어져 있다. 물론 나라마다 약간씩의 편차가 있고 제도상으로 약간씩 다른 점도 있지만, 크게 나뉠 때에는 두 가지 형태로 대별이 된다고 하겠다.

그간 우리나라의 대통령들이 제대로 일은 않고 국정을 파탄으로 이끌고 국민을 도탄에 빠지게 한 까닭은 잠재적으로 내면에 깃든 임금님 착각증에 의한 것이라고 말했는데, 그렇다면 앞으로 우리의 정치체제는 어떤 방향으로 나가야 될 것인가? 이에 대해서는 한 마디로 말해서 임금님을 다시 모시는 정치적 결단으로 해결책을 찾아야 한다고 본다. 100여 년 전에 침략 일본은 우리를 공격하면서 예리하게 노린 것이, 우리의 임금님을 없애면 우리민족은 정치적 구심점 공백 상태가 되어서 국정이 불안해지고 내부에서 병드는 골병을 앓게 되리라고 보았었다. 그리하여 집요하게 우리의 임금님 체제를 무너뜨리는 데 골몰했는데, 그것은 훗날 침략일본의 뜻에 적중한 결과를 낳았다고 생각이 된다. 그들이 물러간 뒤에 이승만 이후 많은 경우의 대통령들이 임금님 착각증에 빠져 실패한 대통령이 된 까닭도 바로 일제침략의 후유증 그 때문이었다고 하겠다.

그렇다면 앞으로 임금님을 모시게 될 때에는 어떤 정치체제를 택하면 국정을 제대로 이끌 수가 있을까? 이에 대해서는 일단 쉽게 말해서 영국이나 스페인 같은 정치체제를 택하는 것이 일반적인 생각일 것이다. 그것은 바로 내각제 형태가 되겠는데, 내각제는 임금님이 계신 나라의 일반적인 정치형태로서 아주 바람직한 이상형이라고 하겠다. 그러니까 우리나라의 임금님 모시기에 있어서, 될 수만 있다면 내각제로 가는 것이 순리라고 보겠다. 그런데 우리의 입장에서는 내각제를 택하려면 복잡한 개헌절차를 거침은 물론이고, 내각제의 약점인 정권교체의 방법으로 인한 정국불안이 있을 수 있다는 반론이 나올 수 있다.[17)]

따라서 앞으로 우리의 정치체는 내각제를 택해도 좋지만, 대통령제로 그대로 두고서도 임금님을 모시는 것은 전혀 어려운 일이 아님을 유의해야 되겠다. 우리는 통상적으로 생각을 하되 임금님은 내각제에서만 모실 수 있다는 경직된 정치의식을 갖는 것이 보편적이다. 그런데 일본에서는 현재 내각제 총리보다는 강한 대통령을 갖자는 여론으로, 천황제는 그대로 두고서 정치체를 대통령제로 바꾸자는 견해가 있는데, 우리의 정치체는 대통령제를 그대로 두고서 임금님을 모시면 바로 그와 같이 되는 것이다. 앞으로 우리나라에는 현재의 대통령제에 있어서 임금님을 그대로 모시면 크게 개헌절차를 밟을 것도 없이 나라의 구심점을 뚜렷이 하여 국정안정을 가져 오고 대통령들이 겸손하고 성실하게 나라일을 보게 되리라고 본다. 입헌군주 대통령제로서 '대통령제 임금님 나라'는 나름대로 좋은 장점이 있다고 생각이 된다.[18)]

---

17) 그렇지만 요즘 우리나라의 정치에 있어서 무능한 대통령의 폐해와 정국불안도 심각함을 아울러 유의해야할 것이다. 대통령이 무능하고 부패하면 내각제보다 더 피해가 크고, 국민에게 고통을 안겨 준다.

18) 대통령이란 호칭은 3.1만세항쟁 때에 처음 등장한다. 당시 광무황제의 국상 때이고, 융희황제가 생존해 계심을 아는 때에 임금님을 모신다는 생각을 갖고 대통령이 임금님의 하위개념으로 나온 것이다.
안천, 일월오악도 1권(서울: 교육과학사, 2000), pp.342~347 참조.

그 최고의 장점은 대통령들이 겸손성을 갖고서 땀 흘려 일하게 될 것이다. 쉽게 말해서 나라의 어른이 계시면 건방진 대통령, 오만한 대통령, 썩은 대통령, 허황된 대통령이 나오지 않게 할 수 있다. 생각건대 지난 정치사에서 이승만의 오만한 독치(獨治), 김영삼의 허황된 무치(無治), 김대중의 겉만 번드레한 허치(虛治)는, 본인들이 사뭇 무소불위의 유아독존적 지위에 있다는 임금님 착각증이 없었다면 사전에 막을 수 있는 것이었다고 생각이 된다. 그리고 임금님이 계셨다면 그들은 겸손하게 땀흘려 일해서 성공한 대통령이 되었을 수가 있었을 수도 있다. 대통령이 마음대로 할 수 없는 지엄한 권위를 가진 나랏님이 계신다고 할 때에, 건방지고 오만하며 허황된 대통령이 될 수는 없는 것이다. 나라의 어른이신 임금님은 대통령의 오만방자함을 막고, 일하는 겸손한 대통령이 되게 함에 매우 중요한 제도이다. 그간의 실패한 대통령들이 자기 외에는 어른이 없다고 착각하며 국정을 소홀히 한 것을 막는 최선책은 나라의 어른을 모시는 것이다.

다음으로 거론할 장점은 대통령의 고립적 위상을 완화해 줄 수 있다. 모든 조직에 있어서 최고지위는 항상 외로운 자리이다. 그런데 특히 어떤 나라에서나 최고 정치지도자는 대단히 외로운 자리이다. 따라서 그런 자리에 있는 대통령은 외롭다 보니까, 그에 따른 역기능 증세가 꼭 나오게 되어 있다. 때로는 불안할 수도 있고, 때로는 초조해질 수도 있으며, 무언가 오도된 판단을 내릴 경우가 많게 되어 있다. 그런데 임금님이 계시면 대통령은 그 역기능을 완화시키며 국정을 이끌 수 있고, 국민들로부터의 무거운 부담감을 덜 수가 있다.

그리고 또 좋은 점은 대통령의 씻을 수 없는 실수에 의한 아픔을 달래줄 수 있다. 노무현 대통령과 같이 탄핵소추를 당해서 나라의 중심점 공백이 오는 경우와 같은 때에, 임금님은 국민들 마음속에 그 공백을 채워주는 큰 구실을 한다. 국민들은 나라님의 모습을 가슴에 안고서 아픈 상처를 달래며 정치적 공황상태를 치유받게 된다.

우리는 미국식 대통령제를 볼 때에 미국은 단일국가라고 생각을 한다. 그러나 미국은 결코 미국 하나가 아니다. 미국은 영국의 식민지였던 나라로서, 사실상 정신적으로 그 모국(母國)인 영국과 합해진 나라이다. 미국의 대통령은 영국의 임금님을 마음속에 소중하게 간직하고 있는 나라이다. 그래서 클린턴 대통령을 보는 마음도 엘리자베스 영국 여왕과 내면적으로 연결시켜서 보는 것이 진짜 정통 미국민들이다. 클린턴이 혼외정사(婚外情事)로 탄핵위기에 몰렸을 때에 미국민들은 너그럽게 클린턴을 감싸고, 그의 뛰어난 국정운영으로 잘 사는 미국을 만든 공로를 생각하며 용서를 했었다. 그것은 미국사람들이 영국과 미국을 사실상 동일국가로 보면서, 성스러운 존엄함은 엘리자베스 여왕에게서 찾고, 클린턴 대통령에게는 인간 클린턴으로서의 열심히 일하는 유능한 대통령이란 관점에서 현실파악을 했던 점에서 본질을 이해해야 할 것이다.

클린턴이 물러난 뒤에 그의 회고록이 불티나듯 팔리고, 클린턴이 가는 곳마다 사람들이 환호하는 까닭은 무엇인가? 미국사람들은 오히려 혼외정사를 한 클린턴을 인간 클린턴으로 보면서 더욱 친근감을 갖고 있으며, 흔들리던 미국 경제를 다시금 반석 위에 올려 놓은 그의 뛰어난 능력에 힘찬 박수를 치는 것이다. 인간 클린턴은 바람을 피울 수도 있으며, 실수를 했고 헛점이 있어 보다 인간답다고 생각을 하면서 열심히 일한 것은 확실히 인정하는 것이다. 그리고 클린턴을 멀리서 받쳐 주고 있는 영광된 엘리자베스 여왕을 마음속에 두고 있는 것이다. 클린턴 대통령을 인간으로 보고 엘리자베스 여왕을 임금님으로 확실히 구분해 보는 것이 있기에, 인간 클린턴에 미국인은 너그러운 것이다.[19)]

미국과 영국은 사실상 한 나라이다. 포클렌드 전쟁이 나자 즉시 참전하

19) 이런 관점은 우리나라의 대통령에만 착각현상을 일으키는 것이 아니다. 우리나라는 국민들도 대통령을 인간으로 보지 않고, 임금님 착각증세를 갖고 너무 완벽한 것을 요구하는 성향이 짙다. 대통령이 임금님 착각증에 빠지는 것은 국민들의 책임도 적지 않다.

여 영국을 살린 미국, 그리고 이라크 전쟁이 나자 즉시 참전한 영국은 사실상 한 나라이기에 그렇게 움직이는 것이다.

> "오늘날의 세계는 '영국 임금님을 모신 미국 대통령'이란 거대한 '대통령제 임금님 나라'가 이끌고 있음을 알아야 오늘의 국제세계가 제대로 이해될 것이다."

명예 임금님

앞에서 말한 '대통령제 임금님'이 모셔지기 전에, 과도기적 형태로서 일종의 '명예 임금님'을 모시는 방안도 매우 좋은 제도일 수가 있다. 여기서 명예 임금님이라고 표현을 했으나, 그 호칭은 추후에 다시 고쳐서 부를 수가 있겠다. 어떻든 '사실상의 임금님'을 모시는 것이 바로 명예 임금님 제도라고 생각하면 되겠다.

명예 임금님이란 엄밀히 말해서 어떤 위상을 갖는 제도인가? 이는 현재의 우리 민족에게는 매우 생소한 개념이 되겠는데, 이것은 공식적이고 제도적으로 확고한 법적 지위를 갖는 임금님이 아니면서 사실상으로는 임금님이신 분을 뜻하는 것이 되겠다. 어떻게 이런 임금님이 가능할까? 많은 사람들은 처음에는 아주 생소하게 생각하며 이해를 못할 수도 있다. 그러나 지구상의 다른 나라에는 이런 임금님도 다수가 존재하고 계시다. 우리들이 국내에서만 경직된 관념으로 생각하는 임금님의 지위가 해외에는 매우 다양하게 현존하고 있음을 뜻하는 것이다.

그런데 명예 임금님은 정상적인 역사적 흐름 속에서는 존재하기가 쉽지 않다. 역사적 격동을 겪은 상황에서 주로 나타나는 제도이다. 그것은 그러므로 많은 경우에 서양 세력의 침략을 받은 나라에 주로 존재한다. 서양 사람들은 근현대 시대에 있어서 지구상의 많은 나라를 침략하며 몹쓸 짓을 많이 했다. 우리 민족도 영국의 침략을 받은 것과 같은데, 영국의 앞잡이 노릇을 하는 일본의 침략을 받아서 우리 민족의 근현대사는 그토록 고통스런 역사의 연속이었다.

그런데 서양 침략에 있어서도 러시아나 중국과 같은 공산권 국가의 침략을 받은 나라에는 임금님 제도가 비극 속에 처절히 사라졌다. 동유럽은 물론이고 중앙아시아, 시베리아의 모든 나라 임금님들이 비참하게 사라져 갔다. 그렇지만 인도나 동남아시아라든지 아랍지역 등에는 침략에 시달리면서도 살아 남은 임금님들이 존재하고 있으니, 명예로운 지위를 지금도 갖고 있는 것이다.

예컨대 우선 인도네시아의 자바섬에 있는 족자카르타 왕국은 대단히 흥미 있는 사례이다. 네덜란드의 침략을 받아서 수많은 부족(部族) 임금님들이 사라졌으나, 자바섬의 명예를 걸고 처절하게 생존투쟁을 한 족자카

인도네시아 족자왕국의 궁전

인도네시아 족자왕국의 용감한 병사들

르타 왕국은 의연히 오늘날에도 생생하게 살아 있다. 따라서 인도네시아는 국가 전체적으로는 공화국이 되어 있지만, 그 내부의 자바섬 일원에는 확고하게 살아 있는 임금님이 존재하고 계신 것이다. 공화국 안에 군주국이 존재하는 매우 특이한 사례인 것이다. 그래서 족자카르타에서는 그들의 임금님을 예전의 전통적 임금님 나라에서보다도 더 확실하게 모시고 있다. 족자카르타의 임금님은 그래서 현재 아주 재미있는 위상을 갖고 있다. 공식적으로는 주지사이되, 실질적으로는 확고한 임금님이다. 족자카르타에서는 주지사 선거가 항상 단독출마로 이루어지고, 감히 임금님의 권위를 흔들 생각도 못한다. 많은 사람들은 젊은 시절에는 곳곳의 직장에서 일을 하다가, 은퇴할 때에는 무보수 봉사로 왕궁에 와서 근무하는 것을 최고의 영광으로 알고 있다.

다음의 사례로는 인도 중서부에 존재하는 자이푸르 왕국을 들 수 있다.

인도 자이푸르 왕국의 왕궁

인도 자이푸르 왕국의 왕족 사진

인도는 영국의 침략을 받아서 곳곳의 임금님들이 비참하게 사라졌다. 그렇지만 자이푸르 왕국은 지금도 인도 공화국 내에 의연하게 살아 있다. 그러나 자이푸르 왕국은 족자카르타 왕국 보다는 위상이 확실해 보이지는 않는다. 다만 인도 내부에서는 지금도 의연하게 존재하고 있으며, 주민들의 변함 없는 사랑을 받고 있다는 점은 분명하다. 현재 자이푸르 왕국은 인도를 관광하는 사람들은 거의 모두 둘러보게 되는 명소로 변해 있다. 그러나 자이푸르 왕국은 관광명소로서의 흘러간 역사가 아니라, 사실상의 명예 임금님이 생존해 있는 현실의 역사라는 점에서 주목을 받아야 한다.

생각건대 우리나라는 일본의 침략과 이승만 탄압시대를 극복하고서, 요즘 자랑스런 옛 역사가 요원의 불길과 같이 꾸준하게 되살아나고 있다. 그렇다면 원래대로의 당당한 옛 임금님을 모시는 것이 바람직하겠지만, 그런 황실복원 이전에 중간단계의 징검다리 역사복원으로서 '명예 임금님'을 모시는 것은 아주 좋은 일일 수 있다고 생각이 된다. 인도네시아와도 같이 공화국 안에 사실상의 임금님을 명예롭게 모시는 제도인 것이다.

그것은 민간에서 먼저 스스로 힘을 뭉치고 단합하여 법적 임금님 이전의 형태로서의 명예 임금님을 모시는 것이다. 그러므로 그것은 임금님께 법적 지위보다 먼저 명예적 지위를 찾아 드리는 것이 되겠다. 그리하여 사실상의 임금님이 존재하여 국민들이 스스로 모시는 실질적인 나라의 어른이 되게 하는 것을 말한다. 현재 400만 숫자를 자랑하는 전주이씨대동종약원이 있고, 임금님을 모시려는 뜻을 가진 많은 사람들이 존재하고 있다. 이 숫자만 확실하게 뭉치면 명예 임금님을 모시는 것은 결코 어려운 일이 아닐 것이다.

다만 주의할 것은 전주이씨대동종약원을 비롯한 여러 사람들이 역사 앞에 당당하고 떳떳한 자세로 사심없이 올바른 결단을 내리는 것이다. 그것이 분명해야 명예 임금님 모시기는 성공할 수 있기 때문이다. 그간 우리의 임금님을 다시 모시려는 흐름을 보면 전주이씨대동종약원은 물론이고,

일각의 사람들에 있어서도 아무렇게나 중구난방으로 나서서 사심을 갖고 임금님 모시기 운동을 하는 흐름이 곳곳에서 목격되기도 했다. 그렇지만 이는 정말로 다시 있어서는 곤란하다. 겸손하고 담백한 역사회복 운동이 절실하게 요망이 된다. 단군 이래의 민족의 명예를 되살리는 일은 정말로 성스럽고 겸손하며 조심스런 결단이어야만 한다.

여성 임금님

우리나라에 여성대통령이 나오는 때는 언제쯤일까? 아마도 우리나라의 여성대통령은 언젠가는 꼭 나올 것이고, 생각하면 곧 나올 수도 있다. 예전과 같지 않아 여성에 대한 우리사회의 정치적 인식도 많이 달라져서, 여성대통령이 나온다고 해도 전혀 거리낄 것이 없다는 개선된 정치의식도 이제는 보편적으로 많이 정착되었다고 하겠다. 동남아나 북유럽에는 자주 등장하는 여성최고지도자가 우리사회에 등장하는 날도 결코 멀리 있다고 할 수 없게 되었다.[20] 참고로 일본의 얘기를 읽어 보도록 하자.[21]

「일본이 여왕제 도입을 향해 조금씩 움직이고 있다. 일본 정부는 여왕제 도입을 전제로, 왕족 자손은 모두가 자동으로 왕족이 되는 '영세왕족제'를 폐지하고 여성 왕족에게 데릴사위를 인정하는 방향으로 일본 왕실법규인 '왕실전범'을 전면 개정할 것을 검토하고 있다고 요미우리신문이 4일 보도했다. 일본이 여왕제를 검토하는 것은 현재의 나루히토(德仁) 왕세자까지는 왕위 계승에 큰 문제가 없으나, 그 다음 대를 이을 왕자가 없기 때문이다.

---

20) 안천, 여성 대통령은 언제 나올까(서울:BB Books, 2002) 참조.
21) 최흡, 일본 여왕시대 열리나, 조선일보 2005. 1. 5.

현재 왕실전범에는 왕을 '남자'로만 규정하고 있다. 그러나 현재 왕세자는 만 4세의 아이코(愛子)라는 공주 하나만을 두고 있으며, 왕세자의 동생도 딸만 둘이다. 시간이 지나면 왕위계승자가 없어질 가능성이 있다.

이 문제는 현실적인 문제를 야기했다. 왕이 될 가능성이 있는 왕자들에게 어릴 때부터 왕이 되기 위한 교육을 시키는 관례에 따라 재작년부터 아이코에게 '제왕교육'을 시켜야 할지가 문제가 되자, 왕실주변에서는 나루히토 왕세자와 마사코(雅子) 왕세자빈에게 아들을 낳을 것을 권유하기 시작했다. 그러나 전직 외교관이던 마사코 세자빈은 자신에게 커리어보다는 아이 낳는 역할만을 기대하는 왕실 분위기에 스트레스를 받기 시작했다.

마사코는 재작년 말 스트레스로 몸져 누웠고, 왕세자는 "왕세자빈의 인격과 커리어를 부정하는 움직임이 있다"고 기자회견에서 폭로하는 등 작년 일본 왕실은 무척 시끄러웠다. 여왕제를 도입하려는 것은 이런 잡음을 모두 해결할 수 있는 길로 여겨지고 있다.

요미우리 보도에 따르면 현재 논의되고 있는 안들은 모두 여왕제 도입을 전제로, 남녀를 묻지 않고 왕의 고손자까지와 4촌까지만 왕위 계승권을 주는 방법, 왕의 증손자까지는 왕위 계승권을 주고, 그 자식들에게는 장남이나 장녀에 한해서 왕위 계승권을 주는 방법 등이 거론되고 있다.

일본 정부가 검토 중인 개정안은 왕위계승 서열을 나이 우선으로 할 지 남자를 우선할지에 대해선 아직 다루지 않고 있다. 구체적인 사항은 이달부터 활동을 시작할 총리 자문기구인 '왕실전범에 관한 회의'에서 논의될 것으로 예상되고 있다.

일본은 역사상 8명의 여왕이 있었다는 기록이지만, 7세기의 스이코(推古)를 제외하면 모두 선왕이 사망한 후 후계자가 어린 상황에서 임시로 왕을 맡은 경우였고 19세기 이후에는 여왕이 없었다.」

그렇다면 앞으로 우리사회에 임금님이 모셔진다고 할 때에 대통령제냐 내각제냐 만큼 미리 생각해 볼 것이 있으니, 여성도 임금님이 될 수 있는가 하는 문제이다. 이 문제도 생각하면 꼭 짚고 넘어가야 할 것이 분명한데, 우리 사회에서 여성임금님의 등장은 어떻게 보아야 할까? 그런데 이에 대해서는 여성 대통령의 등장과 마찬가지로 전혀 문제될 것이 없다고 봄이 확실하다고, 결론부터 말해도 되겠다. 물론 일각의 고루하게 굳어진 의식을 가진 사람들은 펄쩍 뛰며 놀랄 일일 수 있겠지만, 잠시만 생각을 유연하게 돌려서 해도 쉽게 그 당위성을 생각할 일이 분명하다.

그런데 앞으로 임금님을 모실 때에 여성 임금님이 등장하면 대단히 좋은 장점이 있다. 임금님을 조선시대와 같이 남성만으로 한정하는 것보다 너무나 좋은 장점이 있는 것이다.

거기에 있어서 가장 중요한 좋은 점은 바로 씨족 장벽을 넘을 수 있게 된다는 점이다. 요즘 우리사회는 가부장적 씨족사회의 의식이 아직도 매우 강하다.[22] 그래서 잘못된 씨족의식에 의한 병폐가 나타나는 경우도 적다고 볼 수 없다. 심지어는 대통령 선거나 국회의원 선거에까지도 씨족병이 영향을 주는 경우도 있다. 그런데 여성 임금님을 모시면 그 씨족병의 나쁜 점을 크게 고칠 수 있다.

우선 일부 편협한 정치의식을 가진 사람에 있어서는, 조선시대의 황통(皇統)도 특정 씨족인 전주이씨의 맥이라고 좁게 생각할 수가 있는데,[23] 여성 임금님을 모시면 그것을 극복할 수 있다. 앞으로 여성 임금님을 모신다면 현재의 사회제도로 보면 임금님의 후손은 성씨가 계속 바뀌게 된다. 이렇게 되면 또 경직된 생각을 가진 사람이 나서서 현대판 역성혁명 운운

22) 그것은 앞에서 지적했듯이 일제침략 후유증으로 씨족이기주의 병폐가 강화되어 잔존하기 때문이라고 볼 수 있다.

23) 이것은 침략일본이 우리의 황통을 '이씨조선'이라고 왜곡시켜 교육시킨 후유증도 적지 않다.

하며 잡음을 낼 수도 있겠지만, 생각을 조금만 더 넓고 부드럽게 하면 전혀 문제가 없는 것임을 알 것이다. 왜냐하면 황통은 나라의 혈통이지 특정 씨족의 혈통이 아니기 때문이다.[24)]

그런데 여성 임금님을 모시면 매우 큰 장점으로서 임금님이 점차 민족의 임금님이 된다는 점이다. 조선시대에도 임금님은 성씨가 존재하는 것이 아니었다. 임금님의 10촌을 넘어서 정통 황족을 벗어날 경우에 전주이씨가 되는 것이었지, 나랏님은 전주이씨가 아니라 성씨가 없었다. 그래야만 나라를 이끄는 구심점이 되겠기 때문이다. 그러므로 앞으로 여성 임금님이 모셔지면 세월이 가면서 점차 특정한 씨족의 맥을 잇는 임금님이란 의식이 희석되기 시작하면서, 보다 나라의 구심점다운 나랏님이 될 것이다.

특히 여성 임금님의 등장은 그 다음 장점으로서, 임금님이 되실 인재 풀(pool)이 두 배로 넓어진다는 점이 강하게 지적되어야 하겠다. 앞으로 임금님이 모셔진다면 임금님이 되실 서열에 속하는 사람들에 있어서 가장 훌륭한 분을 모셔야 할텐데, 과거와 같이 하여 남성만을 대상으로 하면 인재를 50%나 줄인 속에서 뽑게 된다. 그런데 여성도 대상이 되면, 그것은 훌륭한 사람이면 성별차에 관계없이 누구라도 임금님이 됨을 뜻하는 것이다.[25)]

그간 우리사회는 극심한 지역병을 앓으며 3김씨가 현대사의 많은 부분을 움직여 왔다. 우리사회가 민주정치를 한다고 했지만 실제로는 김영삼, 김대중, 김종필의 3인이 조종함에 따라서 농락을 당하며 지역독재를 했다고 할 때에 변명이 쉽지 않다. 제주도나 강원도, 경기도, 서울 사람들은 아무리 잘나도 정치적 견제나 차별을 받는다면 그것이 무슨 건전한 민주주의인가? 그리고 말로는 통일을 외치면서 이북사람을 사실상 외면하면 무

---

24) 그리고 보다 폭넓게 생각하면 현재 우리나라에 특정 씨족 혈통으로만 된 순수한 씨족이 어디 있겠는가? 어떤 사람이나 그 조상을 따져 올라가면 모든 씨족이 섞여 있는데, 특정 씨족만 고집하는 것이 얼마나 고루한 사회의식인가?

25) 예전에 선덕 임금님은 여성으로서 탁월한 정치력을 발휘한 것을 유의해보면 더욱 이해가 될 것이다.

슨 통일이 되겠는가? 그간 우리사회는 김영삼, 김대중에 의한 극심한 지역독재 체제였다고 비판을 들어도 변명이 쉽지 않았는데, 특정한 지역을 떠나서 훌륭한 사람을 키우는 정치가 항상 아쉽다. 마찬가지로 여성도 대통령이 되고 임금님이 되어야만 이 나라의 밝은 미래가 빨리 올 것이다.[26]

부락민 해방운동

부락(部落)이란 말은 원래 우리말이 아니다. 우리말은 고을, 골, 동네, 마을, 말 등이 순수한 모습으로서의 작은 행정단위를 뜻한다. 그런데 그 언제부터 우리들의 입에는 부락이란 말이 확실하게 정착되었다. 그것이 그 언제부터인가?

부락이란 말은 원래 일본말이다. 그것도 일본의 천민촌을 뜻하는 말이다. 일본에서 옛부터 천한 직종에 종사하는 사람들의 집거지를 부락이라고 불렀던 것이다. 그런데 침략일본은 우리 땅을 강점하고는 우리들이 사는 곳을 부락이라고 불렀다. 그러니까 우리들 모두를 최하층 천민이라고 부른 것이다. 그렇지만 경악할 침략의지를 모르고 지금도 부락이라는 말을 그대로 쓰는 사람들이 있는데, 앞으로는 절대로 쓰지 말아야만 되겠다.

그런데 문제는 우리가 부락이란 말을 쓰지 않는 것에서 해결되지 않는다는데 있다. 일본인들은 우리민족을 사실상의 실제 부락민이 되게 이끌었고, 그 후유증이 현재의 우리들 삶에 심각하게 잔존하고 있다는 점이 대단한 문제로 남아 있는 실정이다.

일본인들은 우리의 임금님을 없애고서, 우리의 지도층인 양반을 천하에 없는 몹쓸 사람들이라고 몰아 갔다. 그러니까 나랏님이 사라지고 양반

---

26) 영국에서도 왕자가 우선적으로 왕위계승권을 갖는 제도를 폐지하려고 하고 있다. 조선일보, 1998. 3. 1.

이 없어지니, 우리땅의 사람들은 모두가 천민집단의 쌍놈이 되는 것이다. 침략일본은 우리 민족을 사실상의 쌍놈으로 이끌어 놓고는, 우리가 사는 곳을 그들의 천민촌인 부락이라고 부른 것이다. 침략일본이 물러가고서 공식적으로 부락이라는 용어는 사라졌다.

그러나 우리 사회는 많은 곳에서 부락민 후유증을 앓고 있다. 많은 사람들이 사실상의 진짜 부락민 같이 생활을 하면서도 부끄러운 줄을 모른다. 그리고는 제 마음대로 아무렇게나 행동하는 것이 민주주의라고 착각을 한다. 그리고 제 마음대로 무조건 행동하는 것을 인권이라고 오해를 한다. 그러나 제 마음대로 아무렇게나 사는 것은 민주주의도 인권추구도 아니다.

예컨대 담배는 이제 세계적으로 인정하는 사실상의 마약이다. 규제를 않는 나라가 거의 없다. 담배를 피워서 이득이 되는 것이 없고, 온갖 병의 근원이 된다. 그럼에도 아무데서나 담배를 피우는 부락민이 많다. 담배를 피우는 것을 흡연권이라고 강변하며, 그것을 권리라고 우기는 철면피도 있다. 담배는 본인만이 아니라 간접흡연에 의한 피해가 더 크다. 그럼에도 불구하고 식당 같은 곳에서 뻔뻔스럽게 담배를 물고 있는 것을 당연하게 생각한다. 그래서 돈 몇 푼이라도 더 벌려다가 폐암에 걸려 후회하는 식당 주인, 매일같이 담배를 피우는 아버지에 의해 발생한 유아폐암, 부인폐암이 연속 나오는 것이니, 그렇게 최악의 상황에 다다라서야 눈물을 흘린다. 공공장소 흡연은 수많은 사람을 간접흡연으로 몰아 서서히 병마를 뒤집어씌우는 장기적 살인행위인데도, 그 사회적 범죄자를 그대로 두고 있는 부락민 천국이 우리나라이다. 그러한 부락민 세상에는 곳곳에 담배꽁초가 널리고 지저분함이 누적되어 쓰레기 천국이 된다. 담배꽁초가 쌓이며 산불도 나고 화재도 발생한다. 담배는 수많은 죄악의 원천임에도 사실상 담배 무법천지가 된 사례는 부락민 후유증의 전형적인 것으로서, 세계 어느 곳에도 이런 나라는 별로 찾을 수가 없다. 일제 침략 후유증으로 최하층 천민으로서의 부락민의 나라가 된 땅에서나 있는 일이다.

일본에서는 요즘 부락민 해방운동이 일어나고 있다. 일본은 옛부터의 사회적 단절이 없었다. 그래서 머나먼 옛날부터의 부락민이 그대로 존재하고 있다. 그러니까 일본에는 진짜 부락민이 있고 그들을 해방시키자는 흐름이 부락민 해방운동인 것이다.

그런데 우리나라에도 부락민 해방운동이 절실하게 필요하다. 일본에는 현존하는 실제 부락민을 해방하자는 운동이다. 그러나 우리는 일본과 달리 우리들 마음속에 숨은 내재적 부락민을 쫓아내는 것이 되어야 되겠다.

현재의 우리 땅에는 위아래가 없이 부락민이 많이 있다. 심지어 대통령까지도 부락민 성향이 짙은 사람도 계속 있어 왔다. 우리의 부락민 해방운동은 일제침략 후유증 퇴치운동의 차원에서도 철저히 진행되어야 되겠다.

그간 우리의 국회를 보면 품격 높은 모습을 통해 의정활동을 하는 모습을 별로 본 적이 없다. 대통령에 있어서도 사실상 최악의 부락민 행태를 보일 경우가 많다. 그래서 우리나라에서는 차라리 대통령이 없고, 정치인이 없으면 나라가 잘 되겠다는 소리를 너무 자주 듣는다. 그리고 많은 사람들은 정치에 체념을 하고, 정치인의 말은 콩으로 메주를 쑨다고 해도 곧이 듣지 않는다. 부락민 정치의 후유증은 너무도 심각한 것이다. 부락민 해방운동은 정치권이 최우선 대상이라고도 생각이 된다.

그런데 정치권의 부락민 해방운동은 결코 정치권만을 탓할 수도 없다. 우리들 모두가 부락민 정치성향이 적지 않기 때문이다. 우리의 다수 국민들이 부락민 성향이 짙은 민초들이기에 잘못된 정치인이 탄생되는 것이다. 가슴에 손을 얹고 가만히 생각해 볼 것으로서, 3김씨가 왜 그토록 정치적 힘을 썼는가를 생각해 보면, 우리 국민들이 정말로 반성해야 한다는 확신이 들 것이다. 김영삼, 김대중 대통령을 누가 대통령으로 만들었는가? 그리고는 지속적으로 편파적 정치의식으로만 그들을 지원하며 국가를 병들게 만든 것이 누구였는가? 국민들이 그러하니까 김영삼, 김대중 시대의 짧은 10년간에 나라가 도탄에 빠지며 IMF 국가 부도에다가 더하여 최악의 국민부도를 맞은 것이다. 국민들이 맹목적 부락민 성향이 크니까 일하지 않는 엉터리, 사기꾼 대통령이 나올 수 있었던 것이다.

신기한 젊은이들

재삼 강조하고 강조하건대, 그간 우리나라에 있어서 일은 않고 헛선전에 능한 대통령이 계속 나올 수 있었던 까닭은, 그러한 대통령이 나오게 만들어주는 국민이 있었기 때문이다. 이 나라의 정치풍토가 정치실적주의와는 거리가 먼 정치선전주의에 찌든 국민들의 고질병이 심화되어 있기에 헛선전에나 능한 대통령이 나오게 만든 것이다. 썩은 국민에 의해서 썩은 정치가 이뤄진 것이고, 썩은 정치인을 선택한 썩은 국민이 썩은 사회를 만든 것이다.

우리 국민들은 왜 그렇게 바보스러운 사람들이 많은가? 이 좁은 나라에서 네 편 내 편을 왜 따지는가? 남성이면 어떻고 여성이면 어떤가? 그리고 제주도, 강원도, 경기도, 서울 출신이라도 정직하고 성실하게 국민을 위해 일할 사람이라면 누구이던 간에 관계없이 투표하여 제대로 된 대통령을 뽑아야지, 헛선전에만 능한 자들을 뽑고 네 편과 내 편을 갈라서 투표를 하니까 국정이 이렇게 혼란해 지는 것이다. 그간 우리 국민들이 얼마나 바보스런 선택을 많이 해왔는가?

이제 우리 국민들은 새롭게 재탄생이 되어야 하겠다. 이렇게 새로운 흐름을 만드는 것은 무엇을 말하는가? 그것은 우리 국민들이 보다 현명하게 정치적 판단을 하게 됨을 뜻한다. 특히 현명한 국민이란 이론과 현실에 대한 균형잡힌 판단력을 갖는 것을 말한다. 우리들은 많은 경우에 현실을 떠난 허황된 이론에 포로가 된 삶을 살아간다. 그것은 소위 배웠다는 사람들에게서 많이 발견되는데, 설익은 지식을 수박 겉핥기식으로 배운 지식은 차라리 무식한 것보다 못한 것이다.

생각건대 왜 박정희 시대는 눈부신 발전을 했는가의 이유는, 박정희 시대는 현실을 정확히 진단하고 겸손하게 열심히 땀흘려 일했기에 한강의 기적이 가능했던 것이 분명하다. 그러나 김영삼, 김대중 시대에는 그렇지도 않은 인물들이 유식한 듯이 행동을 하니까 현실을 착각한 허황된 일을 많이 벌렸다고 생각이 된다. 현실에 대한 올바른 진단이 없이 겉도는 이론이나 남발하면서 국민을 도탄에 몰아넣었다고 생각해야 옳다.

박정희 시대의 군인들은 생각하면 본인들이 무식하다고 생각을 하면서 일을 했다고 하겠는데, 김영삼, 김대중은 자기들보다 잘난 인물은 없다는 착각에 사로잡혀서 국가대계를 망쳤다고도 생각이 된다. 그것은 박정희가 허황된 이론에서 보다 자유로웠고, 김영삼, 김대중은 사실상 허망한 이론에 노예가 되어서 유식하지도 않은 사람이 유식한 듯이 처신하며 현실감을 잃은 것을 말한다. 특히 김대중은 여러 경우에 본인이 모든 것을 아는 최고의 석학같이 행동을 했다. 그리고는 수많은 책을 읽은 완벽하게 준비된 대통령이라고 선전을 했었다. 얼마나 많은 책을 읽었다고 그렇게 책 읽은 자랑을 계속했던가?

생각건대 박정희는 쓸데없는 이론이 아니라 감기든 사람에게 감기약을 확실히 주고 배탈난 사람에게는 위장약을 정확히 주었다. 그러나 김영삼, 김대중 시대에는 감기든 사람에게 약을 주지 않고서 민족통일을 역설하면서 통일이 되면 감기가 낫는다고 말하거나, 배탈난 사람에게 자기는 노벨상을 탄 사람이니까 나를 따르면 배탈이 치료된다고 하는 방식의 공염불 정치를 했었다. 그렇기에 김영삼, 김대중은 겉으로는 군인들보다 유식한 듯 했지만, 실제로는 군인들보다 무식하며 국민들을 도탄에 빠트린 결과를 낳은 것이다.

정치인의 삶은 중간중간에 그들이 남발하는 공허한 선전이나 변명으로 평가하지 말아야 한다. 국리민복을 위해 몸 바쳐 일한 결과가 중요하고 업적이 중요한 것이다. 그렇기에 정치인의 평가는 현실에 바탕을 둔 확실한 현실의 논리에 의해, 냉정하게 정치를 볼 줄 알아야만 거짓말 헛선전에 농락을 당하지 않게 된다. 우리 국민들은 아직도 헛선전에 한눈을 파는 사람들이 많기에, 김영삼, 김대중이 국가파탄을 만들게 만들었던 것이다.

그런데 지금도 우리 국민들은 많은 경우에 허황된 선전을 남발하는 허망한 정치인을 변동없이 선택한다. 그 까닭은 임금님이 계시지 않으니까 계속 착각을 하게 되는 것이다. 어른이 계시지 않으니까 정치인도 일은 않고 착각을 하고, 국민들도 정치인을 일하는 사람이라고 생각을 않고 헛선전에 현혹되는 것이다. 일제침략의 후유증은 곳곳에서 너무나 많이 잔존해 있고 끊임없이 고질병이 되어 고통을 주는데, 임금님이 사라진 뒤의 정치흐름도 그 고질병은 변동없이 우리의 삶을 옥죄고 있는 것이다.

그런데 시간이 흐르고 사회가 변하면서 바보스런 국민들이 사라지고 있는가? 그렇지만 반대로 우리사회는 더 우매해지고 있는지도 모른다. 나날이 바보스런 모습이 강해지고 있다는 생각도 든다. 그 까닭은 특히 최근에 등장한 인터넷 사회의 역기능 때문이다. 문명의 이기라고 생긴 인터넷이 엄청한 역기능을 발휘하면서 헛선전, 모략 등의 어둠의 정치에 악용되며, 날로 우리사회를 바보스럽게 만들고 있다. 깊은 생각과 사려깊은 성찰이 아니라 단세포적 선동에 노예가 되는 수많은 사람들을 만들면서 우리의 고질병을 더욱 강화하고 있다. 특히 사이버 헛선전, 선동을 넘어선 사이버 폭력은 한계점을 넘어선 수준이다. 식견이 높은 국민? 그러나 사이버 시대에 있어서 많은 국민들은 식견이 더욱 낮아지고 있다는 생각도 든다.

왜냐하면 사이버 세계는 문자 그대로의 가상세계(假像世界)로서 지극히 현실을 떠난 허황한 세계이기 때문이다. 사이버 세계에는 현실성을 잃은 허망한 얘기가 수없이 나돈다. 심지어는 거짓말, 무고성이 짙은 악의적이고 위선된 지식이 범람한다. 그리하여 사이버 세계는 우리 국민들을 진실이 아니라 선동으로 들끓게 하면서 무차별적 충동의 세계로 이끈다. 그래서 인터넷에 떠오른 것을 읽고서 맥없이 흥분하며 촛불 시위장에 몰려들고, 이유없이 충동시위를 하는 경우도 적지 않다. 그러니까 사이버 시대가 심화될수록 우리들은 냉정한 정신자세로 현실을 보는 것이 아니라, 허망한 가상세계의 헛된 이론에 포로가 되기 쉽다.

요즘의 인터넷에 중독된 사이버 세대들은 지극히 현실을 모르는 가상 이론에 이끌리는 허망한 세대들일 수가 있다. 잘못된 정치인들보다 더 못된 인물이 사이버 세계에는 횡행하고 있다. 그런데 이런 어둠의 사이버 폭력이 특히 어둠의 정치에 철저히 이용되고 있으며 우리사회는 적지 않게 표류하고 있다. 어둠의 정치세력과 어둠의 사이버 세력에 의한 야합현상이 너무 심하다. 우리국민들의 식견있는 안목이 항상 아쉬운 사회가 되었다.

생각건대 대통령은 결코 임금님이 아니다. 대통령은 일하는 자리이다. 그간 사기꾼 대통령이나 부패한 대통령, 무능한 대통령이 나와서 국민을 도탄에 빠트린 까닭은, 국민들이 '일하는 대통령'을 대통령으로 보는 기준이 정착되어 있지 않았기 때문이다. 앞으로 국민 모두는 대통령을 일하는 일꾼으로 보고 뽑아야 하며, 침략일본이 끊어 놓은 임금님은 나라의 어른으로 분명하게 조속히 모셔져야 한다. 그래야 이 나라의 바람직한 미래가 있다.

그런데 이런 바람직한 나라를 만들겠다고 팔을 걷어 붙인 신기한 젊은이들이 나타났다. 어느날 나의 대학 연구실에 일단의 젊은이들이 몰려 왔다. 별안간 문을 두드리며 나타난 젊은이들의 출현은 정말 신선한 충격이었다.

① 자네들은 무슨 학과의 학생들인가?
「저희들은 서울교육대학교 학생들이 아닙니다.」
② 그러면 어느 대학교 학생들이냐?
「여러 대학이 섞여 있습니다. 각자 모두 다니는 대학이 다릅니다.」

③ 그러면 자네들은 누구인가?
「저희들은 인터넷 카페의 동호모임 회원들인데 교수님을 뵈러 왔습니다.」
④ 도대체 무슨 모임인가?
「대한황실재건회로서, 줄여서는 대재모라고 합니다. 카페 '다음'에 있으며, 대한황실재건을 위한 모임의 약칭입니다.」
⑤ 회원들은 얼마나 되는가?
「동호회원들의 숫자는 많습니다. 그러나 직접 오프라인에서 만나는 숫자는 제한되어 있고, 온라인에서 만나는 회원은 많습니다.」
⑥ 자네들과 같은 성격의 모임이 또 있는가?
「아닙니다. 현재는 저희 하나 뿐입니다.」

그렇다! 우리사회가 아무리 사이버 역기능 고질병이 만연되었다고 해도 건전한 소금과 같은 흐름도 꾸준히 자라나고 있는 것이다. 단군 이래의 기나긴 민족사가 꾸준히 이어진 까닭은, 민족사를 살리고 키우는 신선한 흐름도 꾸준히 우리사회에 살아 왔기 때문일 것이다.

익명성을 가진 인터넷으로 무책임한 헛선전을 남발하고, 자신이 밝혀지지 않는다는 점을 악용하여 비열하게 숨어서 가혹한 사이버 폭력을 자행하는 등의 어둠의 사이버 문화는 조속히 사라져야만 될 것이다. 인터넷도 모든 문명의 이기와 마찬가지로 좋게 쓰면 엄청난 도움을 인간에게 선사하지만, 나쁘게 쓰면 그 사회를 망치는 페스트와도 같은 것임을 국민 모두가 깨닫고 신선한 사이버 문화가 꽃을 꼭 피워야 되겠다.[27]

인터넷은 우리의 임금님 모시기에 있어서도 건전하고 순수한 흐름으로

---

27) 인터넷은 인류발전에 크게 기여할 대단히 유용한 발명품이다. 현대시대가 만들어낸 대표적인 문명의 이기가 되겠는데, 이를 악용하는 일부 사람들과 악덕 정치인들이 문제이다. 이름과 신분이 쉽게 노출되지 않는 인터넷의 익명성을 갖고, 옛부터의 좋지 않은 행태로서의 투서성 행위로 어둠의 사이버 문화를 만드는 것이 문제이다. 특히 어둠의 사이버 세계를 악용하는 정치문화는 앞으로 철저히 규제될 방안이 찾아져야 되겠다.

아름다운 열매를 맺는 최선의 도구가 되어야 할 것이다. 인터넷 까페 동호회원들의 눈부신 활약이 우리의 임금님 모시기의 확실한 견인차가 되길 간절하게 기원한다.

기묘한 출발점

사이버 젊은이들의 등장은 언제부터인가? 인터넷 카페 동호인 모임으로 젊은이들이 의미있는 활동을 하게 된 출발점은 언제이고, 어떤 계기로 그들은 인터넷에 모이게 되었는가? 이러한 질문에 대해 정확한 답을 찾는 것은 대한황실 영광회복사에 있어서 매우 중대한 뜻을 갖는다.

젊은 사이버 동호인들이 만든 모임의 이름은 애초에 '조선왕조를 사랑하는 사람들의 모임'으로서, 약칭으로는 '조사모'라고 불렀다. 조사모는 김대중 대통령 집권 중반 무렵(1999년 8월)에 인터넷의 '다음'카페에 처음으로 개설이 되었다. 조사모는 처음에 활동목표를 내세우길 '대한황실재건'과 '황실을 경복궁으로'의 두 가지를 그들의 조직이 나아가는 지표로 내세웠다.

그렇지만 조사모는 약 1년 반이란 시간이 흐르도록 개점휴업과 같은 상태로 시간만 보냈다. 회원은 약 70명 정도였으며, 카페로서는 사실상 이름만 있고 실속없는 유명무실의 존재였다.

그런데 약 1년 반이 흐른 때(2000년 겨울)에 이기원, 유바다, 오영임, 권영훈, 송희원 그리고 곧 이어서 김하나, 이종엽, 최창언, 이세균, 신재철 등이 합류하면서 카페가 급속히 활성화되고, 회원의 숫자도 약 1200명으로 급증하게 된다. 이러한 때에 별안간 사이버 쿠데타가 일어난다. 활성화 되고서 약 10개월이 지난 때(2001년)의 10월 31일 밤인데, 그 때부터 3일 사이에 상상도 못할 대변혁이 발생한 것이니 중심 게시판을 포함한 대부분의 게시판이 증발되면서 별안간 카페가 폐쇄의 위기를 맞는다.

그 까닭은 원래의 개설자가 별안간 사이버 궁정 쿠데타를 감행하여 폐쇄 직전의 난국을 맞은 것이다. 그리하여 젊은이들은 격앙된 분노 속에 조속히 카페를 재구축하고 이름도 바꾸면서 새로운 출발을 꾀하게 되었으니, 새로 지은 이름은 '대한황실의 상징적 재건을 바라는 모임'으로서, 약칭으로는 '대재모'라고 불렀다. 그리고 인터넷 카페에서는 대한황실재건회(大韓皇室再建會)라고 화면을 구성하였다.[28] 이러한 흐름은 어떤 의미를 갖는가? 대재모의 첫 번째 운영자였던 유바다, 이기원의 얘기를 들어보자.

「저희 카페의 최초 개설자는 조정호(가명)였습니다. 그는 거의 활동을 하는 것이 없었고 카페만 만들어 놓은 것이었습니다. 그리고는 한 두 번인가를 오프라인 모임에 나와서도 아무 말이 없이 조용히 듣고만 있다가 갔고, 항상 일관된 행동으로 자기는 바쁘니까 저희들 보고 열심히 운영하라고 말했습니다.

그는 당시 집권당인 민주당의 국회의원 비서관 생활을 하는 사람으로서, 정치인의 뒷바라지를 하며 사니까 무척 바쁜 듯한 느낌이 들었습니다. 그렇지만 저희들은 대학생들이고 사회생활을 잘 모르니까 저희들의 카페 운영만 열심히 했습니다.

그런데 어느날 별안간 석연치 않은 이유를 대면서 카페 폐쇄를 한 것입니다. 이유라야 이유라고 할 것도 없이, 그저 저희들이 마음대로 카페를 운영한다고 기분이 나쁘다는 투의 간단한 얘기를 한 것 밖에 없습니다. 그리고는 카페를 자기 마음대로 전격 폐쇄를 했습니다. 전혀 이해할 수도 없고, 상상하기도 어려운 일이 돌출한 것입니다.

평소에 저희들보고 잘 운영하라고 한 뒤에, 아무 말도 없이 방치하고 있다가 사이버 쿠데타를 감행한 것이라 저희들은 대단히 격노를

28) 안천, 일월오악도 3권(서울:교육과학사, 2002) 아홉째 주제 참조.

했습니다. 평소에 열심히 활동을 하지도 않았고 오프라인 모임에 별로 나온 적도 없이 있다가 이런 일을 할 수는 없는 일입니다. 저희들은 격렬히 항의를 하면서 새출발을 할 수밖에 없었습니다.」

여기서 우리들은 예리하게 분석할 것이 있다. 이기원, 유바다 등은 젊은 대학생으로서 순수하게 카페 회원들과 열성껏 카페를 운영했기 때문에 전혀 몰랐던 것이지만, 예리하게 그 과정을 파고들며 따져 볼 필요가 있다.

첫째로 조정호는 집권 정당인 민주당의 국회의원 비서관 신분이었음을 날카롭게 주목해야 한다. 조정호는 당시의 정국에 있어서, 정권 내부에서 흐르는 정확한 정치기류를 생생하게 피부로 느끼는 위치에 있는 인물이었다. 그가 명목상으로 개설해 놓기는 했지만 명칭을 '조선왕조를 사랑하는 사람들의 모임'으로 했으며, 그 모임의 활동 목표를 '대한황실재건'과 '황실을 경복궁으로'의 두 가지로 했다는 것은 매우 주목할 사항이다. 제목과 활동목표가 아주 정확히 입헌군주제를 표방하고 있기 때문이다. 그것은 당시 집권당인 민주당 내부에 임금님 모시기의 정서가 강하게 흘렀음을 뜻한다. 집권당 국회의원의 촉수노릇을 하는 인물들이 비서관인데, 비서관이 그런 활동목표를 내세운 것은 지극히 중요한 일이다. 특히 국회의원 비서관은 정치가로 출세할 미래의 꿈을 키우면서 사는, 사실상의 정치 초년생에 해당하기 때문에 정치풍향에는 동물적인 민감성을 갖는 특성을 갖고 있다는 점이 유의되어야 하겠다.

둘째로 조정호가 조사모를 개설한 때가 김대중 정부가 집권하고 약 2년쯤 되었을 때이다. 이것도 매우 중요한 것인데, 그것은 '절대적 시간변인'이 분명하게 노출되는 시점인 것이다. 그러한 시간은 김대중 대통령이 내각제 공약을 해 놓고서 대통령이 된 뒤의 내부논의 기간이 그것이었다고 볼 수 있기 때문이다. 겉으로는 아무 것도 정치권에서 표출된 것이 없었으나 내부적으로는 꽤 논의가 있었다고, 남궁진 장관이 훗날 말한 것과 연결

시켜서 생각을 해야 할 것이다.[29]

셋째로 조정호가 왜 카페를 만들어 놓고는 긴 시간을 관망하고 있었는가도 깊게 생각할 일이다. 그것은 정치권 내부에서 내각제 논의가 비밀리에 진행되는 것을 조용히 살피는 기간이었다고 생각이 된다. 정치권 내에서는 극비리에 내각제 논의가 진행되고 있었지만, 사실상 뚜렷하게 진척도 되는 것이 없이 지지부진하게 시간을 끌고 있었기에 조용히 팔짱을 끼고 주시하고 있었다고 생각이 된다. 그래서 젊은 대학생들에게만 일을 시켜 놓고서, 자기는 전혀 일을 않은 것이 분명하다. 그것은 다르게 생각하면 순진한 대학생들에게 활동부대 노릇을 시켜 놓고서, 본인은 상처를 입지 않게 거리를 두고 관망하며 시간을 보냈다는 해석도 가능하다.

넷째로 조정호가 카페를 만든 것이 자의적인가 타의적인가를 생각해 볼 필요도 있다. 이것은 두 가지 추측이 모두 가능할 수가 있다. 정보통신 분야에 식견이 높은 어떤 국회의원이 비서관에게 카페를 만들라고 지시를 해놓았는데, 별로 되는 일이 없이 지지부진하니까 일단 관망했다고 생각할 수 있다. 그러나 조정호가 개인 독자적으로 만들어 놓고서 눈치를 보며, 어느 것도 진행시키지 못하고 팔짱을 낀 채 관망하고 있었다고도 생각이 된다.

다섯째로 조정호가 왜 별안간 사이버 쿠데타를 감행하게 되었는가도 매우 중요한 사안이다. 그것도 어느날 긴급히 전격적으로 황급하게 카페 폐쇄를 단행하였다. 이기원, 유바다 군이 말하는 것을 종합하여 진단해 보면, 조정호는 자신에게 매우 위급한 상황이 만들어졌음을 확실히 노출시키고 있다. 그것은 조정호가 조용히 관망하다가 긴급히 폐쇄를 할 상황이 만들어진 것을 뜻한다. 집권당 내부에서 내각제 논의가 물 건너갔고, 정치권에 몸담고 있는 본인이 그것을 급히 폐쇄해야 되는 너무도 급박한 상황

29) 본서의 둘째 주제에 있는 놀라운 뒷얘기 참조.

이 만들어 졌음을 뜻하는 것이다. 어찌 생각하면 조정호에게 빨리 폐쇄하라는 외압이 있었거나, 본인이 긴급 폐쇄를 결정할 만큼 위급한 무언가를 절박하게 느꼈기 때문일 것이다.

여섯째로 조정호의 급박한 사이버 쿠데타는, 카페 개설에서 관망 후 폐쇄까지의 전 과정이 자신의 뜻이 전혀 아닐 수도 있다고 생각이 된다. 국회의원 비서관이란 어찌 생각하면 국회의원들이 볼 때에는 파리목숨에 불과한 존재일 수 있다. 많은 생활이 자신을 위한 삶을 살 수 없는 존재요, 타인을 위해서 사는 사람이다. 국회의원에게 모든 것을 충성하고, 모든 것을 국회의원의 뜻에 따라 움직일 수밖에 없는 사람이다. 그렇다면 조정호의 카페 쿠데타는 조정호의 의사와는 무관할 가능성이 큰 것이고, 무언가 큰 흐름이 태동되다가 무너진 것을 뜻하지 않을까?

어떻든! 조사모는 예리하게 살필 때에, 김대중 정부의 내각제 공약의 흐름 속에서 기묘한 출발점을 갖고 탄생이 되었다고 생각이 된다. 김대중 정부 내에서 물밑으로 비밀리에 논의되는 내면적 흐름 속에서 탄생하여, 젊은이들은 아무 것도 모르고 순진하게 활동을 했다고 생각이 된다. 탄생 이후에 생각 밖의 사이버 쿠데타를 겪고 재출발이 되었는데, 최근에는 운영자가 김하나, 오영임, 이종엽으로 바뀌며 회원이 3600명이나 되는 큰 모임으로 성장이 되었고, 활동도 다양하고 활발하다.

그리고 경쟁관계 또는 공조관계, 공생관계에 있는 비슷비슷한 카페도 그 후에 시간이 흐르면서 몇 개가 더 생겼다. 이렇게 사이버 황실복원운동이 활성화되는 출발점이 김대중 정부의 내각제 공약에서 비롯되었다고 생각을 할 때에, 그 출발은 시원적으로 이석 황손의 활동에서 꾸준히 이어지며 파생된 것들이라고 해석이 될 수 있기도 하다. 이석 황손의 제1기 활동기에 널리 배포한 5만장의 입헌군주 내각제 전단! 그 위력은 오늘날 활발한 사이버 황실복원운동으로 발전된 것이다. 그것은! 이석 황손의 역동

이석 황손이 뿌린 씨앗은 대나무가 쑥쑥 자라고 죽순이 힘차게 뻗듯 크고 있다.

적이고 정열적인 황실복원운동은 긴 흐름 속에서 곳곳에 많은 열매를 맺어나가고 있다는 점이 증명된 사례의 하나이다. 젊은이들의 사이버 운동이 장래 어디로 발전해 갈까 기대가 크다.

아홉 번째 주제

일본 황실과의 화해

- 한일회담 후폭풍
- 한일회담 체결과정
- 정치싸움 관전법
- 공개된 한일회담 문서
- 포항제철 건설
- 한일회담 재평가
- 일본 황실과의 화해

한일회담 후폭풍

요즘 40년 전에 타결된 한일회담에 대해 뒷말이 많다. 왜 느닷없이 40년이 지난 지금에 와서야 한일회담(한일 기본조약 체결)에 대해서 논쟁이 돌출했는가? 그것은 요즘 정치에 대해 웬만한 식견이 있는 사람은 다같이 생각하고 있는 것이니, 야당공격용이라는 것에는 많은 사람들이 생각을 같이 하고 있다. 왜냐? 다양하게 그러한 흐름이 이어지는 과정 속에서 한일회담도 돌출되었기 때문이다.

물론 정부당국에서는 30년이 지난 외교문서는 정확히 공개하게 되어 있다고 밝히고 있지만, 그런 설명을 곧이 곧대로 믿는 국민들이 많지 않은 것이 문제다. 국민들은 정치인을 믿지 않고 있으며, 많은 공무원은 잘못된 정치인의 말도 그대로 따르는 정치적 시녀에 불과하다고 믿고 있기 때문이다. 더군다나 금번의 문서공개는 일제침략 개인피해자들이 소송을 제기하여 법원이 공개판결을 내린 것이지만, 주어진 정치권 분위기가 국민들의 심정을 그렇게 만든다는 것이다.

현재의 집권여당인 열린우리당은 정권을 쥐고서는 자기들끼리의 내부 노선투쟁과 야당탄압 외에는 크게 한 일이 없다고 할 정도로, 뚜렷하게 하는 일이 없이 시간을 보냈다. 그리하여 경제는 날로 바닥을 치며 불황기록을 계속하고 있다. 공부는 않고 밤낮으로 정치권 언저리에서 투쟁만 배우면서 큰 사람들이 주류를 형성하고 있으니 국리민복을 생각할 리가 없겠지만, 끝없이 국가경제는 날개를 잃고 추락하고 있다. 그들은 집권을 하자 주로 운동권 재야활동계열이 중심이 되어, 기존의 민주당 주도세력을 타도하고 당권을 쥐는 일에 골몰하면서 덧없이 세월이 흘렀다. 그러니까 지난번의 집권당이었던 민주당은 온 정성을 들여 노무현 대통령을 탄생시키고서는 무참하게 토사구팽을 당하였으니, 전라남도 지역에 내몰린 소수당으로 비참하게 전락되고 말았다. 정치세계의 살벌하고 냉혹함에 전율하며, 남쪽 끝으로 내몰린 민주당 사람들은 기막힌 심정으로 한숨만 쉬며 정치무상을 한탄하고 있을 것이다.

그런데 열린우리당에서는 자기들의 당권을 쥔 운동권 재야세력들이 민주당을 몰아내며 참패시키자, 곧 다시 총력적으로 야당공격에 힘을 집중시키고 있는 것이다. 누군가를 공격하고 누군가를 쓰러뜨리는 일만 하며 평생을 보낸 사람들의 행태는 언제라도 변함이 없는 것이다. 그들이 존경하며 떠받드는 남아메리카의 체 게바라는 공격할 것이 없으니까 외국에를 나가서까지 공격거리를 찾았고 그러다가 객지에서 죽어갔다. 제2의 체 게바라를 꿈꾸는 사람들이 할 일이 무엇일 것인가?

겉보기에 혁명가로서 멋있는 인물인 체 게바라 증후군 인물들이 지나간 뒤에는, 온 세계에 피바람이 불고 인민은 가난 속에서 고통을 겪으며 신음하게 된다. 체 게바라 증후군 속에는 공격만 있지 건설이 없기 때문이다. 열린우리당 정부 때의 경제가 날로 추락하는 이유는 자명하다. 어용언론매체에서는 쉬지 않고 박정희의 잘못을 들춰내고, 심지어는 연속적으로 박정희 공격용 영화까지 개봉되며 국민들의 눈과 귀에서 정상적인 판단력을 마비시켜가고 있다. 40년 만에 느닷없이 터진 한일회담 후폭풍은, 생각지도 않게 야당 탄압용이 분명하다는 여론이 팽배해 있으나, 공포의 사이버 테러를 우려하며 입을 다물고 있을 뿐이다. 우리 사회의 병리현상을 그대로 투영시키고 있다는 생각이 들 정도이다.

한일회담 체결과정

한일회담은 예비회담(1951년)에서부터 시작하여 14년간을 끌어 온 너무도 지루한 줄다리기였다. 왜 그렇게 오래 끌며 회담이 지연되었는가?

그 까닭은 회담이란 원래 이해관계가 상충되는 상대방이 있기 때문이다. 내 뜻대로 쉽게 합의가 되고 쉽게 해답이 나오는 것이라면 좋겠지만, 한일회담은 상대방(일본)과의 견해차가 너무나 컸었기 때문에 그토록 시간을 끌었던 것이다.

그것은 요즘 북쪽의 핵개발 저지를 위한 북핵 6자회담을 보면 쉽게 이해가 될 것이다. 미국, 일본, 중국, 러시아가 동석하면서 이북 정권과 이남 정부가 6자회담을 하는 것이 얼마나 시간을 끌면서 오래 걸리는가? 특히 이것은 예전에 이북 핵개발 저지 회담이, 경수로 건설 지원으로 합의가 되었다가 유야무야된 것에서 기산점을 잡으면 한일회담 이상 가는 긴 시간을 끌고 있는 것이다.

한일회담을 타결한 박정희 대통령은 당시 주어진 여러 어려운 여건을 생각하면서도, 우리의 국익을 크게 생각했을 것이다. 요즘 사람들은 그 때에 타결된 힘든 과정은 생각하지 않고서, 타결된 내용만을 생각하고 있다. 그러나 한일회담에서는 여러 복잡한 변인이 있는 데다가, 특히 이북과의 관계가 중요했다. 당시 이북은 우리보다 훨씬 잘 살며 국력이 컸고, 일본에는 조총련이 교포사회의 절대다수를 차지하고 있었다. 그리고 일본이 이북과 먼저 수교회담을 하려는 등의 긴박한 기류가 계속 흐르고 있었다. 그러니까 우리측이나 일본측은 미국의 거중조정이 없었으면 회담 자체가 성사되기 어려웠다. 단순하게 일방적인 우리의 뜻대로만 될 일이 전혀 아니었다. 당시 박대통령은 말하길, '긴박한 국제관계를 고려하여 한일문제를 성공시키려면 양국 정치가는 어느 정도 국민으로부터의 비난을 각오하고 강력히 추진해야 한다'는 발언을 했을 정도였다.

더구나 당시에도 야당과 시민, 학생들의 반대가 대단하였다. 전국적인 격렬한 시위가 장기간 일어나고, 단식 및 농성도 있었다. 그리고는 격동하는 분위기 속에 계엄령(1964년 6월 3일)이 선포되고, 대학가 휴교령, 집회금지령이 발동되는 등의 온갖 소용돌이가 몰아쳤다. 그러고서 총 14년 만에, 이동원 외무장관과 일본측 시나 외상 사이에 한일국교 정상화 조약(1965년 6월 22일)이 조인된 것이다.[1] 14년간에 걸친 기나긴 줄다리기와 연속적으로 이어진 격동과 소란이 있었기에, 어렵게 피어난 꽃이 한일회담 타결이었다.

그러므로 그것이 모든 사람의 입맛에 맞을 수도 없었고, 우리측이 원하는 것은 사실상 무한대에 가까웠기 때문에, 우리민족의 뜻에 맞는 답은 애초에 나오기 어려운 것이었다. 그러므로 적정한 선에서 만족하며 타결하는 것일 수밖에 없었다. 그리고 언젠가 후폭풍이 있을 개연성은 상존한 것이었으니, 일종의 숨겨진 다이너마이트 같은 것이었다. 공격정치에 능한 열린우리당에서 이것을 숨겨만 두고 있을 리는 없는 것으로서, 운동권 재야 정치세력이 회심의 일격을 야당(한나라당) 측에 가한 것이라고 일반인들이 생각할 사안이 돌출한 것이다.

정치싸움 관전법

우리의 정치상황을 보면 도무지 이해가 되지 않는 것이 많다. 왜 그럴까? 그 까닭은 우리의 정치판은 사실상 '흙탕물 이론'으로만 해석이 된다고 할 정도로 엉망인 경우가 너무 많기 때문이다. 그래서 '한국정치학'이란 이론체계가 나오기 어렵고, 정상적인 사람이 우리 사회에서는 정계에 나가 크게 성공하기가 쉽지 않다.

예컨대 한일회담을 보면서 이해가 되지 않는 것은, 왜 그것이 40년이 지난 지금 별안간 돌출하여 크게 정치이슈가 되는가? 그 까닭은 현재의 야당대표 아버지가 박정희 대통령이기 때문일 가능성이 높다고 많은 사람들

---

1) 안천, 한국의 대일외교정책 결정과정에 관한 연구, 서울대학교 행정대학원 석사학위논문, 1979, pp.18-24.

이 생각을 한다. 한일회담은 적지 않은 것을 해결한 것인데, 다만 불충분하다는 비판을 받는 것이다. 그러나 한일회담 보다 더 심각한 것은 노태우 대통령 때의 한중수교 회담이다. 전국을 초토화시켰으며, 압록강까지 국군이 진격하여 통일을 눈앞에 두고도 다시 분단국가로 되돌아 왔고, 인구의 3할에 가까운 수많은 사람이 죽었던 1, 2차 세계대전에 맞먹는 비극인 6·25전쟁의 최고전범국 중공 오랑캐와 맨 손으로 그냥 무조건 수교를 해준 매국노적 회담결과에 대해서는 단 한번도 거론도 않고 있다.

또한 6.25전쟁을 비롯해서 긴 시간에 걸쳐 혈맹관계인 미국에 대해서는 크고 작은 모든 것을 물고 늘어지며 비판하면서도, 최악의 6.25전범국가인 중공 오랑캐에 대해서 사소한 비판조차도 없는 이유는 무엇인가? 노근리에서 미군이 민간인으로 위장한 인민군에 쫓기다가 오인하여 민간인을 쏜 것은 그토록 과잉 비방하면서도, 당시 미군이 민간으로 위장한 인민군 등에 기습을 당해 부대가 궤멸되다시피 하며 사단장까지 포로로 잡혀간 것에는 확실하게 입을 다무는 까닭은 무엇인가? 또한 그토록 일본의 침략시대 역사를 바로잡고 과거사를 밝히며 매국노를 규탄하면서도, 일본 천황이 방한해야 한다는 얘기가 나와도 성명서 하나 없음은 무엇을 말하는가? 그것은 미국 규탄이 순수한 마음에서 나온 것이 아니며, 항일시대 매국노 규탄도 정략적 수단에 불과함을 여실히 드러낸다.

그리고 여중생 두 명이 미군 장갑차에 깔려 사망한 사건에 대해서는 상상할 수도 없는 거대한 시위가 계속되었다. 여중생의 부모들에게 충분한 배상을 했고, 미국 대사와 미군 사령관이 사죄했으며, 미국 국방장관, 국무장관에 대통령까지 공개적 사과를 했는데도 끝없도록 이어진 시위의 성격은 무엇인가? 그러면서도 같은 무렵에 국군 장병이 처참하게 죽은 서해교전에 대해서는 이북측에 단 한 마디의 말도 못하며 쥐죽은 듯이 침묵하는 그들은 어떤 사람들인가? 벌어지고 있는 현실을 사진 찍듯이 찍어 보면 투명할 정도로 친북반미 스펙트럼 현상임을 뚜렷이 보여주는 것이다.

그리고 내면에 숨겨진 의도적 의지가 있고, 특정방향으로 고의적인 행위를 함을 뜻한다. 그런데도 우리 국민들은 편파적 흐름의 정치흐름에 쏠려 가며 바른 판단력을 상실하고 있다. 만약에 일본 대사관 차에 여중생 두 명이 치어 죽었던가, 중국 대사관 차에 그런 일이 생겼어도 그러 했을까? 우리사회의 병리현상을 보는 예리한 안목이 절실하다. 이 시대의 우리사회를 옥죄고 있는 어둠의 무서운 실체를 모르고서, 맥없이 끌려다니는 일부 국민들이 안타깝고 불쌍할 정도이다.

정치싸움을 관전할 때에는 폭넓게 관련된 변인을, 깊게 생각하면서 보아야 제대로 속에 담긴 모습이 보인다. 특히 요즘 대표성이 의심되는 일부 특정인들의 시민단체나, 일방적 흐름의 특정 네티즌, 그리고 어용 언론매체가 내보내는 휘몰이식 정보전달은, 특정 세력의 뜻에 맞춰 의도적으로 왜곡된 것이 비일비재하다. 그러므로 단순하고 고지식하게 그 정보를 받아들이는 것은 순진한 바보가 되는 지름길이다.

세월이 흐르고 사회가 발전될수록 언론정보 전달의 이론도 매우 빠른 속도로 발전이 되고 있다. 그러나 이에 맞춰서 언론정보 매체를 악용하는 방법도 날로 고도화되고 있다. 예전에 전두환 대통령 때에는 거의 매일 같이 저녁 9시 뉴스가 시작되면 땡 치는 시보 소리와 함께 전두환 대통령이 나오고 관변 뉴스가 직설적으로 이어졌다. 그래서 당시 사람들은 땡 소리와 전두환의 첫 글자를 합해서 땡전뉴스라고 부르며, 조롱하고 비난하는 얘기를 했었다.

그러나 요즘에는 아주 교묘하게 다른 뉴스와 섞어서 의도적인 뉴스가 끊임없이 제공되고 있다.[2] 국민들을 정보의 흐름 속에서 단순화시키며 무작정 그들의 뜻에 맞게 이끌어 간다. 그리고는 어용세력이 중심이 되어 촛불시위를 벌이며, 그것을 의도적으로 연속하여 부각시킨다. 그리고 거

2) 심지어 남북교류 활동으로 이북을 찾은 사람들에게, 김정일이 촌평을 하면서 이남의 특정 방송을 즐겨 듣는다고 칭찬을 할 정도이다.

기에 덧붙여서 사이버 폭력을 동원하여 측면지원을 한다. 과거의 땡전뉴스는 차라리 순진한 것으로서 정보전달의 강요였다면, 요즘에는 사실상 교묘하게 꾸며진 가혹한 정보폭력이 이어지고 있다. 그러나 사실상 그에 대한 견제수단도 없다. 유일한 견제수단은 국민들의 수준이 높아지는 것 뿐이다. 국민들의 수준이 높아져야 어둠의 시대가 사라지게 될 것이다.

공개된 한일회담 문서

한일회담 외교문서가 30년이 지난 뒤(2005년 1월 17일)에 공개가 되었다. 공개된 문서를 보고서 많은 사람들이 졸속협상이었느니, 구걸외교를 했다느니 충격을 받았다. 왜냐하면 요즘 시대를 사는 사람에 있어서 약 40세 전후의 나이까지의 젊은 세대는 거의 모르던 일이 돌출되었고, 그 이후의 나이에 있어서도 30년간 잊고 있었던 것이 별안간 다시 공개되었기 때문이다. 그런데 특히 문제가 된 바는 방송매체를 쥐고 있는 측에서, 전격적으로 한일회담의 문제점 위주로 선동적인 여론화를 시켰기 때문에 그 충격이 컸던 것이다.

방송매체는 신문이나 잡지와 달리 선동성이 큰 여론도구이다. 그래서 TV를 오래 보면서 그것에만 매달리면 바보가 되기 쉽고, TV를 바보상자라고까지 비하하는 견해도 있다. 그럼에도 불구하고 많은 사람들은 머리를 써서 따져보고 분석하며 신문이나 잡지 등의 자료를 종합적으로 보는 것이 아니다. 단순 충동형 시청자로 끝나는 경우가 많다. 사실상 바보상자를 따라가는 바보의 길을 가는 것이다. 차분하게 충격을 가라 앉히고 전체를 헤아리는 이성적 판단력이 절실하다. 그러한 입장을 떠나면 항상 악덕 정치인들의 노리개가 되는 것이다. 가슴을 차분하게 가라 앉히고서 다음 자료를 일단 읽어 보자.[3)]

『1965년 한·일협정으로 한국정부가 일본정부로부터 받은 무상 3억 달러와 유상 2억 달러 등 총 5억 달러의 사용 내역을 구체적으로 담은 정부기록이 나왔다. 또 일제 피해자에 대한 민간 보상은 일본에 의해 징용·소집돼 45년 8월 15일 이전에 사망한 사람으로 대상을 제한한 것으로 확인됐다.

본지가 18일 재정경제부 문서보관소에서 입수한 76년 당시 경제기획원 발간 '청구권자금백서'에 따르면 전체 청구권 자금의 55.6%가 포항제철 건설 등 광공업 투자에 쓰였다.

백서는 한국이 일본에서 받은 총 8억달러의 유·무상자금 가운데 무상 3억 달러와 유상 2억 달러 등 총 5억 달러의 사용 내역을 밝히고 있다. 민간차원에서 지원한 상업차관 3억 달러의 사용처는 밝히지 않았다. 정부가 받은 것이 아니라는 이유에서다.

◆**자금 도입과 사용기준**-정부는 66년부터 75년까지 10년에 걸쳐 5억 달러를 나눠 받았다. 매년 무상 3000만 달러, 유상 2000만 달러 등 총 5000만 달러를 한도로 양국 정부의 협의에 의해 지원금을 정하는 방식이었다. 66, 67년 두 해 동안 총자금의 29.3%를 썼다. 유상 2억 달러는 산업시설과 기계류 등 공공차관의 형태로 7년 거치 13년 분할 상환하되 금리는 연 3.5%가 적용됐다.

무상 3억 달러는 농업·임업·수산업 등 농어민 소득증대에 기여할 수 있는 사업에 우선 배정했다. 공업부문의 경우에도 당장 과학기술 연구나 실습기자재 도입 등 기초과학 연구에 주로 썼다. 무상자금은 공공사업이나 수익성이 적은 사업에 주로 사용됐다. 또 무상자금으로 산 원자재를 팔아 조성한 1506억 원의 원화자금은 원화 지원이 필요한 사업과 민간인 배상 등에 배정됐다. 무상자금 중 4573만 달러는 우리나라가 일본에 진 빚을 갚는 데 충당했다. 유상 2억 달러는 대부분 포항제철 등 기간산업과 경부고속도로 등 사회간접자본 시설 확충에 사용됐다.

---

3) 정경민, 76년 경제기획원 백서에 기록된 청구권 자료 사용처, 중앙일보 2005. 1. 19.

◆**광공업 · 사회간접자본 집중 투자**-60년대 정부는 새마을운동을 통해 피폐한 농어업의 재건에 어느 정도 성과를 거뒀다. 그러나 농어업만으로는 한국 경제를 공업국가로 탈바꿈시킬 수 없었다. 공업국가가 되기 위해선 막대한 자금이 들어가는 중화학공업 투자와 사회간접자본시설의 확충이 필수적이었다. 정부가 한·일 협정에 매달렸던 이유도 여기에 있다.

5억 달러의 사용 내역을 보면 정부의 이런 고민이 여실히 드러난다. 5억 달러의 절반 이상을 광공업에 투자했다. 이 중 포항종합제철 건설에만 무상자금 3080만 달러와 유상자금 8868만 달러 등 총 1억 1948만 달러를 몰아줬다. 전체 청구권 자금의 23.9%에 이른다. 광공업용으로 도입된 원자재 1억 3282만 달러도 대부분 포철을 짓고 공장을 돌리는 데 썼다. 원자재까지 합치면 전체 청구권 자금의 절반 이상을 포철에 투자했다는 얘기다. 정부가 포철 건설에 얼마나 심혈을 기울였는지 짐작할 수 있는 대목이다.

사회간접자본 확충에도 전체 자금의 18%를 투입했다. 소양강 다목적댐 건설(2161만 달러)·경부고속도로 건설(689만 달러)·상수도 확장(409만 달러)·한강철교 복구(89만 달러)·영동화력발전소 건설(178만 달러)·철도시설 개선(2027만 달러) 등이 이때 이뤄졌다. 상대적으로 농어민에게 돌아간 자금은 많지 않았다. 농림업에 7.8%, 수산업에 5.4% 등 농림어업에 총 13.2%를 배정했다.

◆**민간인 보상**-대상과 신고절차 등이 자세하게 소개돼 있다. 이에 따르면 민간보상 대상은 47년 8월 15일~65년 6월 22일 일본에 거주한 적이 없는 대한민국 국민으로 제한됐다.

이 가운데 일본 정부나 금융회사가 보증한 채권을 가지고 있는 사람이 우선 보상을 받을 수 있도록 했다. 일본 정부나 금융회사가 보증한 채권은 7가지 유형으로 열거돼 있다. 일본 정부가 발행한 국채· 지방채, 일본에 본점을 둔 은행의 예금과 보험사 보험금, 일본 우체국의 예금 등이 이에 해당했다. 백서는 특히 대일 청구권 자금이 확정된 뒤

곧바로 민간인에게 보상하는 것이 바람직했으나 정부로서는 이 자금으로 국민소득을 올리는 일이 무엇보다 시급한 과제였기 때문에 보상문제를 미뤄왔다고 밝혔다.』

[정부가 밝힌 청구권자금 사용처]

(단위 : 만달러)

산 업	사 업 명	무상자금	유상자금	합계
농림	소계	3655	231	3886
	농업용수 개발	1642		1642
	농업기계화	652		652
	농업증산	605	231	836
	축산장려	185		185
	농업시험 연구	304		304
수산	소계	2718		2718
	수산진흥사업	1071		1071
	어선도입 건조 및 개량	1646		1646
광공업	소계	16426	11372	27799
	포철 공장 건설	3080	8868	11948
	중소기업 육성		2223	2223
	원자재 도입	13282		13282
과학 기술 개발	소계	2013		2013
	학교실험실습시설	586		586
	서울대병원 의료시설 도입	12		12
	해양실습선 건조	669		669
	기상예보시설	173		173
	KIST연구시설	268		268
사회 간접 자본 및 기타 서비스	소계	603	8397	9000
	소양강댐 건설		2161	2161
	경부고속도로 건설		689	689
	철도시설 개량		2027	2027
	해운진흥		817	817
	영동화력발전소 건설		178	178
	금강유역 개발	73		73
	금강홍수예·경보시설	60		60
	대청댐 타당성 조사	60		60
기타	청산계정 및 은행수수료	4586		4586
총계		30000	20000	50000

※ 반올림한 수치, 구체적 항목은 주요 내용만 포함, 자료 : 청구권자금백서

충격을 가라 앉히고서 일본에서 받은 돈을 어디에다 썼고, 그 결과로 어떤 경제효과가 있었는가를 살펴보면, 우리가 단순하게 흥분만 할 일은 아니라고 생각이 된다. 오히려 박정희 대통령에게 존경심까지 생길 일이지, 요즘 일부 어용언론에서 부풀리는 문제점 부각이 순수한 의도가 아니라는 생각이 들 정도이다. 왜냐하면 당시의 상황에서 주어진 모든 여건을 종합적으로 고려하여 판단을 해야지, 일부 문제점만을 의도적으로 부풀려서 과잉선전을 함에 말려드는 일은 없어야 되겠기 때문이다.

만약에 30년 전에 박정희 대통령이 청구권 자금을 받아다가, 그것을 모두 개인 당사자들에게 보상비로 나눠 주었다면 어떻게 되었을까? 아마도 박정희 대통령을 우리들은 최악의 대통령이라고 말하게 될 것이다. 요즘 일부 어용 언론기관에서는 국민들에게 바른 판단을 할 올곧은 정보제공을 해야 한다. 만약 그들의 말대로 돈을 받아다가 푼돈으로 나눠 준다면, 당시 그 돈을 받은 개인들은 잘 살게 되었을까? 아마도 잠깐 동안은 잘 먹고 잘 살 수 있었던 사람들이 대부분이지 않았을까 생각이 든다. 당시는 국민들의 의식수준도 낮은 때였고, 1인당 국민소득이 105달러인 세계 최저수준의 기막힌 상태에서 수많은 사람들에게 나눠 준 푼돈이 어떻게 쓰였을까는 잘 생각해 보아야 한다. 많은 돈이 헛되게 의미없이 사라져 버렸을 개연성이 높다.

생각건대 지난 30년간의 정치사를 회고할 때에, 박정희 대통령 때에 소정의 청구권 자금을 받은 것은 우리 민족의 행운이다. 왜냐하면 김영삼, 김대중 시대에 그 돈을 받았다면, 그것을 가정하는 것만으로도 정상적인 국민들은 고개를 저을 것이다. 예컨대 김영삼 대통령은 그 아들 현철군을 앞세우고 아무데나 돈을 써서 탕진했을 것이며, 김대중 대통령은 가족들과 측근들이 부패의 흐름을 타고 나눠 갖고서 국민들에게 사기성 선전이나 해댔을 가능성이 높다. 김영삼 시대와 김대중 시대의 정치를 되돌아 볼 때에 당연히 그렇게 된다고 생각하는 사람이 다수일 것이다. 그리고는 계속 동티모르 수준의 가난한 나라일 것이다. 필리핀, 인도네시아 등을 보면[4] 백번 이해가 되지 않는가? 밤낮을 가리지 않고서 국가발전을 위해 인생을 걸었던 박정희 시대의 청구권 자금 사용은 백번 박수를 쳐 주어도 부족함이 없을 일이 확실하다. 정말 박정희 대통령은 그 돈을 정말로 쓸 곳에 제대로 쓰며 한강의 기적을 만들었던 것이 분명하다.

포항제철 건설

한일회담에 대해서 우리 황실은 대단히 큰 관심을 갖고 있다. 왜냐하면 침략일본이 우리의 나라와 나랏님을 최악의 상태로 몰며 강점한 바에 대한, 면죄부를 주는 조건으로 회담이 전개된 것이기 때문이다. 언젠가 우리는 일본과 확실한 역사청산을 마무리지어야 한다. 특히 일본패전 이후에 60년의 세월이 흐른 지금에 있어서는 역사청산의 필요성이 더욱 간절해지는 때가 되었다. 왜냐하면 급변하며 발전하는 국제정세 속에서 한일관계가 항상 옛시대의 악연으로 묶여 족쇄노릇을 한다면, 결코 그 피해는 한일 두 나라에게만 불리하게 작용할 것이기 때문이다.

특히 우리나라 사람들은 묘한 편견이 있으니, 일본의 잘못은 항상 꾸짖으면서도 6·25전쟁의 최악의 전범국 중공 오랑캐에는 언제나 관대하다. 그

---

4) 2차대전이 끝난 뒤에 일본으로부터 피해배상금을 받은 나라는 한국, 인도네시아, 필리핀, 베트남, 미얀마의 5개국이었다. 그중 필리핀은 섬나라로서 선박 구입에 대부분을 썼고 시멘트 산업에 집중투자했으나 지주계급의 부패가 있었다. 베트남은 수력발전소 건설과 라디오·냉장고 등의 생활가전제품을 구입했다. 미얀마는 수력발전소, 설탕공장을 건설하고 기술훈련비로 썼다. 특히 인도네시아는 호텔과 백화점을 짓는 데에 투자하는 등 여러 나라가 소비성 비용에 돈을 많이 썼다. 다만 한국만은 유일하게 포항제철, 원자재 구입, 경부고속도로 건설, 영동화력발전소, 소양강 다목적댐 등 가장 모범적인 투자를 했다.
조선일보, 2005. 1. 20.

리고 최고의 우방국인 타이완은 헌신짝 같이 내버렸으며 너무나 고맙고 고마운 미국에는 사뭇 원한에 사무친 듯 모든 것을 물어뜯고 있다. 그러한 상황에서 우리가 계속 일본과 역사적 족쇄가 묶여 냉전적 관계를 지속할수록, 쾌재를 부르며 박수를 치는 중공 오랑캐가 있다는 점을 우리들은 잊고 있다.

따라서 어둠의 과거를 청산하려고 일본에서 받아온 청구권 자금을 제대로 쓴다는 것은 매우 중요한 일이다. 중공 오랑캐들은 그토록 우리에게 큰 피해를 입히고도 추호의 사죄도 배상도 없었음에 비할 때에, 차라리 일본이 준 청구권 자금은 고마운 일이다. 당당하게 받아 올 돈을 적게 받아 왔다고 비판하는 여론도 높지만, 30년 전의 상황에서 회담을 나름대로 성사시켜 일본의 청구권 자금을 받아온 것 자체도 생각하면 칭찬할 일이다. 만약에 일본이 1원도 안 줬다면 어쩔 것이고, 이승만 대통령 같이 일본과는 대화도 안했다면 어떤 결과가 나왔을까? 박정희 대통령의 강력한 지도력과 결단이 있었기에 그만큼이라도 받아왔다는 생각은 전혀 없는 우리 사회가 이상할 수도 있다. 왜냐하면 비판하는 사람들이 30년 전의 그 상황이라면 일본에서 얼마나 더 받아 왔을까? 비판은 쉽지만 자기가 직접 해보면 잘 되지 않는 것이 일반적인 일이다.[5)]

그러한 여러 가지를 고려하면서 일단 받아온 청구권 자금을 제대로 썼느냐는 것은 대단히 중요한 일이다. 따라서 앞에서 살폈듯이 박정희 대통령이 그 자금을 씨앗으로 하여 100불 소득의 나라를 10000불 소득의 나라로 만드는 토대를 쌓았다는 것은 너무도 칭찬할 일이다. 박정희 대통령이 예리한 판단력과 추진력으로 적시 안타 홈런을 친 것은 청사에 길이 남을 위업이 분명하다.

---

5) 요즘 일각의 인사들이 한일회담 파기 등의 용감한 목소리를 내는데, 그것은 자기집 안방에서나 혼자서 용감한 것에 불과하다. 일본과 회담장에 마주 앉아서 그럴 수가 있을까? 그 목소리는 순수한 것이 아니거나, 국제상황에 무지한 결과일 것이 분명하다.

6·25전쟁의 폐허 위에서 동티모르나 방글라데시 수준으로 헐벗고 굶주리는 30년 전의 나라를, 오늘과 같이 발전시키는 것은 문자 그대로 꿈만 같은 변화이다. 그것을 세계 각국에서는 한강의 기적이라고 불렀었다. 주어진 청구권 자금을 어떻게 썼는가? 정부가 밝힌 청구권 자금 사용처를 보면 정말 제대로 썼다는 생각이 든다.

도로시설이 전혀 되어 있지 않고 포장된 도로가 거의 없는 나라에서 경부고속도로 건설을 생각하고, 연속적으로 홍수가 나서 서울까지 거의 매년 물바다가 되던 상황에서 소양강 다목적댐을 만들도록 한 일은 착상 자체도 놀랍다. 하늘만 쳐다보며 천수답에 앉아 가뭄 탓을 하며 흉년에 굶주리던 농민에게 집중적으로 농업용수 개발을 지원하고 농업기계화를 촉진하며 농업증산, 축산장려, 농업연구에 총력을 기울인 일은, 요즘 쌀이 남아도는 나라가 되고 나니까 그렇지 그 당시 온 국민이 얼마나 굶주렸나를 생각하면 실로 농업혁명이었다고 해도 된다. 그리고 수산업 진흥, 중소기업 육성과 과학기술 개발, 폭넓은 사회간접자본 확충 등 어느 것도 사실상 나무랄 것이 없다.

그런데 특히 칭찬할 일은 포항종합제철소의 건설이다. 포항제철이 만들어졌기에 결정적으로 우리나라가 산업국가로 발전할 기본토대가 만들어졌기 때문이다. 국운을 걸고 집중적으로 지원을 하여 세계적인 수준의 철강을 생산하는 나라가 된 것은, 프랑스가 처음으로 철을 자체 생산한 것을 기념하여 에펠탑을 쌓은 정도로 민족사에 남을 쾌거이다.

한일회담 재평가

박정희 대통령 시대의 노력에 의해서, 1인당 국민소득이 100달러(1963년) 수준의 나라가 11400달러(2004년)가 되는 위대한 발전을 이룬 바는 민족사에 길이길이 남을 위대한 업적이다. 세계 최하위의 가난한 나라에서, 세계 10위 수준의 부자나라가 된 것은 모두가 박정희 시대의 땀과 눈물이 토대가 된 결과이다.

그러나 그 때에 했던 한일회담은 어쩔 수 없는 주어진 여건이 있었다고는 해도 문제점도 확실하게 남겼다. 아니 그것은 언젠가는 시간이 흘러서 확실하게 재론해야 될 사항이었고, 분명히 훗날의 숙제로 남겨진 것이었다. 왜냐하면 교통사고 보상도 합의를 보고서 상호 당사자가 확인도장을 찍었다고 하더라도, 심각한 후유증이 재발되면 다시 보상하는 것이 정상적이듯이, 한일회담도 그 후유증이 적지 않게 노출되었기 때문이다.

생각할 때에, 한일회담을 진행하던 당시는 사실상 우리나라가 국가적으로 미개명된 상태의 나라였다. 6·25전쟁을 겪고서 전국민이 사실상 기아선상에서 굶어죽기를 겨우 면한 상태에서, 그런대로 잘 산다는 일본과 협상을 나누는 것은 오늘날의 우리들이 쉽게 상상할 수 없는 30년 전의 상태 그대로였을 것이다. 일본은 가급적 주지 않으려고 최대한 발뺌을 하고, 연구가 진행된 것이 없다시피 하여 도대체 청구권을 얼마나 어떻게 받아야 하는가도 모르는 상태에서 협상이 이루어진 것이었다. 그렇기에 우리들의 마음에 흡족할 수 없는 것은 당연한 것이었으며 회담결과는 재론해야 할 이유가 충분히 존재하고 있었다. 특히 일본의 침략은 너무도 크고 가혹한 것이었기에 더욱 그러한 것도 사실이다.

여기서 우선적으로 생각할 것으로서, 한일회담에서 받은 청구권 자금에서 개인 청구권 문제가 제대로 다뤄지지 않은 것이다. 일본군, 군속, 근로자, 정신대, 노동자 등으로 끌려가서 비참하게 인생을 보낸 사람들을 외면한 일은 일본으로서 언제라도 책임에서 면제될 수 없다. 특히 한일회담은 경제협력자금으로 합의가 되었기 때문에, 그것은 국가간의 합의가 될 뿐이다. 국가와 개인은 전혀 다른 법적지위로서, 국가간의 합의로 개인의 보상청구권을 소멸시킬 수는 없다. 특히 일본인들은 당시의 우리 국민들을 강제징발할 때에는, 그들을 일본국민의 신분으로 고통 속에 몰아 넣은 것이고, 그렇기에 자국민에 상응하는 보상이 필수적이다. 당시 실무자였던 정일영 전 외무부차관의 인터뷰 기사를 읽어보자.[6)]

『정일영(鄭一永·79) 전 외무부차관은 "한일협정 협상 당시 일본측에 제시했던 징병·징용 희생자수는 주먹구구식으로 산출된 것으로 생각한다"고 말했다.

서울법대 교수(국제법)였던 정 전 차관은 장면 정권 때인 60년부터 협상단에 참여했다. 그는 63년 12월부터 이듬해 10월까지는 외무차관으로 직접 협상을 지휘했다. 5차부터 마지막인 7차 협상까지 관여한 셈이다.

최근 공개된 외교문서에 당시 정부가 '징용자군인·군속을 합해 103만 2684명' 이라고 산출해 기록한 것에 대해 그는 "부처 어디도 정확한 숫자를 내놓을 수준이 못됐던 것이 당시 현실이었다"고 말했다. 정 전 차관은 "관련 자료는 일본 사람들이 모두 들고 갔기 때문에 그런 숫자 하나 만들려면 면사무소 직원에게 '대충 얼마나 되느냐'고 묻는 수준이었다"고 했다.

'왜 당시에 개인이 직접 일본에서 배상받도록 하지 않았느냐'는 의문에 대해 "정부가 해도 어려운데 당시의 우리 국민이 일본 정부와 싸워서 이길 수 있었겠느냐"고 말했다.

정 전 차관은 "당시 한일협상은 사실상 미국이 연출했다고 보면 된다"며 "일본측이 버텨서 협상이 막히면 (주일)미국대사관에 가서 얘기하고, 그러면 미국이 '알았다. 우리가 얘기하겠다'고 해결해주곤 했다"고 말했다. 그는 "'무상 3억, 유상 2억'이라는 기본틀을 정한 '김종필·오히라 메모'의 아이디어도 미국에서 나온 게 아닌가 생각한다"고 말했다.

그는 1961년 11월 박정희 최고회의 의장과 이케다 하야토 일본 총

6) 권대열, 희생자 103만명은 주먹구구식으로 산출, 조선일보 2005.1.22.

리 단독회담 때 통역으로 동석하기도 했다. 박 대통령은 당시 "우리는 구걸하려는 것이 아니라 받을 것을 받는 것이다"면서 "많은 식자들은 일본 자본이 들어오는 것을 '경제적 침략'이라고 생각하고 있으니 그런 것을 잘 알아야 한다"고 이케다 총리에게 말했다고 정 전 차관은 전했다.』

그리고 당시 정부가 청구권 자금을 받아서 개인들에게도 어느 정도는 보상을 했었던 바에 대한 신문기사도 참고로 읽어볼 만하다.[7)]

『정부가 일본에서 받은 돈 중 개인 피해자에게 돌아간 몫은 '무상 3억 달러'의 10%도 안 되는 돈이다. 행정비용과 이자를 포함해도 9.7%(103억 7000만원)에 그친다.

정부는 한일협정 체결 6년 후인 71년 강제징병·징용 사망자와 재산권을 빼앗긴 사람에 대한 피해 신고를 1년간 받았다. 이를 토대로 75년부터 2년에 걸쳐 사망자 1인당 30만원씩 8552명에 대해 총 25억 6000만원을 지급했다. 재산 피해 7만 4967건에 대해서는 66억 2000만원을 줬다(보상기간 75년 7월 1일~77년 6월 30일). 사망자에게 준 30만원의 근거는 당시에 군 복무 중 사망한 사람이나 간첩 작전 등에 나섰다가 사망한 향토예비군에게 지급하는 보상금이 30만원이었기 때문이라고 한다.

부상자나 생존자에 대한 피해 배상 또는 보상은 전혀 이뤄지지 않았다. 정부는 "생존자는 보상 필요가 약했으며, 부상자는 입증이 어려웠기 때문인 것으로 안다"고 설명했다. 일제 시대 국내에서 살았던 사람들 중 일제로부터 피해를 입은 사람과의 형평성 문제가 고려됐다는 얘기를 하는 정부 관계자들도 있다.

일본에 대해 처음부터 개인별 배상을 고려한 듯한 요구를 하지 않았다면 정부 설명의 앞뒤가 딱 맞아떨어질 수 있다. 그러나 이번에 공

7) 권대열, 무상 3억 달러의 9.7%만 피해자에게 지급, 조선일보 2005.1.18.

개된 문서에서는 우리 정부가 '피해자 개인별로 얼마'라는 식으로 일본측에 총 3억 6400만달러를 요구한 사실이 확인됐다.

외무부가 1963년 3월 5일자로 양국 입장을 정리한 표에 따르면 한국측은 '생존자 1인당 200달러, 사망자 1650달러, 부상자 2000달러'로 계산해 일본에 보상을 요구했다. '피징용자 현황'은 '생존자 93만 81명, 사망자 7만 7603명, 부상자 2만 5000명'이라고 돼 있다.

현재 문제가 되고 있는 생존 징용·징병 피해자들이 "정부가 우리에 대한 보상 명목으로 일본에 돈을 요구한 근거가 확인됐으니 그 돈은 우리에게 내놓아라"라고 요구할 근거가 될 수 있는 것이다. 정부는 그러나 "이 문서는 당시에 7억~8억 달러의 돈을 받기 위해 협상용으로 잠시 썼던 것일 뿐, 결과는 이를 근거로 돈을 받은 것이 아니다"라는 입장이다.

정부는 그 밖에 일본으로부터 받은 '무상 3억 달러'는 농림수산분야나 종합제철공장 건설 등에 대부분을 투자했다. 유상으로 받은 2억 달러는 사회간접자본에 8400만 달러, 광공업 투자에 1억 1400만 달러 등을 사용했다고 밝혔다.』

또한 일본에 강제로 끌려가 있었기에 당한 원폭 피해자들도 일본인에 상응하는 보상을 해주어야 되겠다. 원자폭탄의 피해를 최초로 입었다고 온 세계에 역선전을 하면서, 자기들이 벌인 침략전쟁으로 아시아 전체를 지옥으로 만들어 놓고서도 원자탄을 떨어뜨린 미국에 대해 가증스런 역선전을 하는 사람들이 일본인들이다. 그리고는 히로시마에 평화공원을 만들어 놓고 위선적 국제 선전행위를 하는 일본이, 그토록 평화를 사랑한다며 미국의 잘못을 부풀리면서도 원폭 피해자들을 방치하는 것은 모순이다. 원폭 피해자는 미국의 잘못이 아니라, 온 아시아를 지옥으로 만들며 침략을 한 일본의 원인행위에서 비롯되었기 때문이다.

그리고 일본에 강제징용이 되어 끌려간 근로자들에게 당연히 주어야 할 임금과 후생연금을 지금까지 지불하지 않고 있는데 대해서도 확실한 조치가 있어야 한다. 그 불쌍한 징용근로자들의 임금과 연금까지 착복하고 살아온 일본이, 어떻게 국제사회에서 고개를 들고 다닐 수가 있겠는가?

일본 황실과의 화해

한일회담은 국가간의 협상이었다. 더 정확히 말하면 정부 사이의 협상이었다. 그렇기에 앞에서 개인청구권 문제는 해결이 완전하게 되지 않았다고 한 것이다. 개인과 국가는 완전히 법적지위가 다르다. 물론 한일회담에서 어느 정도의 개인청구권 문제가 다뤄지기는 했지만 충분치 못했다. 당시로서는 개인청구의 분위기도 되어있지 않았다는 점을 생각한다면 일본정부는 한일회담으로 모든 것이 면책된다고 생각함은 오산이다. 당시 일본이 정부 차원의 보상도 가급적 발뺌을 하며 세월을 보내려는 상태에서, 개인은 협상 상대가 되지 않았던 점에서도 앞으로 개인청구권은 분명히 재론되어야 옳다.

그런데 한일회담에서는 전혀 생각을 않은 중대하고 중대한 사안이 있다. 그것은 바로 우리의 황실에 대한 논의가 전혀 없었음이다. 그러나 이것을 지난 30년 전에 타결된 데에서 빠졌다고 구태여 탓하는 것도 아니다. 왜냐하면 당시의 우리 정부는 그것을 생각할 만큼 개명된 것도 아니었고, 학계에서도 연구가 되어 있지 않았으며, 국민들 전체가 미개명된 상태에 있었기 때문이다.

우리의 황실에 대해서 생각한다면, 30년 전의 회담에 있어서 일본정부는 너무나 방자하고 오만한 입장이었으니 자기들이 침략하여 완전히 소멸된 존재가 우리의 황실이라고 본 것이다. 그리고 우리의 정부나 국민들은 너무도 바보같이 무식한 상태가 되어, 우리의 존엄한 황실에 대해서는

일본의 끈질긴 침략을 상징하는 왜구의 소굴 대마도

생각도 못하는 기막힌 입장으로 전락되어 있었다. 우리측이나 일본이나 우리의 존엄한 황실에 대해서는 전혀 생각도 없었고 거론도 되지 않았던 바는 차라리 개인들보다도 낫다고 본다.

왜냐? 개인청구권은 엉거주춤하게 타결이 되었지만, 황실에 대해서는 우리측의 무식과 일본측의 오만방자함이 겹쳐져 거론도 되지 않았던 것이 잘 된 일이다. 왜냐하면 일본측은 우리의 황실에 대해서의 사죄절차를 앞으로 언젠가 꼭 이행해야만 한다. 잘못된 수준에서 과거에 마무리를 짓지 않은 것이 다행이며, 일본황실은 오늘도 황실의 차원에서는 최악의 전쟁 범죄자일 뿐이다.

한일협상의 협상차원은 크게 3차원이 있다. 그것은 개인과 정부, 그리고 두 나라의 황실에 대한 문제이다.

그렇기에 한일회담에 있어서 정부간 협상은 마음에 들지 않는 측면도 있고 충분치 못한 면이 있다고 해도 30년 전에 끝난 것으로 보아야 한다.[8]

다만 개인 청구권은 잘못된 것을 일본 정부가 분명하게 바로 잡아야 한다. 그리고 우리 정부도 스스로가 해결할 일과 일본정부에 요구할 것을 분명히 찾아서 개인들에게 챙겨주어야 한다. 개인들이 나이가 계속 들어가며 노령화되는 만큼 시급히 서둘러야 일본의 국가도덕성이 높아지고, 우리 정부의 대국민 신뢰성이 높아질 것이다.

그러나 우리 황실을 최악의 상태로 몰아넣은 것은 협상 대상자가 일본 정부가 아니다. 그 협상 상대자는 일본 황실이다. 일본 황실은 이웃나라를 침략하여 우리의 황실을 지구상 최악의 상태로 몰아넣은 바에 대해서 전혀 반성절차가 없었다.

2차대전 최악의 전범인 일본 천황은 역지사지로 생각해 보라! 일본의 임금님이 처참하게 독살 시해되고, 황후마마가 침략자객들에 의해 무자비하게 죽음을 당해 불태워졌다면 어떻게 될 것인가? 그리고 모든 왕자들과 공주들을 강제결혼, 의문사, 병약화 시키며 비참하게 황실해체를 유도한 바에 대해서 어떻게 답변할 것인가? 지구상에 유례가 없는 가혹하고 잔인한 황실침략에 대해 입이 수만 개라도 변명할 수 없는 것이 일본 천황이다. 그리하여 요즈음의 우리 황족들은 사실상 하층민에 가까운 비참한 신세로 전락한 사례가 대부분이다. 최근의 한국 언론계를 강타한 이석 황손의 찜질방 사건을 보고서 무엇을 느끼는가?

또한 황실 유적인 수많은 궁궐의 파괴, 전국에 걸친 황실 하부기구로서의 지방 관청건물, 성곽 등을 포함한 수많은 황실유적의 파괴, 1천년 이상 축적된 천문학적 수준의 궁궐 유물의 완전 약탈 등은 어떻게 보상할 것인가? 현재의 일본 황궁과 일본국 전체는 우리나라와 대한 황실에서 도둑질

---

8) 그래야만 우리나라의 국제신용을 지킬 수가 있다. 아무리 마음에 들지 않는 것이 있다고 생각하거나, 부족하다고 생각을 해도 종지부를 찍어야 한다. 인간의 욕망에는 한도가 없는 것이다. 우리의 욕망대로만 국제사회를 살아갈 수는 없다. 당시에 두 나라가 협정을 조인했으면 그것으로 끝맺음을 지어야만 우리가 국제사회에서 당당히 책임을 지는 주체가 될 수 있는 것이다.

해 간 수많은 문화재의 장물창고에 불과하다. 그리고 일본인들은 국민 전체가 변함없는 꼬마도둑 왜구 그대로 살고 있는 것이다. 중요무형문화재 제1호(종묘제례악), 제39호(처용무) 기능보유자인 김천흥 노인의 얘기를 들어 보자.9)

일제침략을 억지로 미화한 덕혜옹주와 대마도주의 결혼봉축기념비

「일제침략자들은 당시에 남산 위에다 대포를 설치하고는 12시쯤에 서울시내에다 대고 공포를 쏘아대니 온 시민이 기겁을 하면서 공포 속에서 살았습니다. 그렇지만 3·1운동 때는 봄부터 가을까지 계속하여 깜깜한 밤이면 삼엄한 공포 분위기 속에서도 줄곧 전봇대나 큰 나무 가지에 태극기가 매달렸습니다. 나보다 4세 위인 둘째형이 깜깜할 때에 몰래 창문을 넘어 나가면 하도 기마경찰이 삼엄하게 돌아다녀 기겁을 하고 곧 돌아오곤 했습니다. 부모님께서 문을 잠그시니 창문으로 나갈 정도로 공포분위기였는데, 그토록 오랫동안 태극기가 매달린 것은 지금도 잊지 못합니다. 보는 대로 일본경찰이 떼내고, 많은 사람을 잡아 가는데도 태극기가 계속 매달린 것은 매우 중요한 것을 말합니다.

일본인들은 그 후 남산에 그들의 침략신사를 차려 놓으니, 황실능원인 효창원에다 대포를 옮겨 놓고서 포를 쏘았으며, 점차 여론이 나쁘자 낮 12시에 점심 시간을 알린다는 핑계로 사이렌을 울렸습니다. 대포를 쏘고 사이렌을 울린 것은 우리 동포들을 괴롭히려는 침략적

9) 김천흥 면담, 1995. 6. 1.

대한황실 침략의 첨병 노릇을 한 대마도주를 평화애호가로 선전하는 비석

악의가 있는 것이었습니다. 그리고는 이런 공포 분위기 속에 서울의 성곽을 모두 헐었습니다.

저는 어려서 남대문 근처에 살았는데, 당시만 해도 서울의 성벽이 그대로 있었습니다.[10] 그것을 일제 침략자들이 계속 헐어 버렸습니다. 그토록 많던 여러 궁궐 건물도 사라졌지요. 심지어는 제가 효창원 근처에서 아악을 배울 때에 목격한 것으로서 황실능원인 효창원에 골프장을 만들 정도였습니다. 그리고는 거기서 매일 대포를 쏘아 댔으니 우리 황실을 최악으로 모독한 것입니다.」

최근에 우리정부는 이성을 잃은 판단을 하는 것이 있다. 김대중 대통령에 이어, 노무현 대통령이 계속 일본 천황을 초청하고 있다. 두 대통령이 연속된 망발언행을 하고 있다. 우리황실의 입장에서 보았을 때에, 정말 무엄하고 기막힌 일이다. 전후 60년이 지난 지금에 있어서 일본과 화해를 하고 많은 국민들이 교류를 하며 동북아의 평화를 도모하는 것은 백번 옳은 일이다. 그러나 일본 천황은 전혀 입장이 다르다. 최악의 전범 가해자에 의해서 극도로 피해를 입은 우리황실의 비참한 삶을 추호라도 생각한다면 그러한 기막힌 발언이 나올 수가 있는가? 망언은 일본의 일부 인사들만 하는 것이 아니다. 우리측의 기막힌 망언도 역사는 잊지 않을 것이다. 천황초청 발언은 망언을 넘어서 대한황실에 대한 지극한 모독이다. 참고로 다음의 신문기사를 읽어 보자.[11]

---

10) 김천흥, 김천흥 무악70년(서울 : 민속원, 1995) 참조.

『"언제든 환영한다"는 노무현 대통형의 13일 발언으로 아키히토(明仁) 일왕의 한국 방문이 다시 한·일간의 관심거리로 떠올랐다. 일왕의 한국 방문이 갖는 상징적 의미는 매우 크다. 일제 침략에서 비롯된 과거사 문제를 상당히 해결하는 종착점이 될 수 있기 때문이다.

그러나 고이즈미 준이치로(小泉純一郎) 총리는 13일 밤 "현재 양국 관계는 좋지만 황실의 일정이 꽉 차 있어 그럴 단계는 아직 아닌 것 같다"고 말했다. 한국 정부 관계자도"양국 간에 일왕의 한국 방문을 협의한 일이 없고, 그럴 예정도 없다"고 확인했다.

우선 일왕의 스케줄상 어렵다. 일본정부 관계자는 "천황의 외국 방문은 관행적으로 2~3년 전 목적지가 결정되는데, 올해는 이미 방문지가 노르웨이로 정해진 상태"라고 말했다. 아키히토 일왕은 1989년 취임 후 매년 한차례만 외국 방문길에 나섰다. 두 차례 외국 방문한 94년만 예외였다.

또 일왕의 방한은 아직 시기상조란 것이 양국 관계자들의 공통된 인식이다.

일왕과 가까운 일본측 관계자는 "천황은 아버지 대에 청산하지 못한 과거사를 자신의 대에선 반드시 해결해야 한다는 사명감을 갖고 있지만 천황의 한국 방문은 본인의 희망대로 되는 것이 아니라 양국 간 정치적으로 풀어나갈 문제"라고 말했다.

일본정부가 가장 우려하는 것은 한국의 국민감정이다. 만약 한국 방문기간 중 반대시위가 극심해지고, 혹시 불상사라도 생기게 되면 양국 우호는커녕 오히려 악재로 작용할 것이란 부담감이 크다. 경우에 따라 총리가 사퇴해야 하는 상황에까지 이를 수도 있다.

2002년 한·일 공동 월드컵 때도 한국은 일왕을 초청했다. 그러나 성사되지 않았다. 대신 왕족인 다카마도노미야(高丹宮)부부가 왕족으로 처음 공식방문했다. 아키히토 일왕은 92년 중·일 국교 수립 20주년을 맞아 중국을 방문한 적이 있다.

---

11) 예영준, 일왕 올해 한국방문 힘들 듯, 중앙일보 2005.1.15.

임진왜란에 패한 일본이 대마도에 세운 평화의 문인 고려문은 조선통신사를 맞는 문이었다. 경술년 이후 35년의 침략강점 이후에 일본은 전혀 고려문을 다시 세울 진심이 없었다.
미국의 강요에 의해 억지로 한일회담을 끝내고서 전혀 반성이 없는 일본을 꾸짖고 타이르는 대마도의 상징 고려문의 침통한 모습!

그러나 주일 외교소식통은 "한국과는 상황이 다르다"고 설명했다. "나카소네 야스히로와 미야자와 기이치 등 유력 정치인들이 자신의 정치생명을 걸고 수년간 추진했던 사안"이라며"공산당 체제인 중국에선 반대시위를 억누를 수 있을 것이란 믿음이 있었지만 민주화된 한국은 상황이 다르다"고 말했다.

왕실과 가까운 한 관계자는 "일왕의 방한이 가장 적극적으로 검토된 때는 전두환 전 대통령 시절이었다"면서 "당시는 군사정권이어서 경호 문제에 대해선 자신감이 있었지만 일왕이 독재정권을 지지한다는 인식을 줄 가능성이 있어 단념했다"고 말했다.

또 "일본 내에선 한반도가 분단된 상태에서 한국만 방문하는 것은 완전한 과거청산이 안 된다는 의견도 많다"고 덧붙였다.

일본 정부·정계에서는 올해 중 왕세자의 방한이 가능하지 않느냐는 의견은 있다. 그러나 한국정부 관계자는 "왕세자의 방한도 아직 양국간에 논의된 적이 전혀 없다"고 말했다. 』

일본천황은 제2차 세계대전 최악의 전범으로서의 상징적 존재이다. 그러한 일본천황이 사죄절차가 하나도 없이 우리땅을 밟는다는 것은 절대

불가한 일이다. 일본천황이 침략을 반성하면서 우리땅에 와서 태조 고황제 폐하와 광무황제 폐하께 무릎을 꿇고 눈물의 사죄를 하러 오는 것이 아니면 이 땅에 절대로 올 수 없다.

아우슈비츠 감옥을 찾아가 무릎을 꿇고 사죄한 빌리 브란트 독일수상을 전범 일본천황은 눈을 감고 외면해 왔다. 국가전체가 철저히 반성하는 독일을 보면서도, 일본은 국가전체가 침략을 부정하고 교과서를 거짓으로 위장하고 끊임없이 독도침략을 획책하고 있다. 독일땅 전체에 독일인들은 60개의 홀로코스트 박물관을 만들어 놓고 참회하고 있으나, 위선국가 일본은 다수의 독도박물관을 만들고 원폭피해자라고 역선전이나 하며 온 세계를 우롱하고 있다. 일본천황은 지금도 변함없는 최악의 전범이다.

일본 천황이 얼마나 나쁜 인간인가를 방자여사의 마지막 측근 비서였던 김상렬 노인에게서 들어 보자. 일본천황이 직접 대한황실을 망치려고 대한황실에 강제투입한 일본황녀 방자여사가 얼마나 원한을 품고 생을 마감했는가를 알아야 한다. 김상렬 노인이 노구를 이끌고 찾아와 처절하게 증언한 내용! 방자여사가 비참하게 마지막을 맞을 때의 상황은 다음과 같았다.

「방자비 전하가 암으로 쓰러져 눕자 찾아오는 사람이 전혀 없었습니다. 평시에는 꽤 찾아오던 사람들이 죽음을 맞게 되자 아무도 오지 않았습니다. 한국인은 물론이고 강제결혼을 시킨 일본 황실에서도 전혀 오지 않았습니다.

암에 걸려서 고통을 심하게 호소하는 방자비 전하를 입원시키려니, 일본으로 간 이구 황손에게 아무리 연락을 해도 오지 않았습니다. 어머니가 돌아가시게 되었다는 데도 귀국을 않는 것입니다. 누구에게 말해도 입원수속의 도장을 찍지 않고 피해 버렸으며, 잘 나타나지도 않았습니다.

이러한 때에 일본황실에서 고위사절이 왔습니다. 방자비 전하는 단호히 거절하며 만날 수 없다고 했습니다. 돌려보내라는 것입니다.

광대황손 이석의 피맺힌 절규

이웃나라를 침략하면서 우리황실에 강제로 결혼시켜 놓고서는 쳐다도 보지 않는 일본 천황이나 황실에 대해서, 전혀 말이 없었으나 철저히 분노하며 조용히 눈을 감으려는 것이었습니다. 감언이설로 속이고 달래며 정략결혼의 희생물로 이용하고 차버린 일본천황에게, 모든 생애를 비참하게 짓밟고 내팽개친 일본황실에 피눈물로 항의하며 눈을 감으려는 것이었습니다. 방자비 전하의 거절 이유를 2시간에 걸쳐서 내가 설명하니 오가와(小川) 천황비서는 처음으로 그것을 듣는다고 말하며 안절부절 했고, 후에 일본 천황에게도 보고를 했다고 연락이 왔습니다. 그러니 일본 외무성이 이 소식을 알고서 발칵 뒤집혔답니다. 그러나 한국인들에게는 외면당하고 일본인들에게는 버림받은 최악의 비참한 여인으로 몹쓸 병에 걸려 죽음을 맞는, 혈혈단신 외톨이 신세로서의 방자비 전하의 싸늘한 마음을 달랠 수는 없었습니다.

백방으로 노력하던 것이 모두 수포로 돌아가자, 기자들도 따돌릴 겸 할 수 없이 김순자라는 가명으로 입원하고 내가 보호자로 법적·재정적 책임을 진다는 도장을 찍고서 수술을 했습니다. 일본 황실이나 외무성도 법적인 피해를 입을까 보아 눈치나 보고 아무도 나서지 않았으며 치료비도 낸 사람이 없습니다.」

요즘 일본인들이 왜 그러는지 이해하기가 어려울 정도로 끊임없이 교과서 왜곡을 자행하고, 독도 영유권을 갖고 도발에 가까운 행태를 계속 보이고 있다. 그러나 일본은 한국인들이 모든 고통을 참으며 화해하려는 노력에 찬물을 끼얹지 말아야 한다. 교과서나 독도가 중요한가? 새로운 한일관계가 중요한가? 그토록 피해를 입은 피해자의 입장을 추호라도 생각해 보았나? 정상적인 일본인이라면 교과서에서 한국과의 친선을 강조하고 사죄하는 자세를 보여야 한다. 그리고 독도는 논할 것도 없고 대마도나 규슈 정도는 할양해 줄 속죄하는 마음이 있어야 한다. 일본의 100년 침략으로 만신창이가 되고 6·25전쟁을 거쳐 지금도 분단상태로 끈질기게 고통을 겪는 책임을 느껴야 한다. 본인들의 침략촉수로 투입한 방자여사의 마지막 암투병까지도 외면한 냉혈민족에게 이런 말을 함은 연목구어에 불과한가? 최악의 전범 일본천황에게 진정한 사죄절차가 없었기에 이러한 일이 계속 재발되는 것인가?

필자의 연구실을 찾아와 한없이 통한의 눈물을 흘리면서, 끝없이 수건을 적시며 증언하다 흐느껴 울다를 반복하는 방자여사의 최후의 측근의 말은 비통함을 넘어서 처절한 것이었다. 방자여사의 마지막! 방자여사는 어차피 본인이 정략결혼의 제물이 되어 침략의 첨병으로 투입된 것을 알고 있었기에 한국에는 할 말도 없고 모든 것을 체념하면서 냉정히 참는 것이었으나, 철저히 이용하고 냉정하게 외면하는 일본천황과 일본인들에게는 극한적 분노와 원한을 품고 세상을 떠난 것이다.

방자여사는 알고 있었다. 본인이 시집온 한국의 모든 사람은 자신보다 더 피해자라는 것을 잘 알고 있었다. 그리고 자신의 시집온 나라와 자신을 처절히 짓밟고 이용하고 차버린 추악한 범죄자는 자신의 모국이요 천황임을 잘 알고 있었다. 그렇기에 증오와 분노는 극한에 달했지만 잔인한 운명을 한탄하며 말없이 죽은 것이다. 방자여사 마저도 외면하는 죄악의 냉혈 전범집단들에게 정신대, 원폭피해자, 징용, 징병 피해자를 구제하라고 한들 들을 리도 없을 것이고, 뻔뻔스레 교과서 왜곡, 독도 영유권 강요를 함은 오히려 당연한 일인가?

요즘 우리의 정부가 이성을 잃어서 일본 황태자를 초청하였고, 일본정부도 이성을 잃어서 황태자 방한을 승낙했다고 일부 언론에 전해졌다. 그러나 이는 정말로 경악할 일이다.[12] 이 문제는 결코 있을 수 없는 일이 생긴 것으로서, 일본 황태자는 일본 황실의 사죄절차가 없이 우리땅을 밟는다면 일본 황태자가 얼마나 불법 무도하고 방자한 인간이며, 일본 황실이 얼마나 죄의식이 없는가를 증명하는 일이 된다. 일본 황실은 기억해야 할 것이다. 지난번 한일 월드컵 축구대회 때에 일본 축구협회장인 일본 황족이 감히 우리땅을 밟았다가 귀국하여 곧 횡사한 것은 하늘이 노한 것임을 분명히 기억해야 한다.

아무 사죄절차 없이, 일본 황태자가 우리땅을 밟는다면 하늘이 노하고, 우리 국민이 노하고, 역사가 노하고, 당연한 징벌을 받게 될 것이다. 일본 황태자가 무엄 방자하게 우리땅을 밟아서 일어나는 모든 불상사는 결코 일본측의 책임이다.

> 『일본 천황은 잔혹무도한 전범의 탈을 벗고 확실한 사죄절차를 밟으라! 그것이 이루어지면 우리 황실과 일본의 황실이 화해하고 동북아의 평화를 향해 공동번영의 길을 가는 것은 언제라도 환영한다. 』

---

12) 노무현 정부가 과거사를 정리하고 매국노를 역사적으로 징벌한다고 하면서, 역사적 범죄자 일본 황태자를 무작정 초청하는 일은 없어야 한다. 노무현 정부의 과거사 정리가 정략적 행위라면 몰라도, 일본황태자 방한은 정말로 경악할 일이다.

참고문헌

강석화, 조선후기 함경도와 북방영토의식(서울:경세원, 2002).

거창군사편찬위원회, 거창군사, 1997.

김문식, 김정호, 조선의 왕세자 교육(서울:김영사, 2003).

김용숙, 조선조 궁중풍속 연구(서울:일지사, 1987).

김을한, 인간 이은(서울:한국일보사, 1971).

김천흥, 김천흥 무악70년(서울:민속원, 1995).

노길호, 야스쿠니 신사(서울:문창출판사, 1996).

대한적십자사, 대한적십자사 70년사, 1977.

박경룡, 개화기 한성부 연구(서울:일지사, 1995).

박경룡, 한성부 연구(서울:국학자료원, 2000).

박 도, 민족 반역이 죄가 되지 않는 나라(서울:평단문화사, 2000).

박성수, 단군문화기행(서울:서원, 2000).

박성수, 독립운동사연구(서울:창작과 비평사, 1993).

박은경, 일제하 조선인 관료연구(서울:학민사, 1999).

박진목, 내조국 내산하(서울:계몽사, 1994).

박창범, 하늘에 새긴 우리역사(서울:김영사, 2003).

배우성, 조선후기 국토관과 천하관의 변화(서울:일지사, 1998).

신명호, 궁궐의 꽃 궁녀(서울:시공사, 2004).

신명호, 궁중문화:조선왕실의 의례와 생활(서울:돌베개, 2003).

신복룡, 대동단실기(서울:양영각, 1982).

신용하, 한국근대사회사상사연구(서울:일지사, 1987).

안 천, 남침유도설 해부(서울:교육과학사, 1993).

안 천, 만주는 우리땅이다 : 거시국토통일론(서울:인간사랑, 1994).

안 천, 사회과학 쪽에서 본 분단문학 : 한양대학교 한국학연구소, 한국학논집 제24집, 1994.

안 천, 신사고 사회과교육론(서울:교육과학사, 2003).

안　천, 신흥무관학교(서울:교육과학사, 1997).
안　천, 여성 대통령은 언제 나올까(서울:BBBooks, 2002).
안　천, 일월오악도 ①, ②, ③, ④ 권(서울:교육과학사).
안　천, 한국 민주화운동사(서울:민족문화사, 1988).
안　천, 한국의 대일외교정책 결정과정에 관한 연구, 서울대학교 행정대학원 석사학위 논문, 1979.
염인호, 김원봉 연구(서울:창착과 비평사, 1993).
오장환, 한국 아나키즘운동사 연구(서울:국학자료원, 1998).
유순달, 박정희대통령의 통치철학(서울:크라운출판사, 2002).
유시원, 풍운의 한말 역사산책(서울:한국문원, 1996).
유연산, 만주 아리랑(서울:돌베개, 2003).
유정갑, 북방영토론(서울:법경출판사, 1991).
유주현, 황녀(동화출판공사, 1975) 상 중 하권.
육군본부, 의장 안병범, 1989.
이규창, 운명의 여신(서울:보련각, 1992).
이기동, 비극의 군인들(서울:일조각, 1993).
이명영, 권력의 역사(서울:종로서적, 1954).
이방자, 지나온 세월(서울:남영문화사, 1980).
이상용, 왕릉(서울:한국문헌, 2001).
이연복, 대한민국 임시정부 30년사(서울:국학자료원, 1999).
이연복, 한민족 독립운동사연구(서울:국학자료원, 2004).
이용복, 우리 별자리 여행(서울:대교출판, 2004).
이용복, 조선의 석각천문도인 천상열차분야지도에 관하여, 한국황실학회, 황실학 논총 창간호, 1997.
이원모, 백범 일대기(서울:백범김구선생기념사업회, 1977).
이은표, 종묘대제(서울:원백문화사, 1993).
이존희, 역사교육 달라져야 한다(서울:혜안출판사, 2001).
이존희, 조선시대의 한양과 경기(서울:혜안출판사, 2001).
이태룡, 의병 찾아가는 길 Ⅱ(서울:다물출판사, 1995).
이태진, 고종시대의 재조명(서울:태학사, 2000).

이홍직, 국사대사전(서울:지문각, 1968).
인재환, 대마도 우리역사 답사기(서울:한림출판사, 1997).
임 은, 김일성 정전(서울:옥촌출판사, 1989).
임 은, 북한 김일성왕조 비사(서울:한국양서, 1982).
정순태, 신격호의 비밀(서울:지구촌, 1998).
정양원, 강동 이야기, 행정고시출판사, 1999.
정운현, 서울시내 일제유산답사기(서울:한울출판사, 1995).
중구문화원, 남산의 역사와 문화, 서울특별시 중구향토사 제3집, 1998.
한시준, 한국광복군연구(서울:일조각, 1993).
한영우, 정도전(서울:지식산업사, 2000).
허영섭, 조선총독부(서울:한울출판사, 1996).
황 현 지음, 허경진 옮김, 매천야록(서울:한양출판, 1995).

찾아보기

〔ㅈ〕

지은이 소개

안 천(安 天) 서울교육대학교 명예교수, 정치학 박사

<대표저서>

○ 일월오악도(日月五岳圖)

- 제1권:이승만 뿌리 정치심리(교육과학사, 1998)
- 제2권:김구 재평가와 안중근(교육과학사, 1999)
- 제3권:일월오악도의 탄생(교육과학사, 2002)
- 제4권:황실부흥 선구자 이석(교육과학사, 2003)
- 제5권:정통 대한황손 이초남(교육과학사, 2005)
- 제6권:대한황실 황통쟁투사(교육과학사, 2009)
- 제7권:대한황실 문화정책사(교육과학사, 2011)
- 제8권:임금님 대관식(교육과학사, 2014)

※황실은 살아있다(인간사랑, 1994)

○ 거시국토 통일론(巨視國土統一論)

- 만주는 우리땅이다(인간사랑, 1990)
- 남침유도설 해부(교육과학사, 1993)
- 신흥무관학교(교육과학사, 1996)
- 타이완의 힘(교육과학사, 2008)
- 단군 할머니론(교육과학사, 2016)

<교과교육 관련저서>

- 생활화 사회과교육론(교육과학사, 2001)
- 신사고 사회과교육론(교육과학사, 1993)
- 통합교과운영론(한국방송통신대학, 1990, 공저)
- 한국사회과 교육학개론(교육과학사, 1989, 공저)
- 사회과 탐구논리(교육과학사, 1988, 공역)

정통 대한황손 이초남 -대한황실 명예회복사-

2005년 5월 13일 1판 1쇄 발행
2018년 6월 25일 1판 6쇄 발행

지은이: 안 천
펴낸이: 한 정 주
펴낸곳: 교육과학사

경기도 파주시 광인사길 71
전화(031)955-6956~8/팩스(031)955-6037
Home-page: www.kyoyookbook.co.kr
E-mail: kyoyook@chol.com

등록: 1970년 5월 18일 제2-73호

정가 **15,000 원**

Printed in Korea.

ISBN 978-89-254-0904-7
ISBN 978-89-8287-302-7(세트)